Ruth Kilian

Blicke auf das Ries

Land und Leute in der verwalteten Region

Ruth Kilian

Blicke auf das Ries

Land und Leute in der verwalteten Region

Heimat- und Fachverlag F. Steinmeier, Nördlingen

Die vorliegende Arbeit wurde 1999 von der Julius-Maximilians-Universität Würzburg
als volkskundliche Dissertation angenommen.
Für die Drucklegung wurde sie geringfügig überarbeitet.

Titelbild: Rudolf Geißler: „Im Ries bei Nördlingen“

Gesamtherstellung: Druckerei und Verlag F. Steinmeier, Nördlingen

ISBN 3-927496-80-4

Inhalt

Vorbemerkung

Zitate wurden in Rechtschreibung und Zeichensetzung nicht verändert, nur vereinzelt eindeutige Schreibfehler korrigiert.

kursiv Zitate aus gedruckten oder ungedruckten Quellen.

/: :/ früher in Handschriften übliche Klammernart.

„ “ Zitate aus Sekundärliteratur.

[ ] Zusätze und Ergänzungen der Autorin.

sic! lateinisch: wirklich so!

[–] im Originaltext ein Absatz.

Das Ries als Forschungsgegenstand

Fragestellung

Heute wird das Ries als regionale Besonderheit gesehen, als topographisch, geologisch, geschichtlich und kulturell einzigartige Landschaft.[1] Das Ries gilt als eine Region mit einer eigenartigen und eigenständigen Kultur. Von der Rieser Tracht existieren feste Vorstellungen.

Wie kam es zu diesem heutigen Bild vom Rieser und seinen kulturellen Eigenarten? Für Franken hat sich bereits Armin Griebel mit der Frage beschäftigt, wie das Bild von der Tracht entstanden ist.[2] Als Orientierung diente ihm Wolfgang Brückners These von „Fund und Erfindung", gewonnen in der Bekleidungsforschung: „Unsere Kenntnisse der Bekleidungssitten dieser Zeit können nämlich nicht auf zeitgenössische analytische Beschreibungsversuche bauen, sondern wir finden sowohl in den Text-, wie in den Bildzeugnissen vornehmlich Beobachtungs- und Bewertungskategorien, also Sichtweisen und Impressionen, die mehr über die Beobachter als über ihren Beobachtungsgegenstand aussagen."[3] Trachtenentdeckung und -beschreibung seien „Fund und Erfindung" zugleich: „tatsächliches, beobachtbares soziales Phänomen und ebenso Dinge, die durch die auswählende, interpretierende, heraushebend wertende und stilisierte 'Dokumentation' eine neue kulturelle Qualität und Formung erfahren haben, die es so zuvor nicht gab und die darum Rückwirkungen auf die gemeinte und vermeintliche Sache haben mußte und in der Folgezeit auch hatte."[4] Allein schon durch die „Entdeckung" wird ein „Fund" verändert, da der Betrachter immer den Einflüssen seiner eigenen Zeit unterliegt und diese können die Wahrnehmung der Wirklichkeit beeinflussen und verzerren.[5]

Johanna von Rolshoven verwendet für diese ideologischen Komponenten den Begriff „Blick". Ihre Definition lautet: „Der Begriff des Blicks läßt sich als Bild mißbrauchen, das Interessenlagen und Entstehungsbedingungen von Wissen und Wissenschaft metaphorisch und annäherungsweise zu benennen versucht."[6] Unsere Vorstellung von der Vergangenheit ist abhängig davon, wie die Quellen entstanden, wie diejenigen, die uns die Quellen lieferten, die Welt sahen, und welche Absichten sie mit ihren Berichten und Bildern unter Umständen verfolgten. Die damaligen „Funde und Erfindungen" prägten das Bild, das spätere Generationen von ihren Vorfahren hatten und haben.

Rolshoven sieht eine historische Abfolge von volkskundlichen Blicken: „Als jeweiliger Reflex von Zeitgeist und Wissen(schafts)tradition entwickelte sich die Sichtweise aufs Volk vom nationalökonomisch dienstlichen Tatsachenblick der Statistiker über einen zu-

[1] So etwa der damalige Ministerpräsident Franz Josef Strauß 1980 bei der Eröffnung der 3. Rieser Kulturtage (abgedruckt im Dokumentationsband der Rieser Kulturtage 3/1980, S. 7).

[2] Griebel: Tracht und Folklorismus.

[3] Brückner: Trachtenfolklorismus, S. 371. Vgl auch Brückner: Fund und Erfindung.

[4] Brückner: Trachtenfolklorismus, S. 371.

[5] Auch im Hinblick auf nordamerikanische Indianer lautet das Ergebnis einer Untersuchung: „Das Bild des Indianers ist eine Fiktion, die mehr über den Schöpfer aussagt als über die Ureinwohner des nordamerikanischen Kontinents." (Aus einer Buchbesprechung der Frankfurter Allgemeinen Zeitung über Pearce: Rot und Weiß. Die Erfindung des Indianers durch die Zivilisation. Abgedruckt auf der hinteren Umschlagseite.)

[6] Rolshoven: Der Blick aufs Meer, S. 193 f.

nächst aufgeklärten, dann romantischer werdenden 'Merkwürdigkeitsblick', der vor allem privater Natur und – scheinbar zufälliger 'Reiseblick' – Vorläufer des touristischen Auges war".[7] Rolshoven streicht heraus, daß der Blick als Transporteur der Eigenarten des Blickenden aufschlußreicher sei als die Tatsache des Betrachteten. Es gebe – so fährt sie unter Berücksichtigung eines Ergebnisses von Martin Scharfe fort – Verwandtschaften zwischen dem das Volksleben malenden und dem das Volksleben beschreibenden Blick. „Malende, schriftstellernde und wissenschaftlernde Männer und Frauen haben sich gegenseitig rezipiert und beeinflußt."[8] Die Blicke von Künstlern und von Wissenschaftlern produzierten Sittengemälde, welche die Vorstellungen von Volkskultur als Tatsachen vielfach nachhaltig geprägt haben.[9] Dem soll für das Ries nachgegangen werden.

Außer den Begriff des „Blickes" greift der Titel der vorliegenden Studie auch das Begriffspaar „Land und Leute" auf, das in der Ethnographie und Statistik des 18. und 19. Jahrhunderts häufig verwendet wurde, wenn es darum ging, eine Region und ihre Bewohner zu beschreiben. Wilhelm Heinrich Riehl benannte eine seiner bekanntesten Arbeiten so.

Den Ausdruck „verwaltete Region" prägte Wolfgang Brückner 1987 in einem Vortrag zur Erforschung des 19. Jahrhunderts:[10] Die mannigfaltigen Aktivitäten der Verwaltung im neuen bayerischen Königreich zeigten gerade auch im Hinblick auf Erscheinungen der Volkskultur Auswirkungen. Viele Bereiche waren von obrigkeitlichen Regelungen betroffen. Und erst die vielfältigen Unternehmungen der staatlichen Administration Bayerns besonders unter Maximilian II. in der Mitte des 19. Jahrhunderts rückten einige Phänomene des Lebens auf dem Land in den Blickpunkt der Öffentlichkeit. Darüber hinaus sammelten sich durch die vielen amtlichen Erhebungen und den regen Schriftverkehr Aktenberge an, die umfangreiches Quellenmaterial u.a. für die Volkskunde bereithalten.

Die im dienstlichen Auftrag vorgenommenen Beschreibungen dieser Erscheinungen waren in der Regel keine wissenschaftlich-analytischen Untersuchungen, sondern es zeigen sich darin unterschiedliche Blickwinkel und Interessen. Wie Armin Griebel anhand von Regierungsakten am Beispiel des Kleidungswandels in Franken herausgearbeitet hat, war die „Vorstellung von Tracht in den Köpfen der Gelehrten" ausschlaggebend für das Bild, das sie von der Kleidung zeichneten. Oft wurde eine veraltete Kleidermode als „Tracht" wahrgenommen oder Vergangenes in die Gegenwart des Betrachters projiziert, ohne dies klar zum Ausdruck zu bringen, was ein „schiefes Bild der Bekleidungsrealität"[11] ergab. Dabei griff man immer wieder auf bestimmte zeittypische Argumentationsschemata zurück.

Markus Barnay kommt in einer politikwissenschaftlichen Untersuchung über „Die Erfindung des Vorarlbergers. Ethnizitätsbildung und Landesbewußtsein in Vorarlberg im 19. und 20. Jahrhundert" zu einem ähnlichen Ergebnis. Die Symbole des gemeinsamen Bewußtseins einer ethnischen Eigenständigkeit in Vorarlberg wurden aufgrund von politischen und sozialen Interessen kleiner Gruppierungen geschaffen, im Lauf der Zeit differenziert und mittels massiver Propaganda einer breiteren Bevölkerung vermittelt.

---

[7] Ebd., S. 198.
[8] Ebd., S. 197.
[9] Ebd., S. 197.
[10] Brückner: Die verwaltete Region.
[11] Griebel: Tracht und Folklorismus, S. 222.

Außer den amtlichen Erhebungen gab es im 19. Jahrhundert auch künstlerische Blicke aufs Volk, die sehr oft den „Trachten"[12] galten. Volkskundestudenten des Tübinger Ludwig-Uhland-Instituts forderten 1983 in bezug auf Bilder schwäbischen Landlebens umfassende quellenkritische Untersuchungen von Darstellungen der ländlichen Lebens- und Arbeitswelt und eine gründliche Analyse der Intentionen, die dem Interesse am Landleben zugrunde lagen.[13] Sie klassifizierten die Bilder in solche, die in vielen positivistischen Einzelheiten stimmen, solche, die Teilwahrheiten vermitteln und damit Quellen für reale Geschichte abgeben können, und solche, die durch Weglassungen und Mischungen von Versatzstücken die Realität umformen. Diese Bilder ermöglichen nach ihrer Auffassung Einsichten in die Fluchtwelten eines Bürgertums, das die „Eigen-Art" von Volks-Kulturen erst unter binnenexotischem Aspekt registrierte, um sie dann im Gefolge von Herder und der Brüder Grimm mehr und mehr zu überhöhen.[14] Der Realitätsgehalt werde beeinträchtigt durch verschiedene Faktoren: Die Künstler malten nach ihren Idealvorstellungen und Herrschaftsansprüchen, die Bürger des 19. Jahrhunderts übertrugen ihre Normen auf die Landbevölkerung, die Wirklichkeit des Landlebens wurde bewußt in Auszügen wiedergegeben, das „Bäuerliche" idealisiert. Die Lichtverhältnisse erzeugten eine bestimmte Atmosphäre.[15] Die Bilder beinhalteten zwar realistische Aspekte, aber durch die vom Maler vorgenommene Komposition entstand eine andere Wirklichkeit, die eher Wunschbildern entsprach.[16]

Die vorliegende Untersuchung will die Verschiedenartigkeit der „Blicke" auf das Ries und der daraus gewonnenen Bilder und Anschauungen vor Augen führen, die Entstehungsbedingungen, Betrachtungsstandpunkte, gegenseitigen Einflüsse, Abhängigkeiten und Interessenlagen aufzeigen, die zu den Vorstellungen vom Leben im Ries führten und die Aussagekraft ihrer Beobachtungen beeinflußten. Daß sich große Teile der Arbeit mit der regionalen Kleidungsweise der Rieser befassen, liegt an den Quellen, die sich entweder ausschließlich diesem Gegenstand widmen oder ihm einen oft beträchtlichen Raum gewähren. Es ist weder eine Beschränkung auf das Thema „Tracht und Trachtenfolklorismus" beabsichtigt noch eine Zusammenfassung, wie die Rieser Tracht denn aussah. Für eine wirkliche Bekleidungsgeschichte des Rieses wären weitere Quellengattungen wie z.B. historische Fotografien und natürlich die überlieferten Kleidungsstücke selbst heranzuziehen.

---

[12] Der Begriff „Tracht" wird in dieser Arbeit im engeren Sinne der Trachtenpflege verwendet.

[13] Heitere Gefühle, S. 8.

[14] Ebd., S. 8.

[15] Ebd., S. 15.

[16] Ebd., S. 16.

Bevölkerungsstruktur im 19. Jahrhundert

Das Ries liegt am nordwestlichen Rand Bayerisch-Schwabens, an der Grenze zu Württemberg und zu Franken. Bedingt durch die Entstehung bildet der Meteoritenkrater Ries zwischen Schwäbischer Alb und Fränkischem Jura eine geschlossene Einheit. Der Durchmesser des Beckens beträgt etwa 20 bis 25 Kilometer. Der fruchtbare Boden erlaubt intensive landwirtschaftliche Nutzung. Der bayerische Anteil am Ries, der hier vorrangig behandelt wird und der den württembergischen flächenmäßig bei weitem überwiegt, wird in den Akten nach der Verwaltungsreform 1852 mit den Landgerichten Nördlingen, Oettingen und Wallerstein und der unmittelbaren Stadt Nördlingen gleichgesetzt. Die Gerichte Wemding und Bissingen umfaßten zwar am östlichen bzw. südlichen Riesrand auch einzelne Rieser Ortschaften, da ihr Hauptgebiet aber jeweils außerhalb lag, bleiben sie hier unberücksichtigt.

Hauptort des Rieses ist die Stadt Nördlingen. Bis in die erste Hälfte des 19. Jahrhunderts hinein prägten die beiden Fürstenhäuser Oettingen-Spielberg mit Sitz in Oettingen und Oettingen-Wallerstein mit Sitz in Wallerstein die ökonomische und soziokulturelle Struktur auch der umgebenden Dörfer, etwa in Hinsicht auf die Gewerbevielfalt.

Eine große Bedeutung für das kulturelle Gepräge hat seit jeher die konfessionelle Teilung der Region. Verschiedene Kulturwissenschaftler, z.B. Burckhardt-Seebass, sehen eine Lage in einem konfessionellen Mischgebiet oder eine politische Randlage als Faktoren, die für die Ausprägung und für den Erhalt von Trachten ausschlaggebend sind. Die ehemals freie Reichsstadt Nördlingen war so gut wie ausschließlich evangelisch, die Stadt Oettingen gemäß ihrer früheren Aufteilung auf die beiden Oettinger Fürstenlinien konfessionell gemischt, der Markt Wallerstein katholisch. Die Dörfer waren – grob vereinfacht – im Norden und Westen überwiegend katholisch, im Süden und Osten eher evangelisch. In manchen Dörfern, z.B. Pfäfflingen und Deiningen, wohnte eine gemischtkonfessionelle Bevölkerung. Daneben lebten in einigen Gemeinden auch größere Gruppen von Juden, z.B. in Kleinerdlingen, Mönchsdeggingen und Wallerstein. Ab 1860 durften sich nach 350 Jahren wieder Juden in Nördlingen ansässig machen.

Im Ries kam es zu keiner nennenswerten Industrialisierung, viele Arbeitskräfte wanderten in die Städte ab. Eine Rolle hierbei spielte auch die Eisenbahn. Bereits 1849 bekam Nördlingen Anschluß an die Nord-Süd-Bahn München-Nürnberg. 1863 schuf die Strecke nach Aalen eine Verbindung zu Württemberg. 1876 wurde das Eisenbahnnetz in Richtung Dinkelsbühl erweitert, 1903 schließlich noch nach Wemding.

Jahr	Stadt Nördlingen	Stadt Oettingen	Markt Wallerstein	Bezirksamt bzw. Landkreis Nördlingen
1804	5799	3210[17]	2362	
1827			2170	
1840	6464	3268	1867	33452
1852	6749	3202	1705	33941
1855	6441	3133	1485	33203
1861	6412	2950	1351	32508
1867	6873	2829	1372	31454
1871	7079	2868	1402	31211
1875	7223	2892	1481	31310
1880	7837	3032	1482	31794
1885	8095	3156	1377	32287
1890	8004	3097	1297	31667
1895	8263	3110	1334	31445
1900	8299	2975	1262	30787
1905	8511	2906	1221	30582
1910	8705	2906	1253	30925

Einwohnerzahlen im 19. Jh.[18]

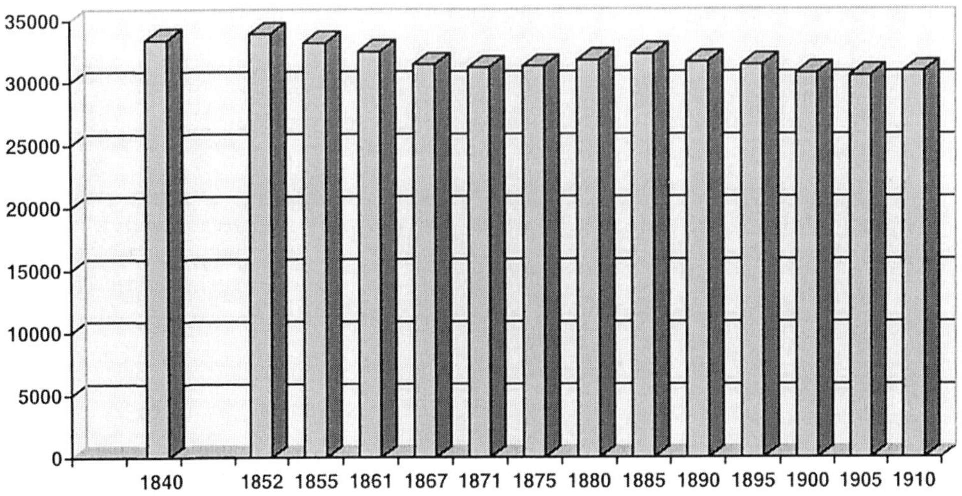

Die Bevölkerungsentwicklung im Bezirksamt bzw. Landkreis Nördlingen

[17] Im Jahr 1806.

[18] Einwohnerzahlen nach dem Historischen Gemeindeverzeichnis und den Adreßbüchern der Stadt Nördlingen von 1886, 1896 und 1906. Die Einwohnerzahlen von 1895 nach Gruber: Das Ries, S. 276-278.

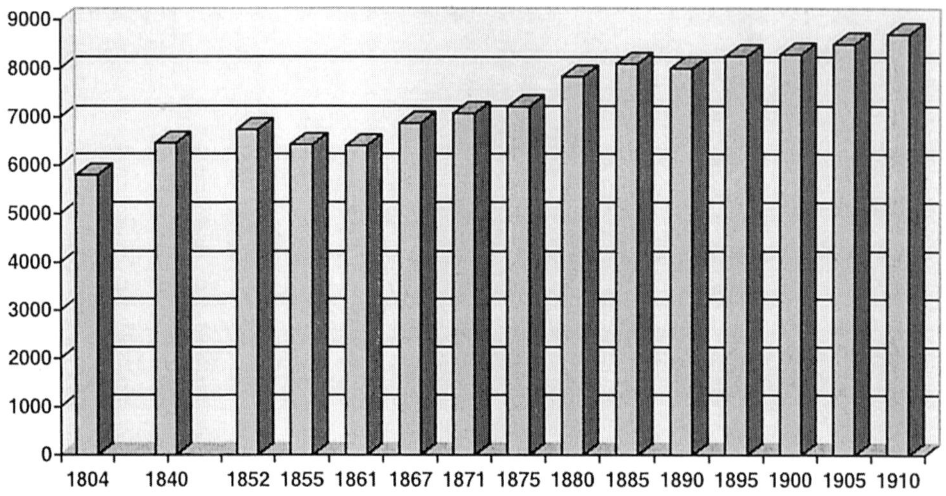

Die Bevölkerungsentwicklung der Stadt Nördlingen

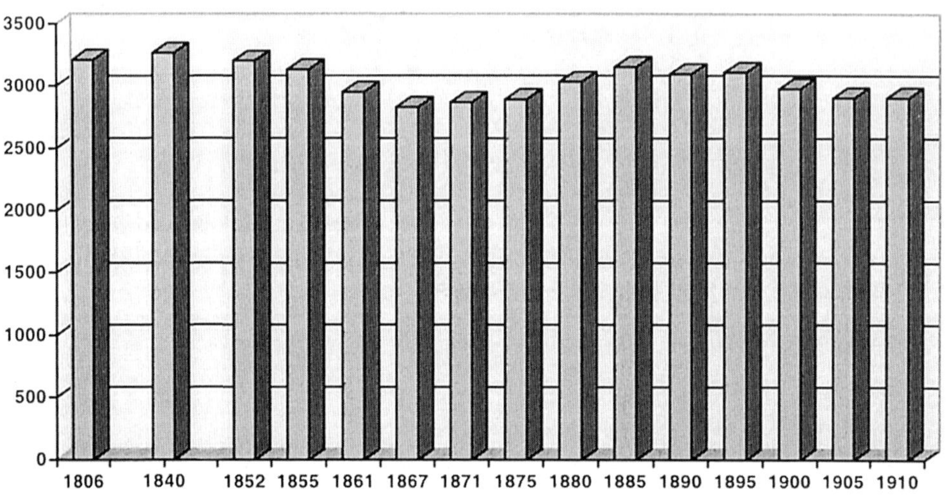

Die Bevölkerungsentwicklung der Stadt Oettingen

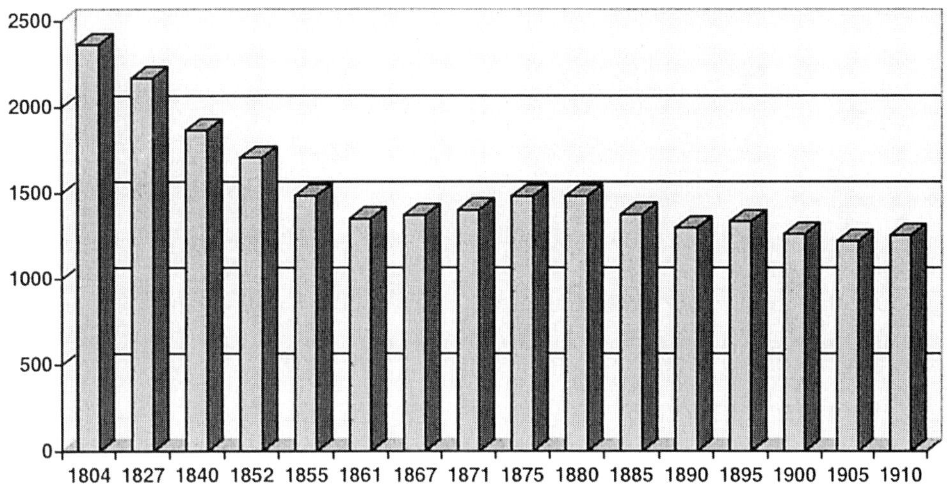

Die Bevölkerungsentwicklung des Marktes Wallerstein

Die Einwohnerzahl der Stadt Nördlingen stieg in der ersten Hälfte des 19. Jahrhunderts von ungefähr 5800 im Jahr 1804 zunächst kontinuierlich auf 6749 im Jahr 1852 an, um dann in den folgenden acht Jahren auf 6400 zu sinken. Anschließend nahm sie wieder zu und betrug 1905 schließlich 8511. Die Bevölkerungsverschiebungen um 1860 dürften mit der Erleichterung der Ansässigmachung 1862 zusammenhängen. Obwohl die hohen Gebühren für einen Heimatschein hemmend wirkten, war es nun leichter, vom Dorf in eine Stadt zu ziehen. Von den 7223 Einwohnern im Jahr 1875 waren 5910 evangelisch, 1039 katholisch und 260 Juden. 1900 betrug das konfessionelle Verhältnis bei insgesamt 8092 Einwohnern 6072 Protestanten, 1810 Katholiken und 408 Juden. Während sich die Bevölkerung Bayerns zwischen 1818 und 1914 fast verdoppelte, war die Zunahme in der Stadt Nördlingen also weniger bedeutend.

Im Bezirksamt bzw. Landkreis Nördlingen ist sogar eine gegenteilige Entwicklung zu beobachten, die nicht allein mit Gebietsveränderungen zu erklären ist: Die Bevölkerung sank von 33.452 im Jahr 1840 auf 31.211 (1871) und 30.787 im Jahr 1900. Dies stellt kein außergewöhnliches Phänomen dar; eine Bevölkerungszunahme erlebten die sich entwickelnden Großstädte: Augsburg wuchs zwischen 1840 und 1882 um 67 Prozent, Nürnberg um 116 und München um 104 Prozent.[19] „Die Landkreise in Schwaben entlang der Landesgrenze zu Baden-Württemberg und in Oberfranken-Oberpfalz hatten dagegen stagnierende bzw. abnehmende Bevölkerungszahlen. Der Trend, der sich zwischen 1840-52 herausbildete, verstärkte sich demnach: Abwanderung aus den Randzonen des westlichen Schwaben und des westlichen Mittelfranken sowie aus Nordfranken-Ostfranken, Zuwanderung in die sich entwickelnden Industriegebiete der großen Städte. Die massive Landflucht hatte, ebenso wie die überseeische Auswanderung, zyklischen Charakter, der in Abhängigkeit von der wirtschaftlichen und politischen Entwicklung sich wellenartig steigerte und in den achtziger Jahren des 19. Jahrhunderts – also in der Hochphase der Industrialisierungsprozesse im letzten Jahrhundert seinen Höhepunkt erreichte."[20]

[19] Leben und Arbeiten im Industriezeitalter, S. 136.
[20] Ebd., S. 136.

Von den 32.508 Einwohnern, von denen die „Bavaria" um 1860 berichtet, gehörten 16.579 dem Landgericht Nördlingen an, 15.929 dem Landgericht Oettingen. Darunter befanden sich 16.447 Protestanten, 14.297 Katholiken, 1752 Juden und 12 Mennoniten. Die 7665 Einwohner des Gerichtsbezirks Wallerstein 1860 teilten sich auf in 3618 Protestanten, 3644 Katholiken und 203 Juden.[21] Der Markt Wallerstein selbst verzeichnete eine gewaltige Bevölkerungsabnahme: Gab es 1804 noch 2362 Einwohner, waren es 1827 noch 2170 und 1840 nur noch 1867. In den folgenden zwanzig Jahren nahm die Einwohnerschaft weiter um 28 Prozent ab. 1900 betrug die Einwohnerzahl gerade noch 1262. Der fürstliche Residenzort Wallerstein verlor mit der Eingliederung in das Königreich Bayern seine Bedeutung. Der Fürst lebte als hoher Hofbeamter in München; besonders die Gewerbe für einen gehobenen Bedarf verließen Wallerstein, weil sie keine Aufträge mehr vom Fürstenhaus erhielten. Die Stadt Oettingen verzeichnete im 19. Jahrhundert einen leichten Bevölkerungsrückgang: von 3210 Einwohnern (1361 evangelisch, 1504 katholisch und 345 Juden) im Jahr 1806 auf 2975 im Jahr 1900. Der Tiefpunkt lag 1867 bei 2829. Dabei veränderte sich auch das konfessionelle Verhältnis: 1885 waren die Protestanten mit 1724 gegenüber den Katholiken mit 1257 in der Überzahl.

Verwaltungsstruktur im 19. Jahrhundert

Das Ries wurde zwischen 1802 und 1806 schrittweise Bayern angegliedert, die Grenze zu Württemberg 1810 endgültig festgelegt. Nach der Gründung des Königreiches Bayern und der Eingliederung neuer Landesteile versuchte der bayerische Staat, die Verwaltung zu vereinheitlichen und zu zentralisieren, um das neue Staatsgebilde in den Griff zu bekommen. Bis 1862 kam es zu mehreren Änderungen in der Verwaltungsstruktur, die auch das bayerische Ries betrafen.[22]

Schon die Zugehörigkeit des Rieses zu den bayerischen Kreisen (heute: Regierungsbezirke) wechselte mehrfach. Anfangs wurden die beiden Fürstentümer Oettingen der Provinz Ansbach, das Gebiet des Landgerichts Nördlingen dem Generallandeskommissariat für Schwaben zugeteilt, was in der Folgezeit größere Probleme mit sich brachte, weswegen 1807 alle drei Bereiche zu Ansbach kamen. Als 1808 das bayerische Staatsgebiet in fünfzehn etwa gleich große Kreise eingeteilt wurde, die nach französischem Vorbild Namen von Flüssen erhielten, kam der Hauptteil des Rieses zum Oberdonaukreis, das seinen Verwaltungssitz im damals kurzzeitig bayerischen Ulm hatte. Nach der Untergliederung Bayerns in neun Kreise im September 1810 wurde das gesamte Ries dem nun anders zusammengesetzten Oberdonaukreis mit Sitz in Eichstätt zugeordnet. Im Februar 1817 erfolgte eine erneute Einteilung Bayerns in acht Kreise; das Ries fiel an den fränkischen Rezatkreis (Hauptstadt Ansbach). 1837 ersetzte König Ludwig I. die Flußnamen durch historische Namen, um bei der Bevölkerung ein Geschichtsbewußtsein zu wecken. Da sich auch die Grenzen der Verwaltungsbezirke veränderten, wurde das Ries vom nunmehr als Mittelfranken bezeichneten Rezatkreis dem Kreis Schwaben und Neuburg (ehemals Oberdonaukreis) mit Verwaltungssitz Augsburg zugeordnet, der seit 1939 Regierungsbezirk Schwaben heißt.

---

[21] Nach den Angaben im Wallersteiner Physikatsbericht.

[22] Siehe hierzu Kudorfer: Nördlingen. – Volckamer: Gerichts- und Verwaltungsbezirke. – Historischer Atlas von Bayerisch-Schwaben.

Im Bereich der Rieser Unterbehörden waren die Umstrukturierungen wegen der überaus zersplitterten Herrschaftsgebiete noch komplizierter. Nach dem Gemeindeedikt von 1818 galten Nördlingen und Oettingen als Städte II. Klasse. Nördlingen erhielt wegen seiner Bedeutung als Grenzstadt zu Württemberg und als ehemalige Reichsstadt einen eigenen königlichen Stadt- und Polizeikommissär, während Oettingen der Verwaltung des Herrschaftsgerichts untergeordnet blieb. Für kurze Zeit, 1803 bis 1810, gehörte auch Bopfingen zu Bayern.

Im Gebiet des Fürstentums Oettingen-Spielberg wurden 1812 die Herrschaftsgerichte Mönchsroth, Oettingen diesseits der Wörnitz und Oettingen jenseits der Wörnitz (mit der Stadt Oettingen) gebildet; aus den beiden letzteren entstand 1814 das Stadt- und Herrschaftsgericht Oettingen. Mehrere Änderungen gab es im Fürstentum Oettingen-Wallerstein: Von den 1807 formierten sechs Justizämtern Wallerstein, Harburg, Maihingen, Neresheim, Bissingen und Baldern blieben 1810 nach Abtretung der württembergischen Gebiete nur noch die Untergerichte Wallerstein, Harburg, Maihingen und Bissingen übrig, die ab 1812 Herrschaftsgerichte hießen. 1820 wurde das Herrschaftsgericht Maihingen aufgeteilt. Seine Gemeinden im Norden und Osten des Rieses wurden dem Herrschaftsgericht Wallerstein, die im Südosten dem Herrschaftsgericht Harburg zugeteilt. Am Riesrand entstand nach einer Entschließung von 1834 aus dem westlichen Teil des Landgerichts Monheim ein neues Landgericht mit Sitz in Wemding.

Nach Aufhebung der standesherrlichen Gerichtsbarkeit 1848 arbeiteten die Herrschaftsgerichte Oettingen, Wallerstein, Bissingen und Harburg vorerst als „kgl. Gerichts- und Polizeibehörden" weiter. „Polizei" bezeichnete damals die Verwaltung. Erst seit jenem Jahr unterstanden auch die unteren Behörden unmittelbar dem Staat; bis dahin waren immer noch die fürstlichen Beamten die Vertreter der Obrigkeit gewesen. 1852 wurde die Gerichts- und Polizeibehörde Harburg aufgelöst und der Hauptteil des Gebietes dem Landgericht Nördlingen zugeteilt, das bis dahin zu klein und kein geschlossenes Gebiet gewesen war. Bereits vorher hatte Nördlingen Hohenaltheim und Niederaltheim (bisher Gerichts- und Polizeibehörde Bissingen) sowie auf Antrag des Landrichters und der Gemeinden selbst Appetshofen, Balgheim und Möttingen erhalten. 1849 wurde die kgl. Gerichts- und Polizeibehörde Wallerstein zum Landgericht II. Klasse umgewandelt. Es fanden in dieser Zeit auch einige Grenzbereinigungen statt. Während das Landgericht Oettingen annähernd unverändert blieb, wurde das zum Landgericht II. Klasse umbenannte Bissingen vergrößert. Es gab damit im Ries 1852 ein Landgericht I. Klasse, nämlich Nördlingen, und drei Landgerichte II. Klasse (Oettingen, Wallerstein und Bissingen).

Größere Umstrukturierungen fanden noch 1862 statt: Die Landgerichte Wallerstein und Bissingen wurden aufgelöst, das Wallersteiner Gebiet zwischen den Landgerichten Nördlingen und Oettingen aufgeteilt. In diesem Jahr wurde in Bayern die Rechtsprechung von der Verwaltung getrennt; für die Administration waren nunmehr die Bezirksämter zuständig, für die Justiz die Landgerichte, die ab 1879 Amtsgerichte genannt wurden, während die Landgerichte seitdem die nächsthöhere Instanz bezeichneten. Dem Bezirksamt Nördlingen waren das Landgericht Nördlingen und das Landgericht Oettingen unterstellt. Die Stadt Nördlingen blieb bezirksunmittelbar.

Weitreichende Umgestaltungen gab es erst wieder bei der Gebietsreform 1972, als die bis dahin kreisfreie Stadt Nördlingen und der Landkreis Nördlingen mit dem Landkreis Donauwörth zu einem Großlandkreis mit dem Namen Nördlingen-Donauwörth (geplanter Sitz in Nördlingen) vereinigt wurden. Auch die Stadt Rain am Lech und einige Gemeinden dieser Region, die zuvor dem Landkreis Neuburg/Donau angehört hatten, kamen hinzu. 1973 wurde der Name in Landkreis Donau-Ries geändert; Sitz der Kreisverwaltung ist seitdem Donauwörth, Nördlingen erhielt als Ausgleich einige Behörden. Diese „gesetzlich verfügte Zwangsehe"[23] ging nicht ohne große Kontroversen in der Bevölkerung vor sich, die anderen Landkreisen den Vorzug gegeben hätte. So wie Anfang und Mitte des 19. Jahrhundert das bayerische Königshaus bemüht war, in dem neu zusammengewürfelten Königreich ein bayerisches Nationalbewußtsein zu schaffen, war sich auch der damalige Landrat Dr. Andreas Popp dieses Problems im Landkreis Donau-Ries bewußt: „Von keinem der Beteiligten und Betroffenen ist der Landkreis Donau-Ries in seiner heutigen Form gewollt und gewünscht worden. ... Was durch so viele Generationen gewachsen war, was durch Mentalität, Stammeszugehörigkeit und die Landschaft geprägt war, läßt sich nicht ohne weiteres in eine neue Verwaltungseinheit pressen."[24] Im Rückblick formuliert er: „Die erste und damit schwierigste Aufgabe war, den neugebildeten Landkreis zusammenzuführen, seinen Bewohnern das Bewußtsein der Zugehörigkeit zu vermitteln, damit sie auch bereit waren, für diese Gemeinschaft einzustehen und finanzielle Opfer zu bringen."[25]

Quellen zum Leben im Ries

Im Zentrum dieser Arbeit stehen amtliche und nichtamtliche Bild- und Schriftquellen des 19. und beginnenden 20. Jahrhunderts. Die amtlichen Quellen entstanden in erster Linie im Zusammenhang mit den Wittelsbacher Maßnahmen zur „Hebung des bayerischen Nationalgefühls". Nachdem Maximilian II. bereits 1846 als Kronprinz Interesse für das Thema Tracht bekundete, ließ er ab 1852 über den Verwaltungsapparat Erhebungen über noch bestehende Trachten und geeignete Mittel zum Trachtenerhalt anstellen. Für das Ries existieren in diesem Zusammenhang acht Trachtenabbildungen, die gern als Quelle und Illustration herangezogen werden. Die handschriftlichen Antworten der unteren Rieser Behörden werden hier erstmals untersucht.

1858 beauftragte Maximilian II. die beamteten Stadt- und Landgerichtsärzte mit der Abfassung der sog. Physikatsberichte, die in den letzten Jahren wiederentdeckt und verstärkt als volks- und heimatkundliche Quelle herangezogen wurden. Nach einem ausführlichen vorgegebenen Fragenkatalog, der z.T. einem volkskundlichen Kanon gleicht, hatten diese Ärzte ihren Bezirk, das Physikat, zu beschreiben. Für das Ries sind die drei Berichte der Landgerichte Nördlingen, Oettingen und Wallerstein relevant, von denen bisher nur kurze Zitate für wenige Themen verwendet wurden.

---

[23] Landrat a. D. Dr. Andreas Popp: Es begann im Jahre 1972. In: 25 Jahre Landkreis Donau-Ries. Donauwörth 1997, S. 16.
[24] Landrat Dr. Andreas Popp in einem Interview. In: Bayerland 83, Nr. 9 (Sept. 1981), S. 53.
[25] Popp: Es begann im Jahre 1972, S. 16.

Etwa zur gleichen Zeit entstand unter der Redaktion Wilhelm Heinrich Riehls die vom König in Auftrag gegebene, mehrbändige „Bavaria“ als „Landes- und Volkskunde des Königreichs Bayern“, deren Band „Schwaben und Neuburg“ 1863 erschien. Das Ries wird hierin gesondert behandelt und von Melchior Meyr, einem aus dem Ries stammenden und zeitlebens mit diesem verbundenen Literaten, in einer „Ethnographie des Rieses“ geschildert. Sie diente seither häufig als Beleg für Aussagen über das Rieser Volksleben.

Meyr verfaßte darüber hinaus 1864/65 für eine Familienzeitschrift einen Aufsatz mit dem Titel „Land und Leute im Ries“. Der Aufsatz stellt ein Bindeglied zwischen administrativer und literarischer Beschäftigung mit der ländlichen Kultur des Rieses dar. Außerdem erschienen im Zeitraum von 1856 bis 1870 insgesamt acht „Erzählungen aus dem Ries“ von Meyr, Dorfgeschichten, in die er auch längere Beschreibungen des Rieser Volkslebens einflocht.

Zu einigen dieser Dorfgeschichten schuf der damals populäre Münchner Genremaler Karl von Enhuber um 1864/65 Gemälde, die bestimmte Episoden der Geschichten zum Gegenstand haben. Teilweise sind auch noch Vorzeichnungen und Skizzen erhalten. Einige der Gemälde wurden als Vorlagen für Stiche genommen. Während die Stiche weit verbreitet sind und häufig als Illustration Verwendung fanden, gerieten die Gemälde in Vergessenheit. Zu einer mit Enhubers Grisaillen illustrierten Ausgabe von Meyrs Romanen kam es nie. Dreizehn dieser als Illustrationen gemalten Bilder wurden aber um 1870 in dem Büchlein „Deutsches Volksleben“ veröffentlicht. Die Bildkommentare dazu stammen wiederum von Melchior Meyr, der darin eine Zusammenfassung der Geschichten liefert.

Aus dem Anfang des 19. Jahrhunderts liegen kaum Quellen zum Rieser Leben vor. Nur wenige Arbeiten einheimischer Künstler beschäftigten sich damit. Der Nördlinger Stadtschreiber Johannes Müller arbeitete in Gegenüberstellungen von Stadt- und Landbevölkerung die Unterschiede der Kleidungsweisen heraus. Der später als Schlachten- und Pferdemaler berühmte gebürtige Nördlinger Albrecht Adam zeichnete und aquarellierte am Anfang seiner Karriere auch Rieser Motive. Besonders bei Friedrich Wilhelm Doppelmayr stellen Personen eher Staffage bei seinen Ortsansichten dar. Gut dokumentiert ist der Empfang des Königspaares 1829 in Marktoffingen mit der Selbstdarstellung eines Dorfes.

Ab 1850/1860 entstanden mehrere Graphiken, die vor allem Rieser Tracht zeigen. Die Holzstiche Robert Beyschlags, eines gebürtigen Nördlingers, und Rudolf Geißlers erschienen in populären Familienzeitschriften, ein Holzstich Beyschlags bebilderte Melchior Meyrs Aufsatz „Land und Leute im Ries“. Sie wurden später häufig als Illustration verwendet. Einzelne Skizzen und Blätter stammen von Carl Stauber, Carl August Lebschée und Friedrich Michael Heil. Zwei Blätter des Kostümkundlers Albert Kretschmer befassen sich ebenfalls mit Rieser Trachten.

Einen Teil dieser Quellen griff bereits der Maler und Trachtenspezialist Theodor Lauxmann auf, der den Auftrag hatte, ein Buch über württembergische Trachten zu schreiben. Ein 1919 datiertes Manuskript Lauxmanns über die Trachten in den evangelischen Dörfern des württembergischen Riesteils zeichnet sich durch detaillierte, akribische Beschreibungen aus, z.T. versehen mit Randskizzen. Zu einer Veröffentlichung kam es nicht, nur die Passage über die „Wolkenröcke“ fand Eingang in ein trachtenkundliches Werk.

Das letzte Kapitel behandelt die Beteiligung von Rieser Gruppen an Münchner Festzügen ab dem letzten Drittel des 19. Jahrhunderts, einen Festzug im Ries, Berichte in heimatkundlichen Büchern ab 1870 und Trachtenpostkarten sowie eventuelle Zusammenhänge und Abhängigkeiten der Darstellungen untereinander. In die 20er Jahre des 20. Jahrhunderts fallen die Gründung der Trachtenvereine im Ries und zwei „Rieser Heimatwochen". Seit den 60er und 70er Jahren unseres Jahrhunderts wird Themen wie Rieser Tracht und Rieser Heimatbewußtsein verstärkt Aufmerksamkeit geschenkt.

Die Wittelsbacher Einigungs- und Kulturpolitik

Um 1800 wurde in Folge der durch Napoleon ausgelösten politischen Umwälzungen die europäische Landkarte im Rahmen einer großen „Flurbereinigung"[26] neu gestaltet. So erhielt Bayern zwischen 1803 und 1816 als Entschädigung für verlorene Gebiete am Rhein über 230 geistliche und weltliche Territorien neu dazu.[27] „Darunter Fürstentümer, Stadtrepubliken, reichsritterschaftliche Zwergherrschaften, katholische, evangelische und reformierte, altbayerische, fränkische und pfälzische Bewohner. Daß es gelang, dieses Konglomerat in erstaunlich kurzer Zeit zu einem geschlossenen Ganzen zusammenzuschweißen, war in erster Linie das Verdienst der Regierung Montgelas und ihrer zahlreichen fähigen Mitarbeiter. Die Aufgabe, die zahlreichen neuen Territorien mit den alten zu verschmelzen und das neue Bayern zu einem einheitlich verwalteten Staat mit gemeinsamer Gesetzgebung und einem alle Teile verbindenden Staatsbewußtsein umzuwandeln, war der äußere Hauptanlaß für die Reformen der Montgelas-Zeit."[28]

Die Pfalz nicht mitgerechnet machten die neu dazugekommenen Teile Franken und Schwaben etwa die Hälfte des bayerischen Staatsgebietes aus.[29] Bayern, das 1806 durch Napoleon zum Königreich erhoben worden war, blieb ein inhomogenes Land, obwohl unter Minister Graf Maximilian Joseph von Montgelas (1759-1838), Minister in wechselnden Ressorts zwischen 1799 und 1817, die Verwaltung vereinheitlicht und zentralisiert und eine neue einheitliche Gesetzgebung geschaffen wurde. Montgelas verbot dabei oft Elemente der Volkskultur, etwa Prozessionen, für die er in seiner aufgeklärten Haltung kein Verständnis aufbrachte. Dennoch blieb das Problem, daß die neuen Gebiete ganz andere geschichtliche und politische Traditionen und eine andere konfessionelle Struktur als das ehemalige Wittelsbachische Herzogtum hatten, weiter existent; mit Neubayern kamen auch erhebliche protestantische Bevölkerungsteile zum katholisch geprägten Altbayern.

Bereits König Ludwig I. (1786-1868), König von 1825 bis 1848, versuchte, einige zu rationalistische Maßnahmen Montgelas' zu korrigieren und stattdessen zur inneren Festigung des Landes das Bewußtsein der eigenen Identität und Geschichte in den einzelnen Landesteilen zu stärken. So gab er den zwischenzeitlich nach französischem Vorbild mit Flußnamen bezeichneten Kreisen ihre heutigen historischen Namen und gestattete den Städten, ihre alten Wappen wieder zu führen. Mit massiver Förderung des Königs wurden die bayerischen Geschichtsvereine gegründet. Ludwig I. ordnete an, daß in den Schulen neben der allgemeinen Geschichte vorrangig auch die bayerische unterrichtet werden sollte. Um Glanztaten bayerischer Geschichte und bedeutende Persönlichkeiten ins Gedächtnis der Bevölkerung zu rufen, ließ er Nationaldenkmale errichten und z.B. die Walhalla als „Ruhmestempel" mit Büsten berühmter Deutscher bauen. Auf Ludwig I. geht

[26] Fehn: Land Bayern, S. 647.

[27] Für die Einigungspolitik folgt die Abhandlung im wesentlichen der Arbeit von Hanisch: Für Fürst und Vaterland. Für das Verständnis der Kulturpolitik sind die Arbeiten von Bauer, Hartinger und Körner wegweisend.

[28] Weis: Das neue Bayern, S. 51.

[29] Hanisch: Für Fürst und Vaterland, S. 11.

auch die amtliche Denkmalpflege zurück. Im Bereich des religiösen Volkslebens wurde eine Reihe staatlicher Einschränkungen wieder aufgehoben.[30] Wohl in Erinnerung an seine eigene Hochzeit im Jahr 1810 und seine Silberhochzeit 1835, als Trachtenpaare die einzelnen Kreise repräsentierten, ließ Ludwig I. 1842 die Hochzeit seines Sohnes, des Kronprinzen Maximilian (1811-1864), König seit 1848, mit einem Trachtenzug von 35 Brautpaaren feiern. Eine Partizipation der Bevölkerung an der Politik fand dagegen nur in verschwindend geringem Umfang statt: Von 1819 bis 1848 besaßen nur sechs Prozent der Untertanen das aktive Wahlrecht.[31]

Die Labilität des neuen Staatsgebildes zeigte sich deutlich bei der Revolution 1848, als die neuen bayerischen Gebiete im Vergleich zu den altbayerischen Regierungsbezirken Ober- und Niederbayern und Oberpfalz viel unruhiger waren.[32] Besonders hier bildeten sich zahlreiche republikanisch gesinnte Vereine. Der Thronverzicht Ludwigs I. und die Erfüllung der meisten revolutionären Forderungen, z.B. die endgültige Abschaffung der Grundherrschaft, durch seinen Sohn und Nachfolger Maximilian II. bezwangen zwar die Revolution, aber die Gefährdung des Thrones und des Staates blieb den Regierenden im Bewußtsein. Die dringlichste Aufgabe des neuen Königs war die Stabilisierung der politischen Verhältnisse. Reisen in die besonders unruhigen Gebiete Neubayerns im Jahr 1849 verfolgten das Ziel, die Verbindung der dortigen Bevölkerung mit ihrem Herrscher als Integrationsfigur zu stärken. Die von den örtlichen Behörden nach detaillierten schriftlichen Anleitungen organisierten Empfänge boten den Untertanen Gelegenheit zu Loyalitätsbekundungen; sie sollten dem König als Personifizierung des Königreiches zujubeln, um das bestehende System der konstitutionellen Monarchie zu sichern – ein bereits bei Ludwig I. bewährtes Verfahren. Eine stärkere politische Beteiligung der Bevölkerung war von Seiten des Königs jedoch nicht vorgesehen.

Die während der Revolution erhobene Forderung nach einem deutschen Nationalstaat bedrohte Bayerns Souveränität. Besonders in Franken gab es starke deutschnationale Wünsche. Maximilian II. dagegen lehnte den bundesstaatlichen Verfassungsentwurf der Nationalversammlung in der Frankfurter Paulskirche ab. Die Stellung Bayerns innerhalb Deutschlands blieb ungeklärt; Preußen sann nach einer deutschen Einheit unter seiner Führung. Demgegenüber hegte der bayerische König den Wunsch, sein Königreich als Mittelmacht zu etablieren. Er verfolgte das Ziel, die deutschen Klein- und Mittelstaaten unter bayerischer Führung als ein „drittes Deutschland" neben Österreich und Preußen zu formieren. „Maximilian II. versuchte, die kleinen und mittleren deutschen Staaten unter Führung Bayerns als dritte Kraft zwischen die konkurrierenden Mächte Österreich und Preußen einzubringen (Triasidee)."[33] Dazu erschien es geboten, innere Einheit und Zusammengehörigkeit zu demonstrieren.

Als geeignetes Mittel für seine verschiedenen Interessen, nämlich die neubayerischen Gebiete zu integrieren, Gefahren für die Monarchie und die eigenständige Existenz sei-

---

[30] Vgl. Hartinger: Das Haus Wittelsbach.

[31] Hanisch: Für Fürst und Vaterland, S. 167.

[32] Siehe dazu auch Keßler: Politische Bewegungen in Nördlingen und dem bayerischen Ries während der deutschen Revolution 1848/49.

[33] Bauer: König Maximilian II., S. 1 f.

nes Königreiches abzuwehren und einen Anspruch auf eine Führungsrolle Bayerns innerhalb Deutschlands erheben zu können, sah der König die Stiftung eines gemeinsamen bayerischen Nationalgefühls, „einer gesamtbayerischen Identität“[34]. „Die Revolution 1848 hatte die Defizite an Legitimität der bayerischen Monarchie, das heißt ihren Mangel an innerer Anerkennung durch ihre Untertanen, wie nie zuvor deutlich werden lassen. Deutsche Einheit und deutsche Nation, Volkssouveränität und Demokratie bedeuteten vielen bayerischen Untertanen mehr als das Königreich Bayern, die Souveränität seiner Krone und monarchische Herrschaft auf der Grundlage des Gottesgnadentums. Das Programm zur 'Hebung des bayerischen Nationalgefühls‘ sollte den Forderungen der Revolution entgegenwirken. Es war – unter Berücksichtigung all dessen, was Maximilian II. unter diesem weiten Titel subsumierte – für Maximilian II. das Mittel schlechthin, um für die bayerische Monarchie, für Königreich und Königsherrschaft, Legitimität zu stiften, d.h. innere Anerkennung bei den Untertanen für die bestehende und gerade noch über die Revolution 1848 hinweggerettete, alte Ordnung zu gewinnen.“[35] Obwohl seine Zeitgenossen König Maximilian II. Preußenfreundlichkeit vorhielten, weil er in Preußen studiert hatte, mit einer preußischen Prinzessin verheiratet war, norddeutsche Gelehrte nach München an die Universität holte und zu seinen Beratern machte, war gerade er es, der sich in besonderem Maß um das bayerische Landesbewußtsein kümmerte.

Erklärungsmuster für das Vorgehen der Wittelsbacher Herrscher bieten kulturwissenschaftliche Überlegungen. Basierend auf dem Ansatz von Petr Bogatyrev spricht Christine Burckhardt-Seebass von einem „Wir-Gefühl“, das u.a. gegründete soziale oder politische Vereinigungen, denen die als Einheit erlebte historische Dimension, der gemeinsame kulturelle Stil fehlten, erfinden, konstruieren oder aus anderen Zusammenhängen entnehmen.[36] Gleichzeitig sei das „Wir-Gefühl“ Voraussetzung für die Entwicklung eines gruppenspezifischen Kleidungsstils. Entsprechende Zeichen dieser Gruppen nennt Burckhardt-Seebass „Embleme“.

In diese Richtung geht auch die Arbeit von Markus Barnay, der bei der Analyse des Vorarlberger Landesbewußtseins auf Max Weber zurückgreift.[37] Nach diesem wirken Merkmale wie Rasse, Sprache oder Religion allein nicht gemeinschaftsbildend, sondern erleichtern eine Gemeinschaftsbildung allenfalls. Erst durch die Entstehung bewußter Gegensätze gegen Dritte, besonders gegen augenfällig Andersgeartete entstehe „Gemeinschaftsgefühl“. Unter einer ethnischen Gruppe versteht Weber eine Menschengruppe, die auf Grund von Ähnlichkeiten verschiedener Elemente subjektiv an eine Abstammungsgemeinsamkeit glaubt. Diese Elemente können Sprachgemeinschaft, gemeinsamer religiöser Glaube, gemeinsame politische Schicksale, Ähnlichkeiten im äußeren Habitus und Auffälligkeiten in der alltäglichen Lebensführung sein. „Neben wirklich starken Differenzen der ökonomischen Lebensführung spielten bei ethnischem Verwandtschaftsglauben zu allen Zeiten solche der äußeren Widerspiegelungen, wie die

---

[34] Griebel: Wittelsbacher Trachtenpolitik, S. 106.

[35] Hanisch: Für Fürst und Vaterland, S. 6 f.

[36] Burckhardt-Seebass: Trachten als Embleme.

[37] Barnay: Die Erfindung des Vorarlbergers.

Unterschiede der typischen Kleidung, der typischen Wohn- und Ernährungsweise, der üblichen Art der Arbeitsteilung zwischen den Geschlechtern und zwischen Freien und Unfreien ... eine Rolle."[38]

Nach Max Weber fördert der „ethnische Gemeinsamkeitsglaube" die politische Vergemeinschaftung. Das führe dazu, daß noch so künstliche politische Gliederungen dazu neigten, ethnischen Gemeinsamkeitsglauben zu wecken. Man kann die verschiedenen Aktivitäten Maximilians II. zur „Hebung des bayerischen Nationalgefühls" unter diesem Aspekt betrachten. Die Bevölkerung des künstlich zusammengefügten politischen Gebiets „Bayern" sollte ein ethnisches Bewußtsein entwickeln, das Gefühl „Wir Bayern", Stolz auf die Geschichte. Markus Barnay kommt in seiner Untersuchung zu dem Ergebnis, daß die Inhalte ethnischen Bewußtseins durchaus wandelbar sind, einem historischen Prozeß unterliegen und von politischen, wirtschaftlichen und sozialen Interessen bestimmt sind. Die Entstehung des Landesbewußtseins sei nur im Kontext der politischen Zentralisierung und Vereinheitlichung der Verwaltung erklärbar.

Hier bietet sich ein kurzer Blick auf das Regionalbewußtsein in Schwaben mit seiner komplizierten Binnenstruktur[39] an. Innerhalb der politisch gebildeten Verwaltungseinheit „Schwaben", die keine gemeinsame Vergangenheit hat, sind ähnliche Tendenzen wie im Königreich Bayern zu beobachten. Der Bezirk Schwaben bemüht sich seit langem, eine bayerisch-schwäbische Identität zu fördern. 1929 wurde in Schwaben eine hauptamtliche Kreisheimatpflegerstelle eingerichtet, die erste in Deutschland. Nicht nur Heinze betrachtet dies als ersten Ansatz zu einer selbständigen Kulturpolitik, der den Grundstein für ein schwäbisches Selbstbewußtsein legte.[40] Der schwäbische Bezirkstagspräsident Dr. Georg Simnacher, der auch gerne als „Schwabenherzog" tituliert wird, engagiert sich stark in der regionalen Kulturpolitik. Als Vorsitzender des Verbandes der bayerischen Bezirke ist ihm daran gelegen, die Bezirke als Kulturregionen Europas zu etablieren. Die drei Museen des Bezirks Schwaben (Schwäbisches Bauernhofmuseum Illerbeuren, Schwäbisches Volkskundemuseum Oberschönenfeld, Rieser Bauernmuseum Maihingen), das Schwäbische Bildungszentrum Irsee sowie die beiden Volksmusik- und Trachtenberatungsstellen beruhen auf einer politisch gewollten Stärkung der regionalen Identität. Eher wirtschaftliche Gründe liegen dem „Schwabenmarketing" zugrunde. Seit 1995 soll es, anfangs unter Federführung des Bezirks Schwaben, nach innen und außen das „Schwaben-Bewußtsein" stärken. Ziel ist, das Bewußtsein heimischer Gruppen, Institutionen und Firmen für die Region zu festigen und Schwaben als attraktiven Standort für Investoren sowie interessantes Ziel für Urlauber darzustellen.[41]

Zurück in die Mitte des 19. Jahrhunderts: Maximilian II. wollte wissenschaftlich begründet regieren und holte vor Entscheidungen Gutachten ein, auch vor der Einleitung der Reformen und Maßnahmen, die ab Ende 1849 auf die Erweckung eines bayerischen

---

[38] Max Weber: Wirtschaft und Gesellschaft, Tübingen 5. Aufl. 1972, S. 239 (zitiert nach Barnay: Die Erfindung des Vorarlbergers, S. 16).

[39] So Brückner: Schwaben in Bayern, S. 194.

[40] Heinze: Die Region Bayerisch-Schwaben. Siehe dazu auch Frei (Hg.): 50 Jahre Heimatpflege in Schwaben. – Bayerische Blätter für Volkskunde 13 (1986) H. 4 (= Themenheft: Schwaben).

[41] Augsburger Allgemeine vom 25.4.1996, Titelseite.

Landesbewußtseins hinzielten. „Max II. beschäftigte von den ersten Monaten seiner Regierung an das Innenministerium und seine Mittel- und Unterbehörden damit, ihm für geplante Maßnahmen umfangreiche Berichte und Vorschläge als Entscheidungshilfen zu unterbreiten. ... Diese Praxis war keineswegs eine neue Erfindung, doch mit ihren spezifischen Fragestellungen bildet sie den Kulminationspunkt in der Geschichte der Verwaltungsberichte.“[42] Nicht alles an dem Programm war neu; es gab Vergleichbares in anderen deutschen Staaten, von denen eine Anzahl ebenfalls neu zusammengefügt war.[43] Auch Maximilians Vater Ludwig I. hatte schon in dieser Richtung gewirkt, neu waren aber der politische Stellenwert, die Einbeziehung weiter Bereiche des öffentlichen Lebens und die Intensität, mit welcher der eigentlich als nicht sehr entscheidungsfreudig bekannte König die Maßnahmen vorantrieb. Er wurde dabei von seinen Ministerien und Behörden keineswegs immer begeistert unterstützt. Seine Nachfolger übernahmen nach seinem Tod 1864 nur Teile der Maßnahmen.[44]

Die Förderung des bayerischen Nationalbewußtseins hatte zum Ziel, die Liebe der Untertanen zum Land und ihren Stolz auf die geschichtliche Größe Bayerns zu erwecken oder zu stärken und ihre Zufriedenheit mit Staat, Verwaltung sowie den sozialen und wirtschaftlichen Verhältnissen zu gewährleisten. Zu den Maßnahmen zur „Hebung des Nationalgefühls“ zählte die Förderung des Unterrichts in bayerischer Geschichte. Immerhin waren die Wittelsbacher die europäische Dynastie, die am längsten, seit 1180, regierten. Maximilian II., der als Kronprinz Geschichtswissenschaft studiert hatte, etablierte diese in Bayern. Gegen den Rat seiner Berater wollte der König alte Feste, die größtenteils unter dem Aufklärer Montgelas verboten worden waren, wieder aufgreifen. Die Einführung neuer Feste erschien nach einiger Diskussion zu teuer; außerdem hätten wegen der Größe des Landes ohnehin nicht alle Untertanen die Möglichkeit einer Teilnahme gehabt. Das seit 1810 bestehende Oktoberfest förderte der König jedoch trotz der Einwände seiner Berater stark.[45]

Gleichzeitig sollten die einzelnen Regionen durchaus ein Selbstwertgefühl und ein Bewußtsein für ihre spezifischen Eigenarten entwickeln, um nicht den Eindruck zu gewinnen, von Altbayern vereinnahmt zu werden. Einen besonderen Stellenwert für die Stärkung des bayerischen Landesbewußtseins nahm dabei die Trachtenpflege ein, die 1852 intensiv einsetzte.[46] In diesem Rahmen ist zu sehen, daß Maximilian II. der erste Wittelsbacher war, der zuweilen selbst Tracht trug und sich als Vorbild in dieser abbilden ließ. Seitdem ist Tracht hof- und gesellschaftsfähig. Er widmete sich der Volksmusikpflege und förderte Dichter, die in bayerischer Mundart schrieben oder ihre Werke in Bayern ansiedelten. Zu diesen gehörte besonders Franz von Kobell (1803-1882), aber auch der aus dem Ries stammende Melchior Meyr erhielt für eine gewisse Zeit einen Zuschuß von Maximilian.

[42] Griebel: Tracht und Folklorismus, S. 56.
[43] Vgl. etwa die Arbeit von Schmitt: Volkstracht in Baden.
[44] Hanisch: Für Fürst und Vaterland, S. 4. 1866 setzte sich Bismarcks kleindeutsche Lösung durch; Österreich schied aus dem Staatenbund aus. 1871 wurde das deutsche Reich gegründet.
[45] Vgl. die beiden Arbeiten von Gerda Möhler über das Oktoberfest bzw. das Zentrallandwirtschaftsfest. Patriotische Festinszenierungen gab es zu dieser Zeit lt. Burckhardt-Seebass auch in der Schweiz.
[46] Siehe Kap. Trachtenumfrage.

Bereits als Kronprinz gab der König für seine privaten Studien 1846 auf Vorschlag seines Privatsekretärs Franz Xaver Schönwerth (1810-1886)[47] eine Ethnographie in Auftrag. Er schickte den Maler und Schriftsteller Joseph Friedrich Lentner (1814-1852)[48] mit einem detaillierten Programm auf Wanderungen durch das Land. Außer den Bearbeitungspunkten Nahrung, Kleidung, Wohnung, Tages-Gewohnheiten, Verhältnis der Geschlechter, Begehung der Hochzeiten, Taufen, Begräbnisse sollte Lentner auf Wunsch des Königs auch den religiösen und sittlichen Zustand erforschen.[49] „Sechs Jahre durchwanderte Lentner Ober- und Niederbayern sowie Teile Bayerisch-Schwabens und hinterließ bei seinem Tod 1852 umfangreiche Beschreibungen."[50] Die ethnographischen Aufzeichnungen waren ursprünglich als Manuskript zur Privatlektüre für die Bibliothek des Königs gedacht, damit dieser sich vor Besuchen in den einzelnen Landesteilen aktuell informieren konnte. Nach dem Tod Lentners war der Regierungsassessor Eduard Fentsch[51] mit der Weiterführung der „Ethnographie von Bayern" betraut worden. Ebenfalls im Jahr 1846 ließ sich der Kronprinz auf dem Verwaltungsweg über das Aussehen und die Situation der Trachten in den einzelnen Stadt- und Landgerichten unterrichten.[52]

Viele Anregungen erhielt der universal interessierte und gebildete Maximilian II. bei seinen „Symposien", abendlichen Unterhaltungen und Diskussionen über oft aktuelle Themen in einem Kreis von Gelehrten und Künstlern verschiedener Disziplinen. Diese Abende in ungezwungener Atmosphäre wurden z.T. mehrfach pro Woche abgehalten. Der König wehrte sich zwar gegen eine politische Beeinflussung bei dieser Gelegenheit, suchte aber Ratschläge in der Kulturpolitik.[53] Zu den regelmäßig Geladenen zählten beispielsweise die Dichter Geibel, Heyse und Kobell, der Naturwissenschaftler Liebig und der Gelehrte Carriere[54], ein Bewunderer Melchior Meyrs. Nach Hornig überwog in den Jahren 1853 bis 1855 das literarische Moment, während in den folgenden Jahren wissenschaftliche Themen im Mittelpunkt standen. Stets aber bildete ein literarischer Vortrag den Abschluß des Abends. Zu diesem engen Kreis um den König gehörte Wilhelm Heinrich Riehl (1823-1897), den Maximilian II. 1854 nach München geholt hatte und der als einer seiner engsten Berater zahlreiche Gutachten für ihn verfaßte. Riehl wurde „Oberredakteur der Presseangelegenheiten" der Regierung, erhielt einen Lehrauftrag an der Münchner Universität für „Staatswissenschaft, Staatskunst, Gesellschafts-Wissenschaft, Staatswirtschaft, Cultur- und Staatengeschichte" und wurde 1859 zum ordentlichen Professor für „Kulturgeschichte und Statistik" ernannt. 1885 bis zu seinem Tod 1897 war er auch Direktor des vom König gegründeten Bayerischen Nationalmuseums in München.[55] Der Protestant Riehl vertrat u.a. die Ansicht, daß eine Staatsverwaltung

[47] Zu Schönwerth s. Alzheimer: Volkskunde in Bayern, S. 250 f.

[48] Zu Lentner s. Alzheimer: Volkskunde in Bayern, S. 156-158, sowie Rattelmüller (Hg.): Joseph Friedrich Lentner.

[49] Bauer: König Maximilian II., S. 8.

[50] Ebd., S. 8.

[51] Zu Fentsch s. Alzheimer: Volkskunde in Bayern, S. 74 f.

[52] Siehe Kap.Trachtenumfrage.

[53] Hornig: W. H. Riehl, S. 39 f.

[54] Ebd., S. 36 f.

[55] Zu den Funktionen Riehls s. Hartinger: König Max II., S. 363. – Geramb: Wilh. Heinrich Riehl. Die Diskussion über Riehls Bedeutung als Volkskundler wurde besonders im Jahrbuch für Volkskunde, N.F. 1 u. 2, 1978 u. 1979 geführt. Für die Gesamtliteratur s. Alzheimer: Volkskunde in Bayern, S. 216-221.

die Aufgabe habe, die materiellen Interessen von Individuen und Gesellschaft zu pflegen und deswegen genaue Kenntnisse über die Zustände des Landes und des Volks haben müsse. Eine Landes- und Volkskunde sei daher die wissenschaftliche Voraussetzung einer geregelten Staatsverwaltung. Neben der reinen Zahlenstatistik diente diesem Zweck die beschreibende Ethnographie.[56]

Auch wenn andere Berater des Königs die Bedeutung des erstarkenden Bürgertum sahen, so war besonders Wilhelm Heinrich Riehl der Ansicht, daß sich der König vor allem auf den Adel und die konservativen Bauern stützen konnte. „Zu einer Zeit, da dem zu den beharrenden Mächten im Staat gezählten Bauernstand in sozialpolitischen Überlegungen – prägnant und publizistisch wirksam bei W. H. Riehl – eine hervorragende Rolle zugewiesen wurde, zielte auch die nationalpolitisch motivierte Trachteninitiative vor allem auf den Bauern, unter dem undifferenziert die gesamte ländliche Bevölkerung verstanden wurde."[57]

Riehl war verantwortlicher Herausgeber der „Bavaria. Landes- und Volkskunde des Königreichs Bayern", einem mehrbändigen Monumentalwerk, das zwischen 1860 und 1867 erschien und erstmals alles, was man über Bayern wußte, wissenschaftlich festhalten sollte, auch das Volksleben. Der Plan zur „Bavaria" als einer „statistischen, historischen, topographischen und ethnographischen Beschreibung Bayerns"[58] ist 1856 das erste Mal erwähnt. Die Arbeiten Lentners und Fentschs Aufnahme fanden z.T. Aufnahme. Um Gleichmäßigkeit der Gesamtausführung zu erreichen, behielt Riehl es sich vor, den Text der Mitarbeiter zu kürzen oder zu ergänzen.[59] Unterschiedliche Ansichten Riehls und des Königs, Probleme mit den Autoren und Riehls mangelnde Geduld während des sich über Jahre hinziehenden Projekts führten zu einer distanzierten Haltung Riehls gegenüber dem Werk.[60] Es wurde schließlich das „offizielle Selbstbildnis des Staates".[61] Nach Hartinger führte der erschwingliche Preis zu einer Popularisierung von Forschungsergebnissen, deren Folge u.a. die Folklorisierung der traditionellen Kultur war.[62]

1858 wurden die Gerichtsärzte angewiesen, innerhalb von drei Jahren ausführliche Topo- und Ethnographien ihres Distrikts zu erstellen, die nur der internen Information dienen sollten.[63] Die sog. Physikatsberichte waren als „detaillierte Berichte über die allgemeinen Lebensumstände des gewöhnlichen Volkes"[64] gedacht. Als Beamte konnten die Gerichtsärzte zur Beantwortung verpflichtet werden, gleichzeitig standen sie in engerem Kontakt zur Bevölkerung als manche anderen Staatsbediensteten. Gerade bei den Gerichtsärzten wird deutlich, welche Probleme Beamte hatten, die in eine ihnen völlig fremde Region mit anderen gesellschaftlichen Strukturen, anderen historischen Traditionen und einer anderen konfessionellen Prägung versetzt wurden. Um diese Unvertrautheit auszugleichen, sollten die Beamten schriftliche Beschreibungen der Gegend und ihrer

[56] Nach Könenkamp: Volkskunde und Statistik, bes. S. 23.
[57] Griebel: Tracht und Folklorismus, S. 59.
[58] Zitiert nach Hornig: W. H. Riehl, S. 49.
[59] Hornig: W. H. Riehl, S. 53.
[60] Moser: W. H. Riehl, bes. S. 33-35.
[61] Spiegel: Physikatsberichte, S. 14.
[62] Hartinger: König Max II., S. 363.
[63] Siehe Kap. Physikatsberichte. Klaus Reder hat sich in einer Würzburger Dissertation intensiv mit ihnen befaßt.
[64] Hartinger: Haus Wittelsbach, S. 10.

Bewohner an die Hand bekommen. Inwieweit König Maximilian II. die Abfassung der Physikatsberichte angeregt hatte oder ob er auf ihren Inhalt Einfluß nahm, ist nicht geklärt. Der Fragenkatalog der Physikatsberichte und die Gliederung der Bavaria bestechen durch die Fülle der zu behandelnden Themen. „Im Unterschied zu seinen Vorgängern im Königsamt zeichnet sich Max II. hinsichtlich der Wahrnehmung der Volkskultur gerade durch eine erstaunliche Vielseitigkeit aus. Er ist interessiert am gesamten Volksleben; die Instruktion für Jos. Friedrich Lentner und auch teilweise das Grundgerüst der 'Bavaria' lesen sich wie eine Kurzfassung des volkskundlichen Kanons. Förderung der Trachten steht neben derjenigen der Volksmusik, der Mundart und des ländlichen Bauwesens sowie der Sammlung von Gegenständen der ländlichen Sachkultur."[65]

Es fällt schwer, das persönliche Interesse des vom Historismus geprägten Königs für die Erscheinungen der Volkskultur von seinen „dienstlichen" Aufgaben oder politischen Absichten zu trennen. Hans Moser hat Maximilian II. den „Volkskundler auf dem Thron" genannt, dessen Neigung zur Volkskultur „nicht mehr nur romantisch-gefühlsbestimmt" war, sondern sich verband „mit einem nicht minder stark entwickelten Interesse für die Realität volkswirtschaftlicher und sozialer Probleme."[66] „In seinen 'Volkskunde'-Plänen, die er mit enormem Verwaltungsaufwand betrieb, scheinen die heute oft als Gegensätze gedachten Bewegungen: romantische Volksbegeisterung und aufgeklärt-kameralistisches Interesse am 'Staatsvolk' eine selbstverständliche Synthese eingegangen zu sein."[67]

Maximilian II. machte sich Gedanken über die wachsenden sozialen Probleme, besonders den Pauperismus. Ein Großteil der später in den Physikatsberichten genannten Krankheitsursachen wurde beispielsweise schon 1852 aufgeführt, als der König sich vom Innenminister über die Ursachen des schlechten Gesundheitszustandes auf dem Land informieren ließ.[68] Ebenfalls 1852 bereiste im Regierungsauftrag der Arzt Rudolf Virchow den Spessart und berichtete anschließend über „Die Noth im Spessart".[69] Im Revolutionsjahr 1848, seinem ersten Regierungsjahr, setzte Maximilian II. einhundert Gulden für die Preisfrage „Wie ist der materiellen Noth der unteren Klasse abzuhelfen?" aus.[70] Es gingen 656 Einsendungen ein, von denen allerdings 482 als untauglich befunden wurden. Der König versuchte, durch Erlässe und Verordnungen die sichtbar gewordene soziale und wirtschaftliche Not in verschiedenen Bevölkerungsschichten einzudämmen. Dabei legte er großen Wert auf eine Wohltätigkeit auf freiwilliger Basis. Die 1853 auf seine Initiative gegründeten St. Johannis-Vereine kümmerten sich um Waisen und Behinderte und eröffneten Kleinkinderbewahranstalten. 1856/57 hatte der Verein über 60.000 Mitglieder und 624 Zweigvereine.[71] Arbeiterunterstützungskassen wurden etabliert und Arbeiterwohnungen gebaut. Persönlich gab der König jährlich fast ein

[65] Hartinger: König Max II., S. 370.

[66] Hans Moser: Zum Geleit. Münchner Volkstum zwischen Dichtung und Wahrheit. In: Bayerisches Jahrbuch für Volkskunde 1959, S. 20 (zitiert nach Spiegel: Physikatsberichte, S. 21).

[67] Griebel: Tracht und Folklorismus, S. 56.

[68] Spiegel: Physikatsberichte, S. 25 f.

[69] Zu Virchow s. Alzheimer: Volkskunde in Bayern, S. 284-286.

[70] Siehe dazu Seitz: „Wie ist der materiellen Noth der unteren Klassen abzuhelfen?"

[71] Die Zahlenangaben nach Müller: König Maximilian II. und die soziale Frage, S. 179.

Viertel des ihm zur Verfügung stehenden Geldes für eine individuelle Unterstützung Bedürftiger aus. Er richtete das Staatsministerium des Handels und der öffentlichen Arbeiten ein, das alle Erwerbszweige fördern sollte, damit für die Armen genügend Arbeitsmöglichkeiten vorhanden sei. „Was aber in der Öffentlichkeit nur als Aufgeschlossenheit des Königs für die soziale Frage erschien, diente in diesem Zusammenhang einem staatspolitischen Zweck: das bedrohte Bayern zu einer Nation zu entwickeln unter der weitblickenden und fürsorglichen Herrschaft seines Königs, der vor allem um seine Macht fürchtete. Die Sozialpolitik Maximilians II. ist Teil einer Politik zur Sicherung der bedrohten bayerischen Monarchie und der bedrohten bayerischen Nation."[72]

Man kann das Fazit ziehen, daß das bayerische Nationalbewußtsein auf eine gezielte Politik der bayerischen Monarchen, besonders Maximilians II., zurückgeht. Zur Bewältigung verschiedener innenpolitischer Probleme, etwa der Integration der neubayerischen Gebiete, und zur Wegbereitung von Machtansprüchen innerhalb Deutschlands versuchte dieser, die Mentalität seiner Untertanen in einem politisch konservativem Sinn zu prägen und Loyalität zum Staat und zum Monarchen zu schaffen. Die Kulturpolitik nahm dabei eine herausragende Rolle ein. Viele Phänomene der Volkskultur sind auf staatliche Initiative hin um die Mitte des 19. Jahrhunderts schriftlich aufgezeichnet worden bzw. sogar erst entstanden. Für heutige Kulturwissenschaftler bietet das dabei angesammelte umfangreiche Aktenmaterial eine ergiebige Quelle für das damalige Alltagsleben, solange man sich der Interessen bewußt wird, welche zu seiner Entstehung geführt haben.

[72] Hanisch: Für Fürst und Vaterland, S. 247.

Frühe Streiflichter auf das Rieser Volksleben

Das Rieser „Volksleben" war zu Beginn des 19. Jahrhunderts kein Thema.[73] Die zahlreichen statistischen Beschreibungen dieser Zeit, wie etwa die Montgelas-Statistik, befassen sich noch nicht mit dem Leben der Bevölkerung; sie beschränken sich auf Zahlenangaben zu den verschiedensten volkswirtschaftlichen und sozialen Themen. Auch für die im Ries getragene Kleidung interessierte sich außerhalb der Region noch niemand. Die Abhandlung „Das Königreich Bayern in seinen acht Kreisen ..." von Lommel und Bauer ist für die Rieser Tracht unergiebig. Das Ries gehörte damals gerade kurzzeitig zum Rezatkreis, abgebildet sind nur fränkische Trachten.[74] Auch im großen Trachtenwerk von Lipowski, das ab etwa 1825 erschien, fehlt das Ries. In München hatte sich zwar als Gegenbewegung zur herrschenden Historienmalerei eine künstlerische Richtung entwickelt, die nach der Natur zeichnete, ihre Motive – Landschaften und Trachten – nahmen die Maler aber aus dem nahegelegenen oberbayerisch-alpenländischen Raum, nicht aus der schwäbischen Provinz.

Aus dem Beginn des 19. Jahrhunderts sind lediglich einige wenige Arbeiten einheimischer Künstler bekannt, die sich diesem Sujet – oft ganz am Rande – widmen. Nur sehr eingeschränkt lassen sich die oft satirischen Zeichnungen des braunschweigischen Hofmalers **Johann Andreas Thoma**(s), die kleine Reiseerlebnisse karikieren[75], als Quelle für Kleidungsverhalten verwenden. Er zeichnete 1720 karikaturähnlich u.a. einen Hochzeitszug in Hohenaltheim.[76] Der Braut mit einer hohen Krone gehen drei Musikanten voran, es folgen ihr zwei Brautführer mit gezückten Säbeln, dahinter kommen weitere Männer mit Stöcken o.ä. Alle Männer tragen unterschiedlich hohe Hüte, taillierte Gehröcke, die bis knapp über den Abschluß der Kniehosen reichen, dazu Schuhe und Strümpfe.

Von **Gustav Weng** stammt eine kolorierte Lithographie von 1830, die den Nördlinger Marktplatz mit dem Brothaus oder neuen Schulhaus am Tage seiner Einweihung und des Stabenfestes zeigt.[77] Den Zug der Schulkinder beobachten mehrere Personen, die meisten bürgerlich gekleidet. Nur eine Frau mit Henkelkorb, Bänderhaube und kürzerem Rock ist als Bäuerin zu erkennen.

Über die Entstehung und Herkunft eines einzelnen Blattes ist nichts bekannt: Der kolorierte Holzstich[78] aus dem frühen 19. Jahrhundert zeigt eine Frau in Seitenansicht, die Bildunterschrift lautet schlicht „Nördlingen" (Farbabb. 1). Die Frau ist in stark ausgeschnittenen Schuhen, weißen Strümpfen und einem knapp knöchellangen, stark gemusterten Rock

---

[73] Eine Ausnahme bildet Pfarrer Fleischners Pfarrbeschreibung von Grosselfingen aus dem Jahr 1833, die Bräuche im Kirchenjahr und an Hochzeiten sowie abergläubische Vorstellungen beschreibt (frdl. Hinweis von Hartmut Steger, Wallerstein).

[74] Dafür wird aber für Nördlingen *starker Getreide-, Obst-, Flachs- und Hanfbau*, eine bedeutende Viehmast, Schweine-, vor allem aber Gänsezucht erwähnt. Bei Oettingen werden Getreide- und Gemüsebau, stark besuchte Garn-, Horn-, Vieh- und Roßmärkte angeführt, außerdem Bierbrauerei, Wollenspinnerei und Leinwandweberei.

[75] Abgedruckt in: Dussler (Hg.): Reisen und Reisende, S. 190-198.

[76] Herzog-August-Bibliothek, Wolfenbüttel: Cod. guelf. 202a Blank. Abgeb. etwa in: Steger: Das Musikantenwesen im Ries, S. 9; oder in: Dussler (Hg.): Reisen und Reisende, S. 197.

[77] Abgeb. z.B. in: Schönere Heimat 78 (1989), S. 58.

[78] Schwäbisches Volkskundemuseum Oberschönenfeld.

dargestellt. Die breite einfarbige Schürze ist ebenso lang wie der Rock und vorne mit einem Band gebunden. Das langärmelige Oberteil läuft vorne spitz zu. Ein großgemustertes Schultertuch verdeckt das Hemd mit weißem Spitzenkragen. Die Haube mit einem enganliegenden großen Kopfteil ist unter dem Kinn geschlossen, am Hinterkopf fallen Bänder herunter. In der linken Hand hat die Frau ein Tragetuch, unter dem rechten Arm hält sie einen Korb voller Waren – möglicherweise ein Hinweis auf einen Gang zum Markt.

Aus dem Jahr 1817 gibt es mehrere Blätter, die als bekleidungsgeschichtliche Quellen herangezogen werden können. Sie erinnern an den Wucher mit den Kornpreisen im Hungerwinter 1816/17 und zeigen links und rechts von einem Getreidesack den Kornwucherer und den Bäcker in ihrer zeittypischen Kleidung.[79]

Der aus Nördlingen stammende Maler, Reproduktionsgraphiker und Illustrator **Johann Michael Voltz** (15.10.1784-17.4.1858)[80], Vater einer Künstlerdynastie, hinterließ zwar ein umfangreiches Werk von über 4000 Blättern, aber kaum Arbeiten, die sich eindeutig mit dem Leben im Ries befassen. Seine Lithographien von Handwerksberufen, Kinderbilderbögen, Illustrationen zu deutschen Klassikern und Karikaturblätter, meist Auftragsarbeiten für auswärtige Verlage, sind nicht regional einzuordnen. Allerdings ist zu vermuten, daß er die Motive durchaus in seiner Heimatstadt fand.[81] Die meisten der Arbeiten spielen im städtischen Milieu, die Personen sind bürgerlich gekleidet. Die „Bayer'schen Volkstrachten" von Voltz, kolorierte Radierungen, 1827 in Augsburg als Serie von sieben Blättern gedruckt, zeigen Mädchen- und Frauentrachten aus Stadt und Umland von Kempten und Augsburg.[82] In dem 1820 bis 1827 in drei Folgen bei Herder in Freiburg erschienen Werk des badischen Hofhistoriographen Aloys Schreiber „Trachten, Volksfeste und Charakteristische Beschäftigungen im Grosherzogtum Baden" finden sich auch lithographische Blätter nach Zeichnungen von Voltz.[83] Bei seinen Nördlinger Ansichten dienen ihm Personen nur als Staffage.

Eine ausführlichere Betrachtung verdienen drei Künstler und ein gut dokumentiertes, herausragendes Ereignis in der Geschichte eines Rieser Dorfes.

Johannes Müller (1752-1824)

Johannes Müller, der im Künstlerlexikon als „Landschaftsmaler, Radierer, Kupferstecher und Formschneider" geführt wird, kam am 10. Juli 1752 in Nördlingen zur Welt.[84] Bereits als Kind zeichnete und las er mit Begeisterung. Sein Vater, ein Bäcker und Kornstreicher, ermöglichte ihm gemäß seiner Neigungen den Besuch der Lateinschule. Der

---

[79] Abgeb. bei Steger: Das Hungerjahr 1817, S. 312 f.
[80] Zu Voltz s. Voges: J. M. Voltz. In: Schlagbauer/Kavasch (Hgg.): Rieser Biographien, S. 421-423. – Hagen: Der Maler J. M. Voltz. – Thieme-Becker, Bd. 34, S. 538 f. – Wulz: Der Illustrator J. M. Voltz.
[81] Eine kolorierte Lithographie zeigt die „Feyerliche Ankunft des ersten Erntewagens" am 1. August 1817 (Voges: Nördlingen seit der Reformation, S. 241, Abb. 20).
[82] Wörtz: Trachtengraphik, S. 4.
[83] Schmitt: Volkstracht in Baden, S. 15 f.
[84] Zu Johannes Müller s. Thieme-Becker, Bd. 25, S. 234. – Voges: Johannes Müller. In: Schlagbauer/Kavasch (Hgg.): Rieser Biographien, S. 267. – Voges: Zu den Abbildungen 50-54. In: Wittelsbach und Bayern, III/1, S.344. – Werner Panse: Einleitung zu Fischer: Prospekte des Nördlinger Stadtmalers Johannes Müller, S. 10-21.

Tod des Vaters 1766 bedeutete aber das Ende der schulischen Ausbildung; Johannes Müller mußte nun das Bäckerhandwerk erlernen. Nebenher zeichnete und malte er offensichtlich weiterhin, denn etwa um das Jahr 1778 gab er nach einigen beruflichen Mißerfolgen sein Handwerk auf. Zu dieser Zeit holte er sich häufig künstlerische Ratschläge bei einem befreundeten Glasmaler in Pflaumloch, einem württembergischen Dorf, etwa drei Kilometer von Nördlingen entfernt.

1782 erhielt Müller vom Nördlinger Magistrat die Erlaubnis, geographische Karten zu zeichnen und mit Karten und Papier zu handeln, erzielte damit aber keinen wirtschaftlichen Erfolg. Im Jahr darauf begann Müller mit Reisen, auf denen er sich in der Kunst weiterbildete. Er kam nach Stuttgart, Augsburg und Neuburg und war Schüler von A. Schweigländer, J. M. Frey, C. A. Großmann und Mettenleitner.[85]

Wohl um sich finanziell abzusichern, bewarb sich Müller bei der Stadt Nördlingen um eine Stelle. Ab 1786/87 arbeitete er als Gerichtsdiener und Mitvorsteher des Waisenhauses. Während der Belagerungen durch die napoleonischen Truppen war er als Billetschreiber beim städtischen Quartieramt tätig. In seiner Freizeit widmete er sich weiterhin intensiv dem Zeichnen und Aquarellieren. Später hatte er als Chronikschreiber Zugang zum städtischen Archiv, was seinen Forschungen zur Stadtgeschichte sehr zugute kam. 1818 wechselte Müller zum Landgericht. Am 4. November 1824 verstarb er in Nördlingen.

Müller war sehr produktiv: Er stellte intensive Forschungen zu stadt- und familiengeschichtlichen Themen an und führte auch D. E. Beyschlags Nördlingische Geschlechtshistorie fort. 1784 verfaßte er eine Beschreibung Nördlingens, zu der er selbst Stiche erstellte. Wie C. Beyschlag in seiner Geschichte der Stadt Nördlingen süffisant im Vorwort bemerkt, kaufte die Fürstlich Wallersteinische Bibliothek Maihingen fünf dicke Bände Chronik von Johannes Müller für fünfzig Gulden, nachdem der Nördlinger Magistrat nur 25 Gulden geboten hatte. 1791 soll Johannes Müller die Nördlinger Trachten beschrieben haben.[86] Er erarbeitete 1806 ein Nördlinger Einwohnerbuch, das 1819 erweitert wurde. Außerdem stammen ein Werk über „Die vorzüglichsten Singvögel Deutschlands" und ein Gartenbuch, in dem er alle Pflanzen in seinem Garten beschrieb, aus seiner Hand. Kurz vor seinem Tod 1824 erschienen die „Merkwürdigkeiten der Stadt Nördlingen nebst einer Chronik".

Im graphischen Bereich erstellte Müller einen Stadt- und Flurplan von Nördlingen. Auf einer Reise nach Neuburg radierte er zwanzig Blätter. Fünf Kupferstiche entstanden im Zusammenhang mit einer Beschreibung Nördlingens. Daneben besorgte er für ein

---

[85] Thieme-Becker. – Voges: Johannes Müller, S. 267.

[86] Voges: Johannes Müller, S. 267. Der Verbleib ist unbekannt. Es ist nicht geklärt, ob die Trachtenbeschreibung aus der Nördlinger Zeitung von 1791, die in der Rieser Nationalzeitung vom 17.2.1941 unter dem Titel „Aus Nördlingen vor 150 Jahren" zitiert wird, von Müller stammt: *Die alte Nördlinger Tracht verliert sich nach und nach. Die hohn Spitz- und krause Hauben kommen in Abnahme. Die Frauen und junge Mädchen von unserm Mittelstande gehen jetzt in Augsburger Haubentracht und im Winter in Pelzen. Diejenigen, die sich zu den Vornehmen zählen, kleiden sich Französisch, und die gemeine Tracht ist in runden Hauben. Doch findet man noch immer die Schleier, welche um der Form wegen von Muthwilligen Eselsohren genannt werden.* Entstammt der weiter unten behandelte Bilderbogen diesem Kontext? Im Stadtarchiv Nördlingen wird ein Band mit Aquarellen und handschriftlichen Beschreibungen aufbewahrt, der etwas später eingeschätzt wird: „Nördlinger Trachten, vom grauen Alterthum bis auf unsre Zeiten nach Gemälden und Pörtraiten gesammelt von Johannes Müller."

sechsbändiges Werk über Säugetiere die Illustrationen. Johannes Müller schuf auch eine Reihe von Ansichten der Stadt Nördlingen und Rieser Ortschaften, meist mit reicher Personenstaffage. Weder seine historischen Arbeiten noch seine Ortsansichten waren immer fehlerfrei, aber der Umfang seines nebenberuflichen Schaffens ist beeindruckend, zumal er keine regelrechte künstlerische Ausbildung hatte.

Einige Arbeiten Müllers sind volkskundlich interessant. In zwei Aquarellen, die er um 1820 malte und die beide vielfach publiziert sind, beschäftigte er sich mit der städtischen und bäuerlichen Kleidung. Um beide im Vergleich gegenüberstellen zu können, konstruierte er Marktszenen, was durch die Bedeutung Nördlingens als Marktort für die Umgebung gerechtfertigt war. Hier kamen die intensivsten Kontakte zwischen Stadt- und Landbevölkerung zustande. Auf die Darstellung konfessioneller oder altersbedingter Unterschiede legte Müller dabei keinen Wert. Die Frauenkleidung führt er auf dem Blatt „Der Gäns, Hüner, und Victualien Markt in Nördlingen“ [87] vor (Farbabb. 2). Bäuerinnen bieten ihre Waren an: Gänse, Hühner und andere landwirtschaftliche Produkte in verschiedenartigen Körben. Mit zwei Ausnahmen tragen alle einen flachen dunklen oder gelben Strohhut, der mit breiten schwarzen Bändern unter dem Kinn gebunden ist. Die stark gefältelten, z. T. gemusterten Röcke reichen bis oberhalb der Knöchel. Zwei Frauen haben die Schürze hochgesteckt. Die langärmeligen Spenzer weisen verschiedene Muster auf: einfarbig, gestreift oder gepunktet; vorne führen sie in spitzen „Schneppen“ über die Schürzen. Bei einer Frau im Hintergrund ist über der Bluse ein Mieder zu sehen. Alle haben Schulter- oder Brusttücher umgelegt. Im Vordergrund trägt eine Frau eine schwarze Haube mit hohem Kopfteil, an ihrem Arm hängt ein runder grüner Korb. Ein kleines Mädchen ist genauso wie die Erwachsenen gekleidet. Den Kontrast stellt eine Bürgerin im modischen Empirekleid mit hoher Taille und einem Häubchen im Hintergrund dar. Am rechten Bildrand steht der Gebühreneinnehmer.

Die Männerkleidung zeigt Müller in dem Aquarell „Der Holz- Obst-, Rüben- und Gärtner Markt in Nördlingen“ [88] (Farbabb. 3). Die beiden Figuren links sind in städtischer (Berufs-) Kleidung abgebildet. Der eine fährt einen Karren mit einem großen Gemüsekorb, der andere befördert auf der Schulter einen Korb mit einer Gans. Die drei Männer rechts in bäuerlicher Kleidung bieten ihre Waren, u.a. Äpfel, an. Zu hellen Kniehosen tragen sie hohe Stiefel. Die Westen mit den hellen Metallknöpfen sind einfarbig rot bzw. rotweiß gestreift. Der schwarze Rock des mittleren Mannes erscheint länger als der bräunliche des rechten. Die Halsbinden sind verschiedenfarbig. Alle haben – soweit erkennbar – Dreispitze oder breitkrempige runde Hüte auf.[89]

---

[87] Stadtarchiv Nördlingen, Graphische Sammlung, Kleines Format, Bildnisse Trachten. Dazu existiert im Stadtarchiv Nördlingen auch eine aquarellierte Bleistiftskizze „nach Joh. Müller“, datiert 1821, mit Farbangaben.

[88] Stadtarchiv Nördlingen, Graphische Sammlung, Kleines Format, Bildnisse Trachten.

[89] Rattelmüller kombiniert in seinem Werk über Volkstrachten in Bayern (1984) diese beiden Aquarelle: Für seine Illustration „Nördlingen im Ries um 1820“ (S. 120) entnimmt er den Aquarellen Johannes Müllers drei Frauen und zwei Männer und verändert einige Details: Die linke Frau trägt einen anderen Rückenkorb, die mittlere Frau hält ein Huhn in der Hand, die rechte Frau greift in den geöffneten Donaukrätzen, der bei Müller geschlossen ist. Aus dem Burschen, der einen Apfel anbietet, wird bei Rattelmüller ein kräftiger Mann mit Stock. Beim zweiten Mann erscheinen Rock und Weste kürzer als auf dem Aquarell. Die Farben Müllers hat Rattelmüller beibehalten. Im Kommentar (S. 152 f.) geht Rattelmüller hauptsächlich auf den „Rieser Kittel“, das Blauhemd, ein und weiß mitzuteilen, daß dieser 1820 noch nicht getragen wurde.

Ein weiteres Bild Johannes Müllers ist mit *1. August 1811* datiert (Farbabb. 4): Vom neuen Feldbrunnen an der Straße nach Löpsingen sind zwei Varianten[90] bekannt. Die Darstellung des Brunnens mit der Säule und die Geländesituation sind identisch: Einige Stufen führen hinab zu drei Rohren, aus denen Wasser fließt. Ein Gefäß zum Abfüllen ist mit einer Kette angebunden. Auch die beiden weiblichen Figurinen rechts gleichen sich. Ein jüngeres Mädchen, barfuß und in einem nur gut wadenlangen Rock, hilft einer Frau (langer Rock, Schuhe), ein Faß auf den Kopf zu heben. Beide tragen über kurzärmeligen Blusen Mieder mit sehr hoher Taille. Bei der Variante im Nördlinger Stadtarchiv füllt eine dritte Frau Wasser ein, bei derjenigen im Heimatmuseum Oettingen übernimmt dies ein junger Mann, der mit heller Kniehose, weißen Strümpfen, Schuhen, weißem langärmeligen Hemd, Weste und einer Art Schaufelhut bekleidet ist. Bei der Nördlinger Variante sitzt ein ähnlich gekleideter Mann oberhalb des Brunnens auf dem Boden und schaut den Frauen zu. Auf dem Oettinger Blatt schiebt ein Mann einige Schachteln auf einem einrädrigen Karren, vor dem ein kleiner Hund gespannt ist. Mit den Paketen und der umgehängten Tasche könnte man in ihm vielleicht einen Briefträger sehen. Zu einer bläulichen Hose trägt er schwarze Stiefel und eine helle kurze Jacke. Der Hut hat eine zylinderähnliche Form. Der gleichlautende Text unter den Bildern ist unterschiedlich sorgfältig geschrieben.

Von Johannes Müller stammt auch ein gedruckter, undatierter Bilderbogen (Farbabb. 5) mit dem langen Titel „V. Tab: des sichtbaren general Registers, zu einer Sammlung verschiedener, sich auszeichnender, besonders schwäbischen Trachten, so wohl in Nördlingen selbst, als von umliegenden Ortschafften in ihren ländlichen Kleider Moden vorgestellt, nach der Natur gezeichnet, von J. Müller Mahler daselbst, gestochen v. B. F. Leitzelt, herausgegeben u. zu finden in der gemeinschafftlichen Kays: priv. Handlung zu Augsburg, u. bey ihren auswärtigen Niederlagen mit allergnädigster Kays: Königl: Freyheit u: Verbot solche nicht nachzustechen."[91] In sechzehn Feldern[92] zeigt Müller verschiedene Kleidungsvarianten. In den oberen beiden Reihen sind städtische Frauen zu verschiedenen Jahreszeiten, bei verschiedenen Gelegenheiten, in unterschiedlichem Alter und in modischer bzw. veralteter Kleidung zu sehen, einmal auch ein junger Mann. Die Bürgerin in Trauerkleidung mit ihrer altertümlich wirkenden Haube wird in Vorder- und Rückansicht dargestellt.

Die andere Hälfte widmet sich den Landbewohnern: Eine Rieser Bäuerin in Oettinger Tracht, eine Braut mit Bräutigam und Brautjungfern, zwei Rieser Bäuerinnen auf dem Weg zum Markt. Da bei der zweiten die Konfession angegeben ist, heißt dies, daß Müller hier ein Augenmerk auf die konfessionellen Unterschiede in der Kleidung legt. Unten sind ein alter und ein junger Bauer aus dem Ries nebeneinander gestellt. Die restlichen drei Felder sind ländlichen Trachten umliegender Regionen, nämlich Hesselberg, Dinkelsbühl und Härtsfeld, vorbehalten. Im Vergleich zeigt sich, daß sich die Silhouetten der modisch gekleideten Bürgerinnen von denen der Bäuerinnen kaum unterscheiden. Die Röcke der Bäuerinnen sind etwas kürzer, aber ungefähr gleich weit. Auch der vorne

[90] Im Stadtarchiv Nördlingen (Graphische Sammlung, Kleines Format, Bildnisse Trachten) und im Heimatmuseum Oettingen (Inv.Nr. 584).

[91] Z.B. im Schwäbischen Volkskundemuseum Oberschönenfeld. Höpfner datiert ihn in seinem Trachtenmanuskript 1784 (S. 46).

[92] Jeweils H. 9,2 cm, Br. 6,9 cm.

spitz zulaufende Spenzer mit dem Brusttuch stimmt überein. Aus der Stadt ist nur ein Mann gezeigt, der *Liebste* einer Bürgerstochter. Vergleicht man die Konfessionen, so fallen als erstes die unterschiedlichen Kopfbedeckungen auf. Die katholische Bäuerin trägt einen gelben flachen Strohhut, wie die Bäuerinnen auf dem Marktaquarell. Am einen Arm hängt wieder ein runder Korb, unter den anderen hat sie eine Gans geklemmt. Die Haube der evangelischen Frau gleicht eher den städtischen; sie transportiert ihre Waren in einem flachen länglichen Korb.

Bei den beiden Bauern, auf deren Konfession Müller nicht eingeht, ist der ältere in einer veralteten Kleidermode mit gelben Kniehosen, weißen Strümpfen und Schnallenschuhen wiedergegeben, während der jüngere zu dunklen Kniehosen weiße Strümpfe und wadenhohe Stiefel trägt. Beide Westen sind rot. Der ältere Man hat einen hellen Rock übergezogen, der jüngere einen dunklen; er hat einen Schaufelhut auf. Die Hutform des älteren ist nicht genau zu erkennen. Der junge Mann raucht eine langstielige Pfeife.

Während bei den Bürgerinnen auch auf Kirchgangs- und Trauerkleidung eingegangen wird, fehlen diese Unterscheidungen bei den Bäuerinnen. Hier wird nur nach Hochzeits- und Marktkleidung differenziert; bei der *Rieser Bäurin in Oettinger Tracht* ist kein Anlaß genannt. Braut und Brautmädchen sind fast gleich angezogen: helle Schürzen über ausladenden dunklen oder roten Röcken, geschnürtes Mieder, helles Brusttuch, mit angesteckten Blumen geschmückt. Auf den Haaren tragen sie eine Art Blumenkranz.

Dieser Bilderbogen steht in einer langen Tradition: Seit dem 16. Jahrhundert gibt es in Deutschland Holzschnittfolgen und Buchillustrationen über die ständische Kostümhierarchie der reichsstädtischen Bürgergesellschaft.[93] Der Stich Johannes Müllers ähnelt z.B. sehr einem Kupferstich von Joh. Michael Motz[94] um 1750.

Nach dem Hungerwinter 1816 wurde der Einzug der Erntewagen im August 1817 in Nördlingen groß gefeiert. Auf einem Blatt von Johannes Müller folgen hinter dem vollbeladenen Wagen Söhne und Töchter der Nördlinger Honoratioren, gekleidet als Schnitter und Schnitterinnen.[95]

Albrecht Adam (1786-1862)

Albrecht Adam zählt zu den bedeutendsten Pferde- und Schlachtenmalern der ersten Hälfte des 19. Jahrhunderts. Er begründete eine erfolgreiche Malerdynastie, die bis zu seinen Urenkeln einen Namen in der Kunstwelt hatte. Adam wurde am 16. April 1786 in Nördlingen als Sohn eines Konditormeisters, Lebküchners, Spezereihändlers und Formschneiders geboren.[96] Seit seiner Jugend, als er selbst im Konditorenhandwerk ausgebildet wurde, interessierte er sich für die Kunst. Da sein Vater Konkurs machte,

---

[93] Brückner in der Einführung zu Müllner: Unterfränkische Trachtengraphik, S. 9.

[94] Abgeb. in: Müllner: Unterfränkische Trachtengraphik, S. 9.

[95] Steger: Das Hungerjahr 1817, Abb. 6.

[96] Zu Adam s. Lux: Eine Dynastie berühmter Schlachtenmaler. – Thieme-Becker, Bd. 1, S. 57 f. – Münchner Maler im 19. Jh., 1. Bd., S. 9-11. – Boetticher 1.1, S. 13-15. – Regnet: Münchner Künstlerbilder, 1. Bd., S. 1-10. – Genck: Albrecht Adam und seine Familie. – Voges: Albrecht Adam. In: Schlagbauer/Kavasch (Hgg.): Rieser Biographien, S. 1-3. – Hase-Schmundt: Albrecht Adam. – Wulz: Der Schlachtenmaler Albrecht Adam.

als Albrecht Adam neun Jahre alt war, wuchs er in sehr dürftigen Verhältnissen auf. Er mußte die Lateinschule verlassen und seinem Vater, der selbst der Kunst zugetan war, bei der Arbeit helfen. Wenn er Zeit hatte, zeichnete, malte, modellierte und schnitzte er. Bereits mit 14 Jahren porträtierte er einquartierte französische Grenadiere so gut, daß er damit sein erstes Geld verdiente.[97] Adam wurde gefördert vom damaligen Nördlinger Bürgermeister und Zeichner Friedrich Wilhelm Doppelmayr, der Albrecht Adam und dessen Bruder Heinrich seine große Kupferstichsammlung zum Kopieren zur Verfügung stellte. Eine besondere Anziehungskraft besaßen für Albrecht Adam Pferde. Er erhielt die Erlaubnis, sie in den Stallungen des Fürsten von Oettingen-Wallerstein zu malen. Ein frühes Aquarell Adams zeigt die vier Prinzen zu Pferd vor dem Schloß Hohenaltheim.

Im Jahr nach seiner Freisprechung zum Lebküchner- und Konditorgesellen 1804 ging Adam nach Nürnberg, wo ihm sein Vater in einem befreundeten Haus einen Arbeitsplatz beschafft hatte.[98] Hier entschied er sich nach einigen Monaten endgültig für die Malerei, bestärkt von Christoph Zwinger, dem Direktor der Nürnberger Zeichen- und Malschule, von dem er seinen ersten richtigen Unterricht in Zeichnen und Malen erhielt. Seinen Lebensunterhalt bestritt er anfangs als Formschneider von Modeln, später als Porträtmaler. In dieser Zeit wurden seine ersten Radierungen bei der Druckerei Campe verlegt. Im Mai 1806 kehrte Adam nach Nördlingen zu seinen Eltern zurück, wo er einige Blätter von Hirschjagden radierte. Mit einem Zwischenaufenthalt in Augsburg, wo er den Maler Johann Lorenz Rugendas und den aus Nördlingen stammenden Rektor Daniel Eberhard Beyschlag traf und seine ersten militärischen Gegenstände malte, ging Adam 1807 mit seinem Freund Rugendas nach München. Hier kopierte er in den Gemäldegalerien die alten Meister. Er bekam Zugang zum königlichen Marstall und nahm Reitunterricht. Seine Karriere als Schlachtenmaler begann, als er 1809 auf Einladung seines Gönners, des Flügeladjutanten Graf von Froberg-Montjoye, den Feldzug nach Österreich mitmachte, während dem sich auch zahlreiche Offiziere von Adam porträtieren ließen. Aufgrund seiner Bekanntschaft mit Eugène Beauharnais, dem Stiefsohn Napoleons und Vizekönig von Italien, der ihn als seinen Hofmaler anstellte, hielt er sich von Herbst 1809 bis zum Frühjahr 1812 in Mailand auf. Er machte den russischen Feldzug mit, den er in 83 Ölskizzen auf Papier tagebuchartig festhielt, anschließend lebte er wieder in Mailand. Da sich eine Krankheit in Italien nicht besserte, kehrte er 1815 nach München zurück. In Stuttgart, wohin er 1829 ging, tat er sich besonders als Tiermaler hervor. Zurück in München betätigte er sich weiter als Schlachtenmaler. 1848/49 machte er den Feldzug nach Sardinien mit. Er erhielt zahlreiche Ehrungen und Orden, etwa den Maximiliansorden. Nicht nur die bayerischen, sondern auch andere deutsche Landesherren und Kaiser Franz Joseph von Österreich überhäuften ihn mit Aufträgen. Das Künstlerlexikon stellt die „Vielseitigkeit und Naturwahrheit seiner Schilderungen" heraus.[99] Adam starb am 28. August 1862 in München.

[97] Voges: Albrecht Adam. In: Schlagbauer/Kavasch (Hgg.): Rieser Biographien, S. 1.

[98] Nach Lux ging er bereits 1802 zur weiteren Berufsausbildung nach Nürnberg, nach Regnet 1803.

[99] Thieme-Becker, Bd. 1, S. 58. Übrigens wurden Lithographien Albrecht Adams auch in Lipowskys „Sammlung Bayerischer National-Costüme" herausgegeben: So etwa das Blatt „Milchmädchen aus der Umgebung von München" oder Darstellungen von Kellnerinnen in München (Biedermeiers Glück und Ende, S. 288, Nr. 2.3.7 und S. 295, Nr. 3.1.27).

Abb. 1: Albrecht Adam: Hennenreiten, um 1804.

Abb. 2: Albrecht Adam: Hochzeitszug, um 1804.

Abb. 3: Albrecht Adam: Wirtshausszene, um 1804.

Ein bestimmter Anlaß, weswegen Adam etwa um 1804, also im Alter von achtzehn Jahren, als seine Berufsausbildung in Nördlingen beendet war, ein Aquarell und einige Skizzen mit Rieser Motiven erstellte, ist nicht bekannt.[100] Aus der Zeit zwischen 1800 und 1807 stammen auch mehrere Familienbilder, auf denen bürgerliche Wohnungseinrichtung und Bekleidung zu sehen sind. Meistens lesen die Männer, während sich die Frauen und Mädchen mit Handarbeiten beschäftigen.[101] Ein Aquarell von 1802 zeigt eine Straße in Nördlingen, auf der ein Soldat und ein Mann mit zwei Pferden unterwegs sind.[102]

Zwei Federzeichnungen beschäftigen sich mit Hochzeitsbräuchen: Die eine Skizze[103] zeigt zwei Gewinner des „Hennenreitens", bei dem eine Henne den Gewinn eines Pferderennens darstellte (Abb. 1). Beide Reiter halten ein geschmücktes Huhn im Arm; hinter dem rechten sitzt eine Frau im Quersitz auf dem Pferd. Ein dritter Mann führt sein Pferd am Zügel. Alle drei Männer tragen hohe Stiefel, enge Hosen, einen Rock mit langen Schößen und einen Dreispitz. Bei zwei Männern kann man erkennen, daß sie etwas umgeschnallt haben. Auf einem weiteren Bild[104] ist im Hintergrund der Hochzeitszug zu sehen (Abb. 2): Zwei Wagen beladen mit der Aussteuer werden von mehreren Reitern begleitet. Hinter einem sitzt wieder eine Frau (die Braut?) quer. Im Vordergrund links blickt ihnen ein Mann nach, der zwei Pferde am Zügel hält. Rechts stehen zwei Pferde mit Reitern. Die Männer sind analog dem vorigen Bild gekleidet.

Eine weitere Skizze[105] zeigt eine Wirtshausszene (Abb. 3). Auf Bänken und einem Bretterstuhl sitzen einige Männer vor Bierkrügen. Auf der Bank rechts kennzeichnet eine Peitsche einen Fuhrmann. Die meisten der Männer tragen lange Überröcke und Dreispitze. Zwei Männer wurden von Adam mit einem zylinderförmigen Hut ausgestattet. Die Kniebundhosen sind unterhalb des Knies mit Schleifen geschlossen.

Ein Aquarell Albrecht Adams, datiert 1804, hat eine Dorfpartie in Ederheim zum Thema (Farbabb. 6).[106] Das strohgedeckte Bauernhaus rechts ist mit zwei Schornsteinen und einem breiten Fenster ausgestattet. Auf der Gasse befinden sich einige Gänse, die Zäune sind aus unregelmäßigen senkrechten Latten gemacht. Rechts geht ein Reiter mit zwei Pferden auf den Bildrand zu.

Friedrich Wilhelm Doppelmayr (1776-1845)

Der Name Friedrich Wilhelm Doppelmayr taucht in Biographien Albrecht Adams als dessen früher Förderer auf. Doppelmayr wurde am 4. September 1776 in Nördlingen

[100] Die Skizzenbücher aus dem Nachlaß Albrecht Adams im Münchner Stadtmuseum sind noch nicht bearbeitet, erst recht nicht hinsichtlich der Provenienz eines Motivs.

[101] Abgeb. in: Hase-Schmundt: Albrecht Adam, S. 102-106, Abb. 1-6.

[102] Abgeb. in: Ebd., S. 107, Abb. 7.

[103] Münchner Stadtmuseum. Abgeb. in: Meyr: Ethnographie des Rieses (Nachdruck), S. 52, und in: Lux: Eine Dynastie berühmter Schlachtenmaler, S. 56.

[104] Münchner Stadtmuseum. Abgeb. in: Meyr: Ethnographie des Rieses (Nachdruck), S. 52.

[105] Münchner Stadtmuseum. Abgeb. in: Lux: Eine Dynastie berühmter Schlachtenmaler, S. 55.

[106] Münchner Stadtmuseum. Abgeb. in: Ebd., S. 54.

als Sohn des Pfarrers Johann Wilhelm Daniel Doppelmayr geboren.[107] Nach dem Besuch der Nördlinger Lateinschule von 1782 bis 1795 studierte er in Erlangen Jura und nebenher Mathematik, der sein besonderes Interesse galt. 1798 kehrte Doppelmayr nach Beendigung des Studiums nach Nördlingen zurück und erhielt erste juristische Anstellungen. Als Geometer schuf er 1804 einen Plan der Stadt Nördlingen. 1808 bekam Doppelmayr eine Stelle als Landgerichtsassessor in Rosenheim, 1816 wurde er nach Starnberg versetzt. Er hatte aus zwei Ehen insgesamt sechs Kinder. 1818 ließ er sich als Rechtsrat nach Nördlingen zurückrufen. Nach dem Tod des bisherigen Bürgermeisters wurde Doppelmayr 1831 zum rechtskundigen ersten Bürgermeister gewählt, drei Jahre später sogar auf Lebenszeit. Doppelmayr konnte seinen Neigungen als Geometer gelegentlich auch in seinem Beruf nachgehen, so ist etwa die Anlage des Nördlinger Friedhofes auf ihn zurückzuführen. Er starb am 2. August 1845.

Doppelmayr hatte sich das Zeichnen autodidaktisch angeeignet.[108] Er kopierte Gemälde der Nördlinger Maler Friedrich Herlin, Hans Schäufelin und Sebastian Taig in Aquarelltechnik. Sein Vorgesetzter in Rosenheim, der Landrichter Franz Joseph Kloeckel, verfaßte 1815 eine Chronik von Rosenheim, zu der Doppelmayr die Illustrationen beisteuerte. „Neben Landschaften und Motiven vom Chiemgau und aus Oberbayern hat Fr. W. Doppelmayr vor allem Burgen, Schlösser, Klöster, Kirchen, Bürger- und Bauernhäuser, bürgerliche Kostüme und bäuerliches Gewand in Nördlingen und im Ries gezeichnet, gelegentlich auch radiert und lithographiert. Wegen der natur- und objektgetreuen Wiedergabe hat er mit diesen Blättern historische Dokumente von unschätzbarem Wert geschaffen."[109]

Doppelmayr malte Veduten, Ansichten von Dörfern, Häusern, Gassen, Ruinen und Teilen der Nördlinger Stadtbefestigung. Vielfach hielt er Gebäude noch kurz vor deren Abriß auf dem Papier fest. Menschen bilden bei ihm zumeist nur die Staffage. Angaben wie *nach der Natur gezeichnet* und genaue Datumsangaben weisen daraufhin, daß er wirklich vor Ort war. Bilder, die Menschen oder Gerätschaften zum Thema haben, stammen zumeist nicht aus dem Ries, sondern aus der Rosenheimer Gegend. Hier hielt er offenbar fest, was ihm fremd erschien: Eine Reihe von Bildern[110] behandelt das Leben auf Almen, das Buttern und Kochen etwa, oder „Verschiedene Geräthschaften auf den Alpen". Eine aquarellierte Zeichnung zeigt einen schweren Truhenwagen mit Planenaufbau und einem Radschuh.[111] Gute Studien zu einer regionaltypischen Kleidungsweise bietet eine aquarellierte Zeichnung von 1812, die tanzende Paare „Zu Törwang"[112] abbildet.

---

[107] Zu Doppelmayrs Biographie s. vor allem Voges: Friedrich Wilhelm Doppelmayr. In: Schlagbauer/Kavasch (Hgg.): Rieser Biographien, S. 85 f., und den von Voges zum 150. Todestag erstellten Katalog „Friedrich Wilhelm Doppelmayr". Außerdem Thieme-Becker, Bd. 9, S. 465 f. – Maillinger: Bilder-Chronik, 1. Bd., S. 246.

[108] Auch sein Bruder Eberhard Wilhelm (1775-1844) war Autodidakt. Er studierte Theologie und nebenher Mathematik, wurde dann aber in Nördlingen Studienlehrer für Latein, Deutsch, Geschichte, Arithmetik, Religion und ab 1817 auch Zeichnen. Im Ruhestand war er bis 1842 noch als Zeichenlehrer tätig. Er zeichnete "... vor allem Landschaften, aber auch Bäume und Blumen mit Stift, Feder und Pinsel [nach], [und hat] auch einige fein und genau ausgeführte Ortsansichten hinterlassen ..."(Voges: Eberhard Wilhelm Doppelmayr. In: Schlagbauer/Kavasch (Hgg.): Rieser Biographien, S. 84 f.).

[109] Voges: Friedrich Wilhelm Doppelmayr, S. 86.

[110] Friedrich Wilhelm Doppelmayr. Katalog, Abb. 60-62.

[111] Ebd., Abb. 63.

[112] Ebd., Abb. 48.

Im Ries zeichnete Doppelmayr häufig Dorfkirchen, Kapellen und Pfarrhäuser, so etwa 1825 die Kirche in Hürnheim, auf die mehrere Leute zugehen: die Männer in langen Gehröcken, die Frauen mit radförmigen Hauben.[113] Vor der Kapelle in Marktoffingen ziehen zwei Ochsen einen Leiterwagen die Straße hoch. Sie werden geführt von einem Mann in Kniehose, Jacke und mit Dreispitz.[114] 1801 malte er das Pfarrhaus in Nähermemmingen[115], wo damals sein Vater Pfarrer war (Abb. 4). Im Vordergrund hütet ein Mädchen Gänse. Eine Frau ist mit Stock und offenbar einem Rückenkorb unterwegs, im Hintergrund ist ein Paar zu sehen.

Ein beliebtes Sujet Doppelmayrs war die Ruine Niederhaus. Auf einer Zeichnung[116] stellt er im Vordergrund eine Heuernte dar. Drei Pferde sind vor einen Leiterwagen gespannt. Die Männer tragen Kniehosen, weiße Hemden, rote und blaue Westen und den Dreispitz. Die Jacken haben sie weggelassen. Die Strohhüte der Frauen ähneln denen auf den etwa zeitgleichen Aquarellen Johannes Müllers stark, sie waren damals modisch.

Auch mit Bauernhäusern hat sich Doppelmayr oft zeichnerisch auseinandergesetzt, so etwa 1808 mit einem in Großsorheim.[117] Zu sehen ist in der Bildmitte etwas erhöht an einer Straßengabelung ein einstöckiges Haus mit Giebelbekrönung, Fenstern mit Läden, einem überdachten Kamin und einer Hofmauer. Ein Anbau könnte der Backofen sein. Im Hintergrund sind weitere Gebäude dargestellt, rechts ein Brunnen. Neben dem Bauernhaus geht eine Frau in langem Rock, Bluse und dunklem Mieder auf der Straße. Ein Bauernhaus mit Fachwerkgiebel in Schmähingen ist strohgedeckt (Abb. 5).[118] Bei einigen anderen Bauernhäusern und Scheunen legt Doppelmayr besonderes Augenmerk auf die Taubenschläge.[119] Personenstaffage tritt auch auf Zeichnungen von Nördlinger Marktplätzen auf. Bei einer Federzeichnung des Marktplatzes und Rübenmarkts[120] etwa stehen im Vordergrund einige Bürgerinnen in modischer Empirekleidung und mit Henkelkörben zusammen. Am linken Bildrand ist eine Frau in Rückansicht zu sehen. Mit ihrer niedrigeren Taille, der Bänderhaube und den beiden Körben stellt sie wohl eine Bäuerin dar, die ihre Waren zum Markt tragen will. Auf einer Zeichnung der Georgskirche und der Hauptwache von 1830 sind mehrere Bürger beim Kirchgang zu sehen.[121] Im übrigen erstellte Doppelmayr 1835 vom Böhm'schen Haus (heute Schäfflesmarkt Nr. 8) eine aquarellierte Federzeichnung.[122] Auch hier sind verschiedene Personen, zumeist Frauen, mit abgebildet. Eine Frau vorne rechts fällt auf, weil sie offenbar über ihrer langen farbigen Schürze noch eine zweite, kürzere und weiße trägt.

---

[113] Ebd., Abb. 23.

[114] Ebd., Abb. 27.

[115] Ebd., Abb. 29.

[116] Ebd., Abb. 19.

[117] Ebd., Abb. 12. Dieses Haus diente Paul Ernst Rattelmüller in seinem Buch „Volkstrachten in Bayern" (S. 127) als Vorlage für ein typisches Rieser Bauernhaus, vor dem unter dem Titel „Ries um 1925" eine Gruppe von vier Männern steht (vgl. S. 240).

[118] Friedrich Wilhelm Doppelmayr. Katalog, Abb. 32.

[119] So etwa ebd., Abb. 13 oder Abb. 29.

[120] Ebd., Abb. 83.

[121] Zipperer: Nördlingen, S. 48.

[122] Friedrich Wilhelm Doppelmayr. Katalog, Farbtafel VI. In diesem Haus wohnte u.a. der Arzt Dr. Martin Böhm, der es 1843 erworben hatte und der 1861 den Physikatsbericht für das Landgericht Nördlingen verfaßte (vgl. Kap. Physikatsberichte).

Abb. 4: Friedrich Wilhelm Doppelmayr: „Das Pfarrhaus zu Näher-Memmingen“, 1801.

Abb. 5: Friedrich Wilhelm Doppelmayr: Schmähingen, 1806.

Der Empfang von König Ludwig I. und Königin Therese 1829

Ein in der Geschichte des Dorfes herausragendes Ereignis spielte sich 1829 in Marktoffingen ab. Das Königspaar kam durch den kleinen Ort und hielt kurz an, um die Huldigungen der Untertanen entgegenzunehmen. Von diesem Tag existieren die Schilderung des damaligen Pfarrers in einer späteren Abschrift und zwei Zeichnungen, ebenfalls spätere Kopien.[123]

„Regisseur und Motor des Unternehmens war der neue, zu Jahresbeginn 1828 vom König ins Amt gerufene Generalkommissär und Regierungspräsident Fürst Ludwig von Oettingen-Wallerstein."[124] Auf Drängen Fürst Ludwigs brachen König Ludwig I. und Königin Therese am 26. August 1829 nach Ende ihres üblichen Sommeraufenthaltes in Bad Brückenau zum Besuch des Oberdonaukreises (später wieder „Schwaben und Neuburg" genannt) und seiner Hauptstadt Augsburg auf.[125] Nach einer Übernachtung in Würzburg führte die Route über die heutige Romantische Straße: von Rothenburg über Feuchtwangen und Dinkelsbühl nach Nördlingen, wo sie übernachteten. Wie überall war auch im Ries, das damals zum Rezatkreis gehörte, die Begeisterung groß. „Im Ries sind längs der königlichen Reiseroute die Menschen zusammengeströmt; die Dorfschulzen haben durch das Los jene bestimmen müssen, die in den leeren Dörfern als Wache zurückbleiben. Und das Wallersteiner Fürstenhaus, nunmehr repräsentiert durch Fürst Carl von Oettingen-Wallerstein, führt dem Königspaar durch die Art der Dekoration einer Ehrenpforte demonstrativ vor Augen, welche Dienste das Haus Oettingen dem Haus Wittelsbach im Laufe der Geschichte erwiesen hat."[126]

Außer dieser Ehrenpforte[127] am Übergang in die Oettingen-Wallersteinschen Besitzungen organisierte der oben erwähnte Fürst Karl Anselm auf Wunsch der Gemeinde Marktoffingen dort auch noch einen Empfang für den König. Das katholische Dorf im Nordries liegt an der Straße, die der König nahm. Die Bewohner wollten *die Empfindungen der tiefsten Ehrfurcht und der kindlichsten Treue laut aussprechen* und ein dem Ereignis angemessenes Fest gestalten. Zur Organisation suchten sie Hilfe bei jemandem, der damit mehr Erfahrung hatte. Bereitwillig machte sich Fürst Karl Anselm daran, das Standardprogramm, das bei solchen Anlässen üblich und von höchster Stelle erwünscht war, das der König allgemein genehmigt hatte[128] und das zumindest in Teilen im gleichen Jahr, 1829, vorgeschrieben wurde[129], zu verwirklichen: Ehrenpforte, blumengeschmückte, singende Schuljugend, Läuten der Kirchenglocken, Bevölkerung entlang der Wege, Reden. Für Amtspersonen war Uniform angeordnet. Als Festplatz wählte der Ortsvorsteher einen

[123] Die originalen Zeichnungen und die Schilderung des *Kammerers* und Pfarrers Willibald Joerg wurden bei einem Brand vernichtet. Die Abschrift bzw. Abzeichnungen in der Ortschronik Marktoffingens stammen von dem Lehrer Karl Keckhut, ca. 1920/30 (Gemeindearchiv Marktoffingen). Die Chronik ist inzwischen in Auszügen auch abgedruckt in: Zur Geschichte der Gemeinden Marktoffingen und Minderoffingen, hier S. 375 f.

[124] Rolle: Die Reise König Ludwigs I., S. 15.

[125] Weitere Angaben zu der Reise: Ebd.

[126] Ebd., S. 20 f.

[127] Sie bestand hauptsächlich aus mittelalterlichen Waffen und Rüstungen der Grafen von Oettingen, *Embleme uralter Liebe und Treue der Oettingen zum königlichen Hause der Bayern* (Ecker von Eckhoffen: Huldigungen, S. 1).

[128] StAA, Reg. 8410.

[129] Hanisch: Für Fürst und Vaterland, S. 198.

Hang als Aussichtspunkt über das Ries. Deswegen mußten der König und sein kleines Gefolge veranlaßt werden, von der Straße abzubiegen. Fichtenbäumchen verwandelten die „Umleitung" in eine Allee, der holprige Weg wurde eingeebnet. Die Schuljugend war mit Gesang, Jubel und Tanz beauftragt. Der Fürst hatte eigens zu diesem Anlaß ein Lied geschrieben. Einige Mädchen sollten auf *Krystalgeschirren Erzeugnisse des fleißigen Landmannes* überreichen. Bäuerliches Arbeitsgerät und Getreideähren an der Ehrenpforte symbolisierten die Landwirtschaft. Sechs von Ochsen gezogene Getreidewagen dienten der Selbstdarstellung als Getreidegegend, zumal der Fürst im König einen *Beförderer und Schützer des Ackerbaues* sah. Eine *Getreide- und Viehausstellung*, die damit in Miniformat nachgebildet werden sollte, hatte es bis dahin im Ries noch gar nicht gegeben, die Anregung kam wohl auch vom Fürsten. Unter einem hohen *Majenbaum* wurde ein Tanzplatz für die Dorfjugend angelegt, die als *Schnitter und Schnitterinnen*[130] gekleidet war. Ehrenpforte, Korngabel und Sichel waren blauweiß geschmückt, sogar die eigens angebrachten Bänder an der Kleidung der *Schnitter und Schnitterinnen* wiesen die Landesfarben des Königreichs auf.

Lange bevor der königliche Troß in Marktoffingen eintraf, begann hier um zwei Uhr nachmittags ein dörfliches Volksfest mit einem Zug zum Festplatz. Der Festzug bestand aus Blasmusik, Reitern, Schulkindern, Honoratioren, Landwehr, mehreren Wagen und der Gemeindefahne. Ganze zehn Minuten hielten sich die Monarchen auf, als sie um halb zehn Uhr abends eskortiert von Jägern des Wallersteiner Hauses endlich kamen, aber die Untertanen, die sich fast acht Stunden feiernd und tanzend auf die Ankunft vorbereitet hatten, waren begeistert. Es war gerade noch Zeit für Musik, Gesang und Hochrufe. Fürst Karl Anselm begrüßte das Königspaar und stellte den Ortsvorsteher sowie den Pfarrer vor. Der König hob in einer Ansprache die Ehrenpforte als *Symbol der notwendigsten Lebensbedürfnisse* hervor und erkundigte sich beim Ortsvorsteher nach der Gemeinde, ihrer *Sittlichkeit* sowie ihrem Verhältnis zum Ortsvorsteher und zum Pfarrer.

Am nächsten Tag verabschiedeten der Regierungspräsident des Rezatkreises und Fürst Karl Anselm das Königspaar an der Grenze zum Oberdonaukreis, am Ellerbach vor Donauwörth; auf der anderen Seite des Baches erwartete sie der Bruder des Fürsten, der Regierungspräsident Fürst Ludwig. „Jenseits der Eller-Brücke hatten die Bewohner des Rezat-Kreises unter Leitung und Anwesenheit ihres Präsidenten von Miegg und des Fürsten Karl von Oettingen-Wallerstein dem Könige ihre Abschieds-Huldigung dargebracht, nachdem eine Anzahl zierlich gekleideter Knaben und Mädchen an einem eigens errichteten, mit der Nationalfarbe bemahlten Schlagbaum, durch die ausdrucksvolle sinnige Fessel einer Blumenkette, das Entschwinden des geliebten Herrscher-Paares zu hemmen versuchte."[131] Ab hier hatte Fürst Ludwig die Reise organisiert. 49 Ehrenpforten bekam das Monarchenpaar auf dem Weg nach Augsburg noch zu Gesicht.[132] Jedes Dorf wollte die Aufmerksamkeit der hohen Reisenden auf sich ziehen. In Augsburg wurde am darauffolgenden Tag eigens ein Volksfest veranstaltet.

---

[130] Dies blieben nicht die einzigen *Schnitter und Schnitterinnen*, die das Königspaar auf dieser Reise zu Gesicht bekam. Das Motiv war sehr beliebt bei der Gestaltung von Ehrenpforten, ebenso die *Schäferin*, der *Ackersmann* oder im Allgäu *Heuer und Heuerin*.

[131] Ecker von Eckhoffen: Huldigungen des Ober-Donau-Kreises II. Theil, S. 1.

[132] Rolle: Die Reise König Ludwigs I., S. 26.

Über Fürst Ludwig von Oettingen heißt es: „Der ebenso ambitionierte wie gewandte, im Leben wie in der Amtsführung ins Pompöse tendierende neue Hausherr am Augsburger Fronhof war genau der Mann, die Reise des Königspaares zu einem wahren Triumphzug auszugestalten und sich dabei dem 'angebeteten Monarchen' (eine Lieblingsfloskel Wallersteins) für künftige weitergehende Aufgaben in Erinnerung zu bringen."[133] Der Fürst (1791-1870) hatte wegen einer unstandesgemäßen Heirat auf die Leitung seines Hauses verzichten und sie seinem Bruder Friedrich übertragen müssen. Auch seine hohe Stellung bei Hof hatte Ludwig deswegen verloren. Erst König Ludwig I., der ihn von gemeinsamen Studien kannte, setzte Ludwig wieder in ein Amt. Der jüngere Bruder der Fürsten Ludwig und Friedrich, Karl Anselm, nahm ebenfalls fürstliche Regierungsgeschäfte wahr. Das schlechte Verhältnis der beiden Fürsten bedingte sicher, daß Karl Anselm sich mit der Organisation des Marktoffinger Empfangs nicht nur dem König gegenüber in einem guten Licht präsentieren wollte, sondern auch gegenüber seinem Bruder.

Marktoffingen errichtete als Erinnerung an diesen Tag einen Gedenkstein, pflanzte vier Linden und benannte den Platz in *Königshöhe.* Bereits dreizehn Jahre später, als die Gemeindegründe in Ackerland aufgeteilt wurden, verschwanden Stein, Bäume und Name. Der Enthusiasmus trat hinter wirtschaftliche Notwendigkeiten zurück.

Obwohl das Ries erst seit etwas mehr als zwanzig Jahren Teil des Königreichs Bayern und die Einwohner damit Wittelsbachische Untertanen waren und obwohl die Politik zur Schaffung eines bayerischen Nationalgefühls noch gar nicht begonnen hatte, betonten 1829 alle ihre *unerschütterliche Treue* zum König. Der Pfarrer bezeichnete die Rieser in seinem voller Begeisterung geschriebenen Bericht als *wackere Bayern.* Das kleine Dorf nutzte die einmalige Chance, einen König bei sich zu begrüßen und zu bejubeln. Dem König wurde ein auf Hochglanz poliertes Dorf vorgeführt, und der Pfarrer bemerkte mit Stolz vor allem das Wohlgefallen der Königin an den 56 *Schnitter und Schnitterinnen,* Jugendlichen aus dem Dorf, angeblich in ihrer *landesüblichen Bauerntracht* oder, wie es an anderer Stelle heißt, *ihrem ländlichen und gebräuchlichen Anzuge.*

Auf der beiliegenden Zeichnung (Farbabb. 7) trägt der Bursche schwarze Schaftstiefel zum Umstülpen, schwarze Hose, rote Weste, schwarzes Band um den Hemdkragen, weißes Hemd mit weiten Ärmeln. Die Hosenträger über der Weste sind blau, auch den Dreispitz ziert ein blaues Band. Das Mädchen zeigte sich dem hohen Besuch in einem roten, stark gefältelten Rock, weißer, langer Schürze, buntem Schnürmieder, weißem Hemd und Strohhut. Die Schleifen am Mieder und das Schürzenband sind dem Anlaß entsprechend blau, während die Bänder am modischen biedermeierlichen Strohhut, den auch die Landfrauen bei Johannes Müller tragen, grün sind. Ob alle gleich angezogen waren, wird nirgends angesprochen. Das, was die Zeichnung vorstellt, ist weit entfernt

[133] Ebd., S. 15. Er hatte Erfolg damit: 1831 ernannte der König Fürst Ludwig von Oettingen-Wallerstein (1791-1870), der seit 1828 Regierungspräsident des Oberdonaukreises war, zum Minister des Innern. Dieses Amt hatte er bis 1837 inne, ab 1843 war er Staatsrat im außerordentlichen Dienst mit diplomatischen Sonderaufgaben, 1846 Gesandter in Rom, 1847 – 2.3.1848 eine Art Ministerpräsident. Nach dem Bruch mit dem König führte er ab 1849 die Opposition in der Abgeordnetenkammer an. Nach dem Tod seiner Frau wuchsen seine Schulden, bis er 1861 Konkurs anmelden mußte (s. die beiden Arbeiten von Zuber).

von einer Arbeitskleidung, welche die Bezeichnung *Schnitter und Schnitterinnen* implizieren würde. Die Jugendlichen sind dem Anlaß entsprechend herausgeputzt. Auch die Stiele der Korngabeln und der Sicheln sind blauweiß umwickelt.

Die Absicht, dem Königspaar einen Blick auf das Ries zu bieten, mißlang wegen der späten Ankunft. Dafür schuf der Schein zahlloser Fackeln eine besonders stimmungsvolle Atmosphäre. Ob das Ziel, Marktoffingen stellvertretend für das Ries als Ackerbaugemeinde vorzuführen, erreicht wurde, ist ungewiß; bei dem dicht gedrängten Programm, das Ludwig und Therese jeden Tag von früh bis spätabends zu absolvieren hatten, erinnerten sie sich in München wohl kaum noch an einzelne Dörfer. Der Zweck der Reise war aber erfüllt: Die Untertanen hatten Gelegenheit gehabt, den König und damit auch das Staatsgefüge zu bejubeln.

Zusammenfassung: Frühe Blicke

Die beispielsweise von Hartinger konstatierte Entdeckung der bayerischen Trachten durch Maler und Schriftsteller in der ersten Hälfte des 19. Jahrhunderts bezieht sich vorwiegend auf die oberbayerischen Trachten, die von München aus für die Künstler leichter erreichbar waren. Das Ries lag zu dieser Zeit noch außerhalb des Blickfeldes, seine Tracht fand keine allgemeine Beachtung. Nur regionale Maler hielten sie fest.

Besonders intensiv beschäftigte sich der Nördlinger Stadtschreiber und Autodidakt Johannes Müller mit der Kleidungsweise im Ries. In Gegenüberstellungen von Stadt- und Landbevölkerung arbeitete er die Unterschiede heraus und führte in anderen Arbeiten weitere Varianten vor. Der später als Schlachten- und Pferdemaler berühmte gebürtige Nördlinger Albrecht Adam zeichnete und aquarellierte am Anfang seiner Karriere auch Rieser Motive. Dabei interessierte er sich weniger für die Kleidung als für dörfliche Idyllen, ländliche Bräuche und Situationen, bei denen die Darstellung der Tracht nur ein Nebeneffekt war. Allgemein stellen Personen eher die Staffage bei Ortsansichten dar.

Auch beim sehr produktiven Friedrich Wilhelm Doppelmayr, der zahlreiche Veduten malte, bilden Personen immer nur die Staffage. Sein Interesse galt den Bauten. Der berühmte Johann Michael Voltz nahm in seine Auftragsarbeiten zu Trachten keine Rieser Kleidung auf. Seine Ansichten aus Nördlingen und bürgerliche Szenen zeigen modisch gekleidete Bürger.

Eine Sonderstellung kommt dem Bericht und der Zeichnung vom Empfang König Ludwigs I. in Marktoffingen zu. Die Aufzeichnungen stammen nicht von einem Künstler, sondern von einem lokalen Chronisten; uns liegen sie nur in einer späteren Kopie vor. Für das kleine, weit abseits der Machtzentren gelegene Dorf war der Besuch von Monarchen ein einmaliges Ereignis, das entsprechend groß gefeiert wurde, was wiederum ganz im Sinne der Monarchie war. Der amtierende Fürst von Oettingen-Wallerstein organisierte als „Profi" die Selbstdarstellung des Dorfes in dessen Auftrag nach dem üblichen und zum Großteil sogar vorgeschriebenen Schema. Einen Programmpunkt bildete die Tanzaufführung der Dorfjugend, angeblich gewandet als *Schnitter und Schnitterinnen*. Ihr Schmuck mit Bändern und Blumen in den bayerischen Farben Blau-Weiß war dem Berichterstatter keine eigene Erwähnung wert, er verstand sich bei einer Huldigung des Königshauses von selbst.

Die Trachtenumfrage von 1846 und die Trachteninitiative von 1852-1858

Der „Landesbrautzug" von 1842

Das Interesse an ländlicher Kleidungsweise, das aber noch nicht mit Trachtenpflege verbunden war, setzte bereits unter Max I. Joseph ein. Münchner Maler begannen mit Trachtendarstellungen, 1804/05 erschienen die ersten Serien im Druck. Etwas später erstellte der kgl. Zentralrat und Archivar Felix Joseph Freiherr von Lipowsky (1764-1842)[134] eine „Sammlung Bayerischer National-Costüme", die ungefähr zwischen 1810 und 1830 veröffentlicht wurde.

Ebenfalls zu Beginn des 19. Jahrhunderts erkannten Wittelsbacher Herrscher auch bereits die Eignung von Trachten für repräsentative Festgestaltungen. So traten bei der Hochzeit des Kronprinzen Ludwig mit Therese von Sachsen-Hildburghausen am 12. Oktober 1810 nach einer Idee des oben genannten Felix Joseph Lipowsky neun Kinderpaare[135] als allegorische Vertreter der neun bayerischen Kreise in eigens für diesen Anlaß geschneiderten Trachten auf. Sie überreichten dem Königspaar für ihren jeweiligen Kreis typische Produkte. Außerdem verkörperten fünf als Bauern und Bäuerinnen verkleidete Kinderpaare verschiedene bayerische Gegenden: Ein Paar in Miesbacher Tracht stand für die Viehzucht in Oberbayern, eins in Straubinger Tracht für den niederbayerischen Ackerbau. Die Tracht aus dem Nürnberger Umland versinnbildlichte den mittelfränkischen Hopfenbau, die aus der Würzburger Gegend den Weinbau in Unterfranken und die des Augsburger Raumes den Hanf- und Flachsbau in Schwaben.[136] Das ebenfalls stattfindende Pferderennen führte zur Gründung des Zentrallandwirtschaftsfestes, aus dem das Oktoberfest hervorging.[137]

Zur Silberhochzeit König Ludwigs I. 1835 organisierte der Isarkreis einen Trachtenzug, bei dem 80 geschmückte Wagen aufgeboten wurden. 18 Wagen stellten die Kreise Bayerns, die Jahreszeiten und die Bavaria dar. Auf 22 Wagen führten Erntegruppen landwirtschaftliche Tätigkeiten vor. Im Unterschied zur Hochzeit 1810 repräsentierten nicht Kinder, sondern Erwachsene die einzelnen Verwaltungsbezirke Bayerns. Bei beiden Anlässen stammten die Teilnehmer aber keineswegs wirklich aus den acht Kreisen, sondern sie waren allesamt Oberbayern. Ebenfalls gemeinsam war beiden Huldigungen, daß nicht ein nostalgisch vergangener, sondern der gegenwärtige Zustand des Landes Bayern gezeigt werden sollte.

König Ludwig I. nahm wiederum die Hochzeit seines Sohnes, des Kronprinzen Maximilian, mit Prinzessin Marie von Preußen 1842 zum Anlaß, „um seine Wertschätzung der ländlichen Kleidung und des ländlichen Brauchtums zu demonstrieren".[138] Alle Landesteile wurden aufgefordert, Brautpaare mitsamt dem in ihrer Heimat üblichen Gefolge in der jeweiligen regionalen Tracht zur Trauung nach München zu schicken. Wegen der weiten und deswegen

[134] Zu Lipowsky (oder: Lipowski) s. Alzheimer: Volkskunde in Bayern, S. 164 f.

[135] Nach Köstlin: Zur frühen Geschichte staatlicher Trachtenpflege, S. 302, und Daxelmüller: Quellenkritische Anmerkungen, S. 229, waren es acht Kinderpaare.

[136] Möhler in: Das Oktoberfest, S. 225.

[137] Möhler: Zentrallandwirtschaftsfest, S. 317 f.

[138] Hartinger: Das Haus Wittelsbach, S. 11.

teuren Anreise war die Teilnehmerzahl aber auf die nötigsten Personen zu beschränken. Mit Eltern, Brautführern, Hochzeitsladern brachten es die 35 Brautpaare zu einem Zug von über 400 Personen.[139] Allerdings hatte die Aufstellung der Paare Schwierigkeiten bereitet, weil einige Trachten den Behörden nicht attraktiv genug erschienen, so daß ästhetische Verbesserungen vorgenommen wurden oder Brautpaare Trachten anderer Gegenden anziehen sollten. In vielen Regionen, wo längst modische Kleidung Einzug gehalten hatte, wurden sogar eigens zu dieser Gelegenheit Trachten rekonstruiert, d. h. nach alten Abbildungen oder Beschreibungen nachgeschneidert. Diese Trachtenhochzeit hatte großen Erfolg beim Publikum.[140]

Für Schwaben wurde die Teilnahme von fünf Paaren bewilligt, drei katholischen und zwei protestantischen.[141] Entscheidend waren nach den Ausschreibungsbedingungen die Unbescholtenheit des Brautpaares, ihre *unzweifelhafte Würdigkeit* und ihre Bedürftigkeit. Da aber auch in diesem Fall die Ansässigmachung Voraussetzung für die Heirat war, war die Teilnahme von Angehörigen der unteren Schichten, also etwa von Knechten und Mägden, ausgeschlossen. Wegen der Repräsentativität der Veranstaltung wurde großer Wert auf das Aussehen der Paare gelegt. Das Ereignis wurde finanziert durch Spenden der Gemeinden und verschiedener Institutionen, z.B. der Kirchengemeinden. Die Brautpaare erhielten jeweils eine Aussteuer von 1000 Gulden und einen Zuschuß von 50 Gulden zur Hochzeitskleidung.[142] Als Vertreter Schwabens wurden schließlich ausgewählt ein Hucker und eine Metzgerstochter für das katholische sowie ein Metzgermeister und eine Schäfflerstochter für das protestantische Augsburg. Das katholische Brautpaar aus Sontheim (LG Wertingen) bestand aus einem Söldner und einer Hirtentochter, das katholische aus dem Landgericht Kempten aus einem Schuhmacher und einer Taglöhnerstochter. Aus Solnhofen (LG Monheim) nahm ein protestantisches Paar teil: Der Bräutigam war im Tagelohn als Lithographie-Steinbrecher tätig, seine Braut war die Tochter eines Steinbrechers und Schneiders.[143]

Im Ries bereitete die Vorauswahl passender Paare offenbar Schwierigkeiten; das Oettinger Landgericht meldete gleich Fehlanzeige. Im Herrschaftsgericht Wallerstein wurden schließlich nach längerer Suche als geeignet erachtet der 25jährige Joseph Steinacker, Sohn eines Söldners und Schankwirtes, und Anna Maria Ebert, 24 Jahre alt, Tochter eines Bäckers und Söldners. Beide waren katholisch und lebten in Marktoffingen. Grundbesitz, eine Schankwirtskonzession und die 400 Gulden Vermögen der Braut bildeten die Basis für die Ansässigmachung. Der Brautzug sollte aus dem Brautpaar, einem Brautführer, einer *Kränzles-Jungfer* und zwei Trauzeugen bestehen. Das Brautpaar würde die *örtliche Landestracht: Rieser Bauerntracht nach anliegender Zeichnung* tragen.[144] Leider liegt die Zeichnung dem Akt nicht mehr bei.

---

[139] Nach Möhler: Das Münchner Oktoberfest, S. 264, betrug die Teilnehmerzahl inkl. der Schützen und Knappen 750 Personen.

[140] Zum Trachtenfolklorismus in der 1. Hälfte des 19. Jhs. s. verschiedene Aufsätze von Wolfgang Brückner, z.B. Mode und Tracht. Der „Landesbrautzug" von 1842 ist ausführlich behandelt bei Griebel: Tracht und Folklorismus, bes. S. 15-54.

[141] Zum weiteren, insbesondere zur Auswahl der Brautpaare, s. StAA, Reg. 8397.

[142] StAA, Reg. 8399.

[143] StAA, Reg. 8400. – Bayerland 2 (1891), Nr. 19, S. 225 und 227 f.

[144] Joseph Steinacker war 6 Fuß groß (1,74 m), gesund, kräftig und *gut gebildet.* Für das Aussehen der Braut fehlen die Angaben.

Aus Nördlingen wurden zwei Paare vorgeschlagen: Der 32jährige Leinen- und Teppichweber Georg Kaspar Mayer in *gewöhnlicher Bürgerstracht* mit seiner Braut Margaretha Beyschlag, der 27jährigen Tochter eines Schwarzfärbers, die in *gewöhnlicher Landestracht mit Augsburger Gold- oder Silberhaube* heiraten würde. Der Bräutigam sollte mit zwei Führern oder Zeugen, die Braut mit zwei Brautfrauen oder Brautjungfern teilnehmen.[145] Das zweite Paar bestand aus dem seit drei Jahren als Maurermeister ansässigen 27jährigen Georg Karl Schurrer und einer Sattlerstochter, Margaretha Barbara Ebel, 24 Jahre alt, ebenfalls in *gewöhnlicher Bürgerstracht.*[146] Das Herrschaftsgericht Harburg stellte die Verdoppelung seiner ohnehin sehr hohen Spende für den Fall in Aussicht, daß ein Paar aus dem Herrschaftsgericht auserwählt werden würde. Vorgeschlagen wurde der erst 20 Jahre alte Johann Georg Mayer, ein Söldner mit etwas Grundbesitz aus Rohrbach; er wollte Lederhose, rote Weste und *Spitzerhut* tragen. Seine Braut war die 23jährige Anna Maria Baumgärtner, Söldnerstochter aus Ebermergen; im Fragebogen wurde bei ihr die Spalte für die Kleidung nicht ausgefüllt. Da die Rieser Paare nicht in die nähere Wahl kamen, liegen für sie keine genaueren Beschreibungen der Tracht vor. Wie den Angaben bei der späteren Trachteninitiative zu entnehmen ist, wurden die 1842 beigelegten Abbildungen bei der Regierung nicht aufbewahrt, sondern eventuell zurückgeschickt. 1846, bei der Anfrage des Kronprinzen Maximilian, waren sie in den Landgerichten nicht mehr auffindbar.

Nachdem die Trachten also in Bayern ebenso wie in anderen deutschen Staaten[147] bereits ihren Wert als Repräsentationsmittel und als Embleme der Landesteile bewiesen hatten, setzten 1852 die Bemühungen König Maximilians II. um den Erhalt der *Landestrachten* ein.[148] Wie sie sich in Hinsicht auf das Ries in den Akten niedergeschlagen haben, wird in der Folge behandelt. Zur Umfrage nach dem *Gesundheitszustand auf dem platten Land* von 1852/53, die auch die Bekleidungsfrage beinhaltete und die Armin Griebel in seiner Dissertation behandelt, sind keine Rieser Antworten bekannt.

1867 sollten zur geplanten Hochzeit König Ludwigs II. erneut acht bedürftige Brautpaare ausstaffiert und zur Trauung nach München geschickt werden. Kreise und Gemeinden hätten weitere Paare ausstatten sollen. Von Tracht ist im Schriftwechsel zwischen dem Ries und München nicht die Rede.[149] Die Stadt Nördlingen meldete zwei protestantische Paare.[150] Auch das Bezirksamt Nördlingen benannte zwei Paare: Das protestantische bestand in einem Schuhmacher aus Hainsfarth und seiner Braut[151], das katholische kam aus Kleinerdlingen;

[145] Mayer war 5 Fuß 7 Zoll groß (ca. 1,62 m), untersetzt, gesund und *wohlgebildet.* Das Aussehen der Braut ist nicht beschrieben.

[146] Ihr Aussehen ist nicht beschrieben.

[147] Vgl. etwa Schmitt: Volkstracht in Baden, v.a. S. 32 f. Auch Baden war Anfang des 19. Jhs. neu zusammengesetzt worden.

[148] Griebel: Tracht und Folklorismus, S. 55-108.

[149] StAA, Reg. 8433. Griebel: Tracht und Folklorismus, S. 163-166, stellt dagegen für Franken durchaus eine gewisse Bedeutung der Tracht fest.

[150] Der 28jährige Weber Johann Adam Hofstaetter hatte sechs Jahre Militärdienst geleistet und galt als solid, fleißig und sparsam. Seine 25jährige Braut Regina Braun war die Tochter eines Tagelöhners. Beide waren nahezu vermögenslos. Das andere Paar bestand aus dem ebenfalls 28jährigen Zimmergesellen August Wilhelm Unrein, Sohn eines verstorbenen Schreinermeisters. Auch er hatte sechs Jahre beim Militär gedient. Seine Braut Anna Margaretha Mahler war 23 Jahre alt und die Tochter eines verstorbenen Kupferschmieds. Auch diese beiden waren bedürftig und *der Aussteuer würdig* (StAA, Reg. 8433).

[151] Christian Schachameyer und Margarethe Maurer, beide protestantisch, unbescholten, arbeitsam und sparsam (StAA, Reg. 8433).

der Bräutigam war Geschäftsführer in einer Ziegelei[152]. Als Vertreter Schwabens wurde schließlich ein Paar aus Sontheim im Bezirksamt Memmingen ausgewählt. Allgemein litt die Aktion unter der mangelnden Begeisterung und Zahlungsbereitschaft der Gemeinden.[153] Die Verlobung des Königs wurde gelöst, die Brautpaare erhielten die Aussteuer dennoch.

Die Trachtenberichte aus Sicht der Forscher

Walter Hartinger hat sich in mehreren Aufsätzen unter anderem mit der Kronprinzenhochzeit Maximilians 1842, der von diesem betriebenen Trachteninitiative ab 1852 und den teilweise verständnislosen Reaktionen darauf bei den Behörden beschäftigt.[154] Sein Ergebnis lautet: „Wir wissen heute, daß vieles von dem, was uns als regional gewachsene Volkskultur erscheint, in Wirklichkeit ein Mischprodukt aus obrigkeitlichen Vorstellungen und im Volk wirkenden Traditionen darstellt."[155]

Sehr eingehend befaßt sich Ingolf Bauer in dem Aufsatz „König Maximilian II., sein Volk und die Gründung des Bayerischen Nationalmuseums" mit der Gesamtheit der königlichen Unternehmungen hinsichtlich Geschichtspflege und Volkskultur. Er erläutert die Reaktionen der Berater und deren Gutachten zu den königlichen Plänen. Neben noch üblichen Trachten habe es Wiederbelebungsversuche und Neuschöpfungen gegeben. Bauer resümiert, daß Tracht als „ein Instrument der Integration, der Vaterlandsliebe und der Bindung an das Herrscherhaus"[156] betrachtet wurde.

Konrad Köstlin sieht 1988 den Trachtenerlaß als ein Beispiel für eine Mischung aus Resten aufklärerischer Rhetorik und der neuen bürgerlichen Sicht des Ländlichen und des Landvolks als zu konservierender Idylle.[157]

In jüngster Zeit hat sich Armin Griebel in seiner Dissertation[158] und einem Aufsatz[159] ausführlich mit den Trachtenerhaltungsbestrebungen der Wittelsbacher in Franken auseinandergesetzt und dabei auch die entsprechenden Berichte publiziert. Er legt dar, wie subjektiv die Aussagen der Beamten waren und welch unterschiedliche Einstellungen sie zum Trachtenthema hatten. Die Hochzeit 1842 sei eine „historische Maskerade" nach ästhetischen Kriterien gewesen. In den meisten Fällen seien in Franken längst historisch gewordene Abbildungen nachgestellt und damit zu Emblemen geworden. Repräsentativität der Tracht habe Vorrang vor historischer Treue gehabt. Auch bei noch üblichen Trachten sei es zu ästhetisierenden Eingriffen der Behörden gekommen. Da in den amtlichen Stellungnahmen oft nur Stereotypen verbreitet worden seien, müsse ihr Quellenwert kritisch geprüft werden. Griebel zieht den Bogen weiter bis zu den Trachtenerhaltungsvereinen, die gegen Ende des 19. Jahrhunderts gegründet wurden.

---

[152] Joseph Bosch und Crescentia Kiesel, beide ausgestattet mit *lobenswürdigen Eigenschaften.* Über ihre Bedürftigkeit wird nichts ausgesagt (StAA, Reg. 8433).

[153] StAA, Reg. 8432 und 8433.

[154] Das Haus Wittelsbach, 1980/81. – „liegt mir gleichwohl die Erhaltung der Volkstrachten ...", 1988. – Ostbaierische „Tracht", 1988. – König Max II., 1989.

[155] Das Haus Wittelsbach, S. 7.

[156] Bauer: König Maximilian II., S. 4.

[157] Köstlin: Zur frühen Geschichte staatlicher Trachtenpflege in Bayern.

[158] Griebel: Tracht und Folklorismus.

[159] Griebel: Wittelsbacher Trachtenpolitik.

Für Schwaben und damit auch das Ries legte der damalige Bezirksheimatpfleger Alfred Weitnauer 1957 in dem Buch „Tracht und Gwand im Schwabenland“ eine reichhaltige Materialsammlung zur Kleidungsweise vor. Für die Bekleidung im Ries sind außer Auszügen aus den Physikatsberichten und aus Melchior Meyrs „Ethnographie des Rieses“ auch Zitate aus den Antworten von 1852 zur Trachteninitiative abgedruckt. Das reiche Bildmaterial umfaßt neben den Bildern aus diesem Jahr Kupferstiche und Aquarelle von Johannes Müller. Die Transkription der handschriftlichen Quellen in dem nicht für wissenschaftliche Kreise geschriebenen Buch ist in Sprache, Rechtschreibung und Interpunktion dem Deutsch des 20. Jahrhunderts angeglichen und damit für ein breites Publikum lesbarer. Die kritische Aussage des Wemdinger Landrichters ist – im Gegensatz zum Wemdinger Physikatsbericht, in dem *der sogenannte altfränkische Kleiderschnitt* beschrieben wird, – nicht abgedruckt. Man gewinnt den Eindruck einer gewissen Selektion zugunsten Weitnauers erklärtem Ziel, der Trachtenerneuerung. Walter Hävernick, der einen engen Trachtenbegriff vertritt, wirft in seiner Rezension Weitnauer eine „Verfälschung des historischen Bildes mittels untergeschobener Rekonstruktionen“ vor, weil Weitnauer Fotos, die eigentlich „gestellte Bilder der Wiederbelebungsversuche“ seien, nicht als solche kennzeichnete.[160] Hävernick beklagt „verfrühte und subjektive Urteile im romantischen Sinne“.[161] Als entscheidende Faktoren für die Entwicklung und den Erhalt von Trachten sieht er die „Grenzlage“ einer Region und „Gegensätze der beiden Konfessionen“.[162] Für beide Phänomene führt er Beispiele an, darunter immer das Ries. In Hävernicks Sicht bezeugt „das Schwinden der erkennbaren Gruppentrachten und die Ausbreitung der vom Verfasser [= Weitnauer] beklagten Einheitskleidung ('Massengeschmack') ... das Abklingen innerer und äußerer sozialer Spannungen.“[163]

Walter Wörtz, der frühere Trachtenberater des Bezirks Schwaben, stützt sich bei seiner Veröffentlichung schwäbischer Trachtengraphik, die auch eine Auswahl der für das Ries 1852 vorgelegten Trachtenzeichnungen enthält, im wesentlichen auf Weitnauer, vermengt aber die Schilderungen und Aquarelle von 1852 mit den Physikatsberichten, die er 1850-1860 datiert.[164]

Weitnauers Buch blieb lange Zeit die einzige fundierte Veröffentlichung zur schwäbischen Kleidung.[165] Erst in jüngster Zeit beschäftigten sich wieder zwei Publikationen ausführlich mit dem Thema. Für den Landkreis Augsburg hat Anni Hartmann, eine Mitarbeiterin des Kreisheimatpflegers Prof. Dr. Walter Pötzl, die einzelnen Bestandteile der Frauen- und Männerkleidung vom Mittelalter bis zum 19. Jahrhundert und bis zur Trachtenpflege überwiegend anhand von Nachlassenschaftsinventaren untersucht.[165a] Zahlreiche Abbildungen vor allem aus Epitaphien, Flugblättern, Votivtafeln, Kirchenfresken und Trachtengraphiken sowie Fotografien von Originalstücken vervollständigen die Abhandlung. Auch die Aussagen der Physikatsberichte von Göggingen, Schwabmün-

160 Hävernick: Rez., S. 106 f.
161 Ebd., S. 107.
162 Ebd., S. 107.
163 Ebd., S. 107.
164 Trachtengraphik in Schwaben. Schwerpunkt: Ries; und im Begleitheft zur Ausstellung Trachtengraphik in Schwaben.
165 Albert Walzer beschäftigte sich in seinem Buch über die „Wechselformen der Tracht in Württemberg“ zwar auch mit dem Ries, aber nur mit den Wolkenröcken.
165a Hartmann: Kleidung und Tracht.

chen, Zusmarshausen und Wertingen sind eingeflochten. Ein Exkurs beschäftigt sich mit der „Kindswäsche", dem „Taufzeug" und den Haustextilien. Für jeden Zeitabschnitt werden kurz die Quellen angegeben. Für das 19. Jahrhundert sind außer den Votivtafeln und Physikatsberichten Trachtenbildserien, Fotografien, Portrait- und Genrebilder und die volkskundliche Umfrage von 1908 aufgeführt.

Der Bestandskatalog „Kleidung" des Schwäbischen Bauernhofmuseums Illerbeuren erschien zwar zur Ausstellung „Von Miederketten, Tandlern und roten Westen. Zur Kleidungsgeschichte Bayerisch-Schwabens", ist aber davon unabhängig zu sehen. Monika Mai gibt darin Überblicke über die Kleidungsgeschichte des 19. Jahrhunderts, über Kleiderherstellung und Bekleidungshandel. Das Schwergewicht liegt dabei auf dem Allgäu und Mittelschwaben. Zusammen mit Traudl Härle und Hans Frei reißt die Autorin die „Quellen zur Kleider- und Kleidungsforschung" kurz an und schätzt deren Quellenwert ein. Den Hauptteil der Arbeit, die als Nachschlagewerk konzipiert ist, macht der Katalog aus, in dem systematisch Kleidungsstücke aus dem Illerbeurer Museum abgebildet und beschrieben werden. „Er ist so für Interessierte und Museen ein Hilfsmittel zur Einordnung der eigenen Stücke."[166]

Die Rieser Trachtenberichte 1846-1858

1846 wird erstmals das Interesse Maximilians an den *Landestrachten* aktenkundig, als der Kronprinz schriftlich beim Regierungspräsidium für Schwaben und Neuburg nachfragt, *in welchen Gegenden der Provinz Schwaben u. Neuburg bey dem Bürger- und Bauerstande sich noch die alte eigentümliche Tracht erhalten hat, dann auf welche Weise man möglichst leicht und schnell in Besitz getreuer Abbildungen hievon gelangen könnte.*[167] Wie üblich gab die Regierung die Anfrage weiter an die Stadt- und Landgerichte. In seiner Antwort unterscheidet der Nördlinger Bürgermeister zwischen der Männer- und der Frauenkleidung. Während nur noch einzelne alte Männer die *alte eigenthümliche Tracht der Bürger* (Fräcke mit sehr breiten Schößen, lange breite Westen, kurze Hosen, lange Strümpfe und Schuhe, kleiner dreieckiger Hut) trügen, sei sie bei den Frauen noch häufiger zu finden, besonders die Flügelhauben, auf die der Bürgermeister allerdings nicht näher eingeht. Er bietet an, auf Anforderung von dem Nördlinger Maler Voltz Zeichnungen der Tracht anfertigen zu lassen.

Der Vorstand des Herrschaftsgerichtes Wallerstein meldet, daß die *Landesvolkstracht* sich im Ries *bisher unverändert erhalten* habe und legt dienstbeflissen drei Abbildungen bei, die dem Begleitschreiben nach ein junges katholisches Paar in normaler Kleidung, ein protestantisches *Landmädchen*, sowie ein Brautpaar mit zwei Brautjungfern zeigten, dessen Konfession nicht genannt wird. Einen Tag später schickte das Herrschaftsgericht Wallerstein noch eine vierte Abbildung, nämlich die eines protestantischen Mädchens in

[166] Otto Kettemann im Vorwort, S. 7.

[167] StAA, Reg. 8372. Meines Wissens wurde bisher nur Maximilians Umfrage in Oberbayern im Zusammenhang mit Lentners Ethnographie beachtet (Bauer: König Maximilian II., S. 3, und Hartinger: König Maximilian II., S. 355. Beide Autoren verweisen auf Aufsätze im „Salzfaß" aus den Jahren 1925 und 1979.).

Festtagskleidung und eines protestantischen Bauernburschen in Sonntagskleidung mit *Pelzhaube, in welcher derselbe im Wirthshause oder sonst bey öffentlichen Anlässen und Gelegenheiten erscheint.* Die Radhaube aus schwarzen Florspitzen – so wird erläutert – werde nur im Ries an Festtagen von den Protestantinnen getragen. Die Zeichnungen sind leider nicht mehr vorhanden. Aus Oettingen und vom Landgericht Nördlingen liegen dem Aktenfaszikel keine Antworten bei.[168]

Im März 1852, vier Jahre nach seiner Thronbesteigung, spricht sich König Maximilian II. in einem Schreiben an den Innenminister von Zwehl dafür aus, *(auch in Berücksichtigung seiner Zweckdienlichkeit zur Festigung des Nationalgefühls) ... aufmunternd für die Erhaltung der verschiedenen, in Bayern herkömmlichen Landestrachten wirksam* zu sein.[169] Er fordert den Innenminister zur Stellungnahme über die Eignung zweier Maßnahmen auf: der Aussetzung einer jährlichen Geldprämie für besonders engagierte Gemeinden in jedem Regierungsbezirk und der kostenlosen Abgabe von Abbildungen für Schul- und Gemeindehäuser, wobei der König an Lipowskys „Sammlung bayerischer National-Costüme“ erinnert.[170]

Diese beiden Mittel stellt von Zwehl in seinem Schreiben an die Regierungspräsidenten zur Diskussion, in dem er sie zur Mitteilung auffordert, *welche herkömmliche u. besonders charakteristische Trachten ... in dem Regierungs-Bezirke bestehen*[171] und in dem er um Vorschläge zum Trachtenerhalt anfragt. Er verpflichtet sie bei der Gelegenheit, über den Auftrag des Königs hinausgreifend, auch gleich zur Einsendung einzelner bereits vorhandener Trachtenabbildungen, wobei er ebenfalls auf die Publikation Lipowskys verweist.

Die Regierungspräsidenten zogen zur Beantwortung die unteren Behörden heran. Dabei verweist der schwäbische Regierungspräsident von Welden auf die Berichte und Zeichnungen aus dem Jahr 1842, als für die Hochzeit des Kronprinzen geeignete Brautpaare gesucht worden waren. Da die Bilder von damals in Augsburg nicht mehr vorlagen, drang er darauf, zusätzlich zu den Trachtenbeschreibungen Abbildungen einzusenden, was König und Innenminister keineswegs so bestimmt verlangt hatten. Der schwäbische Regierungspräsident nimmt bereits vorweg, daß in den Städten schon längst keine Trachten mehr üblich seien. Von Welden führt von vornherein eine Reihe von Gebieten mit seiner Ansicht nach besonders hervortretenden *Volkstrachten* auf, darunter das Ries. Inwiefern er sich dabei auf die Ergebnisse von 1842 stützt, ist unklar; die genannten Gegenden stimmen nur zu einem kleinen Teil mit den Teilnehmern am Landesbrautzug von 1842 überein.

Das Oettinger Landgericht betont in seiner Antwort, daß die Trachten der einzelnen Orte nur in kleinen Details differierten.[172] In seiner Beschreibung geht der Landgerichtsvorsitzende auf die konfessionellen Unterschiede beim männlichen Schuhwerk

---

[168] In dem Faszikel sind die Aktion von 1846 und die Antworten in der Trachteninitiative aus dem Jahr 1858 zusammengeheftet (StAA, Reg. 8372).

[169] Abgedruckt bei Griebel: Amtliche Berichte, S. 184.

[170] Der Ablauf der Trachteninitiative und die Diskussionen über die verschiedenen Maßnahmen zur Trachtenpflege sind Griebel: Tracht und Folklorismus, S. 55-108, zu entnehmen.

[171] Abgedruckt bei Griebel: Amtliche Berichte, S. 185.

[172] Die Schreiben der Regierung und die Antworten der Landgerichte aus StAA, Reg. 8603. Die Berichte des Regierungspräsidenten und des Innenministers aus BayHStA, M Inn 45788. Ich danke Dr. Armin Griebel für die frdl. Einsichtmöglichkeit in die Kopien des Bayer. Hauptstaatsarchivs.

und bei der Farbe der Westen ein. Je nach Gelegenheit würden entweder der Überrock oder eine kurze Jacke getragen. Bei den Frauen richteten sich der Schnitt des Oberteils, der Sitz der Taille an den Jacken, die Rocklänge, die Farbigkeit, die Stoffarten, der Sitz und die Form der Haube nach der Konfessionszugehörigkeit. Eine Ausnahme von der Tracht würden seit jeher die Gewerbetreibenden auf dem Land bilden, und zwar wiederum nur die Männer, die sich eher städtisch kleideten.

Am Fortbestand der Tracht hegt der Landgerichtsvorsitzende in Oettingen keinen Zweifel; es wäre im Gegenteil schwierig, sie zu beseitigen oder stark zu verändern. Mit kleinen modischen Änderungen findet er sich leicht ab, weil sie – so sein Argument – auch bei Militäruniformen vorkämen. Als einziges Mittel zur Trachtenpflege, die er ohnehin für unnötig hält, empfiehlt er den preisgünstigen Verkauf von Abbildungen auf Märkten und Messen. Größere Aktivitäten, so befürchtet er, würden die Aufmerksamkeit der Bevölkerung zu sehr auf das Thema lenken. Er erwartet bei einem Vergleich hinsichtlich Bequemlichkeit und Preis einen Vorteil für die städtische Kleidung. Indiz dafür ist ihm, daß in armen Gegenden die städtische Kleidung am schnellsten Eingang gefunden und sich ausgebreitet habe. Er widerspricht damit selbst seiner zuvor geäußerten These von der Tracht als *zweiter Natur.*

Der Nördlinger Landgerichtsvorsitzende meldet 1852 unter dem Motto *Selbst gesponnen, selbst gemacht, rein dabei ist Bauerntracht*[173] enthusiastisch die Gängigkeit der *soliden und zweckmäßigen* Trachten bei der landwirtschaftlichen Bevölkerung. Auch er drückt die Überzeugung aus, daß eine Änderung nicht leicht zu erwarten sei. Wie im Oettinger Bericht werden auch hier die Gewerbetreibenden als Ausnahmen dargestellt. Bessergestellte Frauen würden inzwischen zu seidenen Stoffen greifen. Verantwortlich für *die Uebel unserer Zeit* macht er die Aufklärung der Neuzeit und die Industrialisierung. Er beklagt, daß wegen der höheren Löhne oft Landmädchen in der Stadt arbeiteten und dort alles kennenlernten, *was sie am Ende zu Grunde richtet.* Sie würden ihre *Unschuld* verlieren und höhere Ansprüche entwickeln. Trachttragen wird hier mit Sittlichkeit auf die gleiche Stufe gestellt. In seiner konservativen Haltung lehnt der Nördlinger Beamte die Kenntnis von Neuerungen und einen höheren Lebensstandard für die bäuerliche Bevölkerung ab. Obwohl er eine Änderung der Tracht für ausgeschlossen hält, regt er doch an, durch kostenlose Abbildungen für die Schulen die Jugendlichen für die Tracht zu interessieren. Zur Unterstützung des königlichen Anliegens sollten die Gemeindevorsteher, Pfarrer und Lehrer, die in engem Kontakt zur Bevölkerung stünden, herbeigezogen werden.

Obwohl der Nördlinger Landgerichtsvorsitzende von einer unveränderlichen Tracht ausgeht, legt er zu den beiden Abbildungen vom evangelischen und katholischen *Sonntagsstaate* der landwirtschaftlichen Bevölkerung eine Zeichnung bei, die veranschaulichen soll, wie die aktuelle Tracht von der früheren abgewichen ist. Während er also eine wei-

[173] Diesen Spruch hat Wolfgang Brückner analysiert und festgestellt, daß der Reim zum ersten Mal in Rudolph Zacharias Beckers „Noth- und Hülfsbüchlein für Bauersleute" von 1788 auftaucht. Die Ideologie der Aufklärung hegte u.a. Autarkiehoffnungen. Später wurde das Wunschbild der bäuerlichen Eigenproduktion im nachhinein für eine historische Erkenntnis gehalten. „Nur noch der allein am Schreibtisch gebildete schwärmerische Volkserzieher glaubt auch hier weiterhin an die Urproduktion im Bauernhaus." (Brückner: „Selbst gesponnen ...", S. 85).

tere Veränderung für ausgeschlossen hält, gibt er am Rande zu, daß sich im Vergleich zu früher bereits einiges gewandelt habe, und sieht es als notwendig an, die Jugend zu beeinflussen. Das Wallersteiner Landgericht reichte erst 1853 vier Abbildungen *aus 3 verschiedenen Bezirksgegenden* ein, ohne auf die übrigen Aufgabenstellungen einzugehen.

Der Meldung des Regierungspräsidenten 1852 an das Innenministerium lag eine Abschrift des Oettinger Berichts bei, da Nördlingen keine Beschreibung geliefert hatte.[174] Allgemein sieht der Regierungspräsident die Baumwollindustrie und die durch die Eisenbahn erzeugte Mobilität als Gefahren für die *Nationalitäten* und die regionaltypische Kleidung. Die *altherkömmlichen besonders charakteristischen Trachten* seien in Folge des Verwischens der Standesunterschiede verschwunden. Er wagt die Prognose, daß auf dem Land keine Tracht mehr wiederaufgenommen werde, solange dies nicht auch in den Städten geschehe, da die Landbewohner die Städter nachahmten. Industrialisierung, reisende Händler, *Überschwemmung der Jahrmärkte mit immer neuen Modeartikeln*, Mobilität, Kontakt des Landes zu den Städten, *Genußsucht* sowie der niedrige Preis und die Vielfalt der modischen Stoffe waren Faktoren, die in den Augen des Regierungspräsidenten als Hindernis für die Beibehaltung von Trachten wirkten. Aber die modische Kleidung sei auch bequemer und der Gesundheit zuträglicher. Den Vorteil der niedrigen Preise hebe der schnelle Wandel der Mode jedoch auf.

Von Welden teilt den Kreis Schwaben-Neuburg in drei Trachtenregionen ein: das Allgäu, das *Unterland* (die Landgerichte Memmingen, Mindelheim, Roggenburg, Günzburg, Dillingen, Burgau, Zusmarshausen, Wertingen und Donauwörth) und das Ries. Im Allgäu sei die typische Radhaube zum Spottobjekt geworden. In Mittelschwaben habe sich die Tracht auch nur in Ortschaften erhalten, die von Städten entfernt lägen. Nur die Bauern seien Trachtträger, während Kleinbegüterte und Handwerker eine Mischung aus bürgerlicher und bäuerlicher Kleidung trugen. Hier fügt der Regierungspräsident noch das Wandern im Handwerk, längeren Aufenthalt in größeren Städten und das auswärtige Arbeiten der unteren sozialen Schichten als Faktoren an, die sich negativ auf das Beibehalten von Tracht auswirkten.

Der Innenminister von Zwehl übernimmt in seiner Zusammenfassung die stereotypen Argumente aus den Regierungsbezirken: Nach dem Aufheben der Standesschranken ahmten die kleineren und mittleren Stände die höheren besonders in der Kleidung nach. Der alte Zustand sei gekennzeichnet gewesen durch *Einfachheit der Sitten, Ehrfurcht vor dem Hergebrachten, Scheu vor Neuerungen in der gewohnten Lebensweise.* Die einfachen und einförmigen alten Stoffe, die vielfach verspottet würden und in reicheren Ausführungen kostspielig seien, seien der Textilindustrie mit ihrem großen und billigen Angebot nicht gewachsen. Von Zwehl weist auch der durch die Eisenbahn ermöglichten Mobilität zwischen In- und Ausland, Stadt und Land Schuld zu. Er räumt ein, daß manche Trachten unzweckmäßig und ungesund gewesen seien.

1853 bestimmte der König auf Grundlage der Gutachten des Innenministers und Carl von Abels (bayerischer Innenminister von 1837-1847) mehrere volkserzieherische Maßnahmen. Die Behörden wurden generell dazu verpflichtet, die Bevölkerung zum Tragen

[174] Außerdem die Berichte der Landgerichte Oberdorf, Obergünzburg, Kempten und Donauwörth.

von Tracht anzuhalten, Abbildungen der Trachten sollten öffentlich in Gemeinde- und Rathäusern ausgehängt und in Kalendern, vor allem denen des landwirtschaftlichen Vereins, veröffentlicht werden. Pfarrer und Lehrer wurden dazu aufgerufen, bei passenden Gelegenheiten die Jugendlichen zum Trachttragen zu animieren, besonders bei kirchlichen Festen wie Konfirmation oder Kommunion. Unbemittelte sollten dafür Trachten kostenlos zur Verfügung gestellt bekommen. Zu diesem Zweck wurden die bischöflichen Ordinariate und das protestantische Konsistorium um Mithilfe angegangen. Es war vorgesehen, Gemeinden für ein besonderes Engagement in der Trachtenpflege auf dem Münchner Oktoberfest Anerkennungspreise zu verleihen. Nach einem Veto des Finanzministers wegen der knappen Staatsfinanzen wurde dieser Plan ebenso wie Prämien für Brautleute, die sich in Tracht trauen ließen, fallengelassen. Zur Erfolgskontrolle hatten die Behörden ursprünglich jährliche Meldungen abzuliefern, die aber offenbar nur alle zwei Jahre eingingen. Der König selbst ließ sich als Vorbild in Tracht abbilden.[175]

1854 griff der König die Idee von 1852 in etwas abgeänderter Form erneut auf, nämlich zwei oder drei Gemeinden auszuzeichnen, die sich besonders intensiv für den Trachtenerhalt eingesetzt hatten. Das Oettinger Landgericht bekräftigte in seinem zweiten Bericht die früheren positiven Aussagen und ergänzte, daß sogar die schulpflichtigen Kinder schon Tracht trügen. Die Nennung von einzelnen prämierungswürdigen Gemeinden bereitete dem Oettinger Landrichter Schwierigkeiten, da er keine Veränderung der Tracht und damit auch keinen Handlungsbedarf sah. Er entschied sich aus der Reihe der größeren Gemeinden für das katholische Hochaltingen und das protestantische Wechingen, da dort die meisten der sonst nach der städtischen Mode gekleideten Gewerbetreibenden bei Feierlichkeiten Tracht trugen. Damit standen die Namen von zwei Gemeinden – konfessionell ausgewogen – in den Akten; sie wurden in der Folgezeit jedesmal genannt, wenn es um Auszeichnungen ging.

Das Landgericht Nördlingen reichte eine kurze Beschreibung der Tracht nach, die es zwei Jahre zuvor unterlassen hatte. Konfessionelle Unterschiede wurden nur bei der Farbe der Männerwesten angegeben. Während 1852 das Landgericht Nördlingen davon gesprochen hatte, daß Gewerbetreibende generell städtisch gekleidet seien, war nun nur noch von einzelnen *Gewerbsleuten* die Rede. Obwohl es hieß, die Tracht sei allgemein verbreitet, wurden ohne Begründung drei Beispielsgemeinden vorgeschlagen, *in welchen unter den Anderen die Erhaltung der Landestracht vorzüglich zu finden ist.* Es handelte sich um zwei protestantische Dörfer (Möttingen und Balgheim) und eine katholische Ortschaft (Reimlingen), was etwa dem konfessionellen Proporz der Bevölkerung im Amtsbezirk entsprach. Interessanterweise waren Möttingen und Balgheim zusammen mit Appetshofen erst 1851 auf eigenen Wunsch und auf Antrag des Nördlinger Landrichters in das Landgericht Nördlingen eingegliedert worden.[176] Es ist aus den Akten nicht zu entscheiden, ob sich in Möttingen und Balgheim eine bestimmte Kleidung vielleicht in absichtlicher Abgrenzung gegenüber dem Harburger Gebiet wirklich am besten erhalten hatte oder ob die Nennung nicht eher als eine Art Belohnung für den freiwilligen Übertritt zum Landgericht Nördlingen zu verstehen ist.

[175] Hartinger: „... liegt mir gleichwohl die Erhaltung ...“, S. 202 f.

[176] Volckamer: Gerichts- und Verwaltungsbezirke, S. 8. Vgl. auch Kap. Verwaltungsstruktur.

Das Landgericht Wallerstein hatte die Gemeindevorsteher schriftlich *zur Aufmunterung der Familienväter* aufgefordert: sie sollten auf ihre Kinder und Familienangehörigen im königlichen Sinne einwirken. Als erstes kam aus Fessenheim und Löpsingen die Rückmeldung, bei ihnen sei die Rieser Tracht unverändert beibehalten worden. Ohne irgendwie für den Trachtenerhalt besonders aktiv gewesen zu sein, wurden diese beiden Gemeinden nur wegen ihrer schnellen Antwort als prämierungswürdig weitergegeben.

Der Regierungspräsident von Schwaben und Neuburg, von Welden, zeigt 1854 das weitere Vordringen der Mode an das Innenministerium an. In keiner Stadt würde mehr Tracht getragen. Auch auf dem Land sei die städtische Mode verbreitet, da die Tracht teuer und bei der Arbeit unbequem sei; teilweise seien die Stoffe gar nicht mehr erhältlich. Nur arme und alte Leute hielten aus Not an der Tracht fest. Für die Verbreitung der Mode machte von Welden die Herrenschneider und Kleidernäherinnen, die sich auf den Dörfern ansiedelten, verantwortlich.

Als einzige Ausnahme führt von Welden das Ries auf, das gleichzusetzen sei mit den Landgerichten Oettingen, Wallerstein und Nördlingen. Die Trachten seien in den größeren Orten *noch ziemlich* erhalten, der Rieser hänge an ihnen und die Bauern trügen grundsätzlich Tracht. Der Regierungspräsident übernimmt dieses Mal die Nördlinger Beschreibung annähernd wörtlich. Er dringt darauf, bei einer eventuellen Preisverteilung für Rieser Gemeinden auf die konfessionelle Parität zu achten. Seinen Angaben zufolge bildeten einzelne Gewerbsleute und Dienstboten, die in Städten gearbeitet hatten, Ausnahmen im Trachttragen. Sonst herrsche vom nichtschulpflichtigen Kind bis zum Greis die gleiche Tracht. Zur Prämierung beim Oktoberfest schlägt von Welden vor, aus einer Liste, welche die von den Landgerichten genannten Gemeinden enthält, je eine katholische und eine protestantische Gemeinde aus dem Landgericht Nördlingen, eine katholische aus dem Landgericht Oettingen und eine protestantische aus dem Landgericht Wallerstein zu wählen.

An dieser Stelle kann man den Bericht des am östlichen Rand des Rieses gelegenen Landgerichts Wemding einfügen, in dem eine etwas andere Sicht auf die Bekleidung zum Ausdruck kommt.[177] In diesem Landgericht sei die Tracht eine Mischung aus dem Ries und dem Hahnenkamm (ein nordöstlich an das Ries angrenzender Höhenzug der Fränkischen Alb), und dem Beamten gefiel sie nicht. Die protestantischen Rieser und die Katholiken aus dem Hahnenkamm hätten schon viel von der Tracht aufgegeben. Der Landgerichtsvorsitzende bezeichnet die Dienstboten und Handwerksgesellen als Übermittler städtischer Neuerungen. Das Einschalten von Geistlichen und Gemeindevorstehern zur Trachtenpflege hält er für sinnlos, weil die Geistlichen ihren Einfluß verloren und die Gemeindevorsteher anderes zu tun hätten. Er führt einige Änderungen im Kleidungsverhalten auf, so würden die Männer die kurze Lederhose mit einer langen Hose vertauschen und den doppelkragigen Mantel mit dem Überwurf. Die Frauen würden die Farben beibehalten, aber seltener Mieder, kurze Röcke oder Kopfbedeckungen tragen. Insgesamt vermittelt der Wemdinger Beamte im Gegensatz zu seinen Oettinger und Nördlinger Kollegen einen nicht sonderlich an der Tracht bzw. am königlichen Anliegen interessierten Eindruck.

[177] LG Wemding 1857 (StAA, Reg. 8603).

Da 1854 das Oktoberfest wegen einer Viehseuche ausfiel, wurden auch keine Preise verteilt. Die Regierungspräsidien erhielten nur die Aufforderung, weiterhin auf den Trachtenerhalt hinzuwirken. 1855, als ein erneuter Anlauf zu einer Gemeindeprämierung unternommen wurde, nannte der Innenminister erneut die gleichen Gemeinden wie im Jahr zuvor.

Beim Rapport 1856 berichtet Nördlingen, daß die Gewerbetreibenden und die wohlhabenden Landbewohner beim Besuch des landwirtschaftlichen Distriktsfests im September 1855 Tracht getragen hätten. Eine Änderung an der Männertracht sei festzustellen: Zur Arbeit würden verstärkt graue runde Hüte mit breiter Krempe anstelle der Dreispitze aufgesetzt. Wegen des niedrigen Preises und der Zweckmäßigkeit hat der Nördlinger Berichterstatter nichts dagegen einzuwenden. Dagegen kritisiert er erneut die weibliche Vorliebe für Seide und *Luxus*, die durch das preiswerte und reichhaltige Angebot auf Messen und Märkten angeregt würde. Die Frauen seien deswegen weniger standhaft bei der Beibehaltung der alten Tracht als die Männer. Aus den Landgerichten Oettingen und Wallerstein liegen für 1856 keine Antworten vor.

Der schwäbische Regierungspräsident erklärt in seinem Bericht 1856 erneut, daß in den Städten, die von den Bürgern dominiert würden, die französische Mode verbreitet sei. Nach seiner Kenntnis hatten sich bis vor der Revolution 1848 in Bayern immerhin noch einige charakteristische Kleidungsstücke aus der alten städtischen Tracht gehalten. Inzwischen würden französische Modezeitschriften auch in reichen ländlichen Gegenden gelesen. Von Welden äußert Verständnis dafür, daß auf dem Land, wo noch am ehesten an den Trachten oder wenigstens einzelnen Stücken festgehalten werde, unbequeme und kostspielige Teile abgelegt würden. Offenbar übernimmt er vom Nördlinger Landgericht die Kritik an den angeblich luxussüchtigen Frauen. Erneut listet er die gleichen Rieser Gemeinden wie 1854 auf, dazu auch die Gemeinde Balderschwang. Erstmals berichtet er auch von Tracht im Kesseltal südlich des Rieses, in Ebermergen und Brünnsee (beide Landgericht Donauwörth, südlich des Rieses) und in einigen weiteren Gemeinden anderer Landgerichte. Leider erläutert er seine Aussage, daß Vereine versuchten, eine Verfeinerung des Geschmacks zu erreichen, nicht näher.

Die letzten Berichte hinsichtlich der *Landestrachten* stammen aus dem Jahr 1858.[178] Alle drei Rieser Landgerichte geben erneut ein unverändertes Fortbestehen der Trachten kund. Nur der Nördlinger Landrichter meldet, daß die Wirte und Müller die Tracht ablegten und sich eher wie die Kleinbürger kleideten. Anstelle des Dreispitzes, des *hausgemachten Kittels* (damit sind wohl die Barchentröcke gemeint), der Lederhose und der hohen Stiefel trügen sie runde graue oder schwarze Hüte, Röcke aus Tuch oder Zeug und lange Stoffhosen. Die Frauen würden den Schnitt der Kleidung und die Haube beibehalten, wobei allerdings Dienstmädchen und Fabrikarbeiterinnen, die aus den Städten in die Dörfer zurückkehrten, modische Änderungen mitbrachten. Der Nördlinger Landgerichtsvorsitzende beklagt den Wandel der Stoffe, die Puffärmel und den geänderten Sitz der Taille, die die weibliche Figur in seinen Augen *verunstalten*. Genausowenig kann er sich mit den grellen Farben und

[178] Sie sind nicht dem Akt „Hebung des National-Gefühls, in Specie die Landestrachten betr." (StAA, Reg. 8603) beigeheftet, sondern einem Akt „Die Landestrachten" (StAA, Reg. 8372), in dem sich auch die Umfrage von 1846 befindet. Berichte von 1859-1861 aus anderen Landgerichten liegen im Akt Reg. 6624 im StAA vor.

deren Kombination abfinden. Er erwartet, daß sich die Tracht der Männer halten werde, wogegen die weibliche Tracht *der Mode und dem Luxus sicherlich bald verfallen wird.* Hier werden ästhetische Argumente aufgeführt, die nichts mit der geforderten Zweckmäßigkeit der Kleidung zu tun hatten. Selbstverständlich beteuert er ebenso wie sein Wallersteiner Kollege seine unermüdlichen Bemühungen; auch letzterer erwähnt, daß Leute, die einige Zeit auswärts gelebt hatten, bei ihrer Rückkehr die Tracht abgelegt hatten.

Der Oettinger Landrichter klingt allmählich ungehalten darüber, daß er jährlich Meldungen über erfolgreiche Maßnahmen zum Trachtenerhalt abgeben soll, für die er gar keine Veranlassung sieht, da in seinem Bezirk *überall die üblichen ländlichen Trachten unverändert* fortbestünden.

Relativ exakte Einblicke in die männliche Rieser Bekleidung bietet die Meldung des Landgerichts Bissingen (südlich des Rieses) von 1858. Der katholische Bevölkerungsteil unterscheide sich in der Kleidung nicht wesentlich von der übrigen katholischen Landbevölkerung Schwabens und halte nicht unbedingt an der althergebrachten Kleidungsweise fest. Anders die Protestanten: *dagegen hält die protestantische Bevölkerung mit einer gewissen Gewissenhaftigkeit an der sogenannten gleichfalls durch Einfachheit sich auszeichnenden Riesertracht und beinahe jeder protestantische Landbewohner ist schon durch seine Kleidung als solcher erkenntlich. Insbesondere kleidet die Mannstracht sehr gut, sie besteht aus schwarzledernen Beinkleidern, eng anschließenden bis über die Kniee* [sic!] *reichenden Stiefeln, schwarz sammetener Weste mit weißen gegossenen ziemlich eng an einander sich reihenden Knöpfen /:die Westen der katholischen Bauern sind groeßtentheils von rothem Tuch, haben dieselben Knöpfe oder silberne Geldstücke als Knöpfe:/ schwarz seidener Halsbinde mit hervorragenden weißen Hemdkragen oder weißen Unterhalsbinde, einem langen Rock von schwarz gefärbter Leinwand und Einer ziemlich engen Reihe schwarz beinener Knöpfe und einem runden auf beiden Seiten rückwärts zu und hinaufgestülpten zugespitzten Filzhute.*[179] Von der Frauenkleidung ist keine Rede.

Die Rieser Bilder 1852/53

In den Antworten von 1852/53 zur Rieser Tracht sind insgesamt neun Zeichnungen als Beilagen erwähnt, zwei vom Landgericht Oettingen, vier vom Wallersteiner Landgericht und drei vom Landgericht Nördlingen. Überliefert sind acht Bilder[180]; vom Landgericht Nördlingen fehlt eines der drei. Es dürfte sich dabei um eine kolorierte Skizze der älteren Tracht handeln, um deren Rücksendung das Landgericht gebeten hatte.

Die beiden Bilder des Landgerichts Nördlingen sind beschriftet mit „Trachten aus dem Pfarrdorf Reimlingen /:katholischer Konfession/:“ und „Trachten aus dem Pfarrdorf Naehermemmingen/Evangelische Konfession/: [sic!]“; im Begleitschreiben wird präzisiert, es

[179] StAA, Reg. 8372.

[180] Sie befinden sich in der Graphiksammlung des Schwäbischen Volkskundemuseums Oberschönenfeld. Veröffentlicht wurden die Bilder u.a. bei Wörtz: Trachtengraphik in Schwaben (Wallerstein); – in dem Begleitheft: Trachtengraphik in Schwaben (Nähermemmingen, beide aus dem Landgericht Oettingen); – in: Ethnographie des Rieses (Ehringen, Wallerstein, Marktoffingen; alle seitenverkehrt) und bei Weitnauer. Auch das Trachtenmanuskript Höpfners befaßt sich mit ihnen.

handle sich um den *Sonntagsstaat.* Das etwa fünf Kilometer von Nördlingen entfernte Reimlingen zählte zu den 1854 als preiswürdig befundenen Orte, während für die protestantische Seite ohne Begründung Möttingen und Balgheim empfohlen worden waren. Nähermemmingen liegt erheblich näher bei Nördlingen als diese beiden Dörfer, was zu seiner Bevorzugung geführt haben könnte. Beide Bilder sind signiert mit *Skizziert Mai 1852 H.* [?] *Dauer.* Die aquarellierten Bleistiftskizzen[181] wurden laut dem Antwortschreiben vom Zeichenlehrer der Nördlinger Gewerbeschule namens Dauer angefertigt. Im Adreßbuch der Stadt Nördlingen ist Heinrich Dauer als *k. Zeichnungslehrer an der Landwirthschafts- und Gewerbsschule und Kunstmaler*[182] verzeichnet. Er wurde 1812 in Nördlingen geboren und starb 1879.[183] Es existieren von ihm etliche Bleistiftzeichnungen und Aquarelle aus den 1820er sowie 1850er bis 1860er Jahren mit Architekturmotiven[184]. Die meisten zeigen die Ruinen Hochhaus und Niederhaus. Während er in den 20er Jahren hauptsächlich radierte und Bleistiftzeichnungen anfertigte, sind später nur noch Aquarelle bekannt.

Auf dem Blatt zur protestantischen Tracht aus Nähermemmingen (Farbabb. 8) sind ein Paar in Kirchgangskleidung – verdeutlicht durch die Gesangbücher in der Hand der Frau und unter dem Arm des Mannes –, ein Jugendlicher und eine Frau in Abendmahlskleidung abgebildet. Letztere ist in Vorder- und Rückansicht zu sehen. Die Kleidung des Mannes entspricht der zwei Jahre später nachgelieferten Beschreibung aus Nördlingen, nur die angeblich weißen Metallknöpfe am Rock erscheinen auf der Zeichnung dunkel. Bei der Burschenkleidung ist überraschend eine rote Weste dargestellt, die nach dem Text von 1854 charakteristisch für die Katholiken war. Die pelzbesetzte Mütze und die kurze, zweireihige blaue Jacke sind nicht erwähnt. Beim Mann und beim Burschen sind die Westen in der unteren Hälfte nicht oder versetzt zugeknöpft. Die Frau links trägt einen roten Rock mit blauem und hellrotem Muster, eine einfarbige hellviolette Schürze, eine Jacke mit Blumenmuster, eine kleine, am Hinterkopf sitzende Haube mit schmalen Bändern, einen dunklen Kragen und ausgeschnittene Schuhe mit weißblau quergestreiften Strümpfen. Ohrringe sind zu erkennen. Von der *deutschen* Farbe – schwarz-rot-gold – des Jäckchens ist nichts zu sehen; zum Kirchgang nimmt die Frau den im Bericht erwähnten Handkorb natürlich nicht mit. Die Frau rechts, die, wie das weiße Tuch andeutet, auf dem Weg zum Abendmahl ist, ist ganz in Schwarz gekleidet. Die Schürze ist breiter als bei der anderen Frau. Von dieser anlaßgebundenen Kleidung mit Spitzenradhaube, welche von hinten gut zu sehen ist, ist in den Nördlinger Akten nichts zu lesen.

Das katholische Pendant mit Trachten aus Reimlingen (Farbabb. 9) zeigt ein Paar und einen kleinen Jungen, wobei die Kleidung des Mannes wieder am ehesten mit der Beschreibung übereinstimmt. Von einer katholischen Frauentracht oder einer Burschenkleidung steht im Bericht des Landgerichtsvorstands nichts. Auffallend beim Mann und bei der Frau ist der reiche Schmuck, auch am Schaufelhut sind Blumen angesteckt.

---

[181] Reimlingen H. 22,9 cm, Br. 24,3 cm; Nähermemmingen H. 21,9 cm, Br. 29,1 cm.

[182] Wohnhaft im Haus A 28. Im gleichen Haus lebte ein Schneider namens Friedrich Dauer (Hand- und Adreßbuch für die Stadt Nördlingen, 1856).

[183] Monninger: Das Ries, S. 95.

[184] Schefold: Alte Ansichten, Nr. 44451, 44452, 44459-60, 44464, 47305, 47310, 47317, 47318, 47426, 47507, 47531, 47636, 47767. Alle genannten Werke liegen im Stadtarchiv Nördlingen. Im Stadtmuseum Nördlingen befinden sich ebenfalls einige Arbeiten Dauers, darunter ein Selbstporträt.

Der Junge trägt eine (Pelz-?)Mütze mit seitlich über das rechte Ohr hinabhängender Quaste, Bundschuhe mit breiter Zunge, weiße Strümpfe und eine kurze, schwarze zweireihige Jacke zur knielangen Hose und zur roten Weste. Wieder sind die Westen unten nicht geschlossen. Der stark gefältelte rote Rock der Frau weist ein Muster in einem helleren Rot auf, die hellrote Schürze helle Längsstreifen und Blumen in Grün und Gelb. Der schwarze Spenzer ist am Ausschnitt verziert, das Halstuch buntgemustert. Auch an den Strümpfen ist ein Muster angedeutet. Die Ärmel der Frau sind stark wattiert, die Haube ist größer dargestellt als die der protestantischen Nähermemmingerin.[185]

Die beiden Aquarelle aus dem Landgericht Oettingen sind undeutlich mit *Del. Gloning Rchp* [?] signiert. Es muß sich dabei um den Rechtspraktikant Gloning handeln, der 1851 aus bemalter Pappe ein Modell des Alten Schlosses in Oettingen fertigte.[186] Auf den Oettinger Blättern (Farbabb. 10 u. 11) sind keine Orte angegeben, nur das Landgericht und die Konfession. Die Unterschriften lauten „Trachten der Katholiken im Bezirke der Koenigl: Gerichts und Polizeibehoerde Oettingen."[187] bzw. „Trachten der Protestanten im Bezirke der Koenigl: Gerichts und Polizeibehoerde Oettingen".[188] Als mustergültig waren in den Berichten Hochaltingen (katholisch) und Wechingen (protestantisch) angegeben worden, weil hier auch Gewerbetreibende zu besonderen Anlässen Tracht trugen. Es sind jeweils zwei Paare gezeigt, wobei eine Frau immer mit dem Rücken zum Betrachter steht, so daß die konfessionell unterschiedlichen Haubenformen, der ebenfalls konfessionell bedingte Zuschnitt des Spenzers und die Knüpfung des Halstuches sichtbar werden. Wie im schriftlichen Bericht erwähnt tragen die Katholikinnen längere Röcke, kürzere Taillen als die Protestantinnen und plissierte Röcke. Bei den evangelischen Frauen ist der gemusterte Rock und die rückwärtige Ausformung des Spenzers zu sehen. Die Farbigkeit ist bei den Protestantinnen dunkler angegeben als bei den Katholikinnen, deren Kleidung in sehr lebhaften Farben (hellorangeroter Rock, hellorangeroter Spenzer mit dunklen Tupfen oder Blumen, blaue Schürze, lila Halstuch bzw. Rock in einem kräftigen Orangerot, grüne Schürze, blauer Spenzer mit Rüschen am Ausschnitt, lilagemustertes Halstuch) dargestellt ist. Beim evangelischen Bild ist zusätzlich eine Frau in Abendmahlskleidung wiedergegeben, ganz in Schwarz mit einer großen Radhaube.

---

185 Sehr frei behandelte Rattelmüller in seinem Buch „Volkstrachten in Bayern" diese Bildquellen. Unter dem Titel „Reimlingen im Ries um 1850" (S. 123) zeichnet er die beiden aquarellierten Bleistiftskizzen von Reimlingen und Nähermemmingen um. Den Jungen aus dem Reimlinger Bild stellt er auf die andere Seite der Eltern. Aus dem Nähermemminger Bild nimmt er nur das Paar spiegelverkehrt und die Frau in Abendmahlskleidung, die auch in Rückansicht gezeigt wurde, und die er deshalb zweifach auftreten läßt. Insgesamt wirken die Erwachsenen bei Rattelmüller älter als auf dem Original. Rattelmüller verändert die Farbigkeit völlig: Beide Frauen haben bei ihm erheblich hellere Röcke, bei der Reimlingerin mit anderem Muster. Auch Details an Kleidungsstücken veränderte Rattelmüller: Bei der Reimlingerin ist der Anschluß der hinteren Haubenbänder an den Haubenboden verändert, die Schleife der vorderen Haubenbänder ist größer. Beim Nähermemminger sind die Stiefel höher und der Rock kürzer als im Original. Die Pelzmütze des Jungen ist höher als im Original, die Schuhschnallen deutlich herausgestellt. Bei den beiden Frauen in Abendmahlskleidung ist das Tuch größer und über beide Hände gelegt. In seiner Bilderläuterung (S. 153) geht er zwar auf die konfessionellen Unterschiede ein, aber Reimlingen war damals ausschließlich katholisch.

186 Siehe das Inventar des Fürstl. Öttingen-Spielbergischen Schloß-Museums, zusammengestellt von Elisabeth Grünenwald, Nr. H 2. Abgedruckt und beschrieben in: Die Kunstdenkmäler von Schwaben. I: Bezirksamt Nördlingen, S. 386-389, Abb. 494 und 496. Vgl. auch Schefold: Alte Ansichten, Nr. 48078; hier fälschlich mit „Glaming" bezeichnet.

187 H. 28,1 cm, Br. 29,3 cm (Blatt).

188 H. 26,1 cm, Br. 29,4 cm (Blatt).

Der katholische Mann hat hohe Schaftstiefel an, während der protestantische ebenso wie der junge Katholik in Wadenstiefeln und grauen Strümpfen dargestellt ist. Auch die unterschiedliche Farbigkeit der Westen bei den Männern stimmt mit der Beschreibung überein. In beiden Bildern werden generationsbedingte Unterschiede bei der Männerkleidung vorgeführt. Die älteren Männer werden im langen schwarzen Überrock (mit großen hellen Knöpfen beim Katholiken) gezeigt, der junge Katholik mit einer graublauen Jacke und einer niederen Pelzmütze – beides im Text nicht genannt. Der junge Protestant trägt zum langen Rock eine blaue Weste mit hellen Tupfen und keine Kopfbedeckung. Die Westen sind ganz geschlossen. Der Maler hat die Figurinen mit verschiedenen Accessoires ausgestattet: Regenschirme, Stock, halbrunder Henkelkorb, Steinzeugkrug und Gesangbuch.

Die Wallersteiner Bilder, die nicht signiert sind und für deren Maler keine Anhaltspunkte vorhanden sind, stellen für die evangelische Seite Pfäfflingen (Farbabb. 12) und Ehringen (Farbabb. 13)[189] vor; die Bilder der katholischen Kleidung sind mit „Marktoffingen" (Farbabb. 14) und „Wallerstein" [190] (Farbabb. 15) bezeichnet. Mit dem letzteren ist nicht der Ort, sondern das Landgericht gemeint, da der Landgerichtsvorsitzende in seiner Antwort von 1858 erwähnt, daß es in Wallerstein selbst keine Trachten mehr gebe. Dem beigefügten Schreiben nach handelt es sich um Maihingen. Auf der Rückseite des kleinformatigen Aquarells ist (evtl. in späterer Zeit) mit Tinte *Nr. 22 Maihingen* vermerkt. Diese vier Gemeinden aus *drei verschiedenen Bezirksgegenden* waren bei einer Versammlung der Gemeindevorsteher als Musterorte ausgewählt worden, und die betreffenden Ortsvorsteher hatten sich bereit erklärt, Zeichnungen zu liefern. Als preiswürdig waren Fessenheim und Löpsingen genannt worden, weil sie auf ein Schreiben schnell reagiert hatten. Die Ölskizzen von Ehringen, Pfäfflingen und Marktoffingen stammen offensichtlich vom selben Maler, das feiner ausgeführte Maihinger Aquarell nicht[191]. Beschreibungen hatte das Landgericht Wallerstein nicht eingeschickt.

Alle Bilder präsentieren jeweils ein Paar, bei den Katholiken einmal (Marktoffingen) ein jüngeres, das andere Mal ein älteres. Der ältere katholische Mann trägt zum langen schwarzen Gehrock mit schwarzen Knöpfen eine Kniehose, hohe Schaftstiefel, bei denen ein Streifen Strümpfe hervorschaut, rote Weste und einen Dreispitz mit breiter Krempe. Der junge Mann ist mit kurzer, doppelreihiger blauer Jacke, hochroter Weste mit Metallknöpfen, grüner Mütze mit braunem, vorne höherem Pelzbesatz und Stiefeln dargestellt. Aus der Hosentasche hängt ein rotes Taschentuch heraus. Beim älteren Mann ist die Weste augenscheinlich geschlossen, beim jüngeren in der Mitte offen. Die jungen Männer werden fast generell mit einer Tabakspfeife abgebildet. Während das ältere Paar in Kirchgangskleidung – die Frau hält Gebetbuch und Rosenkranz in der Hand – gezeigt wird, ist das junge auf einem Spaziergang. Man könnte also auch mutmaßen, daß Kleidung für

[189] Öl auf Papier. Pfäfflingen H. 23,9 cm, Br. 24,8 cm; Ehringen H. 24,1 cm, Br. 23,9 cm.

[190] Marktoffingen: Öl auf Papier, H. 24,0 cm, Br. 23,4 cm. Wallerstein: Aquarell, H. 17,1 cm, Br. 10,2 cm.

[191] Denkbar als Urheber dieses Maihinger Trachtenbilder, ohne daß es dafür Anhaltspunkte gibt, wäre Ludwig Eugen Mayle (1794-1874). Der Maler und Zeichenlehrer war von 1844 bis 1872 als Kustos der fürstlichen Sammlungen in Maihingen angestellt. Er hatte in Oettingen und Wallerstein Miniatur- und Ölmalerei gelernt und ging 1825 für ein Jahr auf die Akademie der bildenden Künste in München. Seinen Lebensunterhalt verdiente er sich zeitweise als Porträtmaler (zu Mayle s. Volckamer: L.E. Mayle. In: Schlagbauer/Kavasch: Rieser Biographien, S. 248 f. – Zoepfl: Hundert Jahre Maihingen, S. 71 f.).

unterschiedliche Anlässe vorgestellt werden soll oder ein Unterschied zwischen Ledigen- und Verheiratetentracht. Die Katholikinnen sind ähnlich gekleidet: Besonders farbig ist die ältere Frau dargestellt mit orangerotem Rock, hellgrüner Schürze, altrosa Spenzer, rotem Tuch im schwarzen, geschnürten Mieder, weißem Faltenkragen und in Rot, Grün und Gelb gemustertem Halstuch. Die jüngere Frau trägt einen rotgemusterten weiten Faltenrock, eine dunkelgrüne Schürze, einen schwarzgemusterten Spenzer, ein rotgemustertes Einstecktuch und ein Halstuch mit einem Muster in Grün, Rot und Weiß.

Das protestantische Paar aus Ehringen ist ganz in Schwarz gemalt, nur die Knöpfe an der Weste des Mannes sind hell, sein Hemdkragen ist weiß, und das Halstuch der Frau schwarzweiß gemustert. Sie trägt eine radförmige Spitzenhaube, die – wie es 1846 geheißen hatte – höchsten Festen vorbehalten war, und Ohrringe. Bei der Frau aus Pfäfflingen sitzt eine kleine Bänderhaube auf dem Haarknoten. Der dunkelrote Rock weist ein Muster in Schwarz und Hellrot auf, die Schürze scheint dunkelrot zu sein, die braune Jacke ist in Gelb, Rot und Blau getupft. Unter den Kinnbändern der Haube und dem bunten Halstuch ist ein Stückchen Spitzenkragen zu erkennen.

Zusammenfassung: Der Blick der Behörden

Bei der Kronprinzenhochzeit 1842 kamen keine Brautpaare aus dem Ries, deren Benennung ohnehin schon Schwierigkeiten bereitet hatte, in die engere Wahl. Deswegen liegen aus diesem Jahr keine Beschreibungen einer Rieser Tracht vor; die eingeschickten Zeichnungen wurden in den Archiven nicht aufbewahrt. 1846, noch vor seiner Thronbesteigung, wird erstmals das Interesse Maximilians II. am Thema „Tracht" aktenkundig, das sich in einer Umfrage zum Stand der Trachten ausdrückte. Beeinflußt durch repräsentative Trachtenbeteiligungen bei dynastischen Festen sah er in der Beibehaltung und Pflege noch bestehender regionaler Kleidungsstile eine Möglichkeit zur Förderung des Nationalgefühls und damit zur Stärkung der Monarchie. Für das Ries sind seine Bemühungen in dieser Richtung von 1852 bis 1858 belegt.[192] Das bayerische Innenministerium holte im Auftrag des Königs Auskünfte der Regierungspräsidien ein, die wiederum über den Dienstweg die Stadt- und Landgerichte zur Abgabe von Berichten und Abbildungen aufforderten. Der schwäbische Regierungspräsident faßte die Berichte der Beamten aus den Unterbehörden zusammen, schönte sie manchmal etwas, ließ seine eigene Sicht einfließen und legte Trachtenbeschreibungen in Abschriften bei. Zuweilen klingt das Bestreben durch, sich die Wunschvorstellungen des Königs zu eigen zu machen und in diesem Sinne möglichst „positive" Antworten zu liefern. Das Innenministerium verfaßte auf Grundlage dieser Zusammenfassungen Stellungnahmen für den König. Die Bilder wurden, soweit es ersichtlich ist, von ortsansässigen Personen mit Zeichenkenntnissen erstellt.

Obwohl der schwäbische Regierungspräsident von Welden in seinem anfänglichen Rundschreiben einige Gegenden genannt hatte, in denen er Trachten vermutete, waren anscheinend anfangs nur aus dem Ries eindeutig positive Meldungen eingegangen, die

[192] Aus Sonthofen, Zusmarshausen und Neuburg gingen noch 1861 Berichte zu den Trachten ein (StAA, Reg. 6624).

der Bericht der Regierung entsprechend groß herausstellte. Erst 1856 wurden noch andere schwäbische Trachtengemeinden hinzugefügt. In vielen Bereichen Schwabens wurde um 1850 keine Tracht mehr getragen, und noch vorhandene Trachten waren tiefgreifenden Veränderungen unterworfen. 1846 waren in der Stadt Nördlingen den damaligen Angaben nach noch Relikte vorhanden, sieben Jahre später hieß es, die letzten Trachtenteile seien schon vor zehn bis zwanzig Jahren verschwunden. Auf dem Land wurde länger an der traditionellen Kleidungsweise festgehalten, aber dennoch breiteten sich einige modische Neuheiten aus: Männer ersetzten einzelne Kleidungsstücke durch moderne, Frauen frischten die Tracht durch die Verwendung neuer Stoffe und anderer Farben auf.

Als Auslöser für das Verschwinden der Trachten wurde damals das Fallen der alten Standesschranken in Folge der französischen und dann auch der deutschen Revolution gesehen. Öfter klingt in den Trachtenberichten an, daß mit „Tracht“, sofern das Wort nicht überhaupt gleichbedeutend mit „Kleidung“ benutzt wurde, eigentlich die Standestracht gemeint war, nicht unbedingt eine regionaltypische Kleidungsweise. Weitere Faktoren, deren Mitwirken die Zeitgenossen beobachteten, waren die Textil-, insbesondere die Baumwollindustrie, die eine Fülle preisgünstiger und abwechslungsreicher Stoffe produzierte. Der Handel sorgte für die Ausbreitung dieses Angebots. Die Eisenbahn begünstigte die regionale Mobilität; da im Ries erst 1849 eine Eisenbahnlinie gebaut worden war, war sie für die Rieser Beamten noch kein Thema. Der Kontakt zwischen Stadt und Land, der besonders beim Wandern der Handwerksgesellen und beim Arbeiten von Angehörigen der Unterschichten in den Städten erfolgte, brachte städtische Dinge und Verhaltensweisen mit aufs Land und begünstigte eine geistige Mobilität. Schneider und Näherinnen galten als Vermittler neuer Schnitte.

Als ein Hauptfaktor für den Trachtenerhalt in verschiedenen Regionen galt Armut: Alte und ärmere Leute konnten sich in der Regel keine neuen Kleidungsstücke – gleichgültig ob „Mode“ oder „Tracht“ – leisten und trugen deswegen ihre einmal angeschaffte Kleidung auf. War allerdings eine Neuanschaffung nötig, so zogen sie die billigeren, aber kurzlebigen Fabrikwaren der teuren Tracht vor. Zeitgenössische Argumente zumindest gegen einzelne Trachtenteile bezogen sich auf deren Unbequemlichkeit und negativen Auswirkungen auf die Gesundheit.

Konservativ in ihren Bekleidungsgewohnheiten erschienen die Männer, speziell die Bauern. Handwerker dagegen kleideten sich kleinstädtisch, während ihre Frauen bei der bäuerlich-ländlichen Kleidungsweise blieben. Die wohlhabenden Wirte und Müller orientierten sich an den Bürgern in der Stadt. Auf dem Landwirtschaftsfest 1855 in Nördlingen wollten dann auch die Angehörigen der dörflichen Elite ihre Verbundenheit mit den Bauern demonstrieren, indem sie Tracht anlegten. Die entsprechenden Kleidungsstücke mußten dazu aber immerhin vorhanden sein, wenn man davon ausgeht, daß sie nicht entliehen wurden. Die Frauen, die auf dem Land blieben, kombinierten die Tracht mit Seidentüchern oder wählten andere Stoffe und wurden deshalb von den Beamten mit der altbekannten Luxusschelte bedacht. Gerade bei jungen Frauen setzten die berichterstattenden Männer Trachttragen mit sittlichem Lebenswandel gleich.

Die beiden Landgerichtsvorsitzenden aus Oettingen und Nördlingen bezeichneten die Tracht zwar als unabänderlich, brachten aber nebenbei doch bisherige Modifikationen oder Unsicherheit zum Ausdruck. Sie wollten die Aufmerksamkeit der Bevölkerung lieber nicht auf das Thema zu lenken. Da die Tracht in den Augen der Staatsdiener fast unverändert und unveränderlich war, fielen der Nachweis über erfolgreiche Trachtenerhaltungsbemühungen und die Nennung von Ortschaften schwer, die sich auf diesem Gebiet besonders engagiert hatten. Als es um die Auszeichnung von Gemeinden ging, die sich um den Trachtenerhalt verdient gemacht hatten, gewinnt man aus den Berichten des Regierungspräsidenten den Eindruck, daß er froh war, wenn die Landgerichte – aus welchen Gründen auch immer – Namen von einzelnen Dörfern nannten, die er dann dem Innenministerium als prämierungswürdig melden konnte, auch wenn sie die eigentlich geforderten Leistungen nicht erbracht hatten. Ausschlaggebend für die Nennung waren im Ries, soweit es aus den Akten zu entnehmen ist, schnelle positive Rückantworten (LG Wallerstein), trachttragende Gewerbetreibende wenigstens bei Feierlichkeiten (LG Oettingen) und möglicherweise auch die neue freiwillige Zugehörigkeit von Gemeinden zu einem Landgericht (LG Nördlingen). Grundsätzlich wurde strikt auf konfessionelle Ausgewogenheit geachtet.

Die Beamten gaben sich bei den Beschreibungen der Tracht nicht allzu große Mühe und vergaßen gelegentlich einzelne Punkte. Dennoch stellen die Trachtenberichte zusammen mit den acht Bildern eine wichtige Quelle für die Kleidungsforschung dar. Für die Beamten und die Maler war grundsätzlich die Sonntagskleidung die typische Tracht, die sie noch differenzierten nach Kirchgangs-, Abendmahls-, Festtags- und Spaziergangskleidung. Werktagskleidung findet nur einmal Erwähnung. Grundelemente der Männerkleidung waren die schwarze (LG Oettingen: schwarze oder gelbe) knielange Lederhose und der weiße umgelegte Hemdkragen mit der Halsbinde darunter. Die einreihige Weste, deren Farbe und Material konfessionsabhängig war, ist nur auf den Bildern des LG Oettingen und auf dem Aquarell *Wallerstein* vollständig zugeknöpft, was auch an einer mangelnden Genauigkeit der beiden Maler liegen kann. Am Halsabschluß der Westen waren bisweilen zwei Knöpfe nebeneinander angebracht. Der schwarze lange Gehrock wurde von manchen Männern je nach Gelegenheit – von den jungen Männern generell – mit einer dunklen zweireihigen Jacke vertauscht (LG Oettingen). Als Kopfbedeckung dienten Schaufelhut und Dreispitz in verschiedenen Größen und mit unterschiedlich geformten Krempen oder die pelzbesetzte Mütze, die vorne höher war. Die Anzahl und die Farbe der Knöpfe an Westen, Jacken und Gehröcken differierten. Anstelle der vorherrschenden Schaftstiefel waren auch Wadenstiefel (LG Oettingen) und Schuhe (Reimlinger Junge) möglich. Der evangelische Nähermemminger Junge und der katholische Reimlinger Mann tragen am Hosenbund Uhrgehänge. Die Überröcke waren aus Zwillich oder Barchent (LG Oettingen) bzw. *hausgemacht* (LG Nördlingen), die Jacken aus Tuch oder Samt (LG Oettingen). Die in den Trachtenberichten erwähnten damaligen Abänderungen betrafen die Arbeitskleidung und die Gewerbsleute. Bei der Arbeit verdrängten graue runde Hüte mit breiter, schattenspendender Krempe die teureren *Bauernspitzhüte.* Die Gewerbetreibenden gaben als Material für die Gehröcke Tuch oder Zeug den Vorzug, trugen anstelle der knielangen Lederhosen lange Stoffhosen und ersetzten ebenfalls den Dreispitz durch *gewöhnliche* runde graue oder schwarze Wollhüte.

Generationsbedingte Unterschiede, die in den Bildern bei der Männerkleidung zum Ausdruck kommen, sind gleichzusetzen mit neuen oder veralteten Kleidungsmoden. Die alten Männer trugen den Dreispitz und den langen schwarzen Gehrock, die gegen Ende des 18. Jahrhunderts in der Mode allgemein verbreitet waren, während die jungen Männer kurzen blauen oder schwarzen Jacken (Ausnahme: evangelisches LG Oettingen. Auf dem Bild des katholischen LG Oettingen ist die Jacke etwas länger als auf den anderen) und Pelzmützen den Vorzug gaben. Auffallend ist, daß besonders die jungen Männer sehr häufig mit einer Tabakspfeife dargestellt werden. Eventuelle Abweichungen in der Kleidung von Ledigen und Verheirateten werden in Texten nicht angesprochen.

Großes Augenmerk legten die Berichterstatter auf die konfessionellen Unterschiede. Bei den Männern waren sie sichtbar an den roten Tuchwesten der Katholiken und den dunklen Manchesterwesten der Protestanten; dies schloß offenbar die rote Weste des evangelischen Burschen aus Nähermemmingen und die bräunliche des jungen Oettinger Katholiken nicht aus. Konfessionell unterschiedliches Schuhwerk (hohe Stiefel eher katholisch – Waden- oder Schnürstiefel eher protestantisch) spricht nur der Oettinger Landrichter an.

Zur Zeit der Trachteninitiative waren bei der ländlichen Frauenkleidung weite Röcke und Keulenärmel sehr in Mode. Unter den vorne zu einer Schleife gebundenen Haubenbändern sind meist Faltenkrägen oder Einstecktücher zu erkennen. Der Nördlinger Landrichter bemerkt konfessionelle Unterschiede nur bei Farbe und Stoff der Männerwesten, während sein Oettinger Kollege sie auch in der Frauenkleidung ausmacht. Die Konfession fand Ausdruck im Schnitt des Oberteils, dem Sitz der Taille an Jacken und Spenzern, der Länge und Fältelung des Rocks, dem Sitz und der Form der Haube, der Farbigkeit und den Stoffarten. Katholikinnen trugen oft einfarbige plissierte Röcke mit ebenfalls einfarbigen Schürzen („Wallerstein“ und LG Oettingen), die länger waren als die der evangelischen Frauen (LG Oettingen). Die Reimlingerin ist mit einer Art „Wolkenrock“ dargestellt, einem in einem Gußdruckverfahren bedruckten Wollrock, die Marktoffingerin mit einem gemustertem Rock. So weit es zu erkennen ist, weisen die Oberteile eine hohe Taille auf („Wallerstein“, LG Oettingen). Die Bänderhauben sind ausladender, sitzen höher, ihr Haubenboden ist größer, rund und nach oben gerichtet. Die Reimlingerin und die Maihingerin („Wallerstein“) tragen Schmuck. Gängiges Material für die Röcke war Wolle, aber auch Pers, Kattun, Merino und Kamelgarn kamen zum Einsatz, bei den Schürzen fand Seide Verwendung. Die Wohlhabenden leisteten sich zum Teil Samt und Seide (LG Oettingen). Katholikinnen bevorzugten Verzierungen an der Kleidung (LG Oettingen) und bunte, helle, teils grelle Farben.

Die Röcke der Protestantinnen scheinen in der Regel die sog. „Wolkenröcke“ gewesen zu sein, ohne daß dieser Begriff in den Beschreibungen auftaucht. Diese Röcke *mit modelirtem Farbendruck* (LG Oettingen) waren kürzer und hatten eine tiefere Taille als die der Katholikinnen (LG Oettingen). Sie konnten rot sein, aber auch braun oder grün (LG Nördlingen). Die Schürzen auf den Bildern sind einfarbig, gestreift oder gemustert. Der Rückenteil der Spenzer besaß eine langen, spitzen und steifen Lappen, der über den Rock herunterreichte (LG Oettingen). Die Bänderhaube war kleiner, saß tiefer, fiel nach hinten ab und ihr Boden hatte eine eher ovale Form. Das LG Nördlingen deutet mit *gewaesserten* schwarzen Bändern Moiré an. Die Ehringerin und die Nähermemmingerin hat der Maler mit Ohrringen versehen. Während die Mehrzahl der Frauen mit weißen Strümpfen ausgestattet ist, sind die Strümpfe der Protestantin aus dem LG Oettingen und der Nähermemmingerin blau, die der Reimlingerin rötlich gemustert. Zum Abendmahl oder hohen Festen gingen evangelische Rieserinnen ganz in Schwarz mit einer schwarzen Spitzenradhaube. Als Stoff herrschten Wolle und *Hausgewirke* aus Leinwand und Wolle vor, nur bei Miedern, Spenzern und Schürzen fanden Pers, Kattun und andere Baumwollstoffe Verwendung. Seide wurde nur zu Halstüchern, Bändern und Hauben herangezogen, selten bei Schürzen (alles LG Oettingen). Mieder wurden aus Tuch geschneidert (LG Nördlingen). Allgemein überwogen beim protestantischen Bevölkerungsteil dunkle Farben bzw. Schwarz.

Die ländliche Kleidung im Ries wird in den Trachtenberichten und -bildern zwischen 1851 und 1858 – trotz einiger fester Grundelemente – als variantenreich dargestellt. Auch die Zeitgenossen konnten offenbar die Zusammenhänge zwischen einzelnen Kleidungsstücken und Faktoren wie Konfession, Alter oder sozialer Zugehörigkeit nicht immer genau zuordnen.

Die Physikatsberichte von 1861

Quelle und Forschungsstand

1858 veröffentlichte das bayerische Staatsministerium des Innern einen Erlaß, der die beamteten Stadt- und Landgerichtsärzte mit einer medizinischen Topographie und Ethnographie für ihren jeweiligen Amtsbezirk, dem Physikat, beauftragte. Das Schema war vorgegeben, die Ärzte hatten drei Jahre Zeit.[193]

2) Diese Beschreibungen haben insbesondere Folgendes zu umfassen:

A. in topographischer Hinsicht: Lage des Bezirkes nach den geographischen Länge- und Breite-Graden, dann nach der Höhe über der Meeresfläche; – natürliche und politische Gränzen; – Klima des Bezirkes nach der herrschenden Temperatur, nach den herrschenden Winden, Regen, Nebel, Schnee und Hagel; Wechsel der Jahreszeiten und des Klima in denselben; – Zeit der Saat und Aerndte; – geognostische Beschaffenheit des Bodens im Allgemeinen; Gebirgs-Bildung; Bodengattung nach Ober- und Unterlage; Quellen, Bäche, Flüsse, Teiche, Sümpfe und Moore; Ueberschwemmungen; – Bodencultur; Vertheilung des Landes in Oedung, Wald, Wiesen, Feld und Gärten; Fruchtbarkeit des Bodens; – Natur-Erzeugnisse von medicinischer Bedeutung wie Mineralwässer, officinelle Pflanzen, Mineralien etc.

B. In ethnographischer Hinsicht: Charakteristisches in der physischen und intellectuellen Constitution der Bezirks-Bevölkerung; Vertheilung der Bevölkerung im Bezirke, Verhältniss der Zahlen der Geschlechter, der Altersklassen, der Verehelichten, Verwittibten und Unverheiratheten; – Wohnungs-Verhältnisse im Allgemeinen und insbesondere bezüglich der Vereinödung oder Zusammensiedlung, auf Zudichtwohnen, auf Bau-Anlage und Bau-Material, auf Heiz-Material und Feuerungsweise; auf Höhe der Fenster, Beschaffenheit der Fussböden, Lage der Aborte und Dungstätten an den Wohnhäusern; – Kleidungsweise nach Verschiedenheit von Geschlecht, Stand, Alter und Jahreszeit; Stoff und Mode in Kleidung; – Nahrungsweise, ob vorherrschend vom Pflanzen- oder Thier-Reiche, reichlich oder ärmlich: Bereitungs-Weise der Speisen; Getränke, natürliche und künstlich-erzeugte; Ernährung der Kinder im ersten Lebensjahre; – Beschäftigung der Bewohner; Verwendung der Jugend zu schwerer oder sonst ungeeigneter Arbeit; Fabrik- und ähnliche Arbeit; Zeit-Eintheilung für Ruhe und Arbeit; – Lagerstätten, deren Beschaffenheit und locale Unterbringung; – Wohlstand; Verhältniss der Wohlhabenden, Reichen und Armen; – Reinlichkeit in und ausser den Häusern; an Wäsche und Kleidung; Neigung zum Baden; – Vergnügungen, Feste, besondere Gewohnheiten: – eheliches Leben, gewöhnliche Zeit der Eingehung desselben; Hang zur Ehelosigkeit; Fruchtbarkeit; Geschlechts-Ausschweifung; Achtsamkeit bei Schwangeren und Wöchnerinnen; – geistige Constitution der Bevölkerung; Neigung zu höherer Ausbildung; Verharren an der Heimath und ihrem Leben; religiöse Haltung des Volkes; Hang zu Mysticismus, Schwärmerei, Aberglauben. Es ist hiebei selbstverständlich, dass in der Regel die Gerichts-Aerzte nur einen Theil dieser Aufgabe nach eigenen Beobachtungen lösen können, dass sie also sachgemäss darauf angewiesen sind, den übrigen Theil des benöthigten Materiales aus den bereits veröffentlichten wissenschaftlichen Arbeiten sowie aus anderen ihnen zugänglichen Quellen zusammenzustellen.

[193] Eine weitere gleichzeitige Ministerialentschließung forderte von den Gerichtsärzten darauf aufbauende Jahresberichte, in denen nur noch die aktuellen Daten ergänzt und Nachträge eingebracht werden sollten.

3) In allen diesen Beziehungen soll besonderer Bedacht darauf genommen werden, dass die topographische und ethnographische Schilderung dem Arzte jene Momente möglichst getreu und vollständig biete, welche ihm für eine gründliche Lösung seiner Berufs-Aufgabe als Arzt und als Organ der Sanitäts-Verwaltung dienlich sein können. Hiernach sollen die Gerichts-Aerzte nicht unterlassen, bei der Herstellung dieser Bezirksbeschreibung am passenden Orte stets diejenigen Beobachtungen und Folgerungen ärztlichen Belanges einzuschalten, welche sich ihnen bei der objectiven Sach-Behandlung vergegenwärtigen.[194]

Das Ziel der Physikatsberichte war laut Verordnung, Material für eine medizinische Topographie und Ethnographie zu sammeln. Sie waren gedacht als Art Bestandsaufnahme. „Eine solche umfassende Beschreibung bietet der Verwaltung die Möglichkeit, sich ein umfassendes Bild vom Zustand des Volkes zu machen, und bei Bedarf kann die Regierung auch in Form von Kontrollen und Verordnungen reagieren."[195] Ohne von konkretem, sofort verwertbarem politischen Nutzen zu sein, sollten die Berichte doch Anhaltspunkte für weiteres politisches Vorgehen liefern. 1862 wurden sie handschriftlich zu „Konspekten" für die einzelnen Kreise zusammengefaßt. Die Pläne hinsichtlich einer medizinischen Topographie und Ethnographie wurden nicht realisiert. Anscheinend hatte die Verwaltung das Interesse an den Berichten verloren, oder diese hatten nicht das erhoffte Ergebnis erbracht. Jedenfalls wertete nur der Arzt und Statistiker Carl Friedrich Majer die Physikatsberichte aus und veröffentlichte 1868 den Generalbericht über die Sanitätsverwaltung in Bayern.[196] Es gibt keine Anhaltspunkte dafür, daß eine Auswertung der Physikatsberichte Eingang in Reformen gefunden hätte.

Reder bezweifelt die These, daß die Physikatsberichte die Grundlage für die „Bavaria" gebildet hätten. „Eine Reihe von Wissenschaftlern konstruiert einen Zusammenhang zwischen der u.a. von Riehl betreuten Bavaria und den Physikatsberichten."[197] Für das Ries läßt es sich mit Sicherheit verneinen. Der entsprechende Bavaria-Band erschien bereits 1863, so daß wohl kaum genügend Zeit geblieben wäre, die Ergebnisse der Physikatsberichte von 1861 einzuarbeiten. Entscheidender aber ist, daß Melchior Meyr, der Verfasser des Ries-Kapitels, in seinem Selbstverständnis als Kenner des Rieses sicherlich keine Quellen herangezogen hat. So findet sich auch nirgends eine Übereinstimmung zwischen den Rieser Physikatsberichten und dem Kapitel „Ethnographie des Rieses" der Bavaria.

Die Berichte verschwanden aus dem Blickfeld. Sie liegen heute in der Handschriftenabteilung der Bayerischen Staatsbibliothek München, die oberbayerischen im Stadtarchiv München. Die handschriftlich verfaßten Berichte umfassen ca. 25000 Folioseiten, zuzüglich der Beilagen und Statistiken.[198] Trotz der ausführlichen Fragenliste, die eine einheitliche Bearbeitung der Themen gewährleisten sollte, wurden sie unterschiedlich intensiv bearbeitet: Die eingesandten Texte sind zwischen 7 und 343 Folioseiten lang.[199] Wie die Literaturübersicht Klaus Reders zeigt, befaßten sich im 19. Jahrhundert und in der ersten Hälfte des 20. Jahrhunderts nur wenige Forscher mit den Berichten. [200]

194 Ärztliches Intelligenz-Blatt, 1.5.1858.

195 Reder: Die bayerischen Physikatsberichte, S. 201.

196 Zorn: Medizinische Volkskunde, S. 223.

197 Reder: Die bayerischen Physikatsberichte, S. 202.

198 Ebd., S. 96.

199 Zorn: Medizinische Volkskunde, S. 220.

200 Reder: Die bayerischen Physikatsberichte, hier S. 27- 36.

Erst ein Aufsatz Wolfgang Zorns von 1982 lenkte die Aufmerksamkeit der Wissenschaft verstärkt auf sie.[201] In den letzten Jahren kam es zu einem regelrechten „Physikatsberichtsboom".[202] Sie werden als Quelle für verschiedene Bereiche der wissenschaftlichen Forschung herangezogen, etwa der Nahrungsgewohnheiten, der Kleidung, des Wohnens, der Volksmedizin oder Brauch- und Festforschung. Auch Wirtschafts- und Sozialgeschichte sowie Alltags- und Mentalitätsgeschichte haben sie entdeckt. Manche Ortsmonographien beziehen sie mit ein.[203] Statt nur einzelne Aussagen zur Untermauerung von Thesen herauszugreifen, wurde in den letzten Jahren begonnen, zumindest den ethnographischen Teil komplett zu veröffentlichen und ihren Wert als historische Quelle näher zu beleuchten. Grundlegende Gedanken und Ausführungen hierzu lieferte Beate Spiegel 1986 in ihrer unveröffentlichten Münchner Magisterarbeit „Physikatsberichte als Spiegel des Alltagslebens in Niederbayern um 1860". Unter den Sozialhistorikern befaßt sich vor allem Wolfgang Zorn, der die Physikatsberichte wiederentdeckt hat, mit dieser Quelle. Bei dem Münchner Medizinhistoriker Christian Probst wurden elf Dissertationen erstellt, die sich mit den Physikatsberichten beschäftigen.[204] Am Würzburger Volkskunde-Institut widmeten sich seit der Ausstellung „Fränkisches Volksleben im 19. Jahrhundert" und dem dazu erschienenen Begleitbuch verschiedene Forschungsarbeiten dieser Quellengruppe.[205] Klaus Reder schrieb bei Wolfgang Brückner eine Dissertation über die gesamten unterfränkischen Berichte.[206] Darin legt er auch einen ausführlichen Literaturbericht vor und listet aktuelle Forschungs- und Editionsprojekte auf. Wolfgang Pledl stellte eine Liste der bisher edierten Physikatsberichte zusammen, die auf der Bibliographie Reders basiert.[207]

Schwäbische Physikatsberichte hat als erster Christian Frank herangezogen, der 1926 die Berichte aus Füssen, Marktoberdorf, Obergünzburg, Kaufbeuren und Buchloe bearbeitete. In letzter Zeit haben sich vor allem Wolfgang Zorn, Walter Pötzl und Werner Scharrer mit ihnen beschäftigt.[207a] Die drei Rieser Berichte[208] wurden bisher nur auszugsweise in überregionalen Arbeiten verwendet. So druckte der damalige Bezirksheimatpfleger Alfred Weitnauer in seinem Buch „Tracht und Gwand im Schwabenland", das eine Trachtenerneuerung zum Ziel hatte, Zitate u.a. aus den Rieser Physikatsberichten ab. Bezeichnend für seine Intention ist, daß er im Nördlinger Bericht die Passage über neue Kleidungsstücke und im Oettinger Bericht die ärztliche Kritik an der dem Wetter nicht angepaßten Kleidung ausläßt sowie die Aussage, in der Stadt und im Gewerbe werde modische Kleidung getragen. Weitnauer behauptet, daß sich Melchior Meyr und Felix Dahn, der das allgemeine Trachtenkapitel für die „Bavaria" schrieb, auf die Physikatsberichte gestützt hätten. In einem Nebensatz erwähnt er zwar, die Physikatsberichte seien als Grundlage einer Landesbeschreibung gedacht gewesen, erweckt aber den Eindruck

[201] Zorn: Medizinische Volkskunde.

[202] Reder: Die bayerischen Physikatsberichte, S. 24.

[203] Siehe den Literaturbericht bei Reder: Die bayerischen Physikatsberichte, S. 30-92, Anmerkungen S. 25 f.

[204] Reder: Die bayerischen Physikatsberichte, S. 60.

[205] Z.B. Dietl: Essensgewohnheiten.

[206] Reder: Die bayerischen Physikatsberichte.

[207] Pledl: Edierte Physikatsberichte.

[207a] Walter Pötzl hat auch verschiedene Magisterarbeiten über Physikatsberichte angeregt. So bearbeitete 1994 Anneliese Till die Berichte aus Monheim, Wemding und Donauwörth (Stadt und Land).

[208] Sie befinden sich in der Handschriftenabteilung der Bayerischen Staatsbibliothek in München. Die Rieser Verwaltungsbezirke sind unter den Signaturen Cod. germ. 6874/126 (Landgericht Nördlingen), /133 (Landgericht Oettingen) und /189 (Landgericht Wallerstein) verzeichnet.

einer reinen Trachtenbeschreibung, „in der Regel vom Gerichtsarzt des betr. Bezirks" verfaßt.[209] Torsten Gebhard verwendete die Physikatsberichte als Quelle zur Darstellung des Wohnens im Ries.[210] Die Rieser Berichte fanden auch in zwei größere Arbeiten Eingang: Michael Völker wollte in seiner medizinhistorischen Dissertation anhand der schwäbischen Physikatsberichte die sozialhistorischen und medizinhistorischen Auswirkungen des gesellschaftlichen Umbruchs zu Beginn des Industriezeitalters in Bayern aufzeigen. Wie aus der Liste der bearbeiteten Physikatsberichte hervorgeht, hat er den Wallersteiner übersehen.[211] Monika Bergmeier hat in ihrer bei Wolfgang Zorn erstellten Dissertation die Physikatsberichte der Kreise Mittelfranken, Unterfranken, Pfalz, Oberpfalz und Schwaben hinsichtlich der darin zum Ausdruck kommenden Mentalität der Bevölkerung und ihrer Einstellung zur Modernisierung bearbeitet.[212] Der schwäbische Bezirksheimatpfleger Peter Fassl beabsichtigt derzeit die Edition der schwäbischen Physikatsberichte.

Entstehung und Vorläufer der Physikatsberichte

Die Ministerialentschließung zur Abfassung der Physikatsberichte geht auf verschiedene Wurzeln zurück: Zum einen brachte die Zeit der Aufklärung ab Ende des 18. Jahrhunderts die Disziplinen Statistik und Kameralistik hervor. Genaue Bestandsaufnahmen aller vorhandenen Daten und Ressourcen sollten der Verwaltung als Hilfe zur Bewältigung ihrer Aufgaben dienen. Die umfassendste bayerische Statistik aus dieser Zeit ist die sog. Montgelas-Statistik[213], die für die einzelnen Landesteile in den Jahren 1807 bis 1814/15 erstellt wurde. Sie ist benannt nach dem Minister Maximilian Joseph von Montgelas, dessen Aufgabe es war, das durch die Eingliederung Schwabens und Frankens erheblich vergrößerte Bayern neu zu strukturieren und zu einem modernen, zentral geleiteten Verwaltungsstaat umzuwandeln.[214] Geordnet nach Land- und Herrschaftsgerichten, den damaligen Verwaltungseinheiten, mußten die unteren Behörden für jeden Ort Formulare u.a. mit demographischen Zahlen und mit Angaben über Bodennutzung, Viehhaltung, Anbau und Ertrag, Mineralien, Handwerker und Gewerbe ausfüllen. 1825 wurde eine „Sammlung aller Materialien zur Herstellung einer Statistik des Kreises" befohlen, die alle Hauptpunkte der Montgelas-Statistik enthielt. Die Unterbehörden sollten dabei mit den ab 1830 entstehenden Historischen Vereinen zusammenarbeiten. 1835 war die „Sammlung" fertig.[215] Zahlreiche weitere Statistiken zu Einzelthemen folgten.

---

209 Weitnauer: Tracht und Gwand, S. 15.

210 Gebhard: Wohnen und Wirtschaften.

211 Völker: Lebenszyklus und Alltag. Die Arbeit leidet unter ihren Fehlern: Bei den Zitaten sind die Berichte verwechselt, so ist z.B. teilweise bei Zitaten aus dem Nördlinger Physikatsbericht der Bericht aus Neuburg a.d. Donau als Quelle angegeben, während andererseits angeblich Nördlinger Zitate dort nicht zu finden sind. Auch die Transkription weist Mängel auf. Bei den Literaturangaben muß es statt „Melchior Mayr" „Melchior Meyr" heißen. Inzwischen ist die Dissertation überarbeitet von Eberhard J. Wormer, illustriert und mit Register versehen als „Alltag und Lebenszyklus in Bayerisch-Schwaben" erschienen. Die Fehler wurden nicht korrigiert.

212 Bergmeier: Wirtschaftsleben und Mentalität. Die von der Autorin dem Oettinger Bericht zugeordneten Zitate sind dort nicht zu finden.

213 Bayer. Staatsbibliothek München, Handschriftenabteilung, Cgm 6844 – 6862.

214 Vgl. Kap. Wittelsbacher Einigungs- und Kulturpolitik.

215 Siehe dazu Scharrer: Topographie und Ethnographie, Teil I, S. 43.

Zwar auch zu den kameralistischen Erhebungen, aber zu einem anderen Zweig, gehören die beschreibenden Ethnographien und historischen Landesbeschreibungen. Die Kenntnis des Landes und des Volkes galt W. H. Riehl, den König Max II. nach München geholt hatte, als Vorbedingung für eine zweckmäßige Verwaltung des Landes. Im Verlauf des 19. Jahrhunderts lieferte die bayerische Verwaltung auf diese Weise eine Fülle von Aktenmaterial.

In einem gewissen Gegensatz zu den nüchternen Zahlen der Statistiken stehen die Reisebeschreibungen des 18. und 19. Jahrhunderts. Während im 18. Jahrhundert die Reisebeschreibungen über Bayern meist von Norddeutschen oder Ausländern stammten, verfaßten ab 1800 einheimische Gelehrte Berichte über naturkundliche, volkskundliche und statistische Themen. „Man schrieb über Botanisches, Geologisches und Geographisches, über statistische Erkenntnisse, über berühmte Bewohner Bayerns ebenso wie über Gewässer, Klima, Bodenbeschaffenheit, Wasserwege, Grenzen, über Landwirtschaft, Handel, Industrie und Handwerk, über 'Merkwürdiges' wie über Klöster und Schlösser. Zur Beschreibung der Bewohner dieses Landes wurde stets das Äußere, der erste Eindruck herangezogen."[216] Gebildete Städter lieferten zwar oft auch statistische Angaben, berichteten aber sonst meist eher romantisch über ihre Entdeckung von „Land und Leuten" auf ausgedehnten Reisen. Beliebte Themen waren dabei naturkundliche und volkskundliche Erscheinungen.

Daneben gab es als Vorläufer der Physikatsberichte eine lange Tradition medizinischer Topographien, die für eine Stadt oder eine Region Krankheitsursachen beschreiben.[217] Als erste gilt im deutschsprachigen Raum die „Hygienische Ortsbeschreibung des Badischen Physikats Rötteln und Sausenberg", die der baden-durlachische Markgraf 1724 in Auftrag gegeben hatte und die der Physicus G.V. Jägerschmid 1760 ablieferte. Daraufhin erging 1767 ein baden-durlachisches Dekret über amtsärztliche Oberamtsbeschreibungen anhand 27 vorformulierter Fragen.[218] Die Pariser Akademie der Medizin rief 1778 auf, nationale Medizintopographien zu erstellen. Ein Jahr später wurde in Göttingen ein Preis für die beste hygienische Ortsbeschreibung ausgesetzt. In Deutschland erschienen von 1779 bis 1849 insgesamt 68 medizinische Topographien.[219] „Im Gebiet des Königreichs Bayern erschienen in den Jahren 1805-1856 insgesamt elf Medizinaltopographien, wobei eine staatliche Einflußnahme hierbei nicht festzustellen ist."[220] In Bayern ist wohl als erster der Prediger Dr. Schäffer mit seinem „Versuch einer medizinischen Ortsbeschreibung der Stadt Regensburg" von 1787 zu nennen. Im Prinzip gehörte es von Beginn an zum Aufgabengebiet der Anfang des 19. Jahrhunderts neu installierten Gerichtsärzte, meteorologische Daten und Beobachtungen über das Befinden der Tiere und Pflanzen, über herrschende Epidemien und Seuchen zu sammeln und darüber Berichte abzufassen. Doch die Ärzte kamen dieser Aufforderung so gut wie nicht nach. Bei der 1851 vom König initiierten und 1852 abgeschlossenen Umfrage zum Gesund-

[216] Gockerell: Die Bayern, S. 334.

[217] Dieser Abschnitt basiert vor allem auf Zorn: Medizinische Volkskunde, S. 220 f., und Scharrer: Topographie und Ethnographie, Teil 1, S. 44.

[218] Zorn: Medizinische Volkskunde, S. 220.

[219] Eine Bibliographie der gedruckten deutschsprachigen Topographien hat Brandlmeier erstellt.

[220] Reder: Die bayerischen Physikatsberichte, S. 216.

heitszustand auf dem Land wurden in erster Linie Umweltfaktoren und schädliche Verhaltensweisen genannt; bereits hier wurden die Gerichtsärzte ermahnt, auf das Stillen der Säuglinge zu dringen und dazu auch die Hebammen zu ermahnen. Als gesundheitsschädlich wurden hervorgehoben die schlechte Pflege der Kinder, Kinderarbeit, Alkohol, Unreinlichkeit, Feuchtigkeit der Wohnungen und bestimmte Kleidertrachten. Viele Punkte aus der Zusammenfassung des Innenministers Zwehl wurden in den Physikatsberichten erneut aufgeführt.

In diesem Beziehungsgeflecht sind die Physikatsberichte zu sehen, nämlich als eine im Gegensatz zur offiziellen „Bavaria“ nur für den internen Gebrauch gedachte Landesbeschreibung mit ausführlichem Fragenkatalog nach aufklärerischen, sozialen und volkskundlichen Punkten. „Die Tradition der medizinischen Topographien, verbunden mit dem Wiederaufgreifen aufklärerischer Beschreibungsmuster zur umfassenden Schilderung des Volkes, das Wissen um die Zusammenhänge zwischen materieller und physischer Not sowie das Interesse von König Max II. an der Kenntnis seines Volkes führten zur Herstellung der Physikatsberichte.“[221]

Der topographische Frageplan baut nach Reders Analyse auf älteren Traditionen auf. Der ethnographische Fragenteil scheint ihm das Ergebnis eines Verhandlungskompromisses zu sein.[222] Reder vermutet mehrere Verfasser aus dem Bereich der inneren Zentralverwaltung, die auch mit den verschiedenen Forschungsansätzen der Medizin, die sich zu dieser Zeit im Umbruch befand, vertraut waren.[223] Eingeflossen ist sicherlich Schönwerths Arbeit „Darstellung des sozialen Zustandes der verschiedenen Volksklassen Bayerns“ von 1846, die dem König wichtig erscheinende Punkte enthielt.[224] Auch das Lentner vorgegebene Bearbeitungsprogramm umfaßte etliche der Themen, die später in den Physikatsberichten gefragt wurden, genauso die Gesundheitsumfrage von 1851/52.

Die Gerichtsärzte und die medizinische Versorgung Bayerns

Um die Stellung der Gerichtsärzte und ihr Verhältnis zur Bevölkerung einschätzen zu können, muß man sich mit dem Medizinalwesen in Bayern beschäftigen. Um 1800 gab es nur wenige wissenschaftlich ausgebildete Ärzte, und auf dem Land ließen sich kaum welche nieder. Auch wenn ein Arzt zur Verfügung stand, war der Gang zu ihm nicht allgemein üblich, da das Behandlungshonorar hoch und der Weg zur nächsten Arztpraxis unter Umständen weit war. Abgesehen davon bestand gegenüber den Ärzten eine gewisse Skepsis, da deren therapeutischen Verordnungen dem traditionellen medizinischen „Wissen“ der Bevölkerung widersprachen.[225] Lieber behalf man sich mit Hausmitteln und wandte Heilpflanzen an. Wenn diese keine Wirkung zeigten, ließ man sich von Badern, Barbieren, fahrenden Arzneihändlern und sog. Chirurgen mit handwerklicher

[221] Spiegel: Physikatsberichte, S. 30.
[222] Reder: Die bayerischen Physikatsberichte, S. 220 f.
[223] Ebd., S. 220-222.
[224] Spiegel: Physikatsberichte, S. 27.
[225] Beispiele dazu nennt Shorter: Der weibliche Körper.

Ausbildung behandeln; Hebammen kümmerten sich nicht nur um Schwangere und Wöchnerinnen, sondern waren auch für die Behandlung von Frauen- und Kinderkrankheiten zuständig. Kranke wurden in den Familien gepflegt. Die wenigen Krankenhäuser waren ausschließlich für die Bevölkerungsgruppen da, die nicht in einer Familie lebten und daher nicht auf eine häusliche Pflege rechnen konnten, also Dienstboten, Handwerksgesellen und Arme.[226]

Die bayerische Generalinstruktion von 1803[227] änderte diese Situation. In jener Zeit, als Bayern durch die Eingliederung neuer Landesteile, u.a. Schwabens, erheblich an Fläche gewann und zu einem modernen einheitlichen Verwaltungsstaat, der in Landgerichtsbezirke untergliedert war, umgeformt wurde, wurde auch eine Medizinalreform durchgeführt. Jedes Landgericht, wenig später auch jedes Stadtgericht, wurde dazu verpflichtet, einen verbeamteten Gerichtsarzt einzustellen. Die neuen Bestimmungen, die ein Edikt von 1808 noch erweiterte, regelten darüber hinaus die Ausbildung der Ärzte: Sie mußten grundsätzlich sechs Semester Medizin studieren, nach der Promotion zum Doktor zwei Jahre als Assistent arbeiten und das anschließende Staatsexamen bestehen. Wer sich als Gerichtsarzt bewerben wollte, mußte zusätzlich die sog. Konkursprüfung abgelegt haben.

Zum Aufgabenbereich der Gerichtsärzte gehörten die Durchführung der staatlichen Erlasse und Verordnungen im Bereich des Gesundheitswesens, etwa die gesetzlich vorgeschriebene Pockenschutzimpfung, die Aufsicht über das gesamte Heilpersonal ihres Bezirkes, die Leitung der Gesundheitspolizei, die Seuchenbekämpfung sowie gerichtsmedizinische Gutachten. Bei der Konskription mußten sie über die Tauglichkeit der Militärpflichtigen befinden. Mittellose hatten sie kostenlos zu behandeln. Das Jahresgehalt betrug mit 600 Gulden (1862 auf 800 Gulden erhöht) zwar nur die Hälfte von dem juristischer Beamter in vergleichbarer Stellung, aber die Gerichtsärzte durften und sollten nebenher eine Privatpraxis führen. Die Stellungen waren begehrt, boten sie doch ein gesichertes Einkommen.

Für die 1803 ebenfalls geforderten medizinischen Topographien, die innerhalb von zwei Jahren abzufassen waren, mußten die Gerichtsärzte Wetterbeobachtungen, Barometer- und Thermometermessungen, Befinden von Tieren und Pflanzen aufzeichnen sowie nach den Meldungen von Hebammen, Wundärzten und Badern Geburts- und Sterbelisten zusammenstellen. Wegen der mangelnden Mitarbeit der Ärzte blieb es in diesem Bereich allerdings bis nach der Jahrhundertmitte bei Versuchen.[228]

In der ersten Hälfte des 19. Jahrhunderts waren die Mediziner bestrebt, immer weitere Bereiche des Gesundheitswesens an sich zu ziehen oder wenigstens die Ausbildung des nichtwissenschaftlichen Heilpersonals festzuschreiben und zu überwachen. So wurden verschiedene Verordnungen erlassen, die den Laien die Heilbehandlung verboten und die Ausbildung von Badern und Hebammen neu ordneten:

---

[226] Vgl. Probst: Medizinalwesen, 1985, S. 57.

[227] Nach Probst: Medizinalwesen, 1985, S. 58-60. – Zorn: Medizinische Volkskunde, S. 222.

[228] Habrich/Harvolk: Volksmedizinforschung, S. 247. – Zorn: Medizinische Volkskunde, S. 221.

„So war es von Anfang an das Ziel der Medizinalreform gewesen, die Ausübung der gesamten Heilkunde in die Hände oder wenigstens unter die Kontrolle der Ärzte zu geben. Chirurgen und Hebammen sollten nach den Regeln der medizinischen Wissenschaft ausgebildet und von Ärzten überwacht, alle handwerklich bzw. empirisch ausgebildeten Heilkünstler sollten nach und nach, alle Laienbehandler sofort aus der Krankenbehandlung verdrängt werden. Die Reformer waren selbst Ärzte, die letztlich das Behandlungsmonopol für ihren Stand und die Schulmedizin anstrebten. Sie nahmen damit in Kauf, daß vornehmlich auf dem Land weiten Kreisen der Bevölkerung die gewohnten, leicht erreichbaren und wohlfeilen Helfer in Krankheitsfällen genommen wurden. So ist es nicht verwunderlich, daß bei der Bevölkerung die Kurierverbote oft auf Widerstand stießen, nicht befolgt wurden, daß der kleine Mann dem Landgerichtsarzt als dem Vertreter der Staatsgewalt Mißtrauen entgegenbrachte und den von diesem verfolgten sogenannten Pfuscher deckte.“[229]

Die medizinische Forschung stand damals selbst erst am Anfang.[230] Die Bakteriologie war gerade am Entstehen. Sozialmediziner wie Rudolf Virchow erkannten Zusammenhänge zwischen Armut und Krankheitsentstehung. Er war es auch, der 1855 die Zellularpathologie begründete. Es dauerte aber zumeist lange, bis sich neue Erkenntnisse in der Ärzteschaft durchsetzen konnten. Nachdem 1872 Robert Koch der Beweis der bakteriellen Ursache von Krankheiten gelungen war, rückten klimatische und soziale Aspekte der Krankheitsentstehung in den Hintergrund der ärztlichen Aufmerksamkeit.

Zur Zeit der Physikatsberichte (1859) gab es in den Landgerichten Nördlingen, Oettingen, Wallerstein und in der Reichsstadt Nördlingen neben den drei Landgerichtsärzten sechs praktische Ärzte, nämlich je einen in Nördlingen, Oettingen, Wallerstein, Alerheim, Mönchsdeggingen und Hainsfarth. Die Stelle in Fremdingen war damals gerade nicht besetzt. Von Fachmedizinern, wie z.B. Zahnärzten, war noch gar nicht die Rede. An „niederärztlichem“ Personal standen zur Verfügung: ein Chirurg, 14 Bader und 39 Hebammen. In vier Apotheken und drei Dispensieranstalten (Ausgabestellen von Arzneimitteln) waren Medikamente erhältlich. Lokale Krankenanstalten bestanden in Nördlingen und Oettingen. Das Krankenhaus in Wallerstein, gegründet 1803 vom fürstlichen Haus[231], ist in dieser zeitgenössischen Aufstellung nicht erwähnt.[232] Bis 1870 erhöhte sich die Zahl des medizinischen Personals und der Institutionen immerhin auf 12 Ärzte (die Gerichtsärzte miteingerechnet), 20 Bader, 43 Hebammen, vier Dispensieranstalten. Die Zahl der Apotheken und Krankenhäuser blieb gleich.

Betrachtet man das Zahlenverhältnis zwischen Bevölkerung und Arzt, so kamen im Jahr 1860 in Schwaben durchschnittlich 3389 Einwohner auf einen Zivilarzt, in Bayern 3417. Läßt man die Städte über 10.000 Einwohner außer Acht, so war in den ländlichen Gebieten Schwabens ein Zivilarzt für 3625 Einwohner zuständig, bayernweit sogar für

[229] Probst: Medizinalwesen, S. 60.
[230] Nach Haller: Die medizinischen Landes- und Volksbeschreibungen, S. 28 u. 37.
[231] Physikatsbericht Wallerstein.
[232] Extra-Beil. zum Kreis-Amtsblatte von Schwaben und Neuburg, 17.1.1860. Das Distriktskrankenhaus in Wallerstein wurde 1875 eröffnet (Monninger: Das Ries, S. 239).

4240. Was die statistischen Zahlen nicht sagen, ist, wieviele Menschen tatsächlich die Dienste eines Arztes in Anspruch nahmen. Rein rechnerisch gesehen belieferte 1859 in Schwaben eine Apotheke 8174 Einwohner, eine Hebamme kümmerte sich um 1051 Einwohner, und für 14.628 Menschen gab es eine Krankenanstalt.[233] Diese Verhältnisse sahen im Ries genauso aus, nur mit Krankenhäusern war es besser versorgt.

Die Rieser Gerichtsärzte von 1860

Um den Quellenwert der Physikatsberichte beurteilen zu können, muß man sich mit den Verfassern befassen, deren subjektive Einstellungen und deren Persönlichkeit berücksichtigen. Leider sind ausgerechnet zu den drei fraglichen Rieser Ärzten keine Personalakten des Innenministeriums im Hauptstaatsarchiv München vorhanden, die als Quelle für ihre Biographien hätten herangezogen werden können. Auch Qualifikationstabellen, in denen Vorgesetzte u.a. die Leistungen, den Fleiß, die Kenntnisse und das Benehmen gegen die übergeordnete Behörde benoteten, fehlen für sie.[234] In den „Schematismen aller Civilärzte ..." sind lediglich ihr Geburtsort und ihr Geburtsdatum, die Jahre, in denen sie ihre Prüfungen abgelegt hatten, und eventuelle Versetzungen vermerkt. Einzelne biographische Angaben lieferten freundlicherweise die Archive bzw. Pfarrämter der Geburtsorte.

Johann Martin Böhm, Nördlingen

Dr. Martin Böhm wurde am 7. Dezember 1801 im damals schwäbischen Schrobenhausen geboren.[235] Sein Vater, der aus einer Ingolstädter Melberfamilie stammte, war dort als Apotheker und Bürgermeister ein angesehener Mann. Als dieser 1805 starb, ließ er mehrere Kinder unversorgt zurück; Martin, der jüngste Sohn, war erst dreieinhalb Jahre alt. Dessen Bruder Sebastian Böhm, der trotz finanzieller Probleme studierte und die Apotheke übernahm, mußte für die Geschwister und die eigenen Kinder sorgen. Er finanzierte auch das Medizinstudium seines Bruders Martin in München und Wien. 1827, mit 26 Jahren, promovierte Martin Böhm, zwei Jahre später absolvierte er die Proberelation und den Staatskonkurs. Noch im selben Jahr, 1829, begann er seine ärztliche Praxis in Nördlingen. 1835, als der bisherige Gerichtsarzt unerwartet starb und schnell ein Nachfolger gefunden werden mußte, wurde Böhm im Alter von 34 Jahren zum Landgerichtsarzt in Nördlingen ernannt. Im Vorfeld hatte ihm der Landrichter in einer Stellungnahme großes Lob erteilt. Im August 1837 heiratete Dr. Böhm Emilie Guettler (23.3.1811 – 4.6.1874). An Neujahr 1855 bekam er das Ritterkreuz I. Klasse

---

[233] Majer: Statistische Darstellung, S. 403 und 422.

[234] Für spätere Gerichtsärzte liegen sie im StAA, z.B. für Dr. Philipp Horlacher unter der Signatur Reg. 7206.

[235] Zur ärztlichen Laufbahn s. im StAA die Akten Reg. 8657 und BA Nördlingen I, 366 sowie den „Schematismus" in der Extra-Beilage, 17.1.1860. Das familiäre Umfeld ist aus der „Chronik der Stadtapotheke Schrobenhausen", Bd. II, von Georg August Reischl ersichtlich, deren Kopie mir freundlicherweise Herr Direktor vom Stadtarchiv Schrobenhausen zukommen ließ. Die in den Quellen auch genannten Geburtsjahre 1807 bzw. 1802 müssen angesichts der weiteren Lebensdaten auf Lese- oder Schreibfehlern beruhen.

vom Hl. Michael verliehen.[236] Im Dezember 1872, mit 71 Jahren, ließ Böhm sich in den Ruhestand versetzen. Im Sommer folgenden Jahres scheint er eine Art Schlaganfall erlitten zu haben, am 23. November 1874 verstarb er, wenige Monate nach seiner Frau.

Böhm wohnte mit seiner Familie in Nördlingen in dem später nach ihnen benannten Böhmschen Haus A 15 (heute Schäfflesmarkt 8), das er 1843 erworben hatte. Er besaß eine umfangreiche Privatsammlung, zu der u.a. Gemälde von Friedrich Herlin, Skulpturen des 15. Jahrhunderts, Fayencen, Majolica, Meißner und Chinesisches Porzellan, venezianische Glaspokale und Möbel aus dem 16. und 17. Jahrhundert gehörten.[237] Zwei seiner Söhne erlangten Bekanntheit: Dr. Rudolf Böhm (1844-1926) baute an der Universität Leipzig das Pharmakologische Institut auf und gilt als Wegbereiter der Entwicklung der Pharmakologie als selbständige Wissenschaft und Lehre.[238] Gottfried von Böhm (1845-1926), Archivvorstand, Exzellenz und kgl. Staatsrat, war bayerischer Ministerresident in Bern. Er verfaßte auch verschiedene Novellen und historische Aufsätze.[239]

Dr. Böhm war bei Abfassung seines Physikatsberichts 59 Jahre alt und seit 32 Jahren in Nördlingen Arzt. Obwohl eindeutige Quellen fehlen, ist es wahrscheinlich, daß er Katholik war, denn Schrobenhausen war damals fast ganz katholisch. Er scheint eindeutig naturwissenschaftlich interessiert. Sein topographischer Teil (44 Folio-S.) ist erheblich länger als der ethnographische (28 S.). Besonders die Beschreibung der geologischen Verhältnisse fällt durch ihre Länge und die hohe Anzahl von Fachausdrücken auf. Böhm gibt sich sichtlich Mühe bei der Abfassung des Physikatsberichts, was sich schon in der gleichmäßigen schönen Schrift und der deutlichen Gliederung zeigt. Außer bei den Höhenangaben, wo er sich wie sein Wallersteiner Kollege Dr. Schneider auf Lamont[240] bezieht, nennt Böhm keine Literatur, auf die er sich bei der Abfassung gestützt hat. Da bei einer Auflistung des Inventars der Nördlinger Gerichtsarztstelle 1835[241] auch eine Abhandlung über Mineralquellen in Bayern und „Dr. Planks Medizinische Topographie“[242] von 1828 erwähnt wird, besteht die Möglichkeit, daß Böhm sie zumindest kannte.

Friedrich August Horlacher, Oettingen

Dr. Horlacher war der älteste der drei Rieser Gerichtsärzte und am längsten von ihnen im Staatsdienst. Er stand bei der Abfassung des Physikatsberichts beinahe am Ende seines Berufslebens. Der protestantische Horlacher wurde am 8. August 1798 im

[236] BayHStA, Ordensakten 13072. Der Maximiliansorden wurde 1853 vom König zur Auszeichnung von Künstlern und Wissenschaftlern gestiftet.

[237] StaNö E IV 1, Bd. 3.

[238] Bosls Bayerische Biographie, Ergänzungsband 1988, S. 16. – Brockhaus' Konversations-Lexikon, 14. Aufl., 3. Bd., Berlin, Wien 1898, S. 217.

[239] Zu Gottfried von Böhm s. Braun in: Schlagbauer/Kavasch (Hgg.): Rieser Biographien, S. 32. – Monninger: Nördlinger Häuser, S. 17. – Bosls Bayerische Biographie, S. 80.

[240] Johann von Lamont (1805-1897): Astronom und Physiker. Ab 1827 an der Sternwarte München.

[241] StAA, BA Nördlingen I, 366.

[242] Es dürfte sich dabei handeln um: Plank: Bemerkungen über die Abfassung medicinischer Länder-, Bezirks- und Orts-Beschreibungen überhaupt, und Versuch eines medicinisch-topographischen Entwurfes von der Königl.-Baier. Haupt- u. Residenzstadt München insbesondere. In: Zeitschrift für Staatsarzneikunde 1828, 9. Erg.Heft, S. 215-307.

mittelfränkischen Wassertrüdingen als Sohn des „Preußischen Stadt- und Kreisphysikus" Dr. Johann Heinrich Horlacher und dessen zweiter Frau Sophia Rosina Luise, geb. Rümmelin, geboren. 1820 promovierte er und unterzog sich zwei Jahre später der Proberelation, woraufhin er die Praxislizenz erhielt.[243] Bereits fünf Jahre nach dem Beginn seiner ärztlichen Praxis, 1827, trat er mit erst 29 Jahren in den Staatsdienst ein; die Konkursprüfung hatte er 1823 abgelegt. 1830 kaufte er in Oettingen für 4300 Gulden das „katholische Oberamtshaus" mit der Hausnummer A 13 (heute Schloßstraße 10). Er setzte sich erfolgreich für den Bau des neuen Friedhofs in Oettingen ein.[244] 1869 bekam Horlacher das Ritterkreuz I. Klasse vom Hl. Michael verliehen.[245] Aus diesem Anlaß wurden im Oettinger Amts- und Wochenblatt zwei „Prologe" abgedruckt, die bei einer Festvorstellung im Theater bzw. bei einer Festlichkeit des Harmonie- und Singvereins vorgetragen worden waren.[246] Horlacher arbeitete bis zu seinem Tod am 6. Juni 1870. Als Todesursache sind Herzleiden und Wassersucht verzeichnet.[247] Sein Sohn Philipp Horlacher, geboren 1832, setzte die Familientradition fort und wählte ebenfalls den Beruf des Vaters und des Großvaters.[248]

Man merkt dem Physikatsbericht Friedrich August Horlachers an, daß er schon lange im Dienst ist. Neben seiner unleserlichen Schrift und der schlampigen Zeichensetzung läßt auch die knappe Abhandlung erahnen, daß er diese zusätzliche Arbeit als eher überflüssig betrachtet. Horlacher hält sich zwar im wesentlich an die vorgegebene Gliederung, hat aber sicherlich nicht nach einem Vorentwurf geschrieben. Gelegentlich „vergißt" er einen Punkt (z.B. Tiere) und holt ihn an anderer Stelle nach oder er behandelt einen Sachverhalt doppelt (Braunkohle). Quellenangaben liefert Horlacher nicht. Ausführlicher wird er nur, wo es um sein primäres Aufgabenfeld geht, um die Medizin. Dies wird auch in seiner 18seitigen Topographie deutlich. Er hat zwar offensichtlich Kenntnisse in Geologie – das beweisen die entsprechenden Fachausdrücke –, aber er handelt dieses Gebiet nur kurz ab. Dafür ist die Liste der offizinellen, d.h. medizinisch verwertbaren, Pflanzen und der Naturerzeugnisse umfangreich. Anscheinend hat er auch die Anordnung, metereologische Beobachtungen durchzuführen, befolgt.[249] Seine Ethnographie umfaßt 25 Seiten zuzüglich einer Seite mit demographischen Daten. Wenn möglich belegt er seine Angaben mit Zahlen, die er von der Verwaltung einholte.

---

[243] Lebenslauf nach dem „Schematismus der Civilärzte ..." in der Extra-Beil. des Kreis-Amts-Blattes 1858 und nach StAA, Reg. 8657. Dem Landeskirchlichen Archiv in Regensburg gebührt Dank für Auszüge aus den Kirchenbüchern KB Wassertrüdingen 56 – 6, 1798, S. 384, Nr. 36 und KB Wassertrüdingen 56 – 13, 1797, S. 16 b, Nr. 15.

[244] Freundliche Information von Dr. Petra Ostenrieder.

[245] BayHStA, Ordensakten 15119.

[246] Hinweis von Karl Gruber, Oettingen.

[247] Amts- und Wochenblatt der Stadt Oettingen, 11.6.1870.

[248] Er begann 1862 mit seiner ärztlichen Praxis und war in verschiedenen Orten tätig, bis er 1865 wieder nach Oettingen kam. 1877 wurde er zum Oettinger Stellvertreter des Nördlinger Landgerichtsarztes ernannt, was der Position seines Vaters entsprach. Ab 1884 arbeitete Philipp Horlacher als Bezirksarzt I. Klasse in Naila, 1891 wurde er auf sein Ersuchen nach Nördlingen versetzt. Er starb 1894.

[249] W. C. Wittwer, der für den Band „Schwaben und Neuburg" der „Bavaria" die „Klimatologie von Schwaben und Neuburg" schrieb, stützt sich u.a. auf metereologische Aufzeichnungen Dr. Horlachers (Bavaria, S. 730 Anm. u. S. 738).

Karl Friedrich Alexander Schneider, Wallerstein

Wie ein Großteil der im Ries tätigen Ärzte stammte Dr. Schneider aus dem nahen Mittelfranken. Er kam am 1. April 1810 in Heidenheim am Hahnenkamm zur Welt. Seine Eltern waren Alexander Philipp Sigmund Schneider, königlich bayerischer Landrichter in Heidenheim, und dessen Frau Juliane, geb. Steinhäuser. Als Paten hatte er zwei Rentamtmänner aus Wassertrüdingen und Crailsheim, Verwandte der Mutter, möglicherweise ihre Brüder, sowie zwei Pfarrer, die im Rezatkreis und im Mainkreis tätig waren. 1832 promovierte Karl Friedrich Alexander Schneider, 1834 legte er die Proberelation ab und ein Jahr später konnte er in Nördlingen seine Praxis beginnen. Er war 24 Jahre lang praktischer Arzt in Nördlingen, bis er 1859 im Alter von 49 Jahren als Gerichtsarzt für Wallerstein in den Staatsdienst übernommen wurde.[250] Sein Wirken dort war nur von kurzer Dauer, denn bereits 1862 wurde das Landgericht Wallerstein aufgelöst. Dr. Schneider wurde nach Mittelfranken versetzt und dabei gleichzeitig befördert. Er ist 1863 als Gerichtsarzt I. Klasse im Landgericht Weißenburg verzeichnet.[251]

Während seiner Nördlinger Zeit wohnte Schneider im Haus C 17 (heute Eisengasse 1).[252] Er wurde Objekt einer Regierungsuntersuchung, weil er 1848/49 Ausschußmitglied des demokratischen Nördlinger Volksvereins gewesen war. Die Untersuchung kam allerdings zu dem Ergebnis, daß Schneider keine aufwieglerischen Reden gehalten hatte und wohl nur wegen seiner großen Beliebtheit in den Ausschuß gewählt worden war.[253] Der protestantische Dr. Schneider war verheiratet mit Franziska von Ammon, mit der er, wie er sich selbst rühmte, sechzehn lebende Kinder hatte. Nach Schneiders Tod zog die Witwe des Arztes wieder nach Nördlingen, in das Haus B 19 in der heutigen Polizeigasse.[254] Ein Sohn Schneiders, Alexander, machte Karriere. Als Dr. Alexander Ritter von Schneider war er Präsident des protestantischen Oberkonsistoriums in München.[255]

Der Wallersteiner Physikatsbericht fällt schon wegen seiner Länge auf. Mit 18 Folioseiten Topographie, 45 Seiten Ethnographie, 26 Seiten historischer Abriß und sieben Beilagen mit statistischem Zahlenmaterial ist er nicht nur der umfangreichste Physikatsbericht aus dem Ries, sondern läßt auch deutlich werden, daß die Interessen Dr. Schneiders weniger bei den Naturwissenschaften als bei der Geschichte und Kultur lagen. Unaufgefordert stellt er dem ethnographischen Teil einen geschichtlichen Abriß des Landgerichtes Wallerstein und der einzelnen Orte voran.[256] Er verwendet erheblich weniger geologische Fachausdrücke als seine beiden Rieser Kollegen, während er sonst Fremdwörter sehr großzügig einsetzt, auch wenn sie nicht immer korrekt geschrieben sind. Immerhin aber hatte er in Nördlingen sechs Jahre lang Wetteraufzeichnungen

---

[250] „Schematismus der Civilärzte ..." in der Extra-Beil. zum Kreis-Amts-Blatt 1858 und 1860. Für die Angabe der Eltern und der Paten danke ich Herrn Dekan Kugler vom evang.-luth. Pfarramt Heidenheim.

[251] Extra-Beil. 1863 und Hof- und Staatshandbuch 1863.

[252] Monninger: Nördlinger Häuser, S. 87. Das Nördlinger Adreßbuch von 1856 nennt Stänglesbrunnen B 87.

[253] StAA, Reg. 8192. In Schwaben kamen sechs Landgerichtsärzte wegen Teilnahme an der 1848er Bewegung auf die schwarze Liste; zwei wurden strafentlassen (s. Zorn: Medizinische Volkskunde, S. 225).

[254] Adreßbuch 1876.

[255] Monninger: Nördlinger Häuser, S. 17.

[256] Möglicherweise stützte er sich bei der Chronologie der einzelnen Orte auf die Arbeit von Weng und Guth: Das Ries, wie es war und wie es ist. Untertitel: Historisch-statistische Zeitschrift, 1835-1844.

gemacht, wozu er als praktischer Arzt nicht verpflichtet war. Bei den Höhenangaben, der Vegetation und bei der Geschichte der Römerzeit gibt Schneider seine Quellen an. Bezüglich der Säuglingssterblichkeit beruft er sich auf eine damals neue Untersuchung.[257] Dies beweist auch, daß er die aktuelle medizinische Diskussion verfolgte.

Zusammenfassung: Der ärztliche Blick

Topographie und Geologie[258]

Im ersten Hauptteil der Physikatsberichte finden sich nur wenige relevante Aussagen zum Alltagsleben, aber es wird zum Beispiel schon in der Fragestellung deutlich, wie stark das Agrarland Bayern abhängig war von den Wetterbedingungen, der Bodenqualität und der Wasserversorgung. Die Ärzte waren deswegen auch aufgefordert, genaue Klimadaten zu liefern, deren Aufzeichnung zu ihren Pflichten gehörte. Die Entstehung des Rieses schreiben sie analog den zeitgenössischen Theorien einer Versenkung zu, eventuell entstanden durch vulkanische Tätigkeit.[259] Abgesehen vom typischen Rieser Gestein Suevit, der früher Traß genannt wurde und als Baumaterial Verwendung fand, gab es laut den Gerichtsärzten keine Bodenschätze. Die Braunkohlelager, die man zwei Jahre vor Abfassung der Physikatsberichte bei Bohrungen entdeckt hatte, lohnten den Abbau nicht. Meist schwefelhaltige Heilquellen kamen im Wildbad bei Wemding und im Johannisbad bei Nördlingen zur Anwendung, in Klosterzimmern waren sie nur kurzzeitig genutzt worden. Auch Bohnerz war vorhanden. Medizinisch verwertbare Naturerzeugnisse, deren Auflisten ausdrücklich angeordnet war, stellten die Pflanzen dar, die teils wild wuchsen, teils eigens von Apothekern angebaut wurden, außerdem einige tierische Produkte.

Landwirtschaft

Bedingt durch den fruchtbaren Lößboden ist das Ries überwiegend agrarisch geprägt. Die drei Rieser Ärzte hatten lange genug hier gelebt, um die Zeiten der verschiedenen landwirtschaftlichen Arbeiten zu kennen, die außerdem in der traditionellen Landwirtschaft durch Bauernregeln festgehalten waren. Dennoch überraschen die genauen Angaben etwa der Saatmengen und Erträge. Möglicherweise haben die Ärzte Gewährsleute zur Beantwortung dieser Fragen herangezogen. Das Ackerland war bei weitem vorherrschend. Es umfaßte zwischen 56 und 70 Prozent der Gesamtfläche eines Bezirks. Haupt-

[257] Friedrich Escherich: Ueber die Kinder-Sterblichkeit in ihrem Zusammenhang mit topographischen und meteorologischen Verhältnissen. In: Aerztliches Intelligenzblatt 7 (München 1860), S. 569-575.

[258] Die folgende Zusammenfassung, die auch verdeutlichen möchte, welche subjektiven Momente möglicherweise in die Beschreibungen eingeflossen sind, hält sich im wesentlichen an die den Ärzten vorgegebene Gliederung.

[259] Die Vulkantheorie wurde 1799 von C. v. Caspers erstmalig geäußert. Er deutete den Suevit als vulkanisches Produkt und bezeichnete ihn als „Feuerduftstein". In den folgenden Jahren wurde diese Deutung mehrfach aufgegriffen, u.a. auch von J. F. Weng und J. B. Guth. Das Auftreten fremdartiger kristalliner Gesteine und „basaltischer Laven und Schlackenmassen" bewog A. Schnitzlein und A. Frickhinger, die erste geologische Karte des Rieses anzufertigen. Der eigenartige Bau des Rieses wurde in ihr durch zahlreiche Angaben von Granit, „Basalttuff" (Traß) und Porphyr hervorgehoben. Die Vulkantheorie hielt sich bis in die sechziger Jahre unseres Jahrhunderts. (Für diese Theoriegeschichte in Kurzform sei Diplomgeologin Gisela Pösges vom Rieskratermuseum Nördlingen gedankt.) Inzwischen gilt die Entstehung durch einen Meteoriteneinschlag als gesichert.

früchte waren Dinkel als Winter- und Gerste als Sommergetreide. Wie auch schon fortschrittliche Agrarwissenschaftler vor ihm kritisiert Dr. Böhm die Vernachlässigung der Viehzucht und der Wiesen als Folge des einseitigen Schwergewichts auf den Ackerbau. Lediglich die feuchten Stellen entlang der Wörnitz waren als Wiesenland prädestiniert. Immerhin hatte man damals gerade angefangen, mit der Bebauung der Brache und der neu eingeführten Stallfütterung einen Ausgleich für die geringe Zahl der Wiesen zu schaffen. Nur der Riesrand wies Wald auf: im Norden und Nordosten dominierte Nadelholz, insbesondere Fichte, sonst überwog Laubholz.

Die Aussaat begann Ende März bis Mitte April mit Hafer, dem neu eingeführten Sommerweizen und den Brachfrüchten Schweinebohnen, Wicken, Erbsen, Linsen, Klee. Flachs säte man an der Wörnitz bereits Anfang April, in anderen Gebieten im Mai bis Juni. Kartoffeln wurden Ende April bis Anfang Mai gelegt. In diesem Zeitraum lag auch die Aussaat der Gerste. Ende Mai waren Rüben und Krautpflanzen an der Reihe, Ende September Winterroggen, Weizen und vor allem Dinkel. Der traditionelle Termin der Feldbestellung mit Dinkel war Michaeli, der 29. September.

Die Erntezeit begann Ende Mai, Anfang Juni mit grünem Klee und Wicken. Da es kaum Wege zwischen den Flurstücken gab und man deswegen meist über fremde Felder fahren mußte, wurden gerade für die Heu- und Getreideernte einheitliche Termine festgesetzt (sog. Flurzwang). Die Heuernte begann nicht vor Johanni (24.6.). Ab Jakobi (25.7.) bis Anfang August wurden Roggen, Dinkel und Winterweizen geerntet, gefolgt von Gerste und Ende August Hafer, Grumet (2. Grasschnitt) und Hülsenfrüchten. Mitte September waren Kartoffeln zu klauben. Nach den Ackerbohnen Ende September folgten weitere Brachfrüchte und Obst. Je nach Witterung standen die Stoppelfelder und Wiesen dem Rindvieh nach der Ernte noch bis Oktober oder November als Weide zur Verfügung.

Ein Problem stellten die Überschwemmungen dar. Je nachdem, wann sie auftraten, waren sie als Dünger willkommen, oder aber sie verunreinigten das Gras mit Schlamm, so daß das Rindvieh davon erkrankte oder es nicht mehr fraß. Bereits gemähtes Gras konnte durch das Hochwasser fortgerissen werden. Bei andauernden Überschwemmungen gediehen Binsen und Riedgräser, die die Futterpflanzen verdrängten. Für die Gesundheit der Menschen war es schädlich, wenn sie sich in Anbetracht eines aufziehenden Unwetters *über Gebühr* anstrengten. Nach Böhm seien Wiesen oft mehrere Wochen lang versumpft, was die ganze Umgebung zu einer Malariagegend mache. In der „Bavaria" berichtet F. C. Schmid von leichten Formen des Wechselfiebers, welches als ein Symptom der Malaria galt, auch in einzelnen Orten des Rieses in der Nähe von Wörnitz und Eger. *... ja selbst in Ortschaften, wo, wie in Löpsingen im Riese Häuser sich befinden, in denen obwohl hundert Schritte von der Eger entfernt, regelmäßig nach 3 bis 4 Jahren ein neugelegter Stubenboden verfault, tritt das Wechselfieber nur in milderer Form, meist unter der Maske typischer Migräne, einseitigen Zahn- oder Ohrenwehes etc. auf.*[260] Horlacher dagegen hat keine negativen Auswirkungen auf die Gesundheit von Mensch oder Tier ausgemacht. Zumindest im Landgericht Nördlingen wurde versucht, mit Flußbegradigungen und -reinigung solche Überschwemmungen zu verhindern oder zumindest abzumildern, was aber wegen des geringen Gefälles nicht vollständig gelang.

[260] Schmid: Volkskrankheiten und Volksmedizin, S. 881.

Dr. Schneider sieht im fruchtbaren Boden den Grund dafür, daß die Bauern von ihrer traditionellen extensiven Bewirtschaftungsweise nicht abrückten; da der Ertrag ausreichte, waren die Bauern nicht gezwungen, auf eine intensivere und fortschrittlichere Landwirtschaft überzugehen. Der Wallersteiner Arzt beklagt daher auch den Widerstand gegenüber dem Obstbau. Nur Dr. Schneider bemerkt einige durch die Tätigkeit des landwirtschaftlichen Vereins bewirkte Änderungen. 1850 hatte in Nördlingen das erste landwirtschaftliche Fest im Ries stattgefunden, drei Jahre später eines in Wallerstein.[261]

Von wirtschaftlicher Bedeutung war die Geflügelzucht; vor allem die Rieser Gänse waren weithin bekannt. In der Literatur wird häufig beschrieben, daß die empfindlichen Küken in der Wohnstube in einem Verschlag neben dem Ofen aufgezogen wurden. Befragungen bestätigen dies. Die Ärzte schildern, daß wegen der Gewinnmöglichkeiten, besonders bei frühen Zuchten, die Gänse größtenteils verkauft, seltener selber geschlachtet wurden. Gleiches berichtet Dr. Schneider von der Kartoffel, die seiner Erfahrung nach ohnehin als Nahrungsmittel nicht genügend geschätzt war. Die Rieser Gänse werden auch in einem Physikatsbericht einer anderen Gegend erwähnt. Der aus Munningen im Ries stammende Dr. Thomas Götz teilt für den Wertinger Raum mit: *Wie übrigens auf die Thätigkeit Handel und weiteres Herumkommen unter verschiedenen Leuten einwirkt sieht man sehr gut in dem Dorfe Emersacker, wo der Gänsehandel getrieben wird. Die Leute sind dort gewandter, gewiefter – sie kaufen im Ries ein, verkaufen in München.*[262]

Bevölkerungscharakteristik

Es gab Themen, bei denen von vornherein subjektive Einschätzungen zu erwarten waren bzw. sogar ausdrücklich gefragt waren. Die Ärzte nutzten diesen Spielraum z.T. auch aus. Dazu gehört der Punkt *Charakteristisches in der physischen und intellectuellen Constitution der Bezirks-Bevölkerung.* Während Böhm und Horlacher sich um eine objektive Beschreibung bemühen, fällt Schneider eindeutige Urteile. Alle drei Ärzte greifen zur Erklärung der Mentalität und der physischen Konstitution zurück auf die Stammeseinteilung in Schwaben, Franken und Bayern. Wegen der Grenzlage des Rieses am Nordrand Schwabens zu Franken hin komme es zu Mischformen.

Nach übereinstimmender Meinung der Amtsärzte gehören die Rieser überwiegend dem schwäbischen Stamm an. Der Nördlinger Arzt Dr. Böhm beschreibt den Körperbau der Männer als mittelmäßig. Der Gesichtsausdruck sei ruhig, klug, berechnend und oft verschmitzt. Die Frauen kommen besser weg; sie seien auch lebhafter und redegewandter als die Männer. Die Bevölkerung, hauptsächlich die Nördlinger Bürgerschaft, wird wegen ihrer Intelligenz, ihrer schnellen Auffassungsgabe und Schlagfertigkeit gelobt. Sowohl Städter als auch Landbewohner zeichneten sich durch ein gutes Gedächtnis aus, was sich an den vielen auswendig beherrschten Bibelsprüchen zeige. Allgemein seien die Rieser klug, zurückhaltend, selten leidenschaftlich, arbeitsam, sparsam, die Landbewohner sogar geizig und manchmal falsch. Die auswärts beschäftigten Rieser Mädchen galten dort als

[261] Beyschlag: Geschichte der Stadt Nördlingen, S. 196.
[262] Pötzl: So lebten unsere Urgroßeltern, S. 148.

freundlich und unermüdlich fleißig. Körperverletzungen kämen kaum vor, erst recht nicht Mord. Böhm lobt die Juden ganz besonders für die Bemühungen des Mannes um seine Familie, für die Fürsorge der Kinder um ihre alten Eltern. Außerdem schildert er sie als den Wunschtraum eines Arztes: vernünftig, folgsam, sie halten sich pünktlich an die Anordnungen und sind dem Arzt treu und dankbar. Die erst 1860 erfolgte Wiederzulassung von Juden in der Stadt Nördlingen findet im Physikatsbericht keinen Niederschlag.[263]

Dr. Schneider in Wallerstein sieht die Bevölkerung in einem schlechteren Licht: Nur die Frauen seien wegen ihrer Eitelkeit körperlich besser ausgestattet als die Männer. Schneider wirft der Bevölkerung *Mangel an koerperlicher und geistiger Energie* vor. Alles Streben richte sich nach Besitz und Geld; für Neuerungen sei man nicht aufgeschlossen. Dr. Schneider, der als Protestant in einer überwiegend katholischen Gemeinde lebt, betont die Unterschiede zwischen den Konfessionen. Er erläutert, daß die beiden christlichen Konfessionen verschiedene Zeitungen lesen würden, und diese würden ihr Weltbild beeinflussen. Bei der katholischen Bevölkerung sei das bayerische Element ersichtlich, das Schneider nicht näher definiert. Die konfessionelle Verschiedenheit und die Zersplitterung der Landesherrschaften hätten die gleichmäßige Ausbildung der Bevölkerung verhindert, so daß noch die Elemente der ursprünglichen Völkerschaften vorhanden seien.

Dr. Horlacher fällt mit seiner Charakterisierung aus dem Rahmen. Im Gegensatz zu den sonst üblichen Stereotypen sagt er den Schwaben einen Hang zur Ausgelassenheit, Falschheit und Verschwendung nach, während die Franken sparsam seien, nüchtern, verschlossen, fleißig, *hab- und streitsüchtig*. Vorherrschend sei im Ries ein gesunder schlichter Verstand mit einer gehörigen Portion Mutterwitz. Man führt ein ruhiges und nüchternes Familienleben, wobei allerdings die arbeitsunfähigen Alten bisweilen vernachlässigt würden. Ebenso wie Böhm lobt Horlacher die Juden wegen ihrer vorbildlichen Sorge um ihre Familie, die Alten und Armen. In physischer Hinsicht schildert Horlacher wie seine Kollegen die Bewohner des Landgerichts als kräftig und mittelgroß, wobei die Franken eher untersetzt und mittelgroß, die Schwaben mehr schlank und blond und die schwäbischen Frauen gut aussehend seien.

Wohlstand

Bei der Beurteilung des Wohlstandes standen den Gerichtsärzten keinerlei Anhaltspunkte zur Verfügung, die eine Einordnung erlaubt hätten. So mußten die Antworten zwangsläufig subjektiv ausfallen, wobei sich allerdings z.B. der Oettinger Arzt auf amtliche Unterlagen, nämlich eine Beurteilung des Rentamtes (vergleichbar dem heutigen Finanzamt), beruft. Dennoch kommen alle drei Ärzte nahezu zum selben Ergebnis: Abgesehen von einigen armen Orten sei der Wohlstand mittelmäßig. Alle drei Ärzte unterscheiden ausdrücklich die Verhältnisse in Stadt und Land bzw. die im Handwerk und Gewerbe und die in der Landwirtschaft. Übereinstimmung herrscht darin, daß der Wohlstand der Bauern in den letzten Jahren zugenommen habe. Es konnten Schulden abgebaut und Geld angelegt werden. Der Wallersteiner Arzt sieht den Grund darin in

[263] Voges: Die Reichsstadt Nördlingen, S. 168.

der Bauernbefreiung von 1848: Die Bauern würden das Land, das nun ihr Eigentum war, viel intensiver bebauen als zuvor, außerdem seien die Preise für landwirtschaftliche Produkte hoch. Nach Stutzer kam es ab 1850/52 zu einer günstigen Agrarkonjunktur in ganz Europa, die u.a. auf einer Ausweitung der Märkte, steigenden Preisen und einer geringen Konkurrenz auf den Getreidemärkten beruhte.[264] Den Rieser Bauern mit ihrem Schwergewicht auf dem Getreidebau kam das natürlich sehr zugute. Einen Grund, weswegen Dr. Schneider gerade für Fessenheim einen bedeutenden Wohlstand anführt, nennt er nicht.

Dagegen würden die Handwerker und Gewerbetreibenden unter der großen Konkurrenz leiden, und die Einnahmen müßten für große Familien reichen (Dr. Horlacher). In der Stadt Nördlingen gebe es zwar Arbeit, aber kaum Wohlhabende (Dr. Böhm). Für Wallerstein konstatiert Dr. Schneider eine besondere Situation, weil sich nach Ende der Souveränität und bedingt durch die politische Tätigkeit des Fürsten Ludwig in München die fürstliche Hofhaltung so gut wie aufgelöst und auch die Zahl der fürstlichen Beamten abgenommen hatte.[265] Ein wichtiger Kundenkreis für höherwertige Konsumgüter war damit weggefallen. Das hatte einen wirtschaftlichen Abschwung zur Folge; nur noch wenige Handwerker betrieben über den örtlichen Grundbedarf hinausreichende Gewerbe. Wohlhabendere Geschäftsleute, vor allem auch Juden, waren nach Angaben des Arztes deswegen weggezogen. Der Hang zum Luxus, leichtsinniges Leben und die mangelnde Sparsamkeit in der Bevölkerung trugen in den Augen des Arztes zum sinkenden Wohlstand bei. Er stellt eine verbreitete Armut fest; das erst 1856 errichtete Armenhaus sei stark bevölkert. Aus der Bevölkerungsstatistik im Anhang seines Berichtes ist ersichtlich, daß auch in den Dörfern des Wallersteiner Landgerichts die Bevölkerung abnahm, was Dr. Schneider nicht begründet.

Im Gegensatz zu seinem Wallersteiner Kollegen erwähnt Dr. Horlacher den fürstlichen Hof in Oettingen und dessen etwaige Auswirkungen auf die Gewerbestruktur mit keinem Wort. Einig waren sich die Ärzte, daß die armen Bevölkerungsteile ausreichend unterstützt würden. Offiziell anerkannte, konskribierte Arme mußten von der jeweiligen Gemeinde versorgt werden; in vielen Gemeinden gab es dazu eigene Armenhäuser.[266] Außerdem seien, so die Ärzte, mit der Hospitalstiftung Nördlingen, die der arbeitenden und armen Bevölkerung bei Krankheit mit einem Arzt, kostenloser Arznei usw. helfe, der dortigen Krippe[267], wohltätigen Anstalten und Stiftungen in Oettingen und den Johannisvereinen weitere hilfreiche Institutionen vorhanden. Die Johannisvereine waren vom König gegründet worden, um die private Wohltätigkeit zu verstärken.

[264] Stutzer: Geschichte des Bauernstandes, S. 203.

[265] Zu Ludwig Fürst von Oettingen-Wallerstein s. Kap. Frühe Streiflichter, Fußnote 133.

[266] Eine Visitation 1859 ergab für das Landgericht Nördlingen in 28 Landgemeinden 23 Armenhäuser und im Landgericht Wallerstein 11 Armenhäuser. Das Armenhaus in Birkhausen beispielsweise war mit einem Blinden belegt. Anlaß für Kritik bot Deiningen, wo in vier Stuben vierzehn Personen wohnten, was als *Pflanzschule der Unsittlichkeit* verurteilt wurde (StAA, BA Nördlingen I 522).

[267] Die Nördlinger Krippe war 1859 als Heim für Kinder aus gestörten familiären Verhältnissen errichtet worden (Evangelische Gemeinden im Ries, S. 88).

Wohnen

Im Ries lebte man, von Mühlen und einigen wenigen Einödhöfen abgesehen, in geschlossenen Dörfern. Die Häuser auf dem Land waren einstöckig, aus Bruchsteinen oder – seltener – Ziegeln gemauert. Nur Wirtshäuser waren zweistöckig. Viele alte Fachwerkhäuser hatten noch ein Strohdach. Die Vorteile eines Strohdaches wurden in dem guten Kälteschutz und dem leichten Dachstuhl gesehen, der Nachteil in der Feuergefährlichkeit. 1861 kam nach den von Dr. Schneider angeführten statistischen Berechnungen noch ein Strohdach auf sechs Ziegeldächer. Das Baumaterial wurde aus der Region selbst bezogen. Die Anwesen, zu denen auch ein kleiner Garten und ein Stadel gehörten, umgab ein Zaun oder eine Mauer. In der Stadt waren die Häuser höher, gemauert und mit Ziegeln gedeckt.

Der Wallersteiner Arzt beschreibt die typische Innenausstattung der Rieser Häuser etwas näher: Am Hauseck lag die Stube mit vier Fenstern, je zwei zum Hof und zwei zur Straße hin, hinter einem Bretterverschlag beim Ofen diente im *Kanzlei* ein Bett als Ruheplatz. Das Mobiliar bestand aus Bänken entlang der Wände, einem eichenen Tisch, einem Schüsselbrett und einer Schwarzwälder Uhr. Vorhänge oder andere Dekorationselemente waren mit Ausnahme eines kleinen Spiegels *verpönt.* Bei Katholiken hing in der Ecke ein Kruzifix. Die restlichen Räume des Hauses waren Schlafkammern. Keiner der drei Ärzte erwähnt die Küche, was ihrer geschlechtsspezifischen Sicht zuzuschreiben ist. In zeitgenössischen Bauplänen befindet sich die Küche neben der Stube. Dr. Horlacher nennt im Zusammenhang mit der Frage nach dem Heizmaterial immerhin den Küchenherd.

Die Zimmer werden als durchwegs eng, nieder und schlecht gelüftet geschildert. Die Wohn- und Schlafräume hatten Dielen als Fußböden. Während Dr. Schneider die Häuser für ausreichend hell hält, differenzieren Dr. Böhm und Dr. Horlacher zwischen den hellen, luftigen, trockenen und geräumigen Räumen in der Stadt und den niederen Fenstern auf dem Land. 1854 hatte Karl Hecker in einem Artikel festgestellt, daß der Mangel an Licht und frischer Luft sowie feuchtes Mauerwerk zu Krankheiten bei den unteren Bevölkerungsschichten Berlins führten.[268]

Dr. Schneider informiert darüber, daß man begonnen hatte, für die alten Leute eigene Austragshäuschen zu errichten. Das Gesinde und die jüngeren Leute schliefen auf dem Dachboden, wo es hereinschneien oder -regnen konnte, oder im Stall, wo es, wie der Arzt es ausdrückte, trocken und warm war. Auch die Schlafkammern waren lt. Böhm dunkel, kalt und häufig feucht, aber immerhin von ausreichender Größe. Die Arbeiter in Nördlingen hingegen mußten in *dunklen Löchern* mit Backsteinpflaster und schlechten Fenstern unter dünnen Bettdecken schlafen. Der Oettinger und der Wallersteiner Arzt bezeichnen die Federbetten als gut, höchstens etwas schwer. Als Unterlage diente Stroh, seltener Seegras oder Roßhaar.

Als Heizmaterial nahm man in erster Linie Holz, aber weil dessen Preis stieg, verwandte man zumindest in der Stadt schon gelegentlich Torf als Ersatz. Nach Angaben der Ärzte konnte er mit Eisenbahn und Fuhrwerk leicht herangeschafft werden. In der waldarmen Riesmitte war die Beschaffung von Brennholz schwierig und kostspielig. In der

[268] Nach Haller: Die medizinischen Landes- und Volksbeschreibungen, S. 37.

Stadt Oettingen habe man auch bereits begonnen, mit Kohlen zu heizen. Während der Wallersteiner Arzt nur von gußeisernen Öfen mit Blechaufsatz schreibt und der Oettinger von Kachelöfen und für die Stadt von ersten Sparherden, registriert der Nördlinger einen Verdrängungsprozeß: In den letzten Jahren seien in der Stadt die Kachelöfen, die gleichzeitig als Kochöfen benutzt wurden, von den gußeisernen abgelöst worden. Mittlerweile ginge in der Stadt bei den wohlhabenderen Leuten der Trend zurück zu den Kachelöfen, da sie eine gleichmäßigere und somit gesündere Hitze ausstrahlten. Die Landbevölkerung habe an den Kachelöfen festgehalten, an denen vor allem im Ostries große Mengen von Geflügelküken herangezogen werden.

Kleidung

Die modische Kleidung, wie sie in den Städten Nördlingen und Oettingen und bei den Handwerkern verbreitet war, beschreiben die Ärzte wegen ihres ständigen Wandels nicht näher. Die Männer auf dem Land trugen nach den ärztlichen Schilderungen kurze schwarzlederne Hosen mit hohen Lederstiefeln oder Bundschuhen und Strümpfen, wobei die Aussagen bezüglich der Fußbekleidung etwas differieren: Nach Dr. Schneider seien die altmodischen Schuhe und Strümpfe von den Stiefeln abgelöst worden und nur noch am fürstlichen Hof üblich. Nach Dr. Böhm waren die Bundschuhe und weißen Strümpfe eine Fußbekleidung der Knechte an Sommersonntagen. Dr. Horlacher äußert sich nicht über den unterschiedlichen Gebrauch von Stiefeln oder Schuhen, die zusammen mit dunklen Strümpfen aus Wolle oder Leinen getragen würden.

Im Wallersteiner Landgericht zogen die Protestanten schwarze, samtene Westen an, die Katholiken solche aus scharlachrotem Tuch. Dr. Horlacher nennt für Oettingen rote und schwarze Westen mit blanken Metallknöpfen, ohne auf etwaige konfessionelle Unterschiede einzugehen. Dr. Böhm berichtet nur von blauen Wamsen, die sonntags die Knechte anhätten. Über die Weste gehörte ein langer schwerer schwarzer Gehrock mit kleinem Stehkragen, kurzer Taille und einer Reihe großer schwarzer hölzerner Knöpfe. Bezüglich des Stoffes gibt es Meinungsverschiedenheiten, die auf tatsächliche Unterschiede in den Stoffarten zurückzuführen sind oder auf Schwierigkeiten bei der Definition des Materials. Der Rock soll aus Baumwollzeug gewesen sein (Horlacher), aus Wolle (Böhm) oder aus Leinen (Schneider). Dieser lange Rock sei ebenso wie die Lederhose seit langem unverändert beibehalten worden.

Als männliche Kopfbedeckungen werden Dreispitz und Pelzmütze aufgeführt. Allerdings treffen die Ärzte abweichende Aussagen, wer wann zu welcher Kopfbedeckung greift. Dr. Böhm betont, daß sowohl Bauern als Knechte den Dreispitz aus Filz trugen, Knechte sonntags, sogar im Sommer, gern auch die mit teuerem Pelz besetzte Samtmütze. Dr. Horlacher ordnet die Pelzmütze generell den jungen Männern zu. Die beiden Angaben müssen kein Widerspruch sein, da Knechte in der Regel jüngere Leute waren, oft Bauernsöhne, die den väterlichen Hof nicht erbten, sondern sich ihren Lebensunterhalt anderweitig verdienen mußten, und die danach strebten, irgendwo einzuheiraten. Dr. Schneider unterscheidet wie bei der Weste konfessionell und schreibt den Dreispitz den Protestanten und den nur von ihm genannten runden, niedrigen Hut den Katholiken zu. Im Winter würde der Hut mit der Pelzmütze vertauscht, die viele aber auch im Sommer trugen.

Schneider und Böhm vermelden Veränderungen in der Männerkleidung. Während Böhm die Einführung des tuchenen Paletots im Winter als vernünftig lobt, kritisiert Schneider das Aufkommen des bequemen *Burnus* anscheinend nur wegen der dadurch bedingten Veränderung der Tracht. Er beschreibt ihn als langen Tuchrock, der als Mantel und als Rock diene, ohne Taille, mit Flanell gefüttert, mit zwei Reihen Knöpfen und mit Taschen auf beiden Seiten. Wahrscheinlich meinen beide das gleiche Kleidungsstück.[269]

Während bei der Männerkleidung nur der Wallersteiner Arzt hinsichtlich Kopfbedeckung und Weste nach den beiden Konfessionen unterscheidet, berichten bei den Frauen alle drei Ärzte von konfessionell bedingten Unterschieden. Alle drei stimmen überein, daß Katholikinnen generell lebhaftere, helle Farben bevorzugten, Protestantinnen dagegen dunkle, oft schwarze. Die katholische Kleidung sei *der Mode in Stoff und Form viel mehr unterworfen*, was größere Geldausgaben verursache (Dr. Böhm).

So hätten im Landgericht Wallerstein die Katholikinnen, denen Dr. Schneider eine Vorliebe für *Luxus* unterstellt, zu festlichen Gelegenheiten ein rotes Mieder aus Kattun mit aufgedruckten hellen Blumen an, dazu einen roten weiten Wollrock, eine hellgrüne oder hellblaue seidene Schürze und ein Halstuch. Die Ärmel seien *schinkenförmig außerordentlich aufgepolstert*, um den Hals und auf der Brust liege eine weiße Chemisette. Die katholische Haube wird als die sog. Flügelhaube beschrieben. Eine silberne Schnürkette mit vergoldeten Talern vervollständige nach Möglichkeit die Garderobe. Die Alltagskleidung sei ähnlich, man nehme aber ältere Kleidungsstücke. Die beiden anderen Ärzte differenzieren nicht zwischen Sonn- und Alltagskleidung. Die Ärmel des dunkelblauen oder schwarzen Tuchkittels der Protestantinnen seien ebenfalls schinkenförmig ausgestaltet, aber *nicht so grotesk zugeschnitten*. Dazu wähle man einen schwarzen oder blauen weiten Wollrock, eine schwarze Woll- oder Seidenschürze, ein Halstuch und eine bloß den Haarknoten bedeckende kleine Haube mit langen breiten Seidenbändern. Die Haare würden gescheitelt und glatt zurückgestrichen.

Auch Horlacher beschreibt aus dem Oettinger Land Kittel mit weiten bauschigen Ärmeln, steife Mieder mit hoher Taille, vergleichsweise kurze, reichgefältelte Röcke, Schürzen, Strümpfe mit Zwickel und ausgeschnittene Schuhe. Die katholische Kopfbedeckung sei die schwäbische, kleine gestickte Haube mit langen Bändern, während die Protestantinnen die fränkische Backenhaube oder eine Radhaube aufsetzten. Die Haare wurden zurückgestrichen und unter der Haube versteckt.

Böhm läßt sich über die Frauentracht nicht näher aus; er bemängelt nur, daß die mit Watte ausgestopften Ärmel und die zwei bis drei übereinandergetragenen, faltenreichen Röcke im Sommer zu warm seien. Außerdem lobt der Prostestant die einfache, kleidsame und zweckmäßige protestantische Kleidung. Die evangelischen Frauen würden keine Seide, kein Silber und kein Gold verwenden und dem Herkommen treu bleiben, während die Katholikinnen Seide und Silber liebten und sich eher nach der Mode richteten, was er als Geldverschwendung kritisiert.

[269] Nach Reclams Modelexikon von Loschek kam der Paletot als Herrenüberzieher ab 1836 auf: Er wird beschrieben als durchgehend, ohne Taille, mit breitem Kragen und Revers. Um 1850 gab es verschiedene Ausführungen davon.

Die bäuerliche Kleidung war sommers wie winters die gleiche; im Winter zogen die Frauen einen ihrer drei Röcke über Kopf und Oberkörper hoch (Schneider, Horlacher) oder hüllten sich in ein Wolltuch (Horlacher), was nur einen ungenügenden Wetterschutz ergab. Die Männer griffen höchstens einmal zu einem Tuchmantel. So waren die Landbewohner nach dem ärztlichen Urteil im Sommer zu warm und im Winter zu leicht bekleidet. Die sich an der Mode orientierenden Stadtbewohner und Handwerker dagegen paßten sich der jeweiligen Jahreszeit an. Auch das Alter bedinge kaum Unterschiede in der Kleidung. Die Kinder seien fast genauso gekleidet wie die Erwachsenen (Horlacher).

Nahrung

Die drei Aussagen über die Nahrungsweise der Bevölkerung unterscheiden sich teilweise so grundlegend, daß sich kein auch nur einigermaßen einheitliches Bild formulieren läßt. Der Oettinger und der Wallersteiner Arzt stimmen immerhin überein, daß sich die Nahrungsweise nach dem sozialen Stand und vor allem den wirtschaftlichen Verhältnissen des Einzelnen richtet. Der Nördlinger Dr. Böhm behandelt den Punkt Nahrung sehr kurz: Sie sei gemischt, teils pflanzlich, teils tierisch. Auch fast jeder Söldner oder Tagelöhner schlachte ein Schwein, um das tägliche Sauerkraut schmalzen zu können. Das zweite Grundnahrungsmittel der gesamten Bevölkerung sei die Kartoffel. Darüber hinaus stellt er einen Zusammenhang her zwischen dem hohen Wurstkonsum und der weiten Verbreitung von Bandwürmern bei Kindern und Erwachsenen. Auch in der „Bavaria" ist die Rede von vielen Wurmleidenden im Ries, allerdings heißt es dort, daß es wenig Bandwürmer gebe.[270] Böhm bemängelt die Zubereitung der Kost als *durchgehends einfach, nicht gewürzt und darob auch nicht schmackhaft*. Er nimmt nur die Kirchweihkrapfen, das Roggenbrot und die Zelten aus Weißmehl von seiner Kritik aus. Obwohl Böhm nicht zwischen den Nahrungsverhältnissen in der Stadt und auf dem Land unterscheidet, geht er an anderer Stelle auf die Weber in Nördlingen ein und auf deren schlechte Ernährung mit Kartoffeln, Sauerkraut und weißem Gerstenbier.

Dr. Horlacher aus Oettingen sieht für die Stadt die finanziellen Möglichkeiten als ausschlaggebend bei der Wahl zwischen pflanzlichen und tierischen Lebensmittel an: der ärmere Bevölkerungsteil müßte sich auf die pflanzlichen Nahrungsmittel und die ganz Armen auf Kartoffeln und Kaffee-Ersatz aus Rüben und Gerste beschränken. Immerhin sei die Ernährung mit wenigen Ausnahmen ausreichend. Als städtische *Vergnügungen* erwähnt Horlacher Schlachtschüsseln mit Schweinefleisch, Würsten und Sauerkraut sowie Gänseessen im Herbst. Die ländliche Kost sei viel einfacher und hauptsächlich pflanzlicher Natur. Zu Gemüse, Rüben, Erbsen, Linsen und Kohl, vor allem Sauerkraut, gebe es Schweinefleisch, *frisch oder gesalzen oder geräuchert*, sehr selten Rind- oder Schaffleisch, noch seltener Geflügel, das nur für den Verkauf gezogen werde. Mehlspeisen seien nicht sehr häufig und wie alle Speisen schlecht zubereitet. Während laut Dr. Böhm keine Gewürze verwendet wurden, kritisiert Horlacher zu viel Fett und Gewürze. Er regt daher einen Kochunterricht für die Landmädchen an. Seine Aussagen untermauert er mit Angaben der Konsumsteuern bzw. der Schlachtungszahlen.

---

[270] Schmid: Volkskrankheiten und Volksmedizin, S. 883.

Im Gegensatz zu seinen Kollegen lobt Dr. Schneider die Speisen als reichlich, nahrhaft, nicht zu fett und gut gekocht; er bemängelt nur die fehlende Abwechslung. Die Hauptbestandteile seien Mehlspeisen, Schweinefleisch und Kraut. Die Schweine, die die Bauern im Winter schlachteten und einsalzten, würden das ganze Jahr über als Beilage zu Kraut und Rüben gegessen. Rindfleisch gebe es auf dem Land nur bei besonderen Gelegenheiten oder als Brühe für Kranke. Geflügel werde fast vollständig, Eier, Butter und Schmalz zum größten Teil verkauft; nur wenige produzierten diese Lebensmittel zum eigenen Verzehr. Die wichtigste Mehlspeise seien Zelten aus *Kernmehl* (Dinkelmehl). Auf dem Land werde in der Regel pflanzliche Kost gegessen. Wegen der hohen Preise würden auch die Kartoffeln eher für den Verkauf als für den Eigenbedarf angebaut. Außerdem werde der *Genuß einer Kartoffel noch nicht gehörig geschätzt.* Kartoffeln und Kaffee waren damals noch relativ neue Nahrungs- bzw. Genußmittel.

Übereinstimmend führen die Gerichtsärzte Bier als – abgesehen vielleicht vom Wasser – Hauptgetränk im Ries an, wobei auf dem Land und in der städtischen Arbeiterschaft eher das weiße Bier getrunken werde, aber das braune Bier *bei der Zunahme des Wohlstandes* immer mehr auf dem Vormarsch sei und am häufigsten getrunken werde. Das billigere Weißbier, das auch oft verdorben war, hielt die Medizin generell für gesundheitsschädlich, während das braune als Stärkungsmittel begrüßt wurde. Die Ärzte stellen allgemein keinen übermäßigen Alkoholkonsum fest. Wein gebe es höchstens bei Hochzeiten und Kirchweihen, wo er dann meist von minderwertiger Qualität sei. Schnaps, oft von sehr geringer Güte und selbst hergestellt, werde höchstens von Angehörigen der untersten sozialen Schichten oder im Sommer nach dem Weißbier getrunken; auch deswegen begrüßen die Ärzte den geringen Verbrauch von Weißbier. Früher sei Branntwein das Hauptgetränk auf dem Land gewesen. Kaffee werde in verschiedenen Qualitäten genossen, bei ärmeren Leuten oft ersetzt durch Zichorie oder selbstgemachten Rübenkaffee.

Arbeit

Auf dem Land wurden außer der dominierenden Landwirtschaft verschiedene Gewerbe sowie Handel in geringem Umfang betrieben. Dr. Schneider betont, daß kaum jemand allein vom Handwerk leben könne, sondern immer die Landwirtschaft als zweite Existenzgrundlage dienen müsse. Dabei seien durch die Aktivitäten des landwirtschaftlichen Vereins allmählich Fortschritte feststellbar, obwohl wegen des ausreichenden Bodenertrags kein allgemeines Bedürfnis nach einer Intensivierung bestünde. Die Jugend werde auf dem Land zu leichten bäuerlichen Arbeiten im Freien und zum Hüten der Haustiere herangezogen, was nach Ansicht der Mediziner durch die frische Luft und – so Dr. Schneider – durch *die reichliche und gesunde Nahrung* der Gesundheit zuträglich sei.

In der Stadt Nördlingen war seit dem Mittelalter die Leinen-, Woll- und Teppichweberei das vorherrschende Gewerbe. Zahlreiche Weber auf dem Land arbeiteten im Verlagssystem gegen Lohn für Nördlinger Unternehmer; Dr. Schneider nennt die Orte Birkhausen und Munzingen. Dr. Böhm schreibt der Weberei nachteilige Folgen für den Körper zu. Er kritisiert die Kinderarbeit in der Weberei, da das ständige Sitzen, die schlechte Ernährung, die Ausdünstungen der Materialien und die anstrengende Arbeit *von früh Morgen bis in die späte Nacht* sehr gesundheitsschädlich seien. Wie schon beim Thema

Wohlstand angeführt, waren in Wallerstein nach der Auflösung des fürstlichen Hofes verschiedene Gewerbe gar nicht mehr vertreten. Das Fehlen von Schreinern in seiner beigefügten Tabelle ist angesichts der sonstigen Gewerbestruktur aber eher auf eine Unachtsamkeit Schneiders zurückzuführen.[271] Wegen der Zentralisierung der Verwaltung im Königreich Bayern arbeitete nur noch knapp ein Drittel der früheren Beamten in der fürstlichen Domänenkanzlei.

Weder in Nördlingen noch in Wallerstein bestanden zu dieser Zeit schon Fabriken. Die von Horlacher genannte Tabakfabrik in Oettingen, in der zwanzig bis dreißig Personen arbeiteten, war 1833 von Seligmann Michelbacher gegründet worden.[272] Dr. Horlacher erwähnt eigens auch die Beamten und Bediensteten, ebenso wie Tagelöhner für Feld-, Wald- und Gartenarbeiten. Nach Angaben von Dr. Böhm wurden nur wenige Dienstboten oder Gesellen beschäftigt.

Hygiene

In Deutschland setzte unter Pettenkofer ab 1850 eine starke Hygienebewegung ein[273], von der die drei Ärzte sichtlich beeinflußt waren, die aber zu dieser Zeit noch kaum Auswirkungen auf das Verhalten der Bevölkerung hatte. So lobt nur der Wallersteiner Arzt die Reinlichkeit im Haus und an der Kleidung. Der von ihm aufgestellte Zusammenhang zwischen Reinlichkeit und einer weiblichen Vorliebe für Flachs und Gespinste bleibt sehr diffus. Seine Kollegen hingegen kritisieren massiv: Nur äußerlich sei man auf Reinlichkeit bedacht, in Wirklichkeit lasse sie aber sehr zu wünschen übrig. Sie klagen besonders über die mangelnde Körper- und Kleidungspflege. Die beiden Ärzte unterscheiden dabei nicht nach Stadt und Land und bieten auch keine Erklärung für die ihrer Ansicht nach mangelnde Hygiene.

Dr. Horlacher meint sicherlich die Bauernhäuser, wenn er die unzureichende Lüftung und den Gestank in den niedrigen Wohn- und Schlafräumen moniert, die voller Menschen und Geflügel seien und als Aufbewahrungsort für Lebensmittel und verschiedene andere Dingen genutzt würden. Wegen der austretenden Dünste, die nach damaliger medizinischer Lehrmeinung als schädlich galten, wenden sich die Ärzte gegen die Misthaufen in der Nähe des Hauses. Nur bei fortschrittlichen Bauern gebe es eine gemauerte Güllegrube; bei den anderen könne die Jauche frei austreten. Die Aborte waren auf dem Land außerhalb des Hauses als Holzverschläge hinter dem Stall oder beim Misthaufen. In den Städten befanden sich die Toiletten in der Regel im Haus. Die bestehenden Senkgruben und Abwasserkanäle konnten bei Regen oder Überfüllung überlaufen. Der Nördlinger Arzt sah darin aber keine negativen Auswirkungen auf die Gesundheit.

Keiner der Ärzte unterscheidet zwischen Baden als sommerlicher Erfrischung und Freizeitvergnügen und dem Bad zur Körperreinigung. Von Badezubern oder -wannen ist überhaupt nicht die Rede. Generell sei das Baden nicht sonderlich beliebt und vor allem

[271] Im Gewerbskataster des Landgerichts Nördlingen sind in dem fraglichen Zeitraum durchaus Konzessionserteilungen für Schreiner in Wallerstein verzeichnet (StAA, BA Nördlingen, Abg. 1977, 1134).
[272] Konzession vom 6.12.1833 (StAA, BA Nördlingen, Abg. 1977, 1134).
[273] Bergmeier: Wirtschaftsleben und Mentalität, S. 279.

abhängig von der Nähe eines geeigneten Wasserlaufes. Nur die Jugend der an der Wörnitz liegenden Orte Löpsingen, Deiningen, Fessenheim und Holzkirchen badete gerne. Dr. Schneider sieht die Gründe für die geringe Badelust im langsamen und unsicheren Lauf der Bäche und Flüsse, sofern diese überhaupt in erreichbarer Entfernung der Dörfer lägen. Als Ersatz für die fehlenden Bademöglichkeiten ließ er im Wallersteiner Krankenhaus ein Bad mit Dusche einrichten, das aber trotz einer niedrigen Benützungsgebühr kaum benützt wurde. Dr. Horlacher dagegen konstatiert Badeunlust auf dem Land trotz geeigneter Plätze. In der Stadt Oettingen hatte er nach seinem Amtsantritt 1827 an der Wörnitz ein Bretterhäuschen für Männer errichten lassen. Durch sein eigenes Vorbild sei es mittlerweile gelungen, auch das Interesse der Frauen am Baden zu erwecken, weswegen der Arzt, wie er berichtet, auf eigene Kosten ein dicht verschlossenes Badehäuschen auf der Wörnitz hatte errichten lassen, das wegen des regen Besuches mittlerweile verdoppelt worden sei. Die Knaben erhielten an einem eigenen Platz Schwimmunterricht.[274] Stolz stellt er fest, daß die Stadtbewohner inzwischen vom *wohlthätigen Einfluß des frischen Bades* überzeugt waren, die Landbevölkerung jedoch nicht. Auch der Nördlinger Arzt vermeldet eine allgemeine Badelust nur in der Stadt, wo die vier Badehäuschen im Sommer ständig belegt seien.[275] Gerade auf dem Land, wo Flüsse und Bäche genügend Gelegenheit boten, badeten nur die Kinder. Nicht einmal die Fischer und Müller könnten schwimmen.

Freizeit, Vergnügungen und Feste

Das bedeutendste Fest im Jahr war die Kirchweih, die mehrere Tage dauerte. Die Jugendlichen tanzten, und die Verheirateten vergnügten sich bei Essen und Trinken. Verwandte aus anderen Dörfern kamen zu Besuch, und auch die umliegenden Orte nutzten die Gelegenheit und gingen in das feiernde Dorf, wobei nach Dr. Schneider diese Besuche *spezifisch konfessionell* abliefen. Er verweist darauf, daß sogar Verbindungsstraßen zwischen benachbarten konfessionell getrennten Ortschaften fehlten. Dr. Schneider berichtet von der Kirchweih in Baldingen (knapp einen Kilometer von Nördlingen entfernt, aber dem Landgericht Wallerstein zugehörig). Bis vor wenigen Jahren habe sie vier Wochen gedauert, und der Gerichtsdiener von Wallerstein habe Glücksspiele und verschiedene Unterhaltungen organisiert. Die Nördlinger Bürger hätten hier Metzelsuppe, Würste und Gänseviertel, kombiniert mit Augsburger Bier, in Massen konsumiert. Mit dem Übergang der Polizeigewalt an den Staat (1849) habe dieser *Unfug* aufgehört. Wegen der behördlichen Verordnungen, die jungen Leuten unter 18 Jahren das Tanzen verboten, gehe es nunmehr viel ruhiger zu auf den Kirchweihen. Die in Pfäfflingen sei ganz verödet.

---

[274] Die Oettinger Badeordnung von 1860 bestimmte als Badeplatz den Mühlhals oberhalb der Stadtmühle. Die Badezeit für Knaben lag zwischen 16 und 19 Uhr und war nach Schularten eingeteilt. Von 16 bis 17 Uhr waren die Lateinschüler an der Reihe, dann kamen die anderen. Ab 19 Uhr durften Jünglinge und Männer baden. Die Aufsicht hatte Tuchscherermeister Georg Burger, der auch als Schwimmlehrer fungierte. Außerhalb der bestimmten Badezeit und außerhalb der genannten Stelle und eines weiteren privaten Platzes war Baden verboten (Oettinger Wochenblatt, 26.5.1860). Spätestens 1848 hatte Jakob Gebele eine Badeanstalt eröffnet. Ein kaltes Bad kostete bei ihm 6, ein warmes 24 Kreuzer (Oettinger Wochenblatt, 22.7.1848).

[275] Öffentliche Badeplätze wurden 1884 und 1889 in Nördlingen durch Ankauf von Grundstücken eingerichtet, 1891 auch eine Abteilung für Frauen und Mädchen (Monninger: Das Ries, S. 75).

Die Ärzte zeigen mit Ausnahme von Dr. Horlacher, der wieder nicht wertet, kein allzu großes Verständnis für die Vergnügungen der Bevölkerung. Die Tanz- und Sangweise bezeichnet Dr. Böhm als geschmacklos. Immerhin seien Exzesse wie zu starke Betrunkenheit oder Raufereien selten. Diese Beobachtung bestätigt Horlacher, der der Bevölkerung ein nüchternes und sparsames Verhalten bescheinigt. Üblich waren Wirtshausbesuche an Sonn- und Feiertagen. Es versteht sich zu dieser Zeit von selbst, und die Ärzte erwähnen es auch nicht eigens, daß nur die Männer ins Wirtshaus gingen. Tabakrauchen war überaus beliebt, so daß an Sonn- und Feiertagen die Männer und Burschen ständig eine Pfeife im Mund hatten (Böhm). Nach Dr. Schneider seien die Männer aus Sparsamkeit mit einem Glas Bier und einer Tabakspfeife zufrieden. Selbst das früher beliebte Kegelspiel habe fast aufgehört.[276]

In der Stadt Nördlingen hielten die Frauen gegenseitige Tee- und Kaffeevisiten ab, wiederum zum Unwillen des Gerichtsarztes. Die Gasthäuser in Nördlingen und Oettingen luden im Spätherbst zu Schlachtschüsseln und Gänseschmäusen ein. Dr. Horlacher beobachtet eine diesbezügliche Wechselbeziehung zwischen Stadt und Land. Die Dorfbewohner kämen zu den Jahrmärkten in die Stadt, die Städter gingen an den Kirchweihen hinaus auf die Dörfer. Einen besonderen Anziehungspunkt bildete die Nördlinger Messe mit ihrem Bauernsonntag, wo in den Wirtshäusern ausgiebig gefeiert wurde.

Die beiden Ärzte in katholischen oder gemischtkonfessionellen Gebieten berichten von den katholischen Feiertagen, an denen im Landgericht Oettingen meist nur eine kirchliche Feier stattfand. In Wallerstein dagegen beteiligten sich die Landbevölkerung und das benachbarte Württemberg an den Marientagen und am Fronleichnamsfest; nach der Kirche ging es auf dem fürstlichen Keller mit weltlicher Musik weiter. Dr. Schneider läßt sich auch breit über den Fasching aus, der in Wallerstein offenbar ausgiebig gefeiert wurde, bis schließlich an Aschermittwoch der Geldbeutel leer sei. Er mokiert sich sehr darüber, daß Damen der besseren Gesellschaft sich unter den Pöbel mischten, über den sie sonst hinwegsähen.

Ehe und Sexualität

Alle drei Ärzte melden ein relativ hohes Heiratsalter. Nach Dr. Böhm und Dr. Horlacher heirateten die Männer im Alter zwischen 30 und 40 Jahren, die Frauen zwischen 20 und 30, eher sogar Ende Zwanzig. Dr. Schneider gibt ein Alter zwischen 25 und 34 für den Mann an; die Braut sei nur wenig jünger. Ehelosigkeit sei selten, nehme aber aus finanziellen Gründen bei Männern der oberen Gesellschaft zu, was die Ärzte mit den gestiegenen Ansprüchen an Haushalt und Luxus erklären. Auch das Heiratsalter war im Prinzip finanziell bedingt. Die nötige Heiratserlaubnis von seiten der Gemeinde war gekoppelt mit dem Recht der Ansässigmachung, die voraussetzte, daß nach den Vermögensverhältnissen des Paares oder dem Beruf des Bräutigams eine Verarmung nicht zu erwarten stand. Diese hätte nämlich bedeutet, daß das Paar und seine Kinder der Gemeinde zur Last fallen würden. Je wohlhabender ein Paar war, desto früher konnte es heiraten. War eine Frau erheblich älter als der Bräutigam, so lag das meistens daran, daß dieser die Chance nutzte, in einen Betrieb einzuheiraten, während die Frau eine Leitung für den von ihrem verstorbenen Mann übernommenen Betrieb suchte. Im Wallersteiner Bezirk gab es laut Dr. Schneider nur in Wallerstein selbst gemischtkonfessionelle Ehen, nicht auf dem Land.

---

[276] Die *Badelust* führten die Ärzte – wie in der Verordnung vorgegeben – unter dem Punkt Reinlichkeit auf.

Dr. Schneider, offenbar geprägt vom bürgerlichen Ideal der auf einer Liebesbeziehung begründeten Ehe, will von finanziellen Erwägungen nichts wissen. Er beklagt, daß die Alten den Bauernhof lange selbst behielten und deswegen die Kinder mit der Heirat warten mußten, bis die Eltern den Hof endlich abgaben. Er erwähnt nicht, daß es für die Hofbesitzer sicherlich schwierig war, die Macht abzugeben und im Austrag von der im Übergabevertrag ausgehandelten „Rente" und dem Wohlwollen ihrer erwachsenen Kinder abhängig zu sein, die nicht mehr arbeitsfähige alte Leute oftmals eher als unnütze Last ansahen. Früher, vor der Bauernbefreiung, habe grundsätzlich das jüngste Kind den Hof übernommen, jetzt nur noch selten. Dr. Schneider moniert auch das übliche Verfahren, das zu einer Hochzeit führte: Erst wurde genau festgelegt, welches Vermögen die beiden Kandidaten mit in die Ehe bringen konnten. In der bäuerlichen Mentalität war der finanziell gesicherte Fortbestand des Hofes oder Geschäftes und eine Heirat in die gleiche oder eine höhere Gesellschaftsschicht entscheidend. Vielfach hatte der Hoferbe eine Reihe finanzieller Verpflichtungen. Er übernahm die Hypotheken mit, hatte den Eltern den Austrag zu entrichten und mußte seinen Geschwistern das Erbteil ausbezahlen. Eine Braut mit entsprechendem Barvermögen war in dieser Lage unbedingt notwendig; gegenseitige Sympathie von sekundärer Bedeutung. Meist wuchs im Laufe der Ehe Achtung voreinander, wenn jeder seine täglichen Aufgaben ordnungsgemäß erledigte und das Paar alle auftretenden Probleme gemeinsam bewältigte. Das in der Regel *friedliche Eheleben* hing laut Arztmeinung von den im Ort üblichen Verhältnissen ab. Die Aussteuer der Braut werde in einem feierlichen Einzug zum zukünftigen Heim gefahren. Das früher bei der Hochzeit übliche Hennenreiten werde nicht mehr betrieben.

Die Ärzte berichten von einer hohen bis mittelmäßigen Fruchtbarkeit. Dr. Böhm berechnet durchschnittlich eine Geburt jährlich pro vier Ehepaaren, Dr. Horlacher eine auf fünf Ehen. Es sei häufiger, daß ein Ehepaar zehn bis zwölf Kinder habe als nur eines. In einem aufgeführten Beispiel hatte ein Ehepaar 28 Kinder. Außereheliche Beziehungen gebe es laut Dr. Horlacher *wie allerwärts gar nicht selten*, wirkliche Ausschweifungen kämen aber kaum vor. Beleg dafür ist ihm die nur selten auftretende Syphilis. Dr. Schneider, nach eigenem Bekunden selbst Vater von sechzehn Kindern, philosophiert darüber, ob nicht vielleicht die hohe Kindersterblichkeit, die, wie er den aktuellsten Forschungen entnimmt, der Höhenlage des Rieses zuzuschreiben sei, als Ausgleich für die hohe Fruchtbarkeit zu sehen sei.

Die Jugend, so der Nördlinger Arzt, fange frühzeitig an, sich für das andere Geschlecht zu interessieren, aber selten käme es zu sexuellen Ausschweifungen. Nächtliches Fensterln würde als selbstverständlich angesehen. Uneheliche Kinder seien nicht selten und würden auch nicht vor der Öffentlichkeit verschwiegen. Der exakte Statistiker Horlacher rechnet aus, daß in den vergangenen dreißig Jahren auf 6,3721 ehelich geborene Kinder durchschnittlich ein uneheliches Kind gekommen sei.[277] Offensichtlich entrüstete sich im Ries kaum jemand über uneheliche Kinder, ganz in Gegensatz zu anderen Gegenden, wie etwa Niederbayern, wo ledige Mütter von den Eltern und Geschwistern oft nicht

[277] Mit 15,7 % unehelichen Kindern lag das Ries sogar etwas unter dem bayerischen Durchschnitt: 1845/50 waren von 100 Neugeborenen 20,5 uneheliche Kinder, 1865/70 waren es 19,3 (Zahlentabelle der unehelichen Geburten, in: Alexander v. Oettingen: Die Moralstatistik in ihrer Bedeutung für die christliche Sozialethik. 2. Aufl. Erlangen 1874, S. 292 f. Zitiert nach: Hanisch: Für Fürst und Vaterland, S. 289).

mehr ins Haus gelassen wurden.[278] Viele Rieser Mädchen, die auswärts in Stellung waren, kämen schwanger heim und blieben bis zur Entbindung und einige Zeit danach bei den Eltern (Dr. Böhm). Dr. Horlacher weiß aber von vier Kindsmorden während seiner Amtszeit, als die ledigen Mütter ihr Kind gleich nach der Geburt töteten.

Schwangerschaft, Wochenbett und Säuglingspflege

Die Ernährung der Säuglinge wird scharf kritisiert: Höchstens in der Stadt unter den Augen der Ärzte stillten die Mütter selbst, sonst erhielten die Kinder dicklichen Mehlbrei, oft mehrere Tage alt und sauer (Oettingen). Dies ist eine auch in vielen anderen Gegenden Bayerns in den Physikatsberichten weitverbreitete Klage, die annehmen ließe, daß der Sachverhalt überall gleich sei. Da aber oft sogar die Formulierungen übereinstimmen, ist wahrscheinlicher, wie Beate Spiegel vermutet, daß die Ärzte ein gemeinsames Vorbild für ihre Beschreibung hatten.[279] Bereits in der Umfrage zum Gesundheitszustand auf dem Land 1852 waren die Gerichtsärzte aufgefordert worden, auf die natürliche Ernährung der Säuglinge zu dringen und in diesem Sinne auf die Hebammen einzuwirken. Zum Trinken erhielten die Säuglinge nach ärztlicher Erfahrung anstelle von Tiermilch eher Kaffee, Kaffee-Ersatz, ein Kaffee-Milch-Gemisch oder gar Weißbier. Auch der mit alten Brotresten gefüllte Schnuller bot genügend Anlaß zur Kritik. Während Horlacher resigniert feststellt, daß dreißigjährige Bemühungen seinerseits und das Einschalten von Pfarrern und Hebammen als Vermittler nichts genützt haben, halt sich der Nördlinger Arzt zugute, wenigstens die höhere soziale Klasse in der Stadt dazu gebracht zu haben, den Kindern Kuhmilch zu geben, da nur noch auf dem Land einzelne Mütter selbst stillten, in der Stadt kaum noch eine. Schneider berichtet von einer teils natürlichen, teils künstlichen Säuglingsnahrung im Wallersteiner Gebiet. In den ersten Monaten würden Kinder in der Regel gestillt. Die Gewöhnung an Suppen und leichte Speisen beginne möglichst früh. Keiner der Ärzte geht darauf ein, ob Bäuerinnen neben ihrer Arbeit überhaupt Zeit und Gelegenheit zum Stillen hatten.

Der Oettinger Arzt führt denn auch die Säuglingssterblichkeit von fast 36 % auf die Ernährung zurück, während sein Wallersteiner Kollege die Rieser milder beurteilt und die Säuglingssterblichkeit, die er mit 44 % angibt, angesichts der relativ hohen Lage des Rieses für niedrig hält. Er bezieht sich hierbei auf die damals neu erschienene Studie von Escherich[280], der die Säuglingssterblichkeit in Abhängigkeit von den topographischen und meteorologischen Verhältnissen eines Ortes sieht. In Schwaben betrug damals die Sterblichkeit im ersten Lebensjahr 46,4 %[281], nach anderen Angaben 40 %[282], in ganz Bayern 35,1 %.[283] Erst 1901 sank die Säuglingssterblichkeit endgültig unter 25 %.[284] Über die Reinlichkeit bei der Säuglingspflege findet sich in den Rieser Physikatsberichten nur bei

[278] Vgl. Spiegel: Häufiger Kindstod, S. 34.
[279] Ebd., S. 24.
[280] Friedrich Escherich: Ueber die Kinder-Sterblichkeit in ihrem Zusammenhange mit topographischen und metereologischen Verhältnissen. In: Aerztliches Intelligenzblatt 7 (München 1860), S. 569-575.
[281] Schmid: Volkskrankheiten und Volksmedizin, S. 885.
[282] Imhof: Unterschiedliche Säuglingssterblichkeit, S. 356.
[283] Zorn: Kleine Wirtschafts- und Sozialgeschichte, S. 75.
[284] Ebd., S. 75.

Dr. Schneider eine Aussage; er hält sie für ausreichend. Böhm kritisiert sarkastisch die in seinen Augen unvernünftige und krankheitsverursachende Gewohnheit, Kleinkinder mit dem Kopf zu nah an den Ofen zu legen. Dieses Fehlverhalten beklagt auch Horlacher.

Sehr viel positiver sehen die Ärzte die *in der Regel* (Horlacher) gute Sorgfalt, mit der Schwangeren und Wöchnerinnen begegnet werde. Nur auf dem Land und bei den ärmeren Bevölkerungsschichten müßten schwangere Frauen, gleichgültig ob ledig oder verheiratet, bis kurz vor der Entbindung schwer arbeiten und danach bald wieder (Dr. Horlacher). Dr. Schneider schiebt dies auf *die eingeimpfte Gewinnsucht.* Das Wochenbett ist nach seiner Auffassung bequem. Wenn er davon schreibt, daß *früher durch übermäßige Überhäufung der Wöchnerinnen mit Kindbettschenken, guten Speisen und Getränken* Gesundheitsschäden aufgetreten seien, ist das im Zusammenhang der zeitgenössischen Medizin zu sehen, die Überfluß für eine Krankheitsursache hielt.[285] Er wirft den Hebammen eigenes Interesse an einem guten Essen vor, weswegen man sie ständig zur Mäßigung ermahnen müsse. Die bakterielle Ursache des Kindbettfiebers war 1847 von Semmelweis entdeckt worden[286], was von den Ärzten aber offenbar noch nicht zur Kenntnis genommen wurde. Dr. Böhm schreibt vom Verhalten der Schwangeren und Wöchnerinnen auf dem Land nichts. In der Stadt Nördlingen unterstütze der Frauenverein arme Frauen.

Weiterbildung und Mobilität

Keiner der drei Ärzte kann von einem Interesse an Weiterbildung berichten, auch wenn die Schule, die von den Ärzten gelobt wird, gern besucht werde.[287] Nach Dr. Horlacher hätte die Landbevölkerung mit 30 Jahren das Lesen und vor allem das Schreiben schon wieder verlernt. Die auf einem sicheren Beamtenposten sitzenden Ärzte verübeln den Leuten ihr ausschließliches Interesse an materiellen Dingen, an einer guten Ernte und den Schrannenpreisen. Dabei richteten sich die als konservativ dargestellten Menschen nach den althergebrachten Gewohnheiten und seien für Fortschritte in der Landwirtschaft und im Gewerbe nicht aufgeschlossen.[288] Da das Gesellenwandern[289] nun nicht mehr Pflicht sei, kämen keine Anregungen mehr von auswärts ins Gewerbe, beklagt Horlacher. Neue Ideen und Handlungsweisen in der Landwirtschaft würden nicht beachtet (Wallerstein, Oettingen). Schneider moniert *die oft stattfindende Renitenz gegen anbefohlene Obstbaumpflanzungen an den Straßen* vor allem wegen des monotonen Erscheinungsbildes des Rieses. Nur Dr. Schneider tut von allmählichen Innovationen in der Landwirtschaft kund, die vom landwirtschaftlichen Verein bewirkt worden seien. Die allgemeine Wehrpflicht, die bereits unter Montgelas eingeführt worden war, wird nicht erwähnt.[290] Sie scheint zumindest in den Augen der Ärzte nicht von Bedeutung für die Erweiterung des geistigen Horizontes gewesen zu sein.

[285] Spiegel: Physikatsberichte, S. 109.
[286] Nach Haller: Die medizinischen Landes- und Volksbeschreibungen, S. 28.
[287] In Bayern war die Schulpflicht faktisch erst 1802 von Montgelas schrittweise durchgesetzt worden (Wehler: Deutsche Gesellschaftsgeschichte, Bd. 2, S. 490).
[288] Blessing: Umwelt und Mentalität, S. 7, bestätigt, daß die ländliche Bevölkerung Bayerns sich hauptsächlich auf die traditionellen Kenntnisse verließ und gegenüber Innovationen Mißtrauen hegte.
[289] Es war bis 1853 vorgeschrieben (Schwarz: „Nahrungsstand" und „erzwungener Gesellenstand", S. 116).
[290] Entsprechend betuchte Bayern konnten sich einen Stellvertreter kaufen.

Die Ärzte bescheinigen dem Rieser Heimatverbundenheit. Die Auswanderungsquote sei niedrig (Oettingen, Wallerstein) bzw. die Auswanderungswelle der fünfziger Jahre nach Amerika sei vorüber (Nördlingen). Vielfach habe sich Heimweh eingestellt. Dr. Horlacher geht etwas näher auf die Motive der Auswanderungen ein: Meistens seien es Juden, Dienstboten und Bauern gewesen, die von der Handelsfreiheit, dem leichteren Grunderwerb und den hohen Arbeitslöhnen angelockt wurden. Hintergedanke sei aber oft gewesen, sich genügend Vermögen anzusparen, um später heimkehren zu können. Unterprivilegierte Bevölkerungsschichten wollten also ihre Startchancen für ein gutes Auskommen in der Heimat verbessern. Auch die Rieser Mädchen, die oft als Mägde in die Städte gingen, seien darauf bedacht, wieder ins Ries zu heiraten (Nördlingen).

Eine Ausnahme in der üblichen Konservativität stelle der Ort Wallerstein dar, dessen soziales Leben Dr. Schneider wegen der Unsittlichkeit mit dem der untersten Schichten in größeren Städten vergleicht. Er läßt sich darüber nicht näher aus. An anderer Stelle wird deutlich, daß er als romantischer und puritanischer Bildungsbürger mit den Gepflogenheiten der Marktbewohner offenbar nichts anfangen kann. Die Bevölkerung auf dem Land beurteilt er grundsätzlich erheblich milder.

Religiosität und Aberglaube

Alle drei Ärzte betonen die Toleranz zwischen Katholiken, Protestanten und Juden. Die Rieser werden als fromm, gottesfürchtig und bibelfest dargestellt. Dies verhindere nach Auffassung des Wallersteiner Arztes zusammen mit der Schulbildung Mystizismus, religiöse Schwärmerei und Aberglauben. Im Widerspruch dazu steht seine Behauptung, daß nur die Behörden Hexenverfolgung und -bestrafung verhindern würden. Seine Kollegen in Nördlingen und Oettingen dagegen stellen durchaus Aberglauben fest und zwar sowohl bei den Katholiken als auch bei den Protestanten. Vor allem das normale Volk, aber auch die gebildeten Schichten, glaubten an Verhextsein, die übernatürliche Macht böser Menschen und die Wirkung sympathetischer Mittel bei Krankheiten. Von Patern des Kapuzinerklosters in Wemding und von einem katholischen Geistlichen in Bollstadt seien Teufelsaustreibungen, Exorzismen, vorgenommen worden (Böhm). Bei schweren Krankheiten von Mensch und Tier suche man Hilfe im Übernatürlichen, mit Amuletten und bei Wunderdoktoren und Hexenbannern im Württembergischen. Die Schuld am Hang zu Mystizismus und religiöser Abweichung weist Dr. Böhm einzelnen Ortsgeistlichen zu.

Fazit – Der ärztliche Bick

Auch wenn die vielfältigen Aussagen der Physikatsberichte sich sehr verführerisch als Quelle für verschiedenste Aspekte des Alltagslebens um 1860 darbieten, darf man ihnen nicht blind vertrauen. Man muß zum einen die Entstehungsbedingungen sehen: Die Amtsärzte waren Verwaltungsbeamte, was Reder in seiner Dissertation stark herausstellt.[291] Die Abfassung der Physikatsberichte bedeutete eine Mehrarbeit, die ihnen von der obersten Behörde zusätzlich zu ihren sonstigen Aufgaben auferlegt wurde. Sie waren

[291] Reder: Die bayerischen Physikatsberichte.

als Mediziner keineswegs so umfassend ausgebildet, um alle Fragen zu den verschiedenartigen Themenkomplexen kompetent beantworten zu können. Inwieweit sie Forschungsarbeiten oder Gewährsleute heranzogen, läßt sich nur in Ausnahmefällen sagen. Jedenfalls aber standen die Amtsärzte in einem engeren Kontakt zur Bevölkerung als andere Staatsbeamte, obwohl sie nur einen kleinen Teil davon als Patienten behandelten. Falls die Vorgesetzten die Physikatsberichte lasen, konnten sich entsprechend abgefaßte Berichte auf die weitere Karriere des Arztes hemmend oder förderlich auswirken. Gerade bei langjährigen Amtsärzten konnten die Berichte auch als Art Rechenschaftsbericht über ihre Leistungen im Bereich der Gesundheitserziehung verstanden werden. Dem stand gegenüber, daß, wie Reder vermutet[292], erfahrene Ärzte wußten, daß solche Berichte üblicherweise in den Amtsregistraturen verschwanden, ohne eine Wirkung zu zeigen.

Eine große Rolle bei der Bewertung der Physikatsberichte spielen Persönlichkeit, Mentalität und Biographie des jeweiligen Arztes. Regionale und soziale Herkunft, Konfession, akademische Bildung, Prägung durch bestimmte Geistesströmungen beeinflußten die Sichtweise. Ein aufklärerischer Arzt wird ausgelassenen Festen und Verschwendung nur mit Unverständnis begegnen. Bürgerliche Wert- und Moralvorstellungen kommen zum Ausdruck. Nur selten gelingt es einem Arzt, persönliche Meinungen weitgehend aus seinem Bericht herauszuhalten.

Betrachtet man die Biographien der drei Rieser Gerichtsärzte, so zeigt sich, daß keiner aus der Region selbst stammte. Allerdings sind Schrobenhausen und vor allem Wassertrüdingen und Heidenheim am Hahnenkamm nicht weit entfernt, und alle drei Mediziner waren bei der Erstellung der Physikatsberichte schon seit mindestens 25 Jahren im Ries als Arzt tätig. Man darf also davon ausgehen, daß sie mit Land und Leuten vertraut waren. Gerichtsärzte, die zum Bildungsbürgertum zu zählen sind, mußten zwar die ganz Armen kostenlos behandeln, und in ihren Privatpraxen hatten sie es auch mit den Bevölkerungsgruppen zu tun, die sich das Arzthonorar leisten konnten bzw. wollten, aber mit der breiten Schicht dazwischen kamen sie zumindest beruflich kaum in Kontakt. „Außer den zwangsweise vorgeführten Impflingen und Militärpflichtigen erreichten die Ärzte nur geringe Teile der lebenden Bevölkerung.“[293] Dieses Manko dürfte ebenfalls durch die langen Amtszeiten der Rieser Ärzte kompensiert worden sein. Ihre Kompetenz zur Beantwortung volkskundlicher Fragen bezieht sich aber nur auf die Bereiche, zu denen sie als Ärzte und Männer Zugang hatten. Die drei Rieser Amtsärzte stammten aus Akademikerfamilien in ländlichen Kleinstädten. Beeinflußt wurden ihre Antworten vom Stand der medizinischen Forschung; deren Theorien wirkten sich auf die Antworten der Gerichtsärzte und ihre Urteile aus. So schrieb die Miasmentheorie schlechten Dünsten eine krankmachende Wirkung zu, während frische Luft als gesund galt. Auch Überfluß hielt die Medizin für krankmachend. Obwohl der Rückgriff auf wissenschaftliche Werke in der Verordnung zur Erstellung der Physikatsberichte ausdrücklich empfohlen wurde, geben die drei Berichterstatter nur in Ausnahmefällen ihre Quellen an.

[292] Ebd., S. 443.
[293] Spiegel: Häufiger Kindstod, S. 26.

Teilweise kann man von den Beschreibungen und Wertungen der Ärzte Rückschlüsse ziehen auf ihre Persönlichkeit und ihre subjektiven Einstellungen. Der im protestantischen Nördlingen tätige Dr. Böhm, wahrscheinlich Katholik oder zumindest in einem katholischen Umfeld aufgewachsen, bringt nur selten eigene Wertungen in die medizinische Topographie ein, etwa wenn er die *geschmacklose Tanz- und Sangweise* schmäht oder in der Kleidung der Katholiken Verschwendung sieht. Sarkastisch wird er, wenn er aus medizinischen Gründen den Aufenthalt von Babys nahe am Ofen kritisiert. Er wendet sich auch gegen die gesundheitsschädliche Kinderarbeit in der Weberei, dem Hauptgewerbe Nördlingens. Den Körperbau und die geistigen Fähigkeiten der Rieser beschreibt Böhm wohlwollend. Die Juden hebt er in Bezug auf die gute Versorgung von Alten und Armen besonders hervor.

Dr. Horlacher aus Oettingen, der eher unwillig erscheint und nur bei den eigentlichen medizinischen Themen Interesse und Engagement zeigt, beschreibt neutral und verzichtet weitgehend auf Wertungen. Der Protestant geht kaum auf glaubensbedingte Unterschiede im gemischtkonfessionellen Oettingen ein. Im Gegensatz zu seinem Wallersteiner Kollegen äußert er sich mit keinem Wort über das Oettinger Fürstenhaus, das allerdings die meiste Zeit des Jahres in München weilte. Urteile fällt er nur dann, wenn sich Verhaltensweisen gesundheitsgefährdend auswirken können. Da die Physikatsberichte gerade bei langjährig beamteten Ärzten auch als eine Art Rechenschaftsabgabe verstanden werden konnten, betont Horlacher seine Verdienste. Er ließ in Oettingen die Badehäuschen an der Wörnitz bauen – zum Teil auf eigene Kosten –, und es gelang ihm, durch sein Beispiel in der Bevölkerung die Lust am Baden zu erwecken. Diesem Erfolgserlebnis steht die deutliche Resignation gegenüber, daß sich trotz des Einschaltens von Mittelspersonen wie Hebammen und Pfarrern das Stillen der Säuglinge nicht durchgesetzt hat.

Dr. Schneider, der lange Zeit in Nördlingen tätig gewesen war, bevor er nach Wallerstein kam, zeigt sich in seiner Beschreibung der Rieser und ihres Lebens sehr engagiert. Er verbindet als aufklärerisch geprägter Bildungsbürger seine meist ausführlichen Beobachtungen mit teilweise starken Wertungen, etwa wenn er vom Geiz der Bevölkerung, ihrem Widerstand gegen den Obstbau, der *Renitenz der Landgeistlichkeit*, von *abscheulichen, grotesk geschnittenen Ärmeln* und vom *Unfug des Maskengehens* schreibt. Mit seiner politisch fortschrittlichen Einstellung, die schon im Beitritt zum Nördlinger Volksverein erkennbar wird, hängt wohl auch zusammen, daß er im Verhältnis der Bevölkerung zum Fürstenhaus, das damals ohnehin gerade erheblich an Macht verloren hatte, das Negative betont: *Servilität*, leichtsinniges Geldausgeben. Er spricht von der *Befreiung aus den drückenden Banden des Feudalsystems.* Mehrfach geht der Protestant Schneider auf die konfessionellen Unterschiede ein. Der Arzt schildert die katholischen Feste ausführlich und in der Regel eher verständnislos. In Übereinstimmung mit der zeitgenössischen Medizinermeinung, die Überfluß negativ sah, gibt er bei Kindbetterkrankungen dem sog. Kindbettschenken die Schuld, bei dem die Frauen der Verwandtschaft und Nachbarschaft der Wöchnerin kräftigende Speisen brachten.

Schneider liefert in seiner ethnographischen Beschreibung erheblich mehr an Informationen als verlangt war. Zum einen zeigt dies sein eigenes Interessen an diesem Thema, zum anderen könnte es aber auch den Eifer eines Arztes spiegeln, der womöglich nach langjährigen Bemühungen erst kürzlich in den Staatsdienst übernommen wurde und Karriere machen möchte. Wie die anderen Ärzte verweist er auf sein eigenes Wirken im Bereich der Gesundheitserziehung, wenn er erwähnt, daß auf seine Veranlassung im Wallersteiner Krankenhaus ein Bad eingerichtet wurde, was allerdings kaum genutzt wurde.

Beim Vergleich der Aussagen in den drei Physikatsberichten kommen die unterschiedlichen Blickwinkel der drei Gerichtsärzte zum Ausdruck. Während Schneider Unterschiede in der Lebensart und vor allem in der Kleidung überwiegend konfessionell begründet und fortschrittlich eingestellt ist, hält Böhm eher soziale Aspekte für ausschlaggebend. Horlacher beschränkt sich auf die reine Deskription und gibt keine Wertungen oder Begründungen ab.

Die Physikatsberichte, die nur für den internen Gebrauch der Regierung gedacht waren, stellen schon aufgrund der Einbeziehung so weiter Lebensbereiche eine sehr interessante und ergiebige Quelle für das Alltagsleben um 1860 dar. Man muß sich aber bewußt sein, daß man das Leben nur gefiltert durch den Blick der Autoren vorgestellt bekommt. Diese drei beamteten Ärzte im Ries unterschieden sich durch Herkunft, Bildung und Stand von der von ihnen beschriebenen Bevölkerung. Berufliche Belange und Interessen der Amtsärzte spielten eine Rolle bei der Abfassung der Berichte. Weitere Aspekte wie etwa die eigene Konfession färbten den Blick, mit dem die Ärzte, die als Akademiker zudem geprägt waren von den geistigen Strömungen ihrer Zeit, „das Volk" sahen, und bestimmten die Urteile und Vorurteile. Außerdem: „Den Ärzten lag es fern, eine Volkskunde, eine Alltagsgeschichte des Untersuchungsraums zu schreiben. Hierzu waren sie weder aufgefordert noch ausgebildet, noch zeigten sie großes Interesse an einer derartigen Fragestellung. Sie hatten Verwaltungsarbeit zu leisten und repräsentierten insofern eine 'staatliche Sichtweise' des Lebens der Bevölkerung."[294]

[294] Reder: Die bayerischen Physikatsberichte, S. 444.

Melchior Meyr (1810-1871) und das Ries

Biographie

Melchior Meyr wurde am 28. Juni 1810 in Ehringen, einem Dorf zwischen Nördlingen und Wallerstein, geboren[295], wo er in seiner Kindheit und Jugend auch Kontakt mit Beamten der fürstlichen Residenz Wallerstein hatte. Er war ältestes Kind und einziger Sohn des wohlhabenden Bauernpaares Johann Georg und Anna Margareta Meyr. Der für einen Landwirt ungewöhnlich gebildete Vater[296], der sogar Klassiker las und ein Klavier besaß, ermöglichte dem Sohn auf dessen Wunsch eine höhere Ausbildung, die mit der Lateinschule in Nördlingen begann. Nach dem Besuch des Ansbacher Gymnasiums und des St. Anna-Gymnasiums in Augsburg[297] ging er mit 19 Jahren an die Universität München, wo er Philosophie studierte. Er hörte in erster Linie den Naturphilosophen Oken, den Philologen Thiersch, den Philosophen Schelling und gehörte zu einem Kreis um den Naturforscher und Denker Karl Schimper. Daneben widmete er sich intensiv den deutschen Klassikern, allen voran Goethe.

Bereits in dieser Zeit unternahm er eigene dichterische Versuche, die er schließlich Ende 1831 „in einer Art von heroischem Taumel"[298] in einer Auswahl zusammen mit Ideen und Projektentwürfen zur Weiterführung der deutschen Poesie an den von ihm überaus verehrten Goethe schickte, nachdem Schelling auf die Arbeiten ablehnend reagiert hatte. Über die Antwort Goethes, die im Januar 1832, wenige Monate vor dessen Tod, eintraf, war Meyr hocherfreut. Außer einem kopierten Standardschreiben, das Goethe zu diesem Zweck vorrätig hatte und das die Begeisterung junger Dichter eher dämpfen sollte, erhielt Meyr auch einige Zeilen, die sein Vorbild persönlich unterschrieben hatte und die ihn durchaus ermunterten. Auf einen generellen Rat Goethes für junge Dichter hin begann Meyr an der Universität Heidelberg ein Jurastudium, das ihm eine sichere Beamtenlaufbahn ermöglicht hätte. Doch Meyr brach dieses Studium nach kurzer Zeit ab, um sich in München wieder der Philosophie und seiner Dichtkunst zuzuwenden. Sein Ziel war nun eine Universitätsprofessur für Aesthetik und Literaturgeschichte.

[295] Zu Meyrs Biographie s. Eisenhart: Melchior Meyr. – Gramse: Melchior Meyr. – Holder: Melchior Meyr. – Kreutzer: Melchior Meyr. – Ramminger: Gedankenwelt. – Pörnbacher: Melchior Meyr. – Maletzke: Ehringen, S. 25-27. – König: Lyrische Tage. – König: Ihr Wort wirkt nach, S. 49-56. In neuerer Zeit hat sich vor allem A. Schlagbauer mit M. Meyr beschäftigt, um „das Andenken dieses Mannes neu zu beleben, sein dichterisches Werk aufzuzeigen, seine Bedeutung für das Verständnis des Rieses und seiner Menschen zu erhellen ..." (M. Meyr – Dorfabend, S. 291). Daraus entstanden verschiedene Aufsätze, z.B. ein Manuskript, das in dem Werk „Das Ries im Spiegel bedeutender Persönlichkeiten" veröffentlicht werden soll. Vgl. auch das Vorwort zur Neuedition der „Ethnographie des Rieses".

[296] Meyrs Vater bot die Vorlage für die Erzählung „Georg", die in Teilen die Aufzeichnungen des Vaters über seine Verlobungsgeschichte wiedergibt. Nach Ramminger: Gedankenwelt, S. 2, war Meyrs Vater Bürgermeister von Ehringen.

[297] Nach Gramse: Melchior Meyr, S. 11, besuchte er das Gymnasium in Bayreuth. Kreutzer, der sich bei der Biographie Meyrs stark auf Gramse stützt, nennt Ansbach, Augsburg und Bayreuth.

[298] Bothmer/Carriere: Melchior Meyr, S. 12 f.

1835 fand Melchior Meyr nach langer Suche endlich einen Verleger, die Münchner Buchhandlung Georg Franz, die sein erstes, bereits 1832 fertiggestelltes Werk „Wilhelm und Rosina“ herausgab, allerdings ohne Honorar. Meyr hatte dieses „ländliche Gedicht“ in Hexametern, *worin ich meine Rieser Bauern nach der Wahrheit zu schildern gedachte,*[299] mit 19 Jahren entworfen, hinsichtlich der äußeren Form angeregt durch Goethes „Hermann und Dorothea“. *Mein ländliches Gedicht schildert aber das Landvolk des Rieses und seine Gebräuche im wesentlichen ebenso treu nach der Wirklichkeit wie nur irgendeine meiner spätern Prosa-Erzählungen. Die meisten Personen darin sind aus dem Leben genommen und wurden im Ries auch als solche erkannt. Der alte Geistliche, der mir zu meinem Pfarrer gesessen hatte, bemerkte sein ehrwürdiges Conterfei noch mit großer Genugthuung.*[300] Später, als Meyr sich gegen den Vorwurf wehrte, ein Nachahmer der „Schwarzwälder Dorfgeschichten“ Berthold Auerbachs zu sein, die dieser 1842 bis 1861 schrieb, verwies er darauf, daß „Wilhelm und Rosina“ als die erste seiner Dorfgeschichten vor Auerbachs Geschichten erschienen war.[301] Die Kritiker und Literaturhistoriker zollten Meyr dennoch nicht die volle Anerkennung, und nur wenige Leser waren gewillt, sich durch die acht Gesänge zu mühen.

Ein druckfrisches Exemplar von „Wilhelm und Rosina“ überreichte Melchior Meyr dem Minister des „Innern, Cultus und Handels“, Fürst Ludwig von Wallerstein, der Meyr und dessen Vater aus seiner Heimat kannte. Der Innenminister riet Meyr, ein Reisestipendium zu beantragen, was dieser aber nicht gleich tat, da 1836 noch Meyrs Vater bereit war, für die Finanzierung der Studien aufzukommen. In jenem Jahr hielt sich Meyr in Erlangen in der Nähe seines älteren Freundes Friedrich Rückert auf. Nach dem Sturz Wallersteins[302] erhielt Meyr das als Vorbereitung für die Professur gedachte Stipendium nicht. Die Regierung begründete die Ablehnung mit Geldmangel; Pörnbacher vermutet, daß die Gutachter Meyr für zu jung hielten als Anwärter auf einen Lehrstuhl. Der Protestant Meyr selbst sah den Grund in seiner Konfession, da unter Innenminister Abel die Katholiken zu Lasten der Protestanten einseitig bevorzugt wurden:[303] *Mein Gönner, der Fürst aus dem Ries, trat ab, und mit Abel begann ein Regiment, das einem Protestanten und Philosophen keine Aussicht auf Unterstützung und Förderung gewährte.*[304] Durch Vermittlung des Philosophen Schelling gelang es Meyr 1840 schließlich – er hatte 1835/36 promoviert –, ein Reisestipendium des Kronprinzen Maximilian zu erhalten, mit dessen Hilfe er ein Werk über Goethe verfassen wollte. Meyr entschied sich für Berlin als Aufenthaltsort, wo er anfangs auch verschiedene Vorlesungen an der Universität hörte, u.a. bei Jacob Grimm. Als gewandter Gesellschafter und eifriger Tänzer verkehrte er in gebildeten Zirkeln. Er stand in Kontakt mit Persönlichkeiten wie Bettina von Armin, Peter von Cornelius und den Varnhagens. Da die Arbeit über Goethe nicht über Ansätze hinauskam, lief das Stipendium aus. Meyr war gezwungen, für seinen Lebensunterhalt Rezensionen und Theaterkritiken für Journale und literarische Zeitschriften zu schreiben, was ihm wegen seiner sorgfältigen langsamen Arbeitsweise wenig Geld einbrachte und ihm keine Zeit ließ für sein eigenes dichterisches Schaffen.

---

299 Ebd., S. 18.

300 Ebd., S. 26 f.

301 So etwa in dem Zeitschriftenaufsatz „Land und Leute im Ries“.

302 Zu Fürst Ludwig von Oettingen-Wallerstein s. Zuber: Der „Fürst Proletarier“, und ders.: Fürst Ludwig.

303 Siehe dazu z.B. Roepke: Die Protestanten, bes. S. 352 f.

304 Bothmer/Carriere: Melchior Meyr, S. 78.

Das Revolutionsjahr 1848 brachte dem eigentlich unpolitischen Meyr eine Besserung der Lage. Seine in verschiedenen gemäßigten Zeitschriften abgedruckten Artikel waren begehrt und wurden gut honoriert; die Darstellung der Berliner Revolutionstage in der „Augsburger Allgemeinen Zeitung" im April 1848 wurde in zahlreiche europäische Sprachen übersetzt. Meyr, der für eine konstitutionelle Monarchie eintrat[305], war ein geachteter Journalist. Mit der politischen Beruhigung verlor sich allerdings das Interesse an Meyrs Artikeln. Auch zeigten sich bei ihm Symptome körperlicher Erschöpfung.

Im Spätherbst 1851 lernte Meyr Caroline von Malzen kennen, die Tochter des bayerischen Gesandten in Berlin. In der Illusion, daß seine Neigungen erwidert und die Standes- und Vermögensunterschiede ignoriert würden, warb Meyr um sie, und es war für ihn ein unerwarteter, harter Schlag, als sein Brief nicht einmal einer Antwort für wert befunden wurde. „Nun sah er die ganze Hoffnungslosigkeit seiner Lage: mit 42 Jahren ein Nichtstuer und Habenichts, ohne Aussicht in der ihm so fremden Welt Berlins jemals anders, mehr zu werden."[306] Niedergeschlagen und in depressiver Stimmung verließ er im Sommer 1852 Berlin und ging zu einem längeren Erholungsaufenthalt in das Ries. Ende 1853 zog er erneut nach München, wo er ebenfalls in literarischen und künstlerischen Kreisen verkehrte, aber insgeheim bei manchen als Sonderling und „verschrobener Außenseiter"[307] galt. Pörnbacher zählt Meyr zum Münchner Dichterkreis um Emanuel Geibel, der sich allwöchentlich bei König Max II. traf.[308]

Als Ergebnis der produktiven Phase, die nach dem emotional aufrüttelnden Erlebnis der schweigend abgewiesenen Werbung in Berlin ab 1853 in München einsetzte, erschienen die ersten „Erzählungen aus dem Ries", die beim Publikum Gefallen fanden. In dieser Zeit hatte er auch kurzen Bühnenerfolg mit Dramen. „Herzog Albrecht", das das Geschehen um Agnes Bernauer verarbeitete, wurde u.a. im Berliner Schauspielhaus, im Burgtheater Wien und in München aufgeführt, „Karl der Kühne" auf der Münchner Hofbühne.[309] Gramse bezeichnet Meyrs Dramatik als „Mittelglied zwischen idealistischer Romantik und ausgesprochenem Realismus", deren Synthese er bewußt anstrebte.[310] Er bescheinigt Meyrs Dramen, in denen aufklärerische und romantische Züge nebeneinander auftreten, eine gewisse Eintönigkeit der Motive und Probleme. In Schwarzweißmalerei sind etwa Armut und Reichtum gegenübergestellt. 1866 erregten die von Meyr anonym herausgegebenen „Gespräche eines Grobians" mit ihrer witzigen und treffenden Darstellung der damaligen Zeitumstände großes Aufsehen; es war – die „Erzählungen aus dem Ries" ausgenommen – das einzige Werk Meyrs, das zu seinen Lebzeiten eine zweite Auflage erreichte. Im August 1868 verlieh ihm König Ludwig II. den Michaelsorden.

Bisher hatten Melchior Meyrs dichterische und philosophische Arbeiten außerhalb seines Freundeskreises keine öffentliche Anerkennung oder gar Ruhm gefunden. Der bieder auftretende Meyr, von Zeitgenossen als wahrheitsliebender und aufrichtiger Charakter gerühmt, litt unter der Erfolglosigkeit; in einem an Überheblichkeit grenzenden

[305] Ramminger: Gedankenwelt, S. 19.
[306] Gramse: Melchior Meyr, S. 14.
[307] Pörnbacher: Melchior Meyr, S, 233.
[308] Pörnbacher: Die Literatur bis 1885, S. 1106.
[309] Lt. Böhm: Rieser Volksdichter, S. 266, wurden von Meyrs fünf Dramen nur drei aufgeführt.
[310] Gramse: Melchior Meyr, S. 75.

Selbstbewußtsein tröstete er sich in seinen Tagebüchern mit der Zuversicht, daß wenigstens die Nachwelt ihn und seine Mission angemessen würdigen und feiern würde. Meyrs literarische Werke, die sich „nur an ein ausgesuchtes, geistig und sittlich hochstehendes"[311] und deswegen zahlenmäßig kleines Publikum wandten, waren überfrachtet mit langatmigen, gelehrten philosophischen Diskursen. Theoretische Reflexionen und moralische Erörterungen wirken störend auf die Handlung. „Melchior Meyr war als Dichter ungemein vielseitig. Er schrieb Gedichte, Dramen, Romane und Novellen. Leidenschaftlich rang er besonders nach dem Lorbeer des Dramatikers. ... Meyrs Dramen leiden unter seiner allzu doktrinären Haltung. Auch in seine Lyrik mischt sich die Reflektion, nicht minder in seine Romane. Ethische, ästhetische oder politische Betrachtungen drohen immer wieder den Ausdruck frischen Lebens zu ersticken."[312] Meyr strebte nach der Einheit von Natur und Geist, „... seine Werke zeigten eine seltsame Mischung von Aufklärung und Mystik, von Glauben und Wissen, von Realismus und Idealismus."[313]

Besonders stolz war Meyr auf seine religionsphilosophischen Werke. Sein Hauptwerk auf diesem Gebiet „Gott und sein Reich. Darstellung der freien göttlichen Selbstentwicklung zum allumfassenden Organismus", das 1860 erschien, fand außerhalb seines Freundeskreises kaum Echo, was Meyr zu Klagen über die Dummheit der Menschen veranlaßte, die seine Mission, von der er überzeugt war, nicht erkannten. „Seiner ganzen Herkunft und Einstellung nach Bauer, versuchte er immer wieder, gefeierter Autor und Wegweiser bürgerlicher Großstadtkreise zu werden. ... Am schwersten wiegt der Gegensatz zwischen Dichter und Philosoph. Meyr glaubte bis zu seiner letzten Stunde, er habe auf dem Gebiet der Philosophie Unsterbliches geleistet. Immer sah er sich in der Rolle des großen Lehrers der Menschheit. Die literarischen Werke, mit Ausnahme seiner 'Erzählungen aus dem Ries', betrachtete er nur als Werkzeug, um seinen religionsphilosophischen Ideen Gestalt zu geben."[314] Die Anerkennung seiner philosophischen Werke wiederum litt unter ihrer Verbindung mit Dichtung.[315] Meyr sah sich selbst als Dichter und Philosoph und setzte bewußt auf eine wechselseitige Ergänzung der beiden Disziplinen. In seinen Werken trat Meyr ein für sozialen Ausgleich, geistige Bildung, sittliche Erhebung und Menschlichkeit.[316]

Nach dem Erscheinen von „Ludwig und Annemarie" als der ersten „Erzählung aus dem Ries" und der Aufführung des Dramas „Herzog Albrecht" in München hatte König Maximilian II. Meyr ein Jahresgehalt von 500 Gulden auf vorerst zwei Jahre gewährt, das diesem einen bescheidenen Lebensunterhalt ermöglichte.[317] Nachdem die Zuwendung 1859[318] gestrichen worden war, erhielt Meyr von der Schillergesellschaft zweimal eine

[311] Kreutzer: Melchior Meyr, 1966, S. 17, in Übernahme von Gramse: Melchior Meyr, S. 15.
[312] Golz: Zwei schwäbische Erzähler, S. 19.
[313] Gramse: Melchior Meyr, S. 14.
[314] Kreutzer: Melchior Meyr, 1966, S. 18.
[315] Eisenhart: Melchior Meyr, S. 655.
[316] Vgl. Gramse: Melchior Meyr, S. 35.
[317] Die in der Literatur genannten Jahreszahlen, ab wann das Gehalt bezahlt wurde, variieren zwischen 1852 (Leonhardt, S. 19) und 1854 (Glück, S. 51; Ramminger, S. 23; Eisenhart, S. 659). Zu der königlichen Förderung von Dichtern, die ihre Stücke in der bayerischen Geschichte oder Landschaft ansiedelten, s. Hartinger: König Max II., S. 367 f.
[318] Pörnbacher: Melchior Meyr, S. 233. Nach anderen Angaben, z.B. von Holder, erhielt Meyr diese Zuwendung nur 1854 und 1855.

dreijährige Pension von 200 Talern jährlich. Außerdem wurde Meyr nach dem Tod des Vaters von der Mutter weiterhin finanziell unterstützt. Mehrfach hielt sich Meyr zur Erholung bei seinen Rieser Verwandten auf, vor allem in Ebermergen, einem Dorf zwischen Harburg und Donauwörth, jenseits des südlichen Riesrandes, das Meyr aber zum Ries zählte. Seine Eltern hatten 1832 Gut Neidegg bei Ebermergen erworben, und seine jüngste Schwester hatte 1833 den Ebermerger Bruckwirt geheiratet. Auch kurze Reisen waren Meyr möglich, so etwa 1867 zur Weltausstellung nach Paris. Daneben versuchte er, seine in der zweiten Hälfte der sechziger Jahre angegriffene Gesundheit durch Kuraufenthalte zu stärken, die aber zuletzt eher das Gegenteil bewirkten. Eine ärztliche Untersuchung am 8. Februar 1870 ergab ein fortgeschrittenes unheilbares Unterleibsleiden, wahrscheinlich Darmkrebs. Am 23. April 1871[319] starb Melchior Meyr in München.[320]

Die „Erzählungen aus dem Ries" (1856-1870)

Es ist eine historische Wahrheit, wenn ich sage, daß ich (falls ich überhaupt Schriftsteller wurde!) zur poetischen Darstellung des Rieser Landvolks berufen war. In dem Gau – und zwar in dem schönen Dorf Ehringen, das zwischen Wallerstein und Nördlingen liegt, – geboren, einer angesehenen Bauernfamilie entstammt, hab' ich das Leben des dortigen Landvolks nicht nur in meiner Jugend genau kennen gelernt, sondern mich auch bis auf den heutigen Tag mit ihm im traulichen Verkehr erhalten. Da ich der allgemeine „Freund" der Rieser gewesen bin und noch bin, so war es auch nicht mehr als billig, daß ich endlich auch ihr Novellist wurde.[321]

Die einzigen Arbeiten Meyrs, die – abgesehen von der „Ethnographie des Rieses" – nicht in Vergessenheit geraten sind, sind die „Erzählungen aus dem Ries", poetische Dorfgeschichten, die Meyr auf Anregung Schellings[322] schrieb. Sie erhielten bei ihrem Erscheinen beifällige Kritiken in ernstzunehmenden Zeitschriften, besonders wegen der „urwüchsigen" und „derben" Schilderungen. 1856[323] erschienen nach Vorarbeiten in Berlin unter dem Titel „Erzählungen aus dem Ries" die Geschichten „Ludwig und Annemarie"[324], „Die Lehrersbraut" und „Ende gut – alles gut". Vier Jahre später folgten „Der Sieg des Schwachen" und „Regine" als „Neue Erzählungen aus dem Ries". „Der schwarze Hans"[325],

[319] Nach Ramminger, Gramse, Holder und Bothmer/Carriere. Dagegen nennen Eisenhart und Pörnbacher den 22. April als Todestag.
[320] Am 4.5.1871 genehmigte die Regierung von Schwaben und Neuburg auf Ansuchen des Nördlinger Bürgermeisters die Errichtung eines Denkmals für Meyr. Als dieses 1873 aufgestellt werden sollte, war Ehringen tief enttäuscht, daß es nicht, wie abgesprochen, in Ehringen errichtet wurde, sondern in Nördlingen als dem „Mittelpunkt und Sammelplatz des Rieses", wie die Nördlinger argumentierten. In Ehringen wurde an Meyrs Geburtshaus nur eine Gedenktafel angebracht (StAA, BA Nördlingen II 4888).
[321] Melchior Meyr: Land und Leute im Ries.
[322] Holder: Melchior Meyr, S. 113 f.
[323] Nach Bothmer in: Bothmer/Carriere: Melchior Meyr, S. 280, im Jahr 1854.
[324] Nach Leonhardt: Gehalt und Form, S. 19, am 10. Oktober 1852 im „Stuttgarter Morgenblatt für gebildete Leser" veröffentlicht. Die Erzählung basiert auf dem Stoff von „Wilhelm und Rosina". Meyr muß die Erzählung, die er noch in Berlin entworfen hatte, während seines Aufenthaltes 1852 in Ebermergen vollendet haben. Wie Meyr in seinem Vorwort zur 2. Auflage, S. VII, schreibt, wurde „Ludwig und Annemarie" in das Französiche übertragen und in „Illustration universelle" abgedruckt.
[325] Zuvor schon 1867 in der „Neuen Freien Presse" abgedruckt. Lt. Meyrs Vorwort basiert die Geschichte auf Mitteilungen eines Geistlichen. Den Schluß änderte Meyr auf Rat seiner Freunde.

„Georg“ und „Gleich und gleich“ kamen bei der 3. Auflage 1870 dazu. Die „Erzählungen aus dem Ries“ hatten in verschiedenen Verlagen mehrere Auflagen bis kurz nach 1900.[326] Nur eine späte Auflage von 1906 ist illustriert; Hans Röhm erstellte dafür Holzschnitte.[327]

Meyr selbst hatte sich eine illustrierte Ausgabe gewünscht. „Nachdem frühere Versuche, zu den 'Erzählungen aus dem Ries‘ Illustrationen von der Hand eines bekannten Künstlers zu erlangen, erfolglos geblieben waren, erbot sich im April dieses Jahres [1862] der berühmte Genremaler Enhuber, Zeichnungen zu den Erzählungen zu machen und zu diesem Zwecke mit Meyr das Ries zu bereisen, worüber große Genugthuung!“[328] Der bekannte Münchner Genremaler Karl von Enhuber, der Meyr auf der Lateinschule in Nördlingen kennengelernt hatte, traf diesen in München wieder. Zur Vorbereitung von Enhubers Bildern unternahmen die beiden im Sommer 1864 gemeinsam eine Studienreise durch das Ries. Es kam zwar wegen Schwierigkeiten mit den Verlegern[329] nie zu einer von Enhuber illustrierten Ausgabe von Meyrs Erzählungen, aber die Bilder erschienen 1867 gleichzeitig mit der 2. Auflage der Erzählungen[330] als eigenes Buch unter dem Titel „Deutsches Volksleben“, versehen mit Bildkommentaren von Melchior Meyr.[331]

Ohne auf die Frage eingehen zu wollen, ob Melchior Meyr nun Berthold Auerbachs „Schwarzwälder Dorfgeschichten“ nachgeahmt hat oder nicht, muß man doch feststellen, daß erst Auerbach (1812-1882) eine literarische Entwicklung auslöste und damit über Deutschland hinaus berühmt wurde. Frühere Autoren wie etwa Jeremias Gotthelf (1797-1854) blieben dagegen ohne Nachwirkung. Mit einem deutlichen Seitenhieb auf Meyr mokiert sich Heinrich von Treitschke: „Aus allen dunklen Winkeln deutscher Erde, aus Oberschlesien und aus dem Ries, stieg in den nächsten zehn Jahren ein Geschlecht von Tölpeln und Rüpeln empor, und je roher, je plumper diese Bauern es treiben, desto ernster werden sie bewundert als aus dem Leben gegriffene Gestalten, desto lebhafter reizten sie das stoffliche, ethnographische Interesse der Lesewelt.“[332] Wie Mettenleiter ausführt sah Auerbach, der übrigens ebenso wie Meyr in engem Kontakt zu Friedrich

[326] Die angegebenen Seitenzahlen beziehen sich auf die Gesamtausgabe in vier Bänden, Max Hesses Verlag Leipzig o.J, mit Ausnahme von „Ludwig und Annemarie“ und „Ende gut, alles gut“, für die die 4. Auflage, Leipzig (F. A. Brockhaus) von 1892 zur Verfügung stand. Helmut Kreutzer gab 1964 die Erzählungen „Der schwarze Hans“ und „Der Sieg des Schwachen“ als Geschenkausgaben mit Federzeichnungen von Fritz Klieber im Fränkisch-Schwäbischen Heimatverlag Oettingen heraus, „Ludwig und Annemarie“ als preiswerte Volks- und Schulausgabe.

[327] Der Maler, Radierer und Lithograph Hans Röhm gab in Holzschnitten einige wichtige Szenen der beiden Erzählungen „Ludwig und Annemarie“ und „Ende gut – alles gut“ wieder; dazwischen sind zur Auflockerung des Textes für die Handlung unbedeutende Hüte- und Ernteszenen oder etwa die Darstellung einer Feldflasche gestreut. Von dem Münchner Kunstprofessor stammen mehrere Arbeiten zum Ries, etwa auch das Titelbild zu Fritz Gruhlers heimatkundlichem Buch „Unsere Heimat: Das Ries“, 1909 (vgl. S. 214. Zu Röhm s. Thieme-Becker, Bd. 28, S. 486).

[328] Bothmer/Carriere: Melchior Meyr, S. 291.

[329] Der Verleger Kröner, der mit der Herausgabe des Dramas „Karl der Kühne“ keinen Erfolg hatte, hatte sich wegen Bedenken hinsichtlich der Rentabilität gegen eine illustrierte Ausgabe ausgesprochen (Bothmer/Carriere, S. 292).

[330] Vorwort Meyrs zur 2. Auflage seiner Erzählungen. Zu Enhubers Illustrationen s. ein eigenes Kapitel.

[331] Von diesem Buch sind offenbar nur wenige Exemplare vorhanden. Es war bisher in der Forschung zum Ries nicht bekannt.

[332] Heinrich von Treitschke: Deutsche Geschichte im 19. Jahrhundert, V. Theil. In: Staatengeschichte der neuesten Zeit, 28. Bd., Leipzig 1894, S. 386. Zitiert nach Mettenleiter: Destruktion, S. 325.

Rückert stand, das Landleben mit den Augen des weitgehend assimilierten Städters, der städtischen Bildungsbürgern den fröhlichen Landmann beschreibt und bei seiner Darstellung „auf das Krude, auf den Dreck der Ackerschuhe und den Stallgeruch" verzichtet, um die Leser nicht abzuschrecken.[333]

Voraussetzung für den Typ Dorfgeschichte war – so Mettenleiter – die gesellschaftliche und politische Anerkennung des Bauern, die von der Aufklärung eingeleitet worden war. „Die geistige Emanzipation wurde durch eine sozialökonomische ergänzt. Wirtschaftliche und technische Neuerungen, wachsende Erschließung des flachen Landes durch Handel und Verkehr sowie die sich rasch durch Landflucht und Verstädterung verschärfende soziale Problematik rückten den dörflichen Stoffkreis schon in der ersten Hälfte des 19. Jahrhunderts mehr und mehr in den Blickpunkt."[334] Dazu kam die Umbruchszeit, der schnelle Wandel der Lebensverhältnisse, die zu einer verklärten Sicht der alten ganzheitlich empfundenen Welt und zu einer stärkeren Hinwendung zu Bruchstücken oder Resten dieser Vergangenheit führten. Zu den anderen Faktoren, die mit hereinspielten, gehörten Herders kulturpolitische Schriften mit der Hochschätzung des organisch Gewachsenen und Ursprünglichen, die zu einem neuen Begriff von Volk und Volkstümlichkeit führten.[335]

Melchior Meyr, ein „städtisch assimilierter Dörfler"[336], der seine Kindheitserinnerungen an das Landleben immer wieder während Aufenthalten bei Verwandten auffrischte und aktualisierte, sah im bäuerlichen Leben eine Fülle von Zügen, die sich für eine poetische Verklärung eigneten, bis dahin aber von der Dichtkunst nicht entdeckt worden waren. Er äußerte sich über seine „Erzählungen aus dem Ries":

Was mich betrifft, so gehörte zu der poetisch gesehenen und empfundenen Wirklichkeit, deren Züge ich festhielt, auch das Landleben meiner schwäbischen Heimat, welches der damalige Gymnasiast in den Ferien immer wieder mitlebte und mitgenoß. Die Studien im Aelternhause und im Wirthshause gaben mir für meine Hefte den reichsten Ertrag. Die jungen Burschen und Mädchen bei ihren Arbeiten und ihren Lustbarkeiten, Liebeshändel und Streitscenen waren mir hochinteressante Gegenstände der Beobachtung. Zu Hause schrieb ich das muntere Geschwätz der spinnenden Mägde nach, wie ich es hörte, und wenn ein alter Bettler oder eine Bettlerin kam und originelle oder nur charakteristische Reden führte, ließ ich mir diese nicht entgehen. Ich erfreute mich an dem derben Humor ebenso wie an den lieblichen Aeußerungen, die ich bemerkte, und wenn ich nun daran dachte, aus allen diesen Materialien ein poetisches Werk zu gestalten, so konnte ich mir wohl sagen: das hat noch niemand dargestellt![337]

An anderer Stelle heißt es: *Ich will in meinen Erzählungen nicht mit dem Historiker und Ethnographen wetteifern, ich will poetische Werke schaffen.*[338] Meyrs Realismus ist eng verbunden mit Idealismus; was Meyr in seinen Erzählungen wiedergibt, ist eine idealisierte Realität.

---

333 Mettenleiter: Destruktion, S. 212.
334 Ebd., S. 308.
335 Ebd., S. 309.
336 Altvater: Wesen und Form, S. 156.
337 Bothmer/Carriere: Melchior Meyr, S. 7.
338 Melchior Meyr in der Widmung zu „Gleich und gleich", zitiert nach Schlagbauer: Melchior Meyr – ein Dorfabend, S. 297.

Die Stoffe der Erzählungen kann man nicht unbedingt als originell bezeichnen, und auch hier wirken lange moralische und philosophische Einschübe hemmend auf die Schilderung. Auf J. Leonhardt macht Meyr dabei in einigen Fällen den Eindruck eines „alten, etwas redseligen Geschichtenerzählers".[339] Altvater spricht von einem „Hang zur schwärmerischen Umschweifigkeit".[340] Meyr wendet sich auch zuweilen direkt an den Leser und gibt belehrende Bemerkungen von sich. Üblicherweise dreht sich alles um eine Liebesgeschichte, bei der es erst nach Überwindung von Hindernissen zur Hochzeit kommt. Häufig widersetzen sich die Eltern der Heirat eines Liebespaares: Während etwa bei „Ludwig und Annemarie" und „Gleich und Gleich" soziale Standesschranken zwischen reichen Bauern und Söldnern im Wege stehen und dabei die Problematik des bäuerlichen Standesbewußtseins gezeigt wird, beruht in „Georg" der Widerstand der Eltern auf rein materiellen Erwägungen, verstärkt durch den Starrsinn der Mutter. „Da überdies die nicht standesgemäßen Heiratskandidaten im Verlaufe des meist langwierigen Konfliktes reichlich Gelegenheit finden, ihre Bravheit und Rechtschaffenheit darzutun, ist es kaum verwunderlich, wenn sich ihnen schließlich doch die Sympathien der Alten zuwenden."[341] Auf die Frage, inwiefern Meyrs eigene Erlebnisse bei der Werbung um eine sozial viel höher stehende Frau, die er in der zweibändigen Novelle „Ewige Liebe" 1864 literarisch verarbeitete, auch eine Rolle spielen, soll hier nicht eingegangen werden.

In anderen Geschichten sind es bestimmte Eigenschaften der Hauptpersonen, die Schwierigkeiten hervorrufen: Die Furchtsamkeit des Schneiders Tobias in „Sieg des Schwachen", die Tolpatschigkeit und Schwerfälligkeit Michels in „Ende gut, alles gut", die Eitelkeit Christines und ihr Ehrgeiz, sozial aufsteigen zu wollen, in „Die Lehrersbraut". Ein Grundmotiv Meyrs ist die Selbstüberwindung, die jemand zu vollziehen hat, bevor die Geschichte ein glückliches Ende nimmt. In „Regine" ist das Hauptmotiv die absolute Liebe Regines, die im ersten Teil zum Eheglück führt, im zweiten Teil folgt Regine ihrem Mann in den Tod. Es ist die einzige Erzählung Meyrs, die nicht mit einer Hochzeit endet. Im „Schwarzen Hans", der eine gewisse Sonderstellung einnimmt, geht es um einen ländlichen „Don Juan", kombiniert mit einem Nebenbuhlermotiv. Zusätzlich sind weitere kleinere Themen eingestreut. In der Mehrzahl von Meyrs Erzählungen kehrt die Heldin nach einigen Jahren in der Stadt zurück ins Dorf, oder sie stammt aus einer anderen Gegend. Oft gibt der plötzlich eintretende Tod eines Beteiligten der Sache eine Wendung. In mehreren Fällen erbitten sich die Helden von den Eltern einen Zeitaufschub bis zur Hochzeit mit einem ungewünschten Partner in der Hoffnung, die Dinge mögen sich ändern.

Geschickt ist Meyr bei der Erfindung von Zwischenfällen, die die Charaktere von allen Seiten beleuchten. Meyrs Personen stehen mit beiden Beinen auf dem Boden der Realität, sie sind normal denkende, gesunde und wirklichkeitsnahe Menschen; Extreme kommen bei ihm nicht vor. Allgemein herrscht ein ausgeprägtes Ehrgefühl vor. Die männli-

[339] Leonhardt: Gehalt und Form, S. 34. Jolande Leonhardt faßt in ihrer Dissertation die in den „Erzählungen aus dem Ries" verstreuten Aussagen Meyrs zu Phänomenen der Rieser Volkskultur zusammen, ohne sie kritisch zu analysieren.

[340] Altvater: Wesen und Form, S. 151.

[341] Ebd., S. 148.

chen Helden sind – so Leonhardt[342] – meist gutmütig, verständig und etwas langsam, während die weiblichen Hauptpersonen innerlich und äußerlich idealer dargestellt sind. Auch wenn seine Helden gelegentlich Schwächen haben dürfen und zumindest die männlichen nicht unbedingt einem Schönheitsideal entsprechen müssen, sind Meyrs Geschichten doch stark romantisch idealisiert. Er beschreibt lieber die Feste, die angenehmen, idyllischen oder humorvollen Seiten und Episoden als den Alltag und die Arbeit. „Meyr will auch nicht die Realität schildern, sondern das Ideal, das Schöne und Gute, wie es dem Dichter zu zeigen gegeben ist ...“[343] Er wählt nach poetischen Gesichtspunkten realistische Stoffe aus, die er idyllisch behandelt, wie er im Vorwort zur ersten Auflage angibt. Auch der Handlungsablauf folgt poetischen Aspekten. Eine Ausnahme stellt „Georg“ dar; er rechtfertigt sich im Vorwort damit, daß er den Aufzeichnungen folgte, die ihm zur Verfügung standen. Meyr selbst äußert sich einmal: *Welch schöne Sache ist es um den Geist! Die Rieser Bauern sind in meinem Kopf und Herzen doch ein wenig besser, angenehmer und interessanter geworden, als sie in Wirklichkeit sein mögen.*[344]

Eingeflochten sind breit angelegte Beschreibungen des Rieser Lebens, der Sitten, Bräuche, Kleidung usw. Meyr will damit seinem städtischen Leserkreis das diesem unvertraute Landleben und dessen Eigenarten, die Gepflogenheiten und die Mentalität der Rieser nahebringen.[345] „Meyr hingegen schreibt für ein gebildetes Publikum und will wesentlich unterhalten. Dazu fällt sein Schaffen in eine Zeit, wo der Städter noch kaum eine lebendige Vorstellung vom Bauerntum haben konnte. Um Interesse und Verständnis zu finden, mußte er daher intimes ländliches Leben sorgfältiger darstellen. Insofern also zeigen Meyrs Dorfgeschichten mitunter einen erklärenden Charakter und wirken dann als episch aufgeputzte Sittenschilderungen.“[346] In der „Ethnographie des Rieses“ rechtfertigt Meyr seine Erzählungen als ein Bewahren des Alten und Überlieferten, das auch auf dem Dorf immer mehr verschwinden werde.[347] Meyr will die Rieser Mundart vorführen, verwendet sie aber nur zögerlich und halbherzig. Er läßt ein und dieselbe Person mal in Mundart, mal hochdeutsch sprechen oder streut einzelne Mundartbrocken in Anführungszeichen in hochdeutsche Sätze ein, oft mit einer schriftdeutschen Erklärung in Klammern. Nur in „Ende gut, alles gut“ sind die Dialoge und Selbstgespräche ausschließlich in Mundart wiedergegeben; im Anhang fügt Meyr eine kurze Ausführung über den Rieser Dialekt bei.

Das Volksleben, das Meyr vorführt, ist aber zu seiner Zeit bereits Vergangenheit: Häufig spielen Meyrs Erzählungen, soweit man es aus dem Vorwort oder aus dem ersten Kapitel schließen kann, in den ersten Jahrzehnten des 19. Jahrhunderts[348], in einem Fall („Der schwarze Hans“) auch gegen Ende des 18. Jahrhunderts. In „Der Sieg des Schwachen“ greift Meyr mit der Auswanderung nach Übersee eine besonders in den vierziger und fünfziger Jahren des 19. Jahrhunderts aktuelle Zeiterscheinung auf. In „Gleich und

---

342 Leonhardt: Gehalt und Form, S. 41.
343 Pörnbacher: Melchior Meyr, S. 239.
344 Bothmer/Carriere: Melchior Meyr, S. 182.
345 Da die Erzählungen nur noch in einigen Bibliotheken zugänglich sind, sollen hier längere Passagen aus ihnen zitiert werden; auch der Stil Melchior Meyrs kann so vorgestellt werden.
346 Altvater: Wesen und Form, S. 161.
347 Siehe Pörnbacher, S. 239 f.
348 Ende gut, alles gut; Georg; Regine.

gleich“ ist ein Gespräch über die Eisenbahn ein Anhaltspunkt, da diese erst ab 1849 durch das Ries führte. Es fällt schwer, die Beschreibungen zeitlich einzuordnen, da Meyr mit seinen Aufzeichnungen über das Rieser Landleben in seiner Jugend begann und später fortführte. Zuweilen, etwa in „Gleich und gleich“, weist er darauf hin, inwiefern sich Bräuche inzwischen geändert hatten.

Das Geschehen spielt sich in einem begrenzten Raum ab, dem Ries, ohne sich allerdings (wie z.B. bei Auerbach) grundsätzlich auf einzelne bestimmte Dörfer zu beschränken. In der ersten Erzählung stellt Meyr in einer recht ausführlichen Einleitung die Region vor:

Das Ries ist ein Gau im Schwabenlande, einige Stunden nordwärts von der Donau. Der größte Theil gehört zu Baiern, der nordwestliche Strich zu Württemberg. Man braucht in diesem Gau nicht geboren zu sein, sondern nur in guter Jahreszeit darin verweilt zu haben, um ihn für einen der anmuthigsten und gesegnetsten in unserm Vaterlande zu halten. ... Das Ries ist eine kleine Welt und birgt eine nicht unbedeutende Mannichfaltigkeit von Lebenserscheinungen in sich. Daß es theils bairisch, theils württembergisch ist, scheint zu seinem Wesen zu gehören. Die Bewohner zerfallen in Protestanten und Katholiken, die zerstreut durcheinander wohnen. ... Auch Juden fehlen nicht in dem wohlhäbigen Landstrich. Sie sitzen an einzelnen Orten, hauptsächlich in Wallerstein, in verschiedenen Abstufungen des Vermögens und Ansehens, vom reichen Kaufmann und Geldverleiher an bis herab zum Schmuser, der sich auf Märkten durch leidenschaftliche Verständigungsversuche seinen Bedarf erkämpft. ... Nördlingen und Wallerstein liegen kaum eine Stunde auseinander, und doch ist der echte Nördlinger von dem echten Wallersteiner an Mundart und Betonung sogleich zu unterscheiden. In Oettingen, wie überhaupt an der nordöstlichen Grenze, herrscht der fränkische Dialekt. Der Menschenschlag ist arbeitsam, gewerbthätig und von gemüthlichem, vergnügtem Wesen, sehr geneigt zu Scherz und Neckerei. ... Das schöne Geschlecht macht seinem Namen alle Ehre; auf den Dörfern begegnet man nicht nur stattlichen und tüchtigen, sondern auch gar feinen und zierlichen Gestalten. Die Landestracht ist kleidsam, wenn sie mit Geschmack behandelt und von den Frauen in der Zahl der Röcke ein gewisses Maß eingehalten wird. Uebrigens greift auch hier die französische Tracht um sich, und in dem Anzug der Frauen und Töchter wohlhabender Landleute findet sich einzelnes derselben mehr oder minder glücklich mit der Landestracht verbunden.[349]

Eines der von Meyr immer wieder aufgegriffenen Themen ist die Hierarchie innerhalb der dörflichen Sozialstruktur, wo Bräuer, Wirte und Müller in der Rangordnung noch über den reichen Bauern angesiedelten sind.

Auf dem Lande herrscht eine bräuchlich bestimmte Rangordnung. Nach ihr stehen zunächst die Kleinbegüterten unter den Großbegüterten, unter den letzteren selbst machen sich aber je nach Gütermasse und der Beschäftigung wieder Unterschiede geltend. Wenn im Vergleich zu den übrigen Bauern der Meier, der es wirklich ist, als der erste sich fühlen kann, so hat er doch noch eine Schichte [sic!] *der Bevölkerung über sich in den Wirten, die zugleich Bräuer sind, und in den Müllern. Diese nämlich haben mit dem Bauern den Grundbesitz und die Wirtschaftsgebäude gemein, das besondere Metier mit den dafür erforderlichen Räumlichkeiten aber voraus, und bilden überhaupt, in der Tracht und auch im Benehmen, einen Übergang vom Bauern zum Städter oder „Herrn“. Daß nun so einer, wenn er noch dazu reich ist*

349 Ludwig und Annemarie, S. 3 f.

und die Besitzung, die er innehat, ihm wirklich gehört, sich über dem Bauern, auch wenn er Meier wäre, erhaben dünkt, ist natürlich, und in der Regel findet dies auch wirklich statt, ungeachtet der Höflichkeit, die er dem Bauern als seinem Kunden zu erweisen so klug ist. Das höhere Bewußtsein teilt sich aber begreiflich auch den Kindern mit, die sich gleicherweise schon früh durch feinere Zusätze zur Landestracht auszeichnen.[350]

Meyr zeigt zudem wiederholt soziale Abstufungen innerhalb der landwirtschaftlichen Bevölkerung auf: Bauern und Söldner sind im dörflichen Leben getrennte Gesellschaftsklassen. Sie gehören vor allem auch verschiedenen Heiratskreisen an.[351] Zu den Söldnern zählen Handwerker, die nebenher eine Sölde, eine kleine Landwirtschaft, betreiben.

Annemarie war die Tochter und Verwandte von Söldnersleuten, d.h. sie gehörte einem Stande an, über dem sich der Bauer ebenfalls ebenso erhaben fühlt wie der Adeliche über dem Bürgerlichen. Der Bauer hat einen Hof mit Haus und Stadel und zusammengehörigen Feldgütern, er besitzt Rosse und Rindvieh in gehöriger Anzahl und hält sich Knechte und Mägde. Der Söldner hat nur ein Haus, wenige Grundstücke, kein Roß, höchstens einiges Vieh. Um sich besser durchzubringen, lernt er ein Handwerk und hilft dem Bauer bei der Ernte, wodurch geringere Söldnerfamilien zu gewissen Höfen in eine Art von Clientenverhältniß kommen. ... Das Vermögen übt freilich auch hier eine ausgleichende Macht, und wenn der Söldner empor, der Bauer heruntergekommen ist, so wird die Verbindung der Familien wieder möglich.[352]

In der „Lehrersbraut" wird genau der Besitz eines durch Arbeit und Sparsamkeit hochgekommenen Söldners und Webers aufgelistet, der sein Handwerk aufgegeben hat und nun eine Mittelstellung zwischen Bauer und Söldner einnimmt: Er besitzt ein Haus mit Wohnung, Stall und Stadel unter einem Dach, vier Kühe mit Nachzucht, fünf Schweine, einen Baumgarten, zwei Tagwerk Wiesen und fünfzehn Morgen Ackerland, hat allerdings Schulden.[353] Ein kleiner Bauer kann immerhin an eine Heirat mit der Tochter eines wohlsituierten Handwerkers denken, aber verübeln würden ihm diesen „Abstieg" dennoch etliche, da die Handwerkerfamilie in den Augen des Dorfes immer noch als Söldner angesehen würde.[354]

Meyr selbst äußert sich an anderer Stelle über seine Dorfgeschichten:

Die „Erzählungen aus dem Ries" spiegeln die ländliche Bevölkerung nach ihren zwei, früher sehr auseinandergehaltenen Ständen der Bauern und der Söldner. Sie zeichnen die reiche Bauernfamilie und den Conflict einer ländlichen Missheirath. Sie schildern die Söldner unter sich und das Verhältniss eines Mädchens aus diesem Stande mit einem „Herrn", welchem ehemals ein angesehener Bauer seine Tochter nimmermehr zur Frau gegeben hätte. Während in den ernsten alles Liebe und Gute, das in den natürlichen Herzen erstehen kann, mitfühlend gemalt ist, gehen die humoristischen in derber Lebenswahrheit bis zu einem Punkt, der nur durch das Licht des Komischen in der Sphäre der Kunst zu erhalten war.[355]

350 Regine, S. 49 f.

351 Parallelen weist Auerbachs „Joseph im Schnee" (1860) auf: die Geschichte dreht sich um den Standeskonflikt zwischen einem reichen Bauernsohn und einem armen, aber ehrenhaften Mädchen, kombiniert mit dem Romeo-und-Julia-Motiv der verfeindeten Eltern (Mettenleiter: Destruktion, S. 132).

352 Ludwig und Annemarie, S. 39 f.

353 Die Lehrersbraut, S. 1.

354 Heinrich in „Der schwarze Hans".

355 Deutsches Volksleben, S. 4.

Eine Schilderung der bäuerlichen Arbeit kommt bei Meyr – wenn überhaupt – nur ganz am Rande vor. Während die Getreideernte eine schwere und anstrengende Tätigkeit bedeutet, und man in dieser Zeit oft auch an Gewicht verliert, ist die Heuernte die reinlichste, leichteste und angenehmste Arbeit, zu der sich die Frauen und Mädchen schöner als gewöhnlich anziehen und in weißen Hemdsärmeln auf das Feld gehen. Beeinträchtigend wirkt die Sorge, die Ernte könnte von einem nahenden Unwetter verdorben werden, was zu besonderer Hast führt. An einer Stelle listet Melchior Meyr den Ablauf der Erntearbeiten auf:

Nach dem Einführen des Getreides werden die Erbsen „gerissen"; die Lieblingspflanze der Weiber, der Flachs, wird „gelochen" und zum Dörren auf die Stoppelfelder gebreitet. Dann geht es ans „Ohmed"; und wenn diese auch nicht so reichlich ausfällt wie das Heu, so ist es um so feiner und zarter, ein wahrer Leckerbissen für die Tiere, welche schön herauszufüttern eine Ehrensache des Bauers ist. Endlich sieht man Wagen mit „Erdbirn", mit Rüben, mit Krautsköpfen beladen ins Dorf und in die Höfe fahren.[356]

Üblicherweise erfolgt ein Fortgang der Handlungen an Sonn- und Feiertagen, in der Freizeit der Beteiligten, was durch die ländlichen Lebensgewohnheiten gerechtfertigt ist, da die bäuerliche Bevölkerung an den Werktagen von der Arbeit in Beschlag genommen ist. Kirchweihen spielen bei Meyr eine Hauptrolle.

Es ist wunderbar, welche Glücksgefühle mir, dem Knaben, die Volksfeste – Kirchweih und Hochzeit – einflößten! Die Hoffnung war fast noch schöner als die Erfüllung. Schon zu hören, daß eine „rechte Kirchweih" sein werde, d. h. mit einem oder zwei Platzmeistern und Tanz um die Linde, Herauspaschen einer Flasche und eines Hutes (auch einer Ente!), und Kegelbahn, – war herzerfreuend und rief Jubel hervor ... Wenn nun im Schein der Morgensonne, welche durch die Gasse heraufglänzte, die Kegelbahn errichtet, der Platz unter der Linde zum Tanze gereinigt wurde, so war der Knabe umströmt von den kommenden Freuden.[357]

Kirchweihfeste als ländliche Festtage und als Zusammenspiel von kirchlicher und weltlicher Feier kommen fast in jeder von Meyrs Erzählungen vor, oft sogar mehrfach, wenn Besuche in Nachbardörfern geschildert werden. Der Tanzboden und die Nebenräume im oberen Stockwerk sind der Jugend vorbehalten, unten sitzen und tanzen die Verheirateten. Vor dem Wirtshaus haben sich Obstweiber niedergelassen, bei denen sich die Kinder, denen der Zutritt zum Tanzboden verwehrt ist, etwas kaufen können. Zuweilen kegeln die Männer.

Die Kirchweih ist nur einmal im Jahre, sie hat also den Reiz und den Wert des Seltenen, und den Genüssen, die sie bietet, kommt das ausgeruhteste, frischeste Begehren entgegen. Die Töne, die zum Tanz laden, klingen den Verlangenden zauberhaft und wirken auf die Tanzenden berauschend. Und wenn dem jungen Bursch, der seinen Schatz im Arm hält, die Gegenwart gehört und die Zukunft, so laben sich die Alten unter wohlwollendem Zuschauen an Erinnerungen. Der Ehemann tanzt in der unteren Stube des Wirtshauses mit seinem Weib und seiner Nachbarin, und es kann hier in Wiedererweckung alter Freuden eine Lustigkeit anschwellen, daß der Jubellärm der Verheirateten dem, welchen die Ledigen im oberen Stock vollführen, nicht viel nachgibt.[358]

[356] Regine, S. 94 f. Das Zitat ist in erweiterter Form abgedruckt in: Schwabenland 2 (1935), S. 196-198.

[357] Bothmer/Carriere: Melchior Meyr, S. 254 f.

[358] Gleich und Gleich, S. 221 f.

Man besucht Kirchweihen der umliegenden Dörfer, vor allem wenn man dort Bekannte oder Verwandte hat. Gelegentlich kommen Nördlinger Bürger zu einer Dorfkirchweih. Besonders für die Jugend ist der Tanz der wichtigste Bestandteil einer Kirchweih, die am Montag fortgesetzt wird.

Die Musikanten hatten eine jener alten künstlichen Weisen angefangen, die man unter dem Namen „Schweinauer" zusammenfaßt und die von dem Rieser trotz der neuen, die er zugelernt hat, immer noch sehr gern getanzt werden. Der Schweinauer besteht aus einer Mischung von Walzerschritten, wobei sich das Paar sukzessiv – und Dreherschritten, wobei es sich mit einem Schwung um sich selber dreht. In jedem dieser Tänze wechseln die verschiedenen Pas anders, einzelne sind ziemlich verschränkt und man muß sie gut im Gedächtnis haben – man kann sich also durch fehlerloses Tanzen sehr auszeichnen![359]

In einer anderen Erzählung berichtet Meyr vom üblichen Ablauf beim Tanzen:

Auf dem Dorf tanzt man nicht Touren, sondern Reihen, und zwar deren soviel, als man wünscht und aushalten kann. Ein Bursche singt ein Lied vor – in Altbayern „Schnaderhüpfel", im Ries „Schelmenliedle" genannt – und die Musikanten spielen es zum Tanz. Ist der Reihen aus, so führt der Bursche sein Mädchen gehend an der Hand, während ein neues Lied einen neuen Tanz einleitet. Diese Sitte verursacht manchmal Streit, und die Spielleute kommen in große Noth, wenn zwei tüchtige Burschen verschiedene Lieder singen und jeder verlangt, daß seins aufgespielt werde.[360]

Wirtshausraufereien schildert Meyr gern und meist ausführlich, bisweilen sind sie von großer Bedeutung für die Handlung.

Die Musikanten erhalten ihr Honorar direkt von den Gästen:

Nachdem in der ganzen Stube die Messer und Gabeln beiseite gelegt waren, begannen die Spielleute „auf den Tisch hineinzumachen", nämlich Musik. An jedem Tisch pflegt der Bursche, der's versteht, ein längeres Lied vorzusingen; die Musikanten setzen einen zinnernen Teller auf den Tisch und spielen das Lied nach. Wenn dies ein paar mal geschehen, so wirft jeder Bursche mit Art ein Geldstück auf den Teller – größer oder kleiner, je nachdem es die Ehre und der Beutel leidet – und die Musikanten treten zu einem andern Tisch, um eine neue Ernte zu halten.[361]

Meyr erzählt von Kirchweihtänzen unter der Linde, die es früher gegeben hatte. Ein oder zwei junge Männer ersteigern den Platz und tanzen als „Platzmeister" zuerst dreimal allein um die Linde. Wenn ein Bursche ein Mädchen auf die Kirchweih führt, dort mit ihr tanzt und sie dann auf seine Kosten bewirten läßt, gilt das in den Augen der Dorfbewohner als eine feste Beziehung, die mit einer Hochzeit enden wird.

Die Bräuche haben Änderungen erfahren:

Die „Ledigen", welche von der Feier den größten Gewinn zogen, gingen nicht gepaart ins Wirtshaus. Von der alten Ordnung, vermöge deren die Burschen ihre Mädchen mit Musik aus den Häusern abholen, war man in einen förmlichen Gegensatz der Freiheit überge-

[359] Ebd., S. 235.
[360] Ludwig und Annemarie, S. 18 f.
[361] Ebd., S. 22.

sprungen: Burschen und Mädchen gingen allein – jedes nach seinem Belieben. Wenn aber der Bursch in der Regel würdevoll einsam durch die Gasse schritt, leisteten sich die Mädchen selber Gesellschaft; und wie sie in kattunenen oder manchesternen Leibchen und in feinen, leinenen Hemdärmeln, mit roten Röcken und blütenweißen Schürzen sich dahinschwangen, glänzten sie in Frohsinn und Erwartungslust. Jede wußte, daß sie beim Tanz den Ihrigen fand, der sie auch in der Gaststube neben sich setzte. Und wenn sie nicht mit ihm gekommen war, so hatte sie doch die gegründetste Aussicht, vermöge einer Ordnung, die kein Brauch abzustellen vermag, ihm zur Seite das Wirtshaus zu verlassen.[362]

Als zweites wichtiges Fest im dörflichen Leben beschreibt Meyr in seinen Romanen gern eine Hochzeit als Abschluß oder entscheidenden Wendepunkt. Meyrs Helden heiraten früh, die Mädchen meist im Alter um die Zwanzig, die jungen Männer sind nur wenige Jahre älter. Oft beginnt die Werbung um ein Mädchen schon, wenn dieses erst 17 oder 18 Jahre alt ist.[363] Bei einer 24jährigen reichen Bauerntochter heißt es, daß sie schon längst verheiratet sein könnte.[364] Soweit Meyr dazu Angaben macht sind die männlichen Helden bei Beginn der Beziehung zwischen 22 und 24 Jahre alt. Ausnahmen bilden der „schwarze Hans" mit 27 Jahren und Gottfried[365] mit 26 Jahren, der *fast schon als alter Junggeselle* angesehen wird. Da der jüngste Sohn das Anwesen erbt, müssen die anderen Söhne darauf bedacht sein, in einen Hof einzuheiraten oder ein Mädchen mit entsprechender Mitgift zu erwählen, so daß das gemeinsame Vermögen dazu ausreicht, einen Hof zu kaufen.[366] In einer seiner Geschichten erlaubt das spärliche Vermögen der beiden Eheleute keine gesicherte Existenz; Meyr präsentiert als einzigen Ausweg eine Auswanderung nach Amerika und greift damit ein damals aktuelles Problem auf.[367] Sind keine Söhne vorhanden, erbt eine Tochter. Nach der Hofübergabe ziehen die Eltern, bzw. in einem Fall die Mutter und eine unverheiratete Schwester, in die „obere Stube".

Manchmal erscheint eine Heirat unumgänglich, weil man ohne Frau weder einen Bauernhof betreiben und noch ein Geschäft führen kann. Sehr oft werden zur Vermittlung einer Hochzeit Unterhändler eingeschaltet, in „Gleich und gleich" ein Jude, in der „Lehrersbraut" eine Base. Suchen sich Sohn oder Tochter nicht rechtzeitig selbst einen passenden Partner, so werden die Eltern tätig. Man achtet u.a. darauf, mindestens in der gleichen Gesellschafts- und Vermögensklasse zu bleiben und keine sozial niedrig stehenden Verwandten anzuheiraten.[368] Eine Einheirat in bürgerliche städtische Kreise gilt dagegen als ehrenvoll für die Familie.[369] Andererseits könnte sich ein wohlhabender Bauer nicht vorstellen, seine Tochter einem Lehrer zu geben, der kein Haus besitzt, nur 200 bis 300 Gulden im Jahr verdient, alles kaufen und von den Bauern Geschenke annehmen muß.[370] Für eine Söldnerstochter wiederum wäre eine solche Heirat eine Ehre. Auf

---

[362] Gleich und Gleich, S. 228.
[363] Die Lehrersbraut; Der Schwarze Hans; Georg; Ludwig und Annemarie.
[364] Gleich und gleich.
[365] Ebd.
[366] Der Sieg des Schwachen, S. 185.
[367] Ebd.
[368] Gleich und gleich.
[369] Gleich und gleich; Regine.
[370] Die Lehrersbraut, S. 22 f.

die Einwilligung der Eltern zur Hochzeit wird großer Wert gelegt, weil traditionell Achtung und Gehorsam gegenüber den Eltern gefordert wird, aber auch weil ein verweigertes Heiratsgut die Existenzgründung stark gefährden würde. Obwohl Meyr offenbar Verständnis hat für den Wunsch der Eltern, ihren Kindern durch eine „passende Partie" ein gesichertes Auskommen zu ermöglichen, stellt er sich als romantisch angehauchter Bildungsbürger im Zweifelsfall doch auf die Seite des Liebespaars, das sozial und finanziell nicht zusammenpaßt.

Einige Tage vor der Hochzeit wird die Aussteuer der Braut repräsentativ auf Wagen verladen und ins künftige Heim gefahren – eine gute Gelegenheit, die materielle Ausstattung offen deutlich vor Augen zu führen:

Der Einzug der Braut erweckte bei allen wahre Bewunderung. Solche Wagen voll herrlicher Sachen, solche Kästen, solche schwellende Betten und eine solche Reihe von Wägelchen, besetzt mit den näheren Verwandten des Brautpaars, hatte man seit Menschengedenken nicht gesehen. Die Teilnahme wurde zum ordentlichen Jubel, als der Meier an die weniger bemittelten Leute in seinem Hofe Geld und Bier verteilen ließ und die Beschenkten den Ruhm des Brautpaars und der Ausstaffierung preisend nach allen Ecken und Enden trugen. – Am andern Morgen war alles auf den Beinen. Die Hochzeitlader hatten die im Dorf unerhörte Zahl von sechzehn Tischen, d. h. von hundertachtundzwanzig Gästen angesagt, und obwohl davon immer etwas abzugehen pflegt, so behauptete doch der Schullehrer, er kenne sich darin aus und sehe es einem gar wohl an, wenn er zusage, ohne kommen zu wollen – über fünfzehn Tische würden's gewiß werden.[371]

Für Christine, die in „Die Lehrersbraut" einen städtischen Lehrer heiraten will, läßt die Mutter eine gehobene Aussteuer anfertigen:

Die Ausstattung der Christine war beinahe fertig – ein Gegenstand der offenen Bewunderung und des geheimen Neides besuchender Freundinnen. An den Kästen und „Bettscha'den" (Bettstatten), an Tischen und Stühlen hatte der Schreiner des Dorfs sein Meisterstück gemacht. Sie waren nicht von Mahagoniholz und nicht poliert, aber mit brauner Ölfarbe überzogen, so schön, wie man's noch nie gesehen. Hemden, weiße Schürzen, Schnupftücher, „Handwellen" (Handtücher), Tischtücher und Strümpfe gewöhnlicher und feingemodelter Gattung lagen gewaschen und gebügelt im „Weißenwarkasten". Die Betten waren schon überzogen mit blau- und rotgestreiftem, selbstgewirktem Zeug. Spitzenhauben, Sonntagskappen (wo das „Bödele" aus Gold- oder Silbergeflecht bestand) und verschiedene Alltagskappen prangten im oberen Fach des reichbehängten Kleiderkastens. Ein neuer Spinnrocken mit Rad, von einem Nördlinger „Dreher" kunstreich gefertigt, stand bereit, um an dem Tage des Einzugs, mit dem feinsten und weißesten Flachs überzogen und mit rotseidenem Bande umwickelt, mitten auf dem Wagen zu prangen. Es fehlten hauptsächlich nur noch ein paar Sessel, welche die alte Glauning, des feinen Schwiegersohnes wegen, sich auch noch zu bestellen entschlossen hatte, und ein kleines Stück Hausrat, welches erst später nötig zu werden pflegt, das aber vorsorgliche und humoristische Eltern in der Regel auch gleich mit fertigen lassen.[372]

[371] Regine, S. 21.

[372] Die Lehrersbraut, S. 48 f.

Die Hochzeitsgesellschaft zieht mit Musikbegleitung in die Kirche:

Der Hochzeitszug, den man so sehr zu schauen begehrte, war in der Tat kein gewöhnlicher. [–] Eröffnet wurde er durch acht Musikanten, die einen stattlichen Marsch bliesen. Ihnen folgte der Geistliche mit dem Schullehrer, und hinter diesen erschien der Bräutigam zwischen seinem Vater und seinem Taufpaten. Unser Georg ... – in schwarzem Tuchrock und rundem Hut, ging mit einer Miene, die man feierlich erregt nennen konnte, indem er weder rechts noch links sah. Nach ihm kamen die männlichen Hochzeitsgäste, je zwei und zwei, ein Geleite bildend, wie man es bei ähnlichen Gelegenheiten so groß kaum noch gesehen hatte. [–] An der Spitze der Frauen erschien die Braut, Margarete Weidner, gleichfalls protestantischer Sitte gemäß, in dunklem Gewande, aber das braune Haar mit dem reichsten Jungfern-Horbet geschmückt. ... Der „Hochzeitknecht" mit blankem Säbel und die „Hochzeitmagd" kamen hinter den dreien, und ihnen schloß eine entsprechend lange Reihe von Frauen und Jungfrauen sich an.[373]

Die stereotyp verwendete Formulierung vom jungfräulichen Brauthorbet wird nie durch eine Beschreibung desselben erläutert.[374]

Auch der Ablauf eines Hochzeitsfestes war festgelegt:

Die Gelegenheit zur Erklärung gab eine Hochzeit, die nach Dorfsitte mit Essen und Trinken, Spiel und Tanz im Wirthshause gefeiert wurde. Nach überliefertem Brauche gehört der Tanzboden von Mittag bis Abend den Hochzeitsgästen. Hat aber nach der Abendmahlzeit und nach Abgabe der Hochzeitsgeschenke der Schullehrer eine Dankrede in Versen gehalten und mit seinen Zöglingen ein geistliches Lied gesungen, dann kündigt ein weltliches Lied, das ein kecker Bursche sich anzustimmen erlaubt, die Herrschaft der jungen Leute des Dorfes an. Die Hochzeitsgäste, zumal die aus andern Dörfern, verlieren sich nach und nach, das Brautpaar wird von einem Theil der Musikanten nach Hause begleitet; der zweite Theil der Lustbarkeit, der „Ansing", hat begonnen und die Jugend des Dorfs nimmt den verlassenen Raum ein.[375]

Die Hochzeitsgäste essen nicht alles auf und lassen die Reste für die Angehörigen zu Hause einpacken.

In zwei Erzählungen kommt es zu unehelichen Schwangerschaften. Zur Schande der betroffenen Frauen und ihrer Familien ist dies Anlaß für Dorftratsch. Der „schwarze Hans" verführt Katharina, hält aber sein Eheversprechen nicht. Katharina stirbt noch vor der Entbindung. In „Gleich und gleich" hat ein reicher Bauernsohn Verhältnisse mit mehreren Mädchen; als eins schwanger wird, heiratet er sie schließlich nach einigen Wirren, was die Dorfgemeinschaft in diesen Fällen grundsätzlich erwartet.

Neben Kirchweihen und Hochzeiten bot die Nördlinger Messe und besonders ihr „Bauernsonntag" eine weitere willkommene Abwechslung vom Alltag.

---

[373] Georg, S. 284 f.

[374] Felix Dahn beschreibt im Kapitel „Volkstracht" im Schwaben-Band der „Bavaria" ein *Haarbat* aus den protestantischen Gebieten der Landgerichte Neu-Ulm, Günzburg und Lauingen als ein *altehrwürdiges Jungfrauen-Abzeichen, mit welchem diese bei Hochzeiten und Kindtaufen erscheinen.* (S. 848) Es ... *besteht in einem nicht ganz zollhohen Stirnreif von Pappe, mit rother Seide überzogen, mit weißen Glasperlen gitterartig bestickt, zwischen welchem Gegitter bunte Perlen verstreut sind, vorn überdem mit drei großen Glassteinen, welche eine rothe Bandrose umschließen, geziert. Rechts und links vom Reife sind rothe Bänder angebracht, ihn rückwärts um den Zopf zu befestigen. Die vordere Hälfte wird am Oberrand von einem Kränzchen gemachter Blumen und frischem Rosmarin garnirt* (ebd.).

[375] Ludwig und Annemarie, S. 17.

Die zweite Hälfte des Juni war herbeigekommen und mit ihr die Nördlinger Messe. Diese dauert vierzehn Tage und ist ein Fest für das ganze Ries. Die ländlichen Hausfrauen kaufen sich auf ihr den Bedarf an Kleidungsstoffen, Hausgeräthen und Spielzeug, und an manchem Tage sieht man auf den Hauptplätzen mehr Bauern als Städter. Namentlich ist dies bei den Hafnern der Fall, wo die klugen Bäuerinnen durch wiederholtes Klopfen die Güte der Geschirre prüfen und an großen und kleinen ein Gemisch von Tönen hervorbringen, daß man ein wahres Concert zu hören glaubt. Hat man gehörig eingekauft, so erquickt man sich an den berühmten Nördlinger Brat- oder geräucherten Groschenwürsten, trinkt Bier dazu oder gar ein Schöppchen Wein, und wandert in der Dämmerung, trotz des gefüllten, wachstuchbezogenen „Donaugretzens", den man zu tragen hat, vergnügt nach Hause. Die Sonntage sind für die „Ledigen", die namentlich am zweiten, der ebendeswegen der „Bauernsonntag" heißt, von allen Dörfern nach Nördlingen strömen, um in verschiedenen Wirthshäusern der Lustbarkeit nachzugehen.[376]

Aus jedem Dorf trifft sich die Jugend in einem bestimmten Gasthaus in Nördlingen. Dort gibt es Bier und Wein, Schweinebraten, Würste, Torten und Brezen, und es wird getanzt.[377]

Meyr nutzt auch die Gelegenheiten, einige jahreszeitliche Bräuche zu schildern.

Der Tag, an welchem ausgedroschen wird, die sogenannte „Flegelhenke", war zu jener Zeit noch mit einem Brauch bezeichnet, der viel dramatisches Leben ins Haus brachte und den wir hier schildern müssen. [–] *Wenn man den letzten Schober drischt, hängt an einem Pfosten des Stadeltores ein Strohband, auf welches von zwei Seiten in verschiedenem Sinne wieder und wieder die Augen sich richten. Das Mädchen (die zweite, jüngere Magd) hat die Aufgabe, dasselbe zu ergreifen und flügelschnell ins Haus, in die Küche zu tragen, daß es in den Ofen geschoben und verbrannt werden kann; die Drescher haben mit noch größerer Geschwindigkeit ihr nachzueilen, sie zu haschen und es ihr abzunehmen. Wer den Sieg davonträgt, erhält von dem andern Teil ein Präsent. Natürlich wählt die kluge Dirne den Moment, wo die Drescher nicht nur den Hintergrund erreicht, sondern endlich auch in der Aufmerksamkeit schon etwas nachgelassen haben. Wie der Blitz fliegt sie dann mit dem ergriffenen Band über den Hof, wie das wilde Heer jagen die Burschen nach, und wie es nun ausfallen mag, immer gibt's mächtigen Lärm und großen Parteijubel. Denn es begreift sich, daß es die weiblichen Personen ohne Ausnahme mit dem Mädchen halten, und daß es eigentlich ein Kampf zwischen den Geschlechtern ist. Zuletzt können freilich alle zufrieden sein: die Hausfrau sorgt an diesem Tage für ein besonders gutes Mittagsmahl und extra geschmalzenes Backwerk.*

Die Meierin setzte ihre Ehre darein, den zweiten Knecht, der prahlerisch das Gegenteil vorausgesagt hatte, bei dieser Gelegenheit zu beschämen und den Sieg auf die weibliche Seite zu lenken. Sobald das atemlose Mädchen den Haustennen erreicht hatte, wurde die Tür den Verfolgern vor der Nase zugeschlagen und geriegelt; der dritte Knecht, der seinen Lauf durch die Stallung nahm, um der Flüchtigen im Tennen den Weg abzuschneiden, fand die dahin führende Tür verrammelt – und das Band flackerte lustig im Ofen, als die hereingelassenen Burschen den Triumph durch ihren Verdruß noch mehren halfen. Der langbeinige Pranger entlastete sein

[376] Ebd., S. 45.

[377] Der schwarze Hans.

Herz durch einige Kernflüche, die bei den Mägden jubelndes Lachen hervorriefen und auch von der alten Meierin nur schmunzelnd untersagt wurden. Zum Glück für ihn trug man bald das Essen auf, und Schweinefleisch und Sauerkraut waren von einer Güte, Weißbrot und Schneckennudeln von einer Feinheit, daß ein Barbar damit besänftigt worden wäre, geschweige denn ein bei allem Ehrgeiz ehrlicher und noch dazu hungriger junger Rieser.[378]

An Weihnachten stellen manche Familien ein blühendes Weichselbäumchen, das zusätzlich noch geschmückt wurde, in die Stube oder ins „Kanzlei".

Den anmutigsten Eindruck machte das Haus um die Weihnachtszeit. Der Meier hatte rechtzeitig einen überflüssigen jungen Weichselbaum im Garten abgehackt und in wassergefülltem Kübel auf der Bank in dem vorderen Winkel des Kanzleys aufgestellt, das bei ihm ziemlich groß war. Als die heilige Zeit herankam, waren bei der stetigen Wärme des Raums nicht nur die Blätter, sondern auch schon Blüten ausgeschlagen, und der von der Meierin überdies feiner und reicher als landüblich geputzte und glänzender beleuchtete Baum gewährte am Bescherungsabend eine so prächtigen Anblick, daß man aus den Nachbarhäusern kam, ihn zu bewundern. [–] *Diese Zierde blieb dem Kanzley bis ins neue Jahr hinein. An der Wand hing ein Käfig mit einem Schwarzblättchen, ein anderer mit einer Grasmücke.*[379]

Angenehme Unterbrechungen des Alltags sind im Winter die Metzelsuppen, wenn ein Schwein geschlachtet wird. An Neujahr wird Backwerk verteilt. Wenn die Schneeverhältnisse es erlauben, kann man eine Schlittenfahrt unternehmen. Ganzjährige Freizeitvergnügungen vor allem der jungen Männer waren Unterhaltungen im Wirtshaus bei Braunbier und evtl. Branntwein, Kartenspiel und Kegeln. Gelegentlich kommt es zu Fehden zwischen den jungen Burschen zweier Dörfer.

Obwohl Meyr in seiner Ehringer Jugendzeit Kontakt zum katholischen Wallerstein hatte, schreibt nur über die evangelische Bevölkerung, wobei er in drei Erzählungen abfällige Bemerkungen über die Pietisten einflicht. Ein Roman beginnt mit der Schilderung der Konfirmation am Palmsonntag:

Der Palmsonntag hat für die protestantischen Rieser eine doppelte Bedeutung. Es ist der erste Festtag des Frühlings – der erste Tag, an welchem der Bauer die Ankündigungen der schönen Jahreszeit mit besonderer Sammlung empfindet. ... Zugleich ist der Palmsonntag der Tag, wo die Knaben und Mädchen, die das dreizehnte Jahr überschritten haben, in der Kirche von dem Geistlichen geprüft und konfirmiert werden; eine feierliche Handlung nicht nur für die Kinder und deren Eltern, sondern für die ganze Gemeinde. Man ehrt dieses Fest, indem man sich dunkel kleidet, auch am Nachmittag stiller ist als an gewöhnlichen Sonntagen, und auch im Vergnügen die feierliche Art nicht ganz vermissen läßt. Und die konfirmierten Kinder erhebt noch ein Gefühl anderer Art. Sie sind „in die Zahl der Erwachsenen aufgenommen", sie gehen dem schönsten Lebensalter entgegen, dem Alter der „Ledigen", dem Alter der Selbständigkeit, der Freude und der Ehre.[380]

Als äußerlich sichtbares Kennzeichen der konfessionellen Unterschiede nennt Meyr die Kleidung, vor allem die dunklen Farben der Protestanten. Sie kleiden sich an hohen Feiertagen dunkel, an zweiten Feiertagen, dem Ostermontag etwa, greifen sie für den Kirch-

[378] Regine, S. 99 f.
[379] Ebd., S. 99.
[380] Ebd., S. 3 f.

gang zu heller Kleidung. Anhand der Hauptpersonen stellt Meyr die festtägliche Kleidung der jungen Männer vor. *Wie er endlich vor seine Mutter trat in schwarzen Hosen von Hirschleder, die kein Fältchen warfen und fast bis eine Spanne über das Knie von den Stiefeln bedeckt waren – in manchesternem Leibchen mit versilberten Knöpfen, im neuen, schwarzen, baumwollbehaarten Barchentkittel mit flachen, thalergroßen Knöpfen – über das wohlgebundene dunkle Halstuch den feinsten Hemdkragen gezogen und den Kopf mit dem landesüblichen Schaufelhut bedeckt. ...*[381] Zum Spaziergang am Sonntagnachmittag oder zum Gasthausbesuch ziehen sie sich um. *Wenn er Sonntags in dunkelgrüner sammtener Juppe (Jacke) mit silbernen Knöpfen, schwarzen, knapp anliegenden Hosen vom schönsten Hirschleder und hohen, über die Knie gezogenen Stiefeln, die Kappe von Fischotter mit grünseidener Trottel aufs rechte Ohr gesetzt und den silberbeschlagenen ulmer Pfeifenkopf im Munde nach der Stadt, d h. nach Nördlingen, wanderte ...*[382]

Besonders bei der Kleidung fallen Meyrs stereotype Darstellungen auf. Da sich der Fortgang der Handlung meist an Sonn- und Festtagen abspielt, kann Meyr immer die attraktivere Sonn- und Festtagskleidung beschreiben. Faßt man Meyrs verstreute Aussagen zur Rieser Tracht zusammen, kommt man wie J. Leonhardt zu folgendem Ergebnis:

„Der Anzug der Rieserin bestand aus dem gefältelten Rock, der etwas kürzer war als die damalige städtische Kleidung, und der Schürze. ... Der Oberkörper war bekleidet mit einem weißen Hemd, dessen Ärmel nur die Unterarme unbedeckt ließen. Darüber wurde ein farbiges, gestreiftes Mieder getragen ... und zuletzt der wollene oder kattunene Kittel, auch Spenser genannt, angezogen. ... Um den Hals schlang sich ein rotes oder buntes Halstuch (Wochentags ein wollenes, Sonntags ein seidenes), das auf dem Rücken angeheftet wurde, um dort ein regelrechtes Dreieck zu bilden. ... – Den Anzug vervollständigte ein Häubchen, das Rieser Käppchen, welches auf die aus dem Gesicht zurückgestrichenen Haare gesetzt wurde. ... – An Festtagen trug die Rieserin eine große Radhaube mit Spitzen und vielen farbigen seidenen Bändern, die unter dem Kinn verknüpft wurden. ... – Das protestantische Rieser Landvolk trug im Unterschied zum katholischen bei feierlichen Anlässen einen schwarzen Anzug und die Frauen eine schwarze Haube, deren radähnliche Umrandung von schwarzen, steifen Spitzen gebildet wurde. ...

Die männliche Rieser Tracht bestand aus schwarzen, kurzen Hirschlederhosen, die kein Fältchen warfen und fast bis eine Spanne über das Knie von den Stiefeln bedeckt waren. ... – Den Oberkörper bekleidete ein weißes Hemd, dessen Kragen über das wohlgebundene, dunkle Halstuch gelegt wurde. Darüber zog man ein manchesternes Leibchen mit versilberten Knöpfen. Bei feierlichen Gelegenheiten – zum Kirchgang stets – trug der Rieser über dem Leibchen den schwarzen, baumwollbehaarten Barchentkittel, der mit flachen, talergroßen Knöpfen besetzt war. Die Kopfbedeckung bildete bei solchem Anlaß der landesübliche Schaufelhut. ... – Die sonstige festtägliche Kleidung, wie sie die ledigen Burschen im Wirtshaus und auf Spaziergängen zeigten, bestand aus einer dunkelgrünen, samtenen Jacke (Juppe oder Joppe genannt) mit silbernen Knöpfen, schwarzen, knapp anliegenden Hosen vom schönsten Hirschleder und hohen, über die Knie reichenden Stiefeln. Den Anzug vervollständigte hier eine Kappe von Fischotter mit

[381] Ende gut, alles gut, S. 237.
[382] Ludwig und Annemarie, S. 11.

grünseidener Troddel, die auf's rechte Ohr gesetzt wurde, und der reich mit Silber beschlagene Ulmer Pfeifenkopf im Munde des Burschen. ... – An Stelle der Samtjacke trug man auch eine dunkelblaue Tuchjacke."[383]

Besondere „Lieblingsstücke" Meyrs, die in keiner Erzählung fehlen, sind die Fischottermütze (besonders bei wohlhabenden Bauernsöhnen) und der Ulmer Pfeifenkopf. Leonhardt ordnet die von Meyr beschriebene Tracht der Jahrhundertwende zu. Da Meyrs Interesse am Landleben in den zwanziger und dreißiger Jahren des 19. Jahrhunderts begann und auch die Mehrzahl der Geschichten in diesem Zeitraum angesiedelt ist, scheint eine etwas jüngere Einordnung wahrscheinlicher.

Mehrfach geht Meyr auf die Unterschiede zwischen der Rieser Frauentracht und den „französischen", städtischen Kleidern ein. Er betont, daß in den Zeiten, die er schildert, die Mädchen vom Land zögerten, ihre gewohnte Kleidung durch die modische zu ersetzen, auch wenn sie für einige Jahre in der Stadt leben. *In jener Zeit vertauschten die dienenden Bauernmädchen ihre Dorfkleidung noch nicht so leicht mit der städtischen, und wer an Markttagen durch die Straßen Augsburgs ging, der konnte noch eine erkleckliche Zahl von 'Rieserinnen' erblicken, die jetzt dort als solche immer weniger hervortreten. Der Regine wäre es im Traum nicht eingefallen, ihre mitgebrachten Kleider – gute für Alltag, schöne für Sonn- und Feiertage – als nicht mehr gut genug wegzulegen und sich andere anzuschaffen. Sie wollte in Augsburg dienen und etwas lernen, und das konnte sie recht wohl in ihrer Tracht. Eine Mamsell zu werden und in der Stadt zu bleiben, war ihre Absicht weder bei ihrer Hierherkunft gewesen, noch in der Folge geworden.*[384] Dagegen rät ihr ihre Herrin, sich „französisch" zu kleiden, um bessere Heiratschancen bei den Augsburger Bürgern zu haben.

Mädchen, die sich von den anderen abheben wollen, greifen eher zu Luxusaccessoires wie Seidentüchern oder zu einer weißen Radhaube, die in der dörflichen Hierarchie ausschließlich Frauen der Oberschicht vorbehalten ist.

Die Frage, wie Christine als Frau Lehrerin sich kleiden solle, war erledigt. Heutzutage hätte man eine „Näherin" eingetan, die sich als Kleidermacherin schon einen Namen erworben, und der Lehrersbraut die gehörige Zahl bürgerlich französischer Anzüge fertigen lassen. Damals warf man aber die Rieser Tracht noch nicht so schnell über Bord, und es war demnach im Hause der Glauning beschlossen worden, nur zu der feineren Kleidung im Rieser Stil fortzugehen, wie sie die Weiber der reichen Bauern, der Müller, Wirte und auch der Schullehrer noch trugen. Es war immerhin ein Fortschritt, und das Herz der Braut wurde außerordentlich erheitert beim Anblick zweier seidener Halstücher, die ganz neumodisch waren, eines herrlichen „geflammten" Rocks, der, in zierliche Falten „gebegelt" (gebügelt), die stattlich Hinschreitende umwogen sollte, und einer großen Radhaube, nicht mit schwarzen, sondern mit weißen Spitzen und mit farbigen seidenen Bändern, womit im Dorf bis jetzt einzig und allein die Wirtin geprangt hatte.[385]

Als Christines Verlobter in die Stadt versetzt wird, muß sie sich selbstverständlich bürgerlich kleiden. Im Zitat kommt die Veränderung bis zur Mitte des 19. Jahrhunderts, als Meyr seine Erzählungen schrieb, zum Ausdruck. In der Einführung der ersten Erzählung,

[383] Leonhardt: Gehalt und Form, S. 58 f.

[384] Regine, S. 32.

[385] Die Lehrersbraut, S. 44.

„Ludwig und Annemarie", spricht Meyr davon, daß die Frauen immer mehr dazu übergehen, die traditionelle Kleidung mit der *französischen* kombinieren. Einige Hauptpersonen in Meyrs Erzählungen sind grundsätzlich bürgerlich gekleidet. Barbara, die aus einer armen Familie aus dem angrenzenden Kesseltal stammt, einige Zeit in Ulm in Dienst war und nun Magd der Pfarrersfamilie ist, trägt städtische Garderobe.[386] Georg orientiert sich an den Nördlingern und Wallersteinern, weil er mit denen viel in Kontakt steht.

In einigen Erzählungen liegen die von Meyr nie benannten Dörfer seiner Beschreibung nach in der Nähe Wallersteins, der Gegend, die er aus seiner Jugend am besten kannte. Der frühere Residenzort Wallerstein, der mit der Eingliederung in das neue Bayern seine Funktionen weitgehend verlor, besaß eine hohe Anziehungskraft für Meyr. In einigen Passagen wird deutlich, wie idealisiert Meyr das Verhältnis zwischen Fürst und Untertanen sah.

Dieser Marktflecken war am Ausgang des achtzehnten Jahrhunderts noch eine Residenz mit allem Glanz einer ständigen Hofhaltung. Da gab es Kavaliere und Verwaltungsbeamte, Forstleute, Jäger und Diener aller Art in mehr als hinreichender Anzahl, und vornehme Gäste aus der Nähe und Ferne belebten die Unterhaltungen im fürstlichen Schlosse. Das Haupt des regierenden Fürsten war im oberen Ries (denn im unteren rivalisierte die ältere Linie zu Öttingen!) von aller Poesie weltlicher Herrlichkeit umleuchtet, und auch die Sonderbarkeiten desselben erschienen darin sehr bedeutsam. Man glaubte damals noch an die unvergleichliche Hoheit des Standes; die Rieser hatten einen größeren Herrn nicht in der Nähe, und in die Ferne waren die Blicke noch nicht gerichtet. Was man nun auch dagegen sagen mag, die Zustände in der letzten Zeit des deutschen Reiches hatten ihre schönere Seite. In dem Verhältnis zwischen Herrschaft und „Untertanen" lag hier in der Tat etwas Patriarchalisches. Das Volk nahm an den Geschicken des regierenden Hauses den persönlichsten Anteil, genoß die öffentlichen Vergnügungen mit und die gelegentliche Entfaltung des Hofprunkes. Die „Herrschaft" kümmerte sich dagegen um die häuslichen Angelegenheiten des Volkes, wenn sie sich irgend bemerklich machten. Da der Sinn noch nicht durch Tagesblätter aufs Allgemeine gelenkt war, interessierte sich der Mensch um so mehr für den Menschen, und die fürstlichen Damen verschmähten es nicht, ihren Unterhaltungsstoff auch aus Bürgers- und Bauernhäusern zu beziehen, wo sich, für die damaligen Ansprüche, Merkwürdiges und Ergötzliches genug begeben konnte. Die Einkünfte des Fürstentums blieben zumeist im Lande, machten die tätigen Bewohner der Residenz wohlhabend und flossen auch einigermaßen wieder ins Landvolk zurück. Bedenkt man, daß in jenen Tagen die Volksbräuche noch in Blüte standen und die Dorffeste dem Auge Schauspiele darboten, woran man gläubig und freudig hing, – daß Hohe und Niedere ungleich mehr dem Genusse des Augenblicks hingegeben waren, so wird man begreifen, daß alle Bessergestellten noch lange von der guten alten Zeit sprachen, wo es eben viel lustiger gewesen sei, als gegenwärtig.[387]

Die Hand- und Spanndienste oder die Abgaben an den Grundherrn, die in unterschiedlichem Ausmaß bis 1848 zu entrichten waren, finden keine Erwähnung.

Meyrs Neigung, manche Seiten des Dorflebens eher humoristisch zu betrachten, tritt z.B. bei der Beschreibung des alten Schullehrers zutage:

---

[386] Der Sieg des Schwachen.

[387] Georg, S. 147 f.

Der alte war seines Zeichens ursprünglich ein Weber und, wie man annehmen muß, an seine Stelle gekommen in Ermangelung eines besseren. Eine lange hagere Gestalt mit kleinem Kopf und dünner Nase, von der man sogleich auf einen charakteristisch näselnden Ton der Stimme schließen konnte. Gutmütig bis zu einem gewissen Grade, wurde er an Einfalt nur von einem seiner damaligen Kollegen übertroffen. Indem er zur Notdurft lesen, schreiben und rechnen lehrte, genügte er dennoch. Seine Haupttätigkeit bestand im Abhören dessen, was die Kinder, entweder von ihm aufgegeben oder freiwillig, auswendig gelernt hatten. Diese Kunst war für einen Mann, der Gedrucktes lesen konnte, nicht schwer, und da die „Schulfrau" (die Gattin des Lehrers) dies auch verstand, so vermochte sie ganz gut für ihn Schule zu halten, wenn er über Land gegangen war oder irgend ein dringendes Geschäft abzumachen hatte. In einem Zweige der Pädagogik war der würdige Repräsentant der guten alten Zeit Virtuos [sic!] *– in der Führung des Haselstocks.*[388] *... In ähnlicher Weise kam er auch den Pflichten eines Küsters, Organisten und Vorsängers nach, nämlich immer in einer gewissen Entfernung.*[389]

Selten und knapp beschreibt Meyr die Inneneinrichtungen von Rieser Bauernhäuser. *Georg, der zum erstenmal in der Stube war, sah in dieser umher und fand sie gar heimlich. Das Kanzley fehlte; aber die Wände des lange stehenden Hauses waren getäfelt und das Ganze, mit einem Großvaterstuhl und einer Himmelbettstatt an der Wand, hatte etwas Altertümliches ...*[390] Die Stuben haben in der Regel einen Bereich, der im Anschluß an den Ofen durch eine Holzwand abgetrennt ist. In diesem „Kanzlei" steht ein Bett für Kranke oder die Wöchnerin, hier werden in einem Wandschränkchen Dokumente aufbewahrt, und es sichert der Bauernfamilie eine Privatsphäre.

Er ging in „das Kanzley", das in den Bauerhäusern gewöhnliche Nebenstübchen zum besondern Gebrauch der Familie, von der Stube durch eine hölzerne, mit brauner Oelfarbe bestrichene Wand getrennt, welche mit der einen Seite des Ofens zusammenzulaufen pflegt.[391] *Er sah in der Stube umher, die ihm sonderbar schön vorkam. Sie war seit kurzem renoviert. Die Wände frisch geweißt, die Bänke und das Kanzley glänzend mit brauner Ölfarbe bestrichen und der Fußboden neu gedielt, so daß der Fegsand darauf zur feinsten Glätte gekehrt werden konnte. – Die Fenster mußten erst gestern gewaschen worden sein, so hell waren sie! Auf dem Sims der beiden, die auf die Gasse gingen, standen Blumenstöcke; nicht nur Geranien, sondern auch Nelken und Gelbveigelein.*[392]

Zuweilen hängen Vogelkäfige mit Singvögeln in den Fensternischen. Von anderen Räumen ist so gut wie nie die Rede. Ganz selten spielt sich eine Szene in einer Schlafkammer ab; Küchen kommen bei Meyr nicht vor.

Die Ernährung sieht er nach den sozialen Schichten differenziert:

Die gewöhnliche Lebensweise im Hause eines begüterten Rieser Bauern ist kurz beschrieben. Früh steht man auf. Die Familie trinkt im „Kanzley" Kaffee, den sie durch ein erkleckliches Quantum Tunke nahrhaft macht, die Ehehalten essen in der Stube Suppe. In der Mitte des Vormittags „geht man zum Brot", das für die Eigentümer durch Butter oder Fleischreste ver-

388 Die Lehrersbraut, S. 17 f.
389 Ebd., S. 19.
390 Georg, S. 185.
391 Ludwig und Annemarie, S. 26.
392 Gleich und Gleich, S. 154.

bessert wird. Um elf Uhr, unter dem Läuten der Kirchenglocke, setzt man sich zum Mittagessen. Das Vesperbrot befeuchtet sich die Familie gern durch braunes oder weißes Bier, und noch vor dem Betläuten wird die Abendmahlzeit eingenommen. Man geht früh zu Bette, um früh wieder aufzustehen.

Die patriarchalische Sitte, mit den Ehehalten zu essen, ist bei wohlhabenden Rieser Bauern schon geraume Zeit in Abgang gekommen; wie ich glaube mit Grund. Daß eine begüterte Familie besser essen will als ihre Dienstboten, ist ihr nicht zu verdenken; in diesem Falle ist es aber humaner, die leckeren Bissen von ihnen ungesehen – eben im Kanzley – zu verzehren und in ihnen nicht Begierden, denen die Befriedigung versagt bleibt, und melancholische Betrachtungen anzuregen. Für die Untergebenen muß es genug sein, daß auch ihr Essen verhältnismäßig gut und reichlich ist ...[393]

Besuch, besonders sozial hochrangiger, wird grundsätzlich gut bewirtet:

Eine Stunde später kamen Vater und Sohn mit dem Rentbeamten von der Kirche nach Hause. Die Bäuerin lud den Herrn ein, beim Mittagessen ihr Gast zu sein. Man speiste in der oberen Stube, auf Tellern von Steingut und mit silbernen Bestecken. Bier und Wein standen auf dem schneeweißen Tischtuch nach der Wahl, und die Hausfrau trug nacheinander auf: Reissuppe, Kalbsbraten mit gerösteten „Erdbirn" und Dampfnudeln vom feinsten Mehle.[394]

Kaffee, in den man Gebäck eintunkt, gibt es nur für hochgeehrten Besuch oder zum Frühstück bei reichen Bauern, während die Dienstboten Morgensuppe essen. In manchen Häusern bekommen die Dienstboten nur minderwertiges Essen vorgesetzt. *Im Hause des Schmiedbauers, der sich keineswegs durch Freigebigkeit auszeichnete, erhielten die Ehehalten Wassersuppe, sehr einfach bereitete Gemüse in möglichst geringer Abwechslung, grobe Mehlspeisen und allenfalls Speck und Salzfleisch, das vor Alter grün und gelb geworden.*[395]

Den Sonntag betrachtet Melchior Meyr poetisch:

Dieser hat auf dem Lande unstreitig viel mehr seine festliche Bedeutung erhalten als in der Stadt, namentlich wenn man die höheren Klassen der städtischen Bevölkerung ins Auge faßt. Nicht nur gehen die Dorfleute viel allgemeiner und regelmäßiger in die Kirche, der ganze Tag ist dem Bauer ein wesentlich anderer als die Wochentage, und er selbst hat sich verwandelt. An den Wochentagen ist sein Sinn auf die Arbeit gerichtet und fast ganz nach außen gezogen; am Sonntag winkt ihm die Ruhe, die nach angestrengter Arbeit so süß ist. ... Von Anfang an hat an diesem Tage alles für ihn einen feierlichen Charakter. Wiederholt erschallt das einfache Turmgeläute, ihm zu sagen, daß er sich festlich anzukleiden und zum Kirchgang zu bereiten habe. Und er legt sein bestes Gewand an – lauter Stücke, die er an Werktagen niemals trägt – und ergeht sich schon vor dem Gottesdienst, in sich gekehrt, mit träumerischem Ernst in seinem Hof, seinem Garten, oder wechselt mit einem Nachbar trauliche Reden, wobei der derbere Ton der Wochengespräche mit natürlichem Takte vermieden wird. ... Die Zeit nach dem zweiten Gottesdienst, der Betstunde oder der Kinderlehre, wendet er auf einen längeren Spaziergang, oder er sucht Befreundete auf, in ihrem eigenen Haus oder im Wirtshaus.[396]

[393] Regine, S. 82 f.
[394] Georg, S. 249.
[395] Ludwig und Annemarie, S. 65.
[396] Regine, S. 84 f.

Das Verhältnis zwischen Stadt und Land sieht Meyr nicht als unüberbrückbaren Gegensatz. Die Rieser Mädchen gehen gern in die Stadt in den Dienst, um etwas zu lernen und Neues zu sehen, wenn ihre Mitarbeit zu Hause nicht nötig ist. In der Regel ist es Augsburg, wohin es sie für einige Zeit zieht:

Zwischen Augsburg und dem Ries besteht eine alte Verbindung. Junge Burschen, sowohl von der Stadt Nördlingen als vom Lande, suchten dort von jeher ihr Glück und siedelten sich nach Umständen auch darin an. Junge Mädchen traten in Dienst, oft mehr zu ihrer Ausbildung, um etwas zu sehen und zu lernen, als durch Not dazu getrieben. Auch solange für das Ries Ansbach die Kreishauptstadt war, ging der Zug der jungen Leute nach dem Zentralort von Schwaben. Hier war es ihnen am heimlichsten, hier fanden sie am leichtesten Unterkunft, und das ist so geblieben bis auf den heutigen Tag.[397]

Für junge Männer wären weitere Gelegenheiten, den geistigen „Horizont" zu erweitern, eigentlich das Wandern als Handwerksgeselle oder der Militärdienst, aber Meyrs Helden geben sich damit nicht ab. Vom Wandern kann man sich befreien lassen, wenn man im väterlichen Geschäft benötigt wird; der einzige Sohn einer Familie wird nicht zur Armee einberufen. Soll man eingezogen werden, kann man sich freikaufen bzw. gegen *ein halbes Vermögen* einen Ersatzmann verdingen.[398] Einer, der freiwillig zum Militär geht, ist wegen des langweiligen Wachdienstes froh, als ihn Verwandte bald wieder loskaufen.[399]

In drei Geschichten spielen Städter eine gewisse Rolle. In „Georg" redet der Rentamtmann als gebildeter Bürger Georgs Eltern gut zu. Regine geht in Dienst zu einer Rieserin, die mit einem Augsburger Bürger verheiratet ist und das Stadtleben für besser hält als das auf dem Land. Aufgrund des zudringlichen Werbens eines Augsburger Wirts kehrt Regine wieder heim. Christine soll in „Die Lehrersbraut" bei weitläufig verwandten Krämersleuten in einer fränkischen Stadt städtisches, zivilisiertes Benehmen lernen, da der Lehrer sich vor einer Blamage durch die Verlobte fürchtet. Hier trifft Christine auf die arrogante Adelheid und die konkurrierende Wilhelmine. Öfter besuchen Nördlinger oder Wallersteiner die Kirchweihen der umliegenden Dörfer. Der Austausch zwischen Stadt und Land findet außer beim Verkauf von Getreide oder Vieh in Nördlingen meist bei der dortigen Messe statt und beim Erwerb landwirtschaftlicher Gerätschaften in städtischen Geschäften. Meyr sieht die Stadt nicht generell als Bedrohung des Landes und der bäuerlichen Bevölkerung.

Die durch die Eisenbahn bedingte neue regionale Mobilität und deren Auswirkungen werden in „Gleich und gleich" angesprochen. Getreideüberschüsse können in Gegenden mit schlechten Ernten gebracht und dort zu einem hohen Preis verkauft werden, während ein Verkauf auf dem heimischen Markt einen Preisverfall zur Folge hätte. Andererseits bietet sie Dienstboten die Möglichkeit, fortzugehen und sich anderswo eine Stelle zu suchen, weswegen diese höhere Löhne verlangen können.

Eisenbahn und Auswanderung waren die einzigen sozialpolitischen und wirtschaftlichen Probleme der Zeit, die Meyr in seinen „Erzählungen aus dem Ries" literarisch verarbeitete.

---

397 Ebd., S. 27 f.

398 So in den Erzählungen „Der Sieg des Schwachen"; „Georg".

399 Georg.

Sonst ging es ihm, der für die gebildeten städtischen Kreisen schrieb, in denen er lebte, mehr darum, diesen das Landleben nahezubringen und die Handlung nach seinen philosophischen Ansichten zu gestalten. Dazu gebrauchte Meyr, wie er in dem Aufsatz „Land und Leute im Ries" angibt, als Ergänzung der ethnographischen Beschreibung die Dichtung, da sie die innersten Regungen und Beweggründe der Menschen aufzeigen könne.

„Zur Ethnographie des Rieses" (1863)

Die „Bavaria. Landes- und Volkskunde des Königreichs Bayern" entstand auf Initiative König Maximilians II. Sie sollte die bis dahin getätigten Forschungen und Sammlungen zur Landes- und Volkskunde Bayerns in einem Werk übersichtlich zusammenstellen als *eine Art encyklopädischen Mittelpunktes*[400]. Der Titel und die Gliederung stammten vom König selbst. Nach den ursprünglichen Plänen war ein Zweck der „Bavaria" auch, Anregung zu geben zu selbständigen ergänzenden Schriften.[401] Jeweils zwei Kreise wurden in einen Band aufgenommen. Der ehemalige Kreis Schwaben und Neuburg, der im wesentlichen dem heutigen Regierungsbezirk Schwaben entspricht, wird in dem 1863 erschienen Band der „Bavaria" gegliedert nach verschiedenen Themenbereichen behandelt. Nur die Passagen Geschichts- und Kunstdenkmale, Sagen, Mundart, Volkskrankheiten und Volksmedizin, Geschichte der Volksbildung und des Unterrichts sowie Ortsgeschichte beziehen das Ries mit ein. Im Kapitel „Betriebsamkeit" ist der Punkt Landwirtschaft ohnehin nach Regionen untergliedert.[402] Dagegen findet das Ries ausdrücklich keine Berücksichtigung in den Abschnitten über Haus und Wohnung, Volkssitte, Volkstracht und Nahrung. Das Ries hat hierfür als einzige Region ein eigenes Kapitel, nämlich das achte, erhalten; „Zur Ethnographie des Rieses" ist auf den Seiten 852 bis 875 abgedruckt.[403]

Verfasser dieser Ethnographie war Melchior Meyr, dem der Auftrag dazu recht willkommen gewesen sein dürfte: Zum einen betrachtete er sich ohnehin als Mentor des Rieses, zum anderen kam ihm das Honorar angesichts seiner schwachen Finanzlage sehr gelegen. Da Meyr eine Zeitlang dem erweiterten abendlichen Kreis um König Maximilian II. angehörte, hatte er so wohl auch Kontakt zu W. H. Riehl, dem Herausgeber der „Bavaria". Um 1860/61 begann Meyr bei seinen Verwandten in Ebermergen mit der Materialsammlung. In einem anderen Zusammenhang rechtfertigt Meyr das protestantische Ebermergen, das zwischen Harburg und Donauwörth und damit eigentlich außerhalb des Rieses liegt, als nach Tracht und Sitte zum Ries gehörig.[404] Ebermergen wird in dem Bericht des schwäbischen Regierungspräsidenten zur Trachtensituation 1856 als – vom Ries abgesehen – eines der wenigen Dörfer angegeben, in dem noch Tracht getragen werde.[405]

[400] Zitiert nach Hornig: W. H. Riehl, S. 46.
[401] Ebd., S. 50 f.
[402] H. v. Gaisberg beschreibt darin die Landwirtschaft. Abgedruckt in M. Meyr: Zur Ethnographie des Rieses (Nachdruck), S. 67-70.
[403] Da die „Ethnographie des Rieses" 1983 neu herausgegeben wurde, wird hier auf längere Zitaten oder eine Edition verzichtet.
[404] Ethnographie des Rieses, S. 58. Ebermergen gehörte ursprünglich zum Herrschaftsgericht Harburg; nach dessen Auflösung 1852 kam es zum Landgericht Donauwörth (s. Kap. Trachtenumfrage).
[405] Vgl. Kap. Frühe Steiflichter.

Meyr schickt seiner Ethnographie voraus, daß auch in einem kleinen, abgeschlossenen Gebiet die ohnehin differenzierten Lebensäußerungen einem ständigem Wandel unterlägen und man sie *besten Falls nur annähernd* beobachten und abspiegeln könne. Eine vollständige Erfassung, eine umfassende Schilderung sei nicht möglich. Meyr versteht sein von ihm zusammengefügtes Bild daher nur als einen Beitrag, dessen Grundlage aber seine eigene Forschung gewesen sei. Er erhebt nicht den Anspruch, das als Mikrokosmos verstandene Ries in seiner Beschreibung völlig abzudecken.

In der damals für landeskundliche Arbeiten obligatorischen Stammescharakteristik versteht Meyr die Rieser als der Geschichte, dem Dialekt und der Wesensart nach zugehörig zum schwäbischen Stamm, allerdings durch die nahe Grenze fränkisch beeinflußt. Während für die Schwaben ihre größere Innerlichkeit und Tiefe, aber auch ein größerer Starrsinn bezeichnend sei und sie leicht in Zorn gerieten, sieht Meyr die Franken fröhlicher, leichter, gewandter und geselliger. Deswegen hält er als gebürtiger Rieser den fränkischen Hauch für durchaus begrüßenswert.

Das Ries selbst sei als *kleine Welt* reich an Gegensätzen und Abstufungen. Die politische Grenze, die einen Teil von Bayern abtrennt, mache sich bemerkbar durch die Auswirkungen des in Württemberg anders organisierten Gemeindelebens, was Meyr nicht näher erläutert. Im Osten sei der fränkische Einfluß zu spüren. In der *Pfalz*, wie einige katholische Orte zwischen Harburg und Wemding bezeichnet würden, gälten die jungen Männer als besonders rauflustig. Konfessionell würden die Protestanten überwiegen, aber es gebe auch viele rein katholische sowie einzelne ausgewogene, paritätische Orte. Als Beispiel für den guten Kontakt zwischen den beiden Konfessionen führt Meyr das Fronleichnamsfest im katholischen Wallerstein an, bei dem die Protestanten der Umgebung gerne zuschauten. Unter den Protestanten seien alle Richtungen vertreten, von liberal bis streng und altlutherisch. Der Wallfahrtsort Wemding, in dem es auch ein Mönchskloster gab, ziehe alljährlich viele Wallfahrer an, besonders Landbewohner vom Lech und von der Donau. Meyr beurteilt die Wohltätigkeit der bemittelten Klöster eher negativ, da sie dem betreffenden Dorf ermögliche, sich zu vergnügen anstatt mühselig zu arbeiten. Er relativiert diese Aussage dann allerdings insofern, daß dies zu seiner Zeit nur noch in Resten so sei und bald ganz ein Ende habe. In vielen Orten seien Juden ansässig, die auf unterschiedlichem Niveau Finanz- und Handelsgeschäfte betrieben. Als eine Sondergruppe erwähnt Meyr die Nachfahren der *Freileute* in Flochberg. Die geringe Meinung der Rieser über sie kommt auch bei Meyr zum Ausdruck, wenn er etwa über ihren Konsum von Katzenfleisch schreibt.[406]

Der Gegensatz der beiden Gemeinden Nördlingen und Wallerstein vor allem in ihrem *sozialen Habitus* beschäftigt Meyr, der zwischen beiden Orten aufgewachsen ist, besonders. Dabei sei die protestantische Bevölkerung des ehemals reichsstädtischen Nördlingen nur eine Stunde vom katholischen Wallerstein und seiner fürstlichen Hofhaltung entfernt, in der sich auch Ausländer, in erster Linie Italiener und Franzosen, aufhielten. Das durch den Fürstenhof früher bedingte vornehme Gehabe, die Arroganz und das herrschaftliche Auftreten in der ganzen Bevölkerung habe aber inzwischen aufgehört.

[406] Die auch als Schloßberger bezeichneten Leute wurden ab dem 17. Jh. von den Grafen zu Oettingen dort angesiedelt und schlugen sich wegen der fehlenden Landzuweisung bis gegen Anfang des 19. Jhs. als Hausierer und Bettler durch (s. dazu Neher: Wirtschaftsleben der Gemeinde Schloßberg).

Eine weitere Differenzierung des Gesamtbildes erfahre das Ries durch die Grenzhügel und Seitentäler, die im Gegensatz zur fruchtbaren Riesebene von Wald bestanden seien. Die Arbeit im Wald und das Vergnügen mit ihm hätten laut Meyr gewisse Eigentümlichkeiten bei der Bevölkerung erzeugt. Sie schienen stiller, schlichter, weniger prunkend und zuweilen weniger reinlich zu sein als die wohlhabenden Mittelrieser. Einen Zusammenhang zwischen der indirekt zum Ausdruck kommenden größeren Armut der Riesrandbewohner und der geringeren Ausprägung des Prunks stellt Meyr nicht her.

Auch geologisch sei die Merkwürdigkeit zu vermelden, daß Phänomene, die sonst weit voneinander entfernt lägen, hier in enger Nachbarschaft aufträten. Erst kürzlich seien Braunkohlelager entdeckt worden, die für die Gegend und die Industrie von Nutzen sein könnten, wenn man dem hinderlichen Grundwasser Herr werden könnte. Der überaus ergiebige Getreideboden des Rieses stehe an zweiter Stelle hinter dem niederbayerischen. Das Ries sei dicht besiedelt, es gebe viele Großbegüterte, aber natürlich noch mehr kleine und sehr kleine Anwesen. Meyr begründet nicht, warum trotz der Bodengüte viele Menschen Entbehrung und Mühseligkeit erleiden müßten; mit Zähigkeit und Genügsamkeit werde das Leben gemeistert. Die Arbeitsliebe, den Ehrgeiz, die Sparsamkeit und Zufriedenheit hat Meyr auch schon vorher erwähnt. Dadurch sei es in einigen Fällen möglich gewesen, daß ein Söldner zu einem Mittelbegüterten aufgestiegen sei, der Sohn den Besitz noch weiter vermehren und so seine Tochter mit einem Großbegüterten habe verheiraten können. Die Durchlässigkeit der an sich strikt beachteten sozialen Grenzen greift Meyr später erneut auf. Unter der in manchen Dörfern sehr ausgeprägten Sparsamkeit würden allerdings die Wirte leiden.

Ein typisches Rieser Dorf, so Meyr, habe eine Hauptgasse, die nicht unbedingt die Fortsetzung der Landstraße bilden müsse, Neben- und Quergassen. Ein mit Weiden bestandener Bach oder Fluß, der den Gemeindeanger durchzieht, eigne sich ideal zur Gänsehaltung. Trotz der gleichartigen Anlage sei jedes Dorf an spezifischen Details zu erkennen. Meyr teilt die Dorfbewohner in drei soziale Kategorien ein. Der traditionellen Unterscheidung zwischen Bauern, die fünfzig bis hundert Morgen[407] Land sowie einen Hof besaßen, und Söldnern, denen ein Haus gehörte oder nur ein halbes und die wegen des geringen Umfangs ihres Ackerlandes auf einen Zuerwerb angewiesen waren, fügt Meyr eine mittlere Gattung hinzu. Zu dieser Gruppe der Mittelbegüterten zählt er wohlhabende Söldner und verarmte Bauern.[408]

Auf diese Dreiteilung bezieht sich Meyr in der Folge wiederholt und beschreibt dabei die drei Gruppen noch näher. Der Kleinbegüterte bewohne ein sehr einfaches Haus oder teile sich in selteneren Fällen mit anderen ein größeres. An Vieh könne er vielleicht einige Kühe, Schweine und eventuell eine Ziege halten. Während die Männer zusätzlich meist als Gesellen im Handwerk arbeiteten oder sich als Tagelöhner verdingten, gingen die Frauen *grasen*, d.h. sie mähten das Gras an Böschungen und Wegrändern. Die Mittelbegüterten besäßen außer einem Haus auch einen Stadel, der oft mit dem Haus eine bauliche Einheit bilde. Außer einer Dreschtenne gebe es einen Stall mit Kühen,

[407] 1 Morgen = 0,34 Hektar.

[408] Auch Fried konstatiert, daß sich Mitte des 19. Jahrhunderts ein allgemeiner Aufstieg von Söldnern zu Kleinbauern vollzogen habe (Fried: Die Sozialentwicklung im Bauerntum, S. 770).

Jungvieh und Maststieren. Während sogar kleine Bauern aus Prestigegründen traditionell wenigstens ein bis zwei Pferde zur Feldarbeit einspannten, setzten die wohlhabenden Söldner dafür eher die rentableren Stiere und Kühe ein. Wenn ein begüterter Söldner überhaupt ein Handwerk betreibe, dann als Meister. Ein Bauer, auch einer mit wenig Besitz, würde sich auf keinen Fall mit einem Handwerk abgeben, was aber eigenhändige handwerkliche Reparaturarbeiten an seinem Hof nicht ausschließe.

Zu den Großbegüterten rechnet Meyr außer reichen Bauern Wirte und Müller. Der Bauernhof umfasse in diesen Fällen ein stärker unterteiltes Haus, einen Roß- und Ochsenstall, einen Stadel mit Viehstall, ein bis zwei Dreschtennen und eine Unterstellschupfe. Eventuell gebe es auch ein Austragshaus für die Alten. Umgeben sei das ausgedehnte Anwesen, dessen Mittelpunkt der Misthaufen bilde, von einem Zaun oder von einer Mauer. Die Haltung von vier Pferden und deren Nachzucht sei obligatorisch; auf eine gute Rasse lege der Rieser Wert. Ungefähr sechs Dienstboten seien beschäftigt, so daß der Bauer eigentlich nur noch die Arbeit zuteilen müsse. Zu den Besitzverhältnissen merkt Meyr an, daß achtzig bis hundert Morgen im Ries schon viel seien, nur wenige Bauern trieben über hundert Morgen um, nur einer, nämlich in Großelfingen, habe zweihundert Morgen in Besitz.

Bei der Einteilung und Einrichtung der Bauernhäuser unterscheidet M. Meyr erneut nach der sozialen Dreiteilung. Im Haus des Kleinbegüterten befänden sich auf der einen Seite des Hausflurs Stube und Küche, auf der anderen Kammern, dahinter der Stall und die Dreschtenne. Außerdem gebe es noch einen Keller, unter dem Dach den Getreideboden und eventuell noch eine weitere Kammer. Das Notwendige sei also vorhanden, und auch *eine verhältnismäßige* Reinlichkeit möglich. Bezeichnend für die Rieser sei, daß sie eher an Essen und Trinken sparten als an der Heizung. Die geweißten Häuser der Mittelbegüterten seien insgesamt geräumiger und *ausgeführter* als die der Kleinbegüterten, aber kleiner als ein Bauernhof. In dem angeführten Beispiel ist in das Haus eine Austragsstube integriert. Solnhofer Platten bilden den Boden in der Tenne. In der Stube läuft eine Bank an den Fensterwänden entlang. In der Ecke zwischen den Fenstern steht ein großer Tisch. Die Küche hat ein Fenster zum Garten hinaus. Das Schlafzimmer ist mit zwei Schränken, dem Ehebett und einem Kinderbett ausgestattet. Üblich und nützlich sei der Verbindungsgang zwischen den Kammern hindurch in den Stall, um geschützt vor der Witterung zum Vieh zu gelangen.

Nach Meyr waren die Rieser Bauernhäuser grundsätzlich einstöckig, die zweistöckigen Wirtshäuser bildeten eine Ausnahme. Auch bei den Großbegüterten war der Hausflur mit Solnhofer Platten gepflastert. An den Fenstern der großen Stube hingen Vorhänge. Normalerweise trennte in der Stube eine braungestrichene Holzwand neben dem Ofen das *Kanzlei*, in das sich das Ehepaar zurückziehen konnte, vom übrigen Raum ab. Neben der Küche war eine Speisekammer eingebaut. Die Kammern waren größer, und es gab zwei Keller. Im vorgestellten Beispiel befand sich im Dachgeschoß außer dem Getreideboden eine kleine Wohnung für die Eltern des Hofbesitzers. In den beiden Städeln waren neben der Dreschtenne der Rindviehstall und ein Schafstall untergebracht. In der Stube war das *Kantenbrett* üblich, ein Wandregal für Eß- und Trinkgeschirr, außerdem unter den Bänken Verschläge für das Melkgeschirr und unter der Ofenbank ein Ställchen für Geflügelküken. Der Hühnerstall konnte unter der Treppe im Hausflur seinen

Platz haben oder im Rindviehstall. Gänse waren im Hinterhaus oder im Stadel untergebracht. Der Taubenschlag befand sich oben im Vordergiebel. Der hölzerne Schweinestall stand allein im Hof, wo auch der Brunnen seinen Platz hatte.

Desgleichen richteten sich die Nahrungsverhältnisse in erster Linie nach den finanziellen Möglichkeiten. Die kleinen Leute nahmen nach Meyrs Angaben morgens Wassersuppe mit etwas Milch zu sich, vormittags Schwarzbrot oder Kartoffeln, mittags leicht geschmalztes Kraut oder Rüben mit Schwarzbrot, eventuell angereichert mit Fleischstückchen oder Kartoffelklößen, und abends Suppe mit Kartoffeln oder etwas ähnliches. Im Sommer brachte man mittags oft nur in Milch oder in Weißbier eingebrocktes Brot auf den Tisch. Als Getränk mußte meist Wasser genügen, Braunbier gönnte man sich nur selten. Im Sommer durfte man als Durstlöscher das billigere Weißbier trinken. Meist nur an Feiertagen wurden Weißbrot und Zelten gereicht. Die zweite Bevölkerungsgruppe nach Meyrs Einteilung hatte als Frühstück Suppe, am Sonntag Kaffee. Sie konnte sich mittags nach der Suppe Schweinefleisch zum Gemüse leisten. Zur Abwechslung gab es auch gebackene Nudeln, Spatzen oder Hirsebrei. Abends aßen sie nach der Suppe Milchmus oder saure Brühe mit Zelten oder ein Eiergericht. Das Brot war in der Regel weiß.

Eine typische Speisenreihenfolge bei den Großbegüterten war zum Frühstück jeden Tag Kaffee und Zelten, vormittags Weißbrot mit Butter, mittags Weißbrotsuppe und Gemüse mit Fleisch, alternativ eine Mehlspeise. Zur Vesper stand wieder Weißbrot auf dem Tisch. Zum Abendessen wurden Suppe, Würste, Schupfnudeln oder Eier aufgetragen. Zu mehreren Mahlzeiten am Tag trank man Bier. Aber auch hier waren die Grenzen zwischen den Gesellschaftsschichten fließend. Wohlhabende mit vielen Kindern oder Geizhälse begnügten sich mit einfacheren Speisen, während sich Mittelbegüterte unter Umständen Besseres leisten konnten oder wollten. Für die wirklich Armen mußte die Gemeinde sorgen, unterstützt durch private Wohltätigkeit. Nur ganz wenige hatte keine Beschäftigung.

In seiner ausführlichen, exakten Beschreibung der Kleidung der Landbevölkerung geht Meyr – wie schon in den Erzählungen – fast ausschließlich auf die Sonn- und Festtagstracht ein, weil ihm die Arbeitskleidung auf dem Feld, wie man sie etwa bei einer Eisenbahnfahrt durch das Ries zu Gesicht bekomme, untypisch erscheint. Dort seien vor allem Frauen aus einer niederen Gesellschaftsschicht und Mägde zu sehen, deren Kleidung bei der oft mit Schmutz verbundenen Arbeit nur ganz unscheinbar sei. Außerdem trage man in der Sommerhitze nur die nötigsten Stücke, und die Männer vertauschten die sonst übliche Lederhose mit einer langen Stoffhose. Das blaue Fuhrmannshemd lehnt Meyr aus ästhetischen Gründen und wegen seiner uniformierenden Wirkung ab. Meyr unterscheidet bei der Kleidung nach sozialen Aspekten, nach verschiedenen Anlässen und führt kurz die konfessionell geprägten Ausformungen auf.

Junge Männer trugen, so Meyr, wenn sie sich gut angezogen hatten, enganliegende, schwarze hirschlederne Hosen, hohe, über das Knie reichende, enge Stiefel, schwarze oder bunte Manchester-Westen und ein seidenes Halstuch, das von einem liegenden Hemdkragen bedeckt war. Zu feierlichen Gelegenheiten zogen sie einen schwarzen Barchentkitttel an und setzten einen Schaufelhut auf, der eine ungefähr dreieckige Form hatte. Ins Wirtshaus oder *übers Feld* ging man in einer dunkelblauen Tuchjacke und einer Pelzkappe aus Fischotter, deren vorderer Teil höher war als der hintere. Die Kappe wurde gern etwas schief aufgesetzt, was flotter wirkte. In Meyrs Augen stellte ein so gekleideter junger Mann mit einem braunen, reich mit Silber beschlagenen Ulmer Pfeifenkopf einen erfreulichen Anblick dar. Das Alter bedinge kaum Unterschiede; ältere Männer und Buben seien im wesentlichen genauso gekleidet. Nur die Handwerker würden sich städtisch kleiden, aber da Schnitt und Stoffqualität nicht denen der Stadt entsprächen, würden die Bauern vorteilhafter aussehen als sie. Wohlhabende Müller, Wirte und große Bauern leisteten sich anstelle des Barchentrockes einen Tuchrock und gaben einem breitkrempigen runden Hut den Vorzug. Anstelle der Fischotterkappe trugen viele in neuerer Zeit eine *Art städtischer Wintermütze mit schwarzem Pelz und manchesternem Zipfel.* Wenn Meyr auch zugibt, daß diese zweckmäßiger war, so hält er doch die Fischotterkappe für imposanter.

Die Frauen hatten die Zahl der übereinander getragenen Röcke auf zwei bis drei reduziert, was Meyr wegen der schlankeren Silhouette begrüßt. Während der Unterrock nach Meyrs Informationen durchwegs rot war, konnte der obere Rock mehrere Farben haben. Meist wurde ein roter oder blauer Grund bedruckt, *schwarz betupft oder sonst gemodelt*[409]. Zum knöchellangen Rock, so Meyr weiter, trug man Schürzen in allen Stoffen und Farben. Weiße Kniestrümpfe galten als feierlicher als die blauen. Dem Einfluß der Mode schreibt Meyr es zu, daß sich die früher enganliegenden Ärmel des Kittels am Oberarm aufgebauscht hatten, was anfangs bei Hochgestellten recht extreme Formen angenommen habe, aber nun in ein akzeptables Maß zurückgegangen sei. Als Vermittlerinnen modischer Innovationen sieht Meyr Städterinnen und Pfarrerstöchter an. Beim kattunen oder wollenen *Kittel* der Frauen, auch Spenzer genannt, beschreibt Meyr eine Verkleinerung der Auszackung am Rücken. Der Kittel wurde vorne zugeknöpft oder zugehaftet, so daß die Brust nicht wie in anderen Gegenden eingeengt wurde. Unter dem Spenzer wurde außer dem Hemd ein Leibchen getragen, das bei der Feiertagskleidung möglichst aus feinem Wollstoff, Manchester oder Atlas war. Häufig waren beim Hemd die sichtbaren Teile aus feinerem Stoff als die verdeckten. Um den Hals trugen die Frauen einen schwarzen *Buddel* aus verbundenen Seitensträngen. Das Halstuch, das an Feiertagen aus Seide war, wurde früher so umgebunden, daß es auf dem Rücken ein Dreieck bildete, dessen untere Spitze festgesteckt wurde. Nun werde es, so Meyr, *städtischer* behandelt und leicht umgeschlagen. Gelegentlich sei auch schon eine Art Schal aufgekommen, dessen Enden um die Taille geschlungen werden.

Das einfache Häubchen, das Meyr gut gefällt, sei im Lauf der Zeit vom Hinterkopf möglichst weit nach hinten auf den Haarknoten gerutscht. Festliche Hauben bestanden aus schwarzem Atlas, der Haubenboden, das ovale *Bödele,* war in diesen Fällen silbern oder golden. Die Hauben wurden mit Bändern unter dem Kinn festgebunden. Nach Meyrs Kenntnis hatte sich auch die Frisur geändert: Während die Haare früher einfach nach hinten zurückgestrichen worden waren, wurden sie jetzt gescheitelt, nach rechts und links heruntergekämmt und in einer eleganten geschwungenen Linie hinter das Ohr gekämmt. Bei feierlichen Anlässen trage man *immer noch* die Spitzenhaube, bei der der Kopfteil radartig von Spitzen umgeben sei. Sie wurde ebenfalls unter dem Kinn von Atlasbändern gehalten.

---

[409] Dazu gab es eigene Druckstöcke, Modeln, mit mehreren Kanälen, so daß verschiedene Farben verwendet werden konnten. Da das Muster wolkenartig aussah, nannte man die aus diesem Stoff geschneiderten Röcke Wolkenröcke.

Nach Möglichkeit besitze die Rieserin außer einem gewöhnlichen und einem festlichen *Anzug* noch einen farbigen und einen schwarzen. Protestantinnen trugen schwarze Kleidung nicht nur zur Trauer, sondern auch zum Kirchgang an den höchsten Feiertagen. Während die Katholiken grundsätzlich hellere Farben wählten, gaben die Protestanten dunkleren den Vorzug. An den Sommerhüten hatten die Katholikinnen gelbe und grüne Bänder, Protestantinnen schwarze. Das *Bödele* der Häubchen habe bei Protestantinnen eine ovale Form, bei Katholikinnen sei es breit und gleichmäßig. Die hellrote Weste der Männer würde fast nur noch von den Katholiken getragen. An Schmuck gab es silberne, bei Reichen goldene Fingerringe und manchmal goldene Ohrringe. Vornehme Bäuerinnen konnten über dem Spenzer ein Seidenband mit einem Goldstück tragen. Meyr, der sein Urteil hier selbst relativiert, da er geborener Rieser sei, äußert sich mit Wohlgefallen über die Tracht, besonders da die Frauentracht unter dem mäßigenden Einfluß gebildeter Schneider und Näherinnen zierlicher geworden sei. Statt auf aufgebauschtes imposantes Aussehen lege man nun mehr Wert auf Schönheit. Die anderen Änderungen der Frauenkleidung sieht Meyr gleichfalls wohlwollend. Während Meyr bei den Frauen Zierlichkeit vorzieht, bedauert er das allmähliche Verschwinden der imposanten Fischottermütze zugunsten zweckmäßigerer männlicher Kopfbedeckungen.

Den Abschnitt über die Freizeitvergnügungen der Rieser beginnt Meyr mit der Feststellung, welche Bedeutung Ackerbau, Viehzucht und die schon damals in der Literatur immer besonders herausgestellte Gänsezucht hätten. Der bedächtige Rieser Bauer eigne sich auch von der rationelleren Betriebsführung etwas an. Auf die Gänsezucht und -mast hätten sich die weniger bemittelten Familien spezialisiert: Ein Kind hüte die Gänse, bis diese groß genug seien, von Händlern aufgekauft und *massenweise nach größern Städten, meist nach Augsburg, getrieben* würden. Teilweise standen die Feste im Zusammenhang mit dem Abschluß einer landwirtschaftlichen Arbeit. So würden die Bäuerinnen nach der Getreideernte und nach der Aussaat des Leins um Johanni Küchlein, ein rundes Schmalzgebäck, auftischen. Ohnehin erhielten die Getreideschnitter besondere, bessere Kost. Zur *Flegelhenke*, wenn das Dreschen beendet war, würden Schneckennudeln oder auch eine Metzelsuppe gereicht. Der dabei früher übliche Brauch mit dem Wettlauf zwischen Knechten und Mägden um ein Strohband, den Meyr in der Ethnographie und in den Erzählungen aus seinen Kindheitserinnerungen schildert, war nach seinen Worten inzwischen verschwunden.

Das Wirtshaus besuchten die Rieser am Samstagabend und am Sonntag. Dort trank man braunes oder weißes Bier, letzteres kombiniert mit einem Glas Schnaps. Man unterhielt sich über landwirtschaftliche Themen, spielte Karten oder zog über nicht anwesende Personen her. Am Samstagabend sangen die ledigen Männer nach dem Wirtshausbesuch zusammen noch ein bißchen. In die Städte Nördlingen, Oettingen, Wemding und Harburg ging man an Markttagen zum Kauf und Verkauf, an Feiertagen zum Vergnügen. *Die Stadt* war Nördlingen, zu deren Bedeutung die Schranne beitrug. Nach einem Geschäftsabschluß, wenn sie ihre Waren verkauft hatten, suchten die Bauern und auch die Bäuerinnen gern noch ein Wirtshaus auf und ließen sich Braten, Nördlinger Würste, Augsburger oder Nördlinger Bier und eventuell Wein auftragen.

Die beiden großen Festlichkeiten im dörflichen Leben waren Hochzeiten und Kirchweihen. Hochzeiten wurden möglichst in Wirtshäusern abgehalten. Verwandte und Bekannte aus dem ganzen Ries und das gesamte Dorf waren eingeladen und mußten deswegen der Sitte nach etwas schenken, selbst wenn Dorfbewohner die Einladung wegen der damit verbundenen Kosten nicht angenommen hatten. Die auswärtigen Gästen vergnügten sich nachmittags und kehrten gegen Abend heim. Wenn dann auch das Brautpaar heimgegangen war, wurde die Hochzeit zum Dorffest, und die jungen Leute tanzten in der oberen Wirtsstube weiter. Gleichermaßen wurde in der unteren Stube gegessen und getanzt. Das Mahl, das die Gäste selbst bezahlen mußten, bestand aus Frühstück, Mittag- und Abendessen und den dazu getrunkenen alkoholischen Getränken und kostete etwa zweieinhalb Gulden. Dafür waren Reis- und Knöpflesuppe, Rindfleisch, Brat- und Siedwürste, *Leberkuchen*, Braten und Torten, Braunbier und Wein geboten. Die Musikanten, die obendrein für eine Tafelmusik sorgten, gingen von Tisch zu Tisch und sammelten ihr Honorar ein. Meyr streicht die Wandlungen heraus, denen das Hochzeitsfest unterworfen war. Früher ging der Hochzeitszug mit Musik in die Kirche und von der Kirche ins Wirtshaus; der Schulmeister hielt zu Beginn eine ernste, erbauliche Rede, gab im Lauf des Festes lustige Reime auf das Brautpaar zum besten und sang dann mit den Schulbuben ein geistliches Lied. Die Musikanten begleiteten das Brautpaar nach Hause, wo diese noch einmal tanzten. Nun gehe es stiller zu, kirchliche und weltliche Feier seien getrennt, was Meyr nicht bedauert: *was das Landvolk, wenn auch auf Anstoß von außen, selber aufgibt, das kann man nicht mehr halten wollen.*

Zur Kirchweih konnten sich Verwandte und Bekannte aus verschiedenen Dörfern wieder gegenseitig besuchen, nachdem, wie Meyr berichtet, die Zusammenlegung der verschiedenen Kirchweihtermine auf ein Wochenende im Oktober wieder aufgehoben worden war. Aber die Bräuche, die bis 1820/1830 üblich gewesen waren, seien mittlerweile abhanden gekommen. Früher seien die Mädchen von ihren Kirchweihburschen in Begleitung der Musik abgeholt worden. Ein oder zwei *Platzmeister* mit *absonderlich geputzten Hüten*, die dafür bezahlt hatten, führten einen Tanz um die Linde an und organisierten Gewinnspiele.[410] Gegen Mitte des Jahrhunderts kamen die Mädchen von allein ins Wirtshaus, nur noch dort wurde getanzt. Der Brauch, daß eine Gruppe von Burschen die Kosten einer gemeinsamen Zeche unter sich aufteilte, hatte überdauert. Meyr zählt eine ganze Liste an Speisen auf, die man sich an der Kirchweih gönnte: Rindfleisch in süßer Brühe, Schweinefleisch, Blut- und Leberwürste mit Sauerkraut, *Leberkuchen*, Gansviertel und Torte. Die Speisen und Getränke sowie die Musik an den beiden Tagen ließ sich ein junger Mann nach Meyrs Schätzung über eine Karolin[411] kosten. Meyr beobachtet eine Änderung im Konsumverhalten. Früher hatte man an den beiden Festtagen Kirchweihsonntag und -montag sehr viel Geld ausgegeben; besonders Knechte oder jüngere Tagelöhner hatten in zwei Tagen oft die Ersparnisse des ganzen Sommers aufgebraucht. Nun gönne man sich lieber häufiger einmal etwas. Reiche Bauern ließen sich ihr üppiges Essen bei der Kirchweih ungefähr vier bis fünf Gulden kosten, während weniger Bemittelte mit Kraut und Siedwürsten vorlieb nahmen.

---

[410] „Der Kirchweihtanz im Freien und das Brauchtum um den Platzmeister wurde in unseren Dörfern zwischen 1830 und 1840 überall eingestellt." (Steger: Kirchweih, S. 232.)

[411] Schlagbauer rechnet in der Neuedition der Ethnographie aus, daß z. Zt. Meyrs eine Karolin einen Handelswert von elf Gulden hatte (S. 77). Zum Vergleich: Der Jahreslohn betrug im Bezirksamt Nördlingen 1853 auf dem Land für einen Mann 143 Gulden. 1852 kostete ein Wollkleid 4-6 Gulden (Kilian: Die Rieser Landwirtschaft im Wandel).

Die Zahl der Raufereien, deren Anlaß früher in der Regel persönliche Feindschaften, Konflikte zwischen den Konfessionen, zwischen reich und arm oder zwischen einheimischen und auswärtigen Burschen gewesen seien, habe durch die Einwirkung von Volkserziehern und Gendarmen beträchtlich abgenommen; nur noch in Ausnahmefällen komme es zu einer Schlägerei. Während die ledigen Leute im Wirtshaus oben tanzten, hielten sich die Verheirateten und Älteren in der unteren Stube auf, wo sie nachts, wenn sie Musikanten herunterkommen ließen, ebenfalls tanzen konnten. Meyr, dessen Interesse als begeisterter Tänzer hier deutlich zum Vorschein kommt, widmet den bevorzugten und den neu eingeführten Tänzen und ihrer Ausführung eine längere Abhandlung. Weitere Gelegenheiten zum Tanzen gab es an den Markttagen und während der Nördlinger Messe, wobei die Dorfbewohner in der Regel unter sich blieben. Meyr stellt beim Tanz eine Verfeinerung der Lebensart fest, die sich auch in der Hauseinrichtung und in der Kleidung zeige. Hinsichtlich der Innovationsbereitschaft der Rieser konstatiert er, daß Bauern grundsätzlich konservativ seien und sich nur bis zu einem gewissen Grad auf Neuerungen einließen, aber *wer Polka Masurka gelernt hat, der wird eher geneigt sein, auf einem nassen Acker die Drainage einzuführen, als der welcher beim Schweinauer geblieben ist.*

Nur noch ganz kurz behandelt Meyr – aus rein evangelischer Sicht – einige weitere wichtige Stationen im Leben oder im Lauf eines Jahres. Die Taufe fand ein paar Tage nach der Geburt in der Kirche statt, hinterher wurden Kaffee, Bier und Gebäck gereicht. Außer dem Vater, dem Taufpaten und u.U. dem Pfarrer, dem Lehrer und Nächstverwandten nahmen nur Frauen teil. Der Täufling erhielt kleine Geschenke. Das *Anschießen* der Taufe war verboten, aber noch nicht ganz abgestellt worden. Stattdessen läutete die kleine Kirchenglocke. Die protestantischen Kinder wurden nach dem letzten Schuljahr konfirmiert. Am Palmsonntag wurden sie dabei in der Kirche vor dem Altar aufgestellt und geprüft. Vom Taufpaten erhielten sie zu diesem Anlaß ein neues Gesangbuch. Die Dorfbewohner schenkten kleine Geldbeträge zwischen drei und zwölf Kreuzern und bekamen dafür Kaffee, Bier, Küchle oder Zelten aufgewartet. Vor und nach einer Beerdigung wurden die auswärtigen Gäste und die nächsten Verwandten im Trauerhaus bewirtet. Eine große Trauergemeinde galt als Ehre für den Verstorbenen und die Hinterbliebenen.

An Weihnachten wurde in der Familien u.a. *Hutzelbrot* gereicht. Meyr berichtet, daß der weihnachtliche Stubenschmuck mit blühenden und geschmückten Weichselbäumen, den er noch in seinen „Erzählungen" beschreibt, nicht mehr üblich sei. Über zeitgenössische Gepflogenheiten an Weihnachten teilt Meyr nichts mit. An Neujahr gab es wieder besonderes Gebäck, und Bettler zogen von Haus zu Haus, um sich spezielle Brote schenken zu lassen.

Meyr fügt abschließend noch zwei allgemeinere Abschnitte an. Die *Sittlichkeit* sei gut ausgeprägt. Es sei dem Aufwachsen in der *Natursphäre* zuzuschreiben, daß sich Zartgefühl zwischen den Geschlechtern kaum entwickeln könne. Aus vorehelichen Beziehungen gingen zwar oft Kinder hervor, aber meistens heirateten die Liebespaare dann. Wenn nicht, so bilde ein uneheliches Kind kein besonderes Hindernis bei einer anderweitigen Heirat. Nur angesehene Häuser achteten besser auf ihre Töchter. Meyr spricht die Erwartung aus, daß der bessere Unterricht, pädagogische Mittel und – der Dichter spricht! – bessere Lektüre künftig wohl Änderungen bewirken würden, da ja auch schon Vergehen und Verbrechen gegenüber früher stark zurückgegangen seien.

Die Veränderung der Denkweise meint Meyr beim Aberglauben zu erkennen, der zwar weit verbreitet sei, wobei aber die Leute normalerweise beteuerten, daß sie eigentlich nicht daran glaubten. Was Fortschritt und Tradition angehe, so sei, obwohl Bauern konservativer seien als Städter, nicht abzusehen, wieviel in fünfzig oder hundert Jahren noch vorhanden sei von bisheriger Denkweise, Sitte, Brauch oder Volkstracht. Deswegen seien *ethnographische Studien* und *sittenspiegelnde Dorfnovellen ... in unseren Tagen* sehr nötig. Nur die Liebe des Bauern zu seiner Arbeit und die Struktur der Dorfgemeinschaft hält Meyr für beständig. Möglicherweise würden sich die Leute als Ersatz für alte aufgegebene Sitten und Bräuche neue schaffen oder alte wiedererwecken. Und vielleicht – so die Hoffnung des Bildungsbürgers Meyr – würden sie den Aberglauben gegen Kenntnisse der Natur und Geschichte eintauschen.

„Land und Leute im Ries" (1864)

Der Aufsatz „Land und Leute im Ries", der 1864 in der Familienzeitschrift „Daheim" im Rahmen einer Reihe mit dem Titel „Aus allen deutschen Gauen" erschien[412], ist sicherlich ein Nebenprodukt der Arbeit Melchior Meyrs an der „Ethnographie des Rieses". Meyr stellt das Ries anfangs wie in einem Reiseführer vor. Die Lage des Rieses an der Bahnstrecke Nürnberg-Augsburg wird ebenso beschrieben wie gute Aussichtspunkte und das Karthäusertal als romantischster und malerischster Teil des Rieses. Um die Gegend kennenzulernen, müsse man sie nach Meyrs Ansicht durchwandern. Wanderstudien waren eine Forderung, die schon W. H. Riehl erhoben hatte.[413] Auch der Aufsatztitel ist – basierend auf Arbeiten des 18. Jahrhunderts – von Riehl übernommen.[414]

Trotz des Titels, der eine umfassende Darstellung erwarten läßt, geht es eigentlich nur um die Tracht, den Marktbesuch der Dorfbewohner in Nördlingen und die Volkscharakteristik der Rieser. Als Trachtenbeschreibung hat Meyr die von seiner „Ethnographie des Rieses" zum großen Teil wortwörtlich übernommen[415], geändert sind nur der Beginn und manche Formulierungen in unwesentlichen Teilen. Inhaltlich gibt es nur wenige Abweichungen: In der „Ethnographie des Rieses" sind keine konfessionellen Unterschiede bei der männlichen Kopfbedeckung erwähnt, während es in „Land und Leute" heißt, die protestantischen Bauern würden den Schaufelhut *bewahren*, die Katholiken dagegen nun den niedrigen runden Hut bevorzugten. Zum Schmuck schreibt Meyr in „Land und Leute im Ries", daß inzwischen auch die weniger bemittelten Bevölkerungsgruppen goldene Ringe anstatt wie früher silberne trügen. Ausschließlich in der Ethnographie geht Meyr darauf ein, daß manche Frauen über dem Spenzer ein seidenes Band mit einem Goldstück tragen würden.

---

[412] Der Titel der Zeitschrift und die Jahresangabe sind aus der Literatur übernommen; sie konnten nicht überprüft werden.

[413] Hornig: W. H. Riehl, S. 10.

[414] Riehl: Land und Leute. Auch in der „Gartenlaube" beispielsweise gab es ab 1855 eine Serie mit dem Titel „Land und Leute", in der 1864 u.a. ein Sonntagmorgen in Betzingen geschildert wird und ein Stich von Theodor Pixis abgedruckt ist, der Betzinger Bauern am Sonntagmorgen nach dem Kirchgang zeigt. Die Betzinger Tracht war schon früh beliebtes Sujet württembergischer, vor allem Stuttgarter Maler.

[415] Im Nachdruck der Ethnographie S. 36-47.

Ergänzt ist „Land und Leute im Ries“ durch eine Schilderung der Freude und des Hochgefühls, mit der Dorfbewohner nach Nördlingen auf den Markt gingen. Zeittypisch für eine „Volks“-Beschreibung der Zeit ist die Stammescharakterisierung der Rieser. Wie Meyr auch in der „Ethnographie“ zum Ausdruck bringt, wirke sich der fränkische Einfluß positiv auf die schwäbische Mentalität aus. Der gestiegene Wohlstand in der Landwirtschaft, den die Gerichtsärzte in den Physikatsberichten ebenfalls anführen, hatte laut Meyr zur Folge, daß sich etliche Bauern in der Stadt, d.h. in Nördlingen, ansiedelten, wo sie von den Handwerkern, die unter einer für sie schlechten Konjunktur litten, Häuser billig kaufen konnten.

Von der Beschreibung geht Meyr ziemlich unvermittelt über auf seine Tätigkeit als Schriftsteller und auf seine Arbeiten über das Ries. Schon aufgrund seiner Herkunft sieht sich Meyr als *Freund* des Rieses, der bereits als Knabe einen Sinn für die Eigentümlichkeiten des Dorflebens und überwiegend für dessen schöne oder lustige Seiten hatte und sich durch diese angezogen fühlte.

Zusammenfassung: Der Blick des Literaten

Melchior Meyr hatte zu Lebzeiten als Dichter und Philosoph nur bescheidene Erfolge; über den Tod hinaus fanden nur seine Arbeiten über das Ries Beachtung. Wenn auch die „Erzählungen aus dem Ries“ heute in der Literaturgeschichte höchstens am Rande vorkommen, so werden sie und und der Autor von kultur- und heimatgeschichtlich Interessierten doch hochgeachtet. Der „Ethnographie des Rieses“ werden als kulturhistorischer Quelle sehr gern Zitate entnommen.

Meyr versucht, in seiner ersten Erzählung 1856 und besonders in der „Ethnographie des Rieses“ explizit ein differenziertes Bild des Rieses zu erstellen, denn obwohl es sich um ein kleinräumiges Gebiet handle, gebe es auch hier eine Reihe von Abstufungen und Schattierungen, die er für topographisch, konfessionell oder sozioökonomisch bedingt hält. Das württembergische Ries klammert er wegen dort angeblich anders gelagerter Verhältnisse aus seiner Beschreibung aus. In seinen Arbeiten betont Meyr immer wieder den Wandel, dem die Lebensformen im Ries in der ersten Hälfte des 19. Jahrhunderts unterworfen waren. Dabei verurteilt er die Veränderungen nicht pauschal, sondern steht ihnen eher neutral beobachtend gegenüber, lobt manchmal die *verfeinerte Lebensart*.

Schwerpunkte von Meyrs Arbeiten über das Ries sind die Geisteshaltung der Rieser, ihre Gepflogenheiten und ihre Kleidung; intensiv schildert er auch die Nahrungs- und – seiner eigenen Vorliebe entsprechend – die Tanzweise. Dagegen wird besonders in den Erzählungen die Bau- und Einrichtungsweise der Bauernhäuser nur kurz gestreift. Großes Gewicht legt Melchior Meyr auf die sozialen Unterschiede zwischen den Bauern und den in der Dorfhierarchie über ihnen stehenden Wirten und Müllern, ebenso wie auf die Abgrenzungen zwischen Söldnern und Bauern und ihre Auswirkungen auf den Besitzstand. Die Grenzen können in materieller Hinsicht verwischt werden, wenn ein Söldner einen gewissen Wohlstand erreicht oder ein Bauer durch Mißwirtschaft an Besitz verliert. Trotz u.U. gleicher finanzieller Verhältnisse aber würde ein Bauer dennoch anders auftreten als ein Söldner. Zum bäuerlichen Standesbewußtsein gehöre beispielsweise die Pferdehaltung; das Ausüben eines Handwerks dagegen sei für einen Bauern undenkbar.

Typische Rieser Tracht tragen bei M. Meyr nur die Gesellschaftsschichten über den wohlhabenden Söldnern, seiner Mittelschicht. Sie ist zudem grundsätzlich Sonn- und Feiertagstracht, wie sie bei Festen, sonntäglichen Spaziergängen, Markt- und Wirtshausbesuchen getragen wurde. Trachtenelemente, die Meyr nach eigener Aussage in der Ethnographie nicht gefallen, das blaue Fuhrsmannshemd etwa, tauchen in den „Erzählungen aus dem Ries" nicht auf. Allerdings spielt lediglich eine Geschichte gegen Mitte des 19. Jahrhunderts, als das Blauhemd aufkam.

Mit diesem Mittel, die Dorfgeschichten zu Anfang des 19. Jahrhunderts anzusiedeln, erreicht Meyr es auch, daß er diverse Bräuche in die Handlung miteinbeziehen kann, die zur Zeit der Abfassung verschwunden waren, etwa die „Flegelhenke" oder einige Kirchweihbräuche. Meyr schildert immer das Leben des evangelischen Rieser Bevölkerungsteils, das er aus eigenem Miterleben besser kannte als den katholischen Bereich. Nur einige öffentlich vor Augen tretenden Phänomene der katholischen Bevölkerung, wie die Unterschiede in der Kleidung oder Fronleichnam, finden Erwähnung. Juden treten in den Erzählungen als Unterhändler auf.

Oft verwendet Meyr zum Teil wortwörtlich gleiche Beschreibungen aus den Erzählungen in gleicher Weise in der Ethnographie. Die Trachtenbeschreibung in „Land und Leute im Ries" ist – nur an einigen wenigen Punkten aktualisiert – von der „Ethnographie" übernommen. Es sind aber doch ein paar Unterschiede in den Arbeiten Meyrs zum Ries zu erkennen. So ist in den Erzählungen oft von einer *oberen Stube* im Sinne einer „guten", für besondere Gelegenheiten reservierten Stube die Rede; in der „Ethnographie" wird sie nicht erwähnt. Die in der „Ethnographie" genannten Kükenverschläge in der Stube und die Geflügelställe in den Hausfluren tauchen in den Erzählungen, wo Schmutz und Geruch bloß ganz ausnahmsweise und andeutungsweise einmal vorkommen, nicht auf. Im Gegensatz zu den Erzählungen wird in der „Ethnographie" nur die Hochzeit an sich geschildert, nicht die Vorbereitung mit der Verlobung, dem Vertrag über das Heiratsgut beider Seiten, der Aussteuer und ihrem Transport zum Haus des Bräutigams. Obwohl sonst häufig auch vergangene Gewohnheiten Erwähnung finden, ist das Kegelspiel hier nicht aufgeführt, das den Erzählungen nach zu Anfang des 19. Jahrhunderts ein beliebtes Freizeitvergnügen war. In der Ethnographie werden zwar die Einflüsse der bürgerlichen Mode auf die Tracht geschildert, aber der Unterschied zur *französischen*, städtischen Kleidung und deren Übernahme durch die Landbevölkerung, der in den Erzählungen oft erörtert wird, wird nicht angesprochen.

Lediglich in „Land und Leute", nicht in der nur wenig früheren Ethnographie, gibt Meyr an, daß etliche reiche Bauern sich in Nördlingen angesiedelt hätten. Ohnehin ist die Stadt-Land-Beziehung relativ selten behandelt. In den Erzählungen gehen Mädchen gelegentlich für einige Zeit nach Augsburg, um Neues kennenzulernen, zumindest die Heldinnen kehren aber zurück. Städter, genauer Nördlinger, kommen bisweilen an Kirchweih auf die Dörfer, um sich am Treiben der bäuerlichen Bevölkerung zu erfreuen oder zu erheitern. Wichtige Verbindungen zwischen Stadt und Land stellen die Märkte, die Nördlinger Messe und die Schranne in Nördlingen dar, zu denen die Bauern aus dem dörflichen Umfeld kamen.

Melchior Meyr war bestens über die Verhältnisse im Ries informiert. Er selbst lebte im Intellektuellenmilieu in München bzw. Berlin, wo die Kenntnisse über das „Volk" allgemein äußerst dürftig waren. Auch wenn er nicht mehr zum Rieser Landvolk gehörte, kam er doch während seines ganzen Lebens immer wieder in das Ries bzw. in dessen unmittelbare Nähe und konnte hier seine Erinnerungen auffrischen oder neue Aufzeichnungen erstellen. Innerhalb des differenzierten Bildes, das er besonders in der „Ethnographie des Rieses“ entwirft, legt er besonderen Wert auf die mehr oder weniger feinen sozialen Abstufungen. In den „Erzählungen aus dem Ries“, die der damals aufgekommenen Literaturgattung der Dorfgeschichten angehören, kehren bestimmte Formulierungen stereotyp immer wieder, vor allem im Zusammenhang mit der Kleidung. Wie Meyr selbst zugibt, hat er mehr Interesse an den schönen und lustigen Seiten des Landlebens, die sich auch dichterisch besser verwerten lassen als der Alltag. Trotz des Realismus in seinen Beschreibungen sind viele Aussagen besonders in den Erzählungen stark idealisiert, führt Meyr lieber idyllische Szenen vor. Bei Meyr findet sich aufklärerisches Interesse in einer Kombination mit romantischer Verklärung.

Mit seinen Arbeiten hat Meyr den Blick des Lesepublikums auf das Ries gelenkt. Nicht zu entscheiden ist, ob der Entschluß, in der „Bavaria“ für das Ries ein eigenes Kapitel aufzunehmen, auf der Existenz eines kompetenten Autors basierte oder ob das Ries als eigentümliche Region gesehen wurde, die zu viele Besonderheiten aufwies, als daß man sie zusammen mit dem restlichen Schwaben hätte abhandeln können. Es ist nicht erkennbar, daß sich durch die Arbeit an der „Ethnographie des Rieses“ die volkskundlichen Beschreibungen Meyrs in den „Erzählungen“ veränderten.

Karl von Enhubers (1811-1867) Illustrationen zu Melchior Meyrs „Erzählungen aus dem Ries“

Biographie

Karl von Enhuber wurde am 16. Dezember 1811 in Hof geboren.[416] Kurz nach der Geburt des Sohnes wurde der Vater, ein königlicher Mautbeamter, nach Nördlingen versetzt, wo Karl auf der Lateinschule bei Eberhard Wilhelm Doppelmayr[417] seinen ersten Zeichenunterricht erhielt. Die Familie wohnte bis 1827 im Hallgebäude. Als sein Vater sich in München niederließ, hatte der Sohn 1832 Gelegenheit, die Akademie zu besuchen. Enhuber blieb allerdings nur kurze Zeit dort, weil er sich schon früh mehr für das Volksleben in den Münchner Gassen und in Oberbayern interessierte als für die damals an der Akademie gängigen Motive. Dabei kam ihm sein Beobachtungstalent sehr zugute wie auch die Fähigkeit, das Gesehene in seinem Gedächtnis zu speichern. Seine ersten Werke griffen komische Charaktere auf, denen er auf seinen Wanderungen begegnet war. „Dabei war die Lebendigkeit seiner gestaltenden Phantasie im ganzen weit größer als die Geschicklichkeit seiner Hand, er producirte selbst in späteren Jahren noch mit Mühe und that sich selten genug. Bald ging er jedoch zu größeren Vorwürfen über, die seiner humoristischen Auffassung des Volkslebens reichern Stoff boten durch die drolligsten Contraste, besonders in den Berührungspunkten des städtischen und ländlichen Leben.“[418] Die langsame Malweise Enhubers brachte es mit sich, daß nicht viele Bilder entstanden, dafür aber eine Fülle von Entwürfen. Erst ab Mitte der fünfziger Jahre erarbeitete er auch größere Kompositionen. Enhuber starb überraschend am 6. Juli 1867 in München an einer Blutvergiftung, ausgelöst durch einen Insektenstich.

Mit seinen Genrebildern und volkstümlichen Charakterstudien, die den Publikumsgeschmack trafen, gewann Enhuber rasch Popularität, die durch graphische Reproduktionen seiner Bilder noch gesteigert wurde. Zu seinen Hauptwerken zählt sein erstes größerformatiges Bild „Das unterbrochene Kartenspiel“ (1858), auf dem sich ein Schuster unter dem Wirtshaustisch vor seiner Frau versteckt, die ihn nach Hause holen will. Enhuber wurde zu einem der führenden Meister der volkstümlichen Münchner Genremalerei.

---

[416] Zu Enhuber s. vor allem Pecht: Karl von Enhuber. – Thieme-Becker, Bd. 10, S. 557. – Eschenburg: Spätromantik und Realismus, S. 115-133. – Boetticher 1.1, S. 273 f. – Münchner Maler, 1. Bd., S. 296-298. – Ebertshäuser: Malerei im 19. Jh., S. 78 u. 185. – Regnet: Münchner Künstlerbilder, 1. Bd., S. 118-132. – Brockhaus, 14. Aufl., Bd. 6, S. 156. – Schlagbauer: Karl von Enhuber. In: Schlagbauer/Kavasch (Hgg.): Rieser Biographien, S. 96.

[417] Regnet, S. 122, schreibt von erstem Zeichenunterricht bei „Doppelmaier“. Eschenburg, S. 115, nennt zwar Friedrich Wilhelm Doppelmayr (1776-1845). Dieser war Jurist und wurde 1831 zum rechtskundigen Bürgermeister der Stadt Nördlingen gewählt. Er eignete sich das Zeichnen und Radieren autodidaktisch an, und es existieren zahlreiche Werke von ihm (s. Kap. Frühe Streiflichter). Zeichenlehrer in Nördlingen war aber sein Bruder Eberhard Wilhelm (1775-1844).

[418] Pecht: Karl von Enhuber, S. 146.

1858 wurde er zum Ehrenmitglied der Münchner Akademie ernannt. Vom König bekam er den Michaelsorden verliehen. Seine bäuerlichen Genrebilder erzählen Episoden, meist lustige, allgemeinverständliche Begebenheiten, die durch viele Einfälle bereichert und bis in alle Einzelheiten ausgespielt werden. Ein Beispiel dafür ist „Der Gerichtstag" (1861), ein Gemälde, das Ute Immel so beschreibt:

„Im Hof vor dem ländlichen kleinen Gerichtsgebäude sehen wir die verschiedenartigsten Menschentypen. Jeder der Wartenden wurde vom Künstler mit einem bestimmten Schicksal, das er in Andeutungen erzählt, in Zusammenhang gebracht. Das Thema bot zahlreiche Variationsmöglichkeiten. Das war ganz im Sinne des Zeitgeschmacks. So konnte selbst der einfachste Mann die Szene wie einen Roman 'lesen'. In einer Türöffnung steht der Gerichtsdiener und winkt einen von links kommenden Landstreicher heran. Ein junges, glücklich lächelndes Brautpaar verläßt gefolgt von den Eltern das Haus. Helles Licht fällt auf die festliche Tracht des Bauernmädchens. Im Vordergrund hockt ein Bauer, der trübsinnig vor sich hinstarrt. Um den Holzbock rechtsvorne haben sich eine behäbige Bauersfrau, zwei verwegen aussehende Männer, von denen der eine den Kopf verbunden hat, und ein Bergmann mit seiner Tochter versammelt. Einige Besucher warten unter der Linde. Auf der Bank sitzt ein alter Mann. Er nimmt sich eine Prise Tabak und blickt neugierig interessiert nach rechts zu den zwei lebhaft miteinander streitenden Ehepaaren. Der Hof wird im Hintergrund von einer hohen Mauer begrenzt. Durch die Toreinfahrt blickt man auf die Kirche des Dorfes. Der Gemeindediener, der einen Bettelknaben erwischt hat, naht auf dem Weg.

Enhuber berichtet auf diesem Bild auch von schuldlos Verarmten: Ein alter Bergknappe und dessen dem Brautpaar traurig nachblickende Tochter warten ebenso wie der vergrämte Mann links hinter der Linde, welcher von einem wohlbeleibten Makler begleitet wird, auf eine günstige Wendung ihrer Sache. Aber der Künstler beabsichtigte keine soziale Anklage. Diese Schicksale sind nicht betont hervorgehoben. Sie verschwinden fast in der Vielzahl der Dargestellten und dienen nur dazu, die geschilderte Szene zu beleben, sie noch interessanter und abwechslungsreicher zu gestalten."[419]

H.C. Ebertshäuser beurteilt die Leistung Enhubers so: „In diesem Zusammenhang [der biedermeierlichen Genredarstellungen] ist auch Karl von Enhuber zu erwähnen, der durch großformatige, figurenreiche Genrebilder aus dem ländlichen und aus dem Münchner Volksleben über den Rahmen des kleinformatigen, bescheiden unterhaltenden biedermeierlichen Genre hinausging. Seine empfindsame und genaue Beobachtungsgabe macht ihn zum Wegbereiter der realistischen Auffassung der kommenden Generationen."[420] Ein anderes Urteil über ihn lautet: „Enhubers Thematik bayerischer Volksszenen wurde später von Gründerzeitmalern fortgeführt. Seine malerisch aufgelösten Bildformate erinnern an Spitzweg. Die großen Bildformate seiner Spätzeit zeigen, daß er die Genremalerei aufzuwerten suchte."[421]

[419] Immel: Deutsche Genremalerei, S. 142 f.
[420] Ebertshäuser: Malerei im 19. Jh., S. 78.
[421] Ludwig: Münchner Malerei, S. 87.

Die Illustrationen von 1864/65

Enhubers letzte Arbeit waren Illustrationen zu den „Erzählungen aus dem Ries“ seines Jugendfreundes Melchior Meyr, die er für den Verleger Bruckmann in Frankfurt[422] anfertigen sollte und die bei ihrem Erscheinen großes Aufsehen erregten. Als Vorbereitung besuchten Enhuber und Meyr 1864 gemeinsam das Ries. Seit diesem Jahr arbeitete Enhuber an den Bildern, die für die Handlung bezeichnende oder entscheidende Szenen darstellen.

Meyr äußerte sich selbst zur Entstehung der Bilder:

In den zwanziger Jahren besuchten Karl von Enhuber aus Nördlingen im Ries und Melchior Meyr aus dem benachbarten Dorf Ehringen zusammen die Nördlinger Lateinschule. Jener kam als Eleve an die Kunstakademie zu München und zeichnete sich früh als Genre- und Sittenmaler aus. Dieser setzte die Studien fort, absolvirte Gymnasium und Universität und wurde Schriftsteller. Nach vieljähriger Trennung trafen die Schulgenossen in München sich wieder. Von allen bis dahin veröffentlichten Arbeiten des Schriftstellers hatte das Publikum die „Erzählungen aus dem Ries“ am besten aufgenommen, wovon der Grund wohl darin liegen mochte, dass in sie am meisten von der Poesie und der frohen Laune der Jugendjahre übergegangen war. Der Plan entstand, zu jenen Erzählungen Bilder anfertigen zu lassen, welche die wesentlichsten Momente des in ihnen geschilderten Bauernlebens künstlerisch abspiegelten. Enhuber eignete sich den Gedanken an, um ihn auf seine Weise auszuführen. Seinem Genius folgend, stellte er sich die Aufgabe, Compositionen zu schaffen, die, den Erzählungen entsprechend, gleichwohl die Selbständigkeit frei erfundener Kunstwerke besässen und zusammen ein Ganzes bildeten, in welchem echtes deutsches Volksleben zur Anschauung käme. Wiederholte Studien-Ausflüge, die er mit dem Erzähler in die Landschaft unternahm, frischten die Jugenderfahrungen auf, ergänzten, erhöhten sie, und so entstanden diese Bilder, gleich bewundernswürdig durch die Treue der Charakteristik wie durch den Humor und die Poesie der künstlerischen Behandlung. Bei ihrer ersten Ausstellung im Kunstverein zu München (Frühjahr 1866) wurde ihnen ein ausserordentlicher Erfolg zu Theil. Kenner erklärten, Enhuber habe Leben und Treiben eines bestimmten Landvolks in einer Weise dargestellt, dass wir durch den Cyklus eine Anschauung erhalten vom deutschen Landvolk überhaupt. Diesem Urtheile kann der Erzähler nur beipflichten. In dem specifischen Charakter eines deutschen Stammes hat der Maler so lebensvoll, schön und ergreifend das allgemein Menschliche hervortreten lassen, dass wir in diesem Cyklus Kunstwerke besitzen, die eine allgemeine und nachhaltige Wirkung äussern werden. Wonach der Erzähler getrachtet hat, das hat der Künstler ebenfalls erstrebt; und von ihm darf der Freund sagen: er hat es erreicht.[423]

Ein anderes Urteil über die Bilder lautet: „Hier bei der überaus treffenden und lebensvollen Wiedergabe der Charaktere und Intentionen des Dichters hat der Meister das schwäbische Volksleben ebenso schlagend und verständnisvoll geschildert, als früher das baierische, und besonders gezeigt, daß er ebensowol [sic!] zu rühren, ja zu erschüttern, als zu erheitern verstehe.“[424]

---

[422] Nach Eschenburg: Spätromantik und Realismus, S. 124.
[423] Deutsches Volksleben, S. 1.
[424] Pecht: Karl von Enhuber, S. 146 f.

Enhuber malte die Bilder als Grisaillen, also in Grautönen, was die drucktechnische Vervielfältigung erleichterte. Wie Eschenburg erläutert, wurden von den Grisaillen Fotos erstellt, nach denen dann die Stiche angefertigt werden konnten. „Diese Methode findet sich bei Enhuber häufiger und erleichterte das Stechen für einen Künstler, der nicht am Ort ansässig war.“[425] Die Bilder sollten als Photovorlagen für Franz Hanfstaengl in München dienen.[426] Wie Melchior Meyr in seinen Tagebüchern angibt, besuchte er Enhuber während der Arbeit mehrfach im Atelier und veranlaßte ihn auch in einigen Fällen zu Änderungen, um die Bilder besser auf die Erzählungen abzustimmen. Meyrs Bewunderer Max Graf von Bothmer schreibt dazu:

Wir besuchten in dieser Zeit häufig Enhuber's Atelier. Der berühmte Genremaler arbeitete an den Illustrationen zu Meyr's 'Erzählungen aus dem Ries' und hatte selbst an Ort und Stelle über Land und Leute Studien gemacht. Der Dichter und sein Schatten, wie mich der Künstler taufte, erlaubten sich dennoch, die Abänderung von Manchem zu wünschen, was mit Text und Idee nicht genug zu harmoniren schien. Es ist dies keine kleine Zumuthung an einen selbstbewußten Meister; dennoch war er so liebenswürdig, unsere Nergeleien zu berücksichtigen. So entstand aber auch ein Werk, in welchem sich das Genie des Malers und des Dichters auf's glücklichste vermählten; und der erstere mochte sich an dem Bewußtsein weiden, daß hier das Genre sich über sich selbst erhoben, durch Vertiefung und geistigen Gehalt einen höhern Rang erstritten habe. Das Schicksal von Meyr's Werken waltete übrigens auch über diesem Freundeswerk; es rang sich unter Widerwärtigkeiten und Hindernissen und mit wenig ermuthigenden Aussichten in's Leben.[427]

Die noch von Theodor Lauxmann[428] erwähnten Gemälde schwanden im Lauf des 20. Jahrhunderts aus dem Bewußtsein der Öffentlichkeit, während Enhubers Skizzen und Entwürfe, die in der Staatlichen Graphischen Sammlung in München aufbewahrt werden, gerne als Illustrationen zu heimatgeschichtlichen Publikationen herangezogen wurden. In den letzten dreißig Jahren ist offenbar keine Publikation zu Enhuber erschienen.[429] Ein in Privatbesitz befindliches Gemälde von „Häusliches Glück“ wurde 1979 in der Ausstellung „Die Münchner Schule“ im Haus der Kunst in München gezeigt.[430] Im 1984 veröffentlichten Katalog der Neuen Pinakothek sind die dort befindlichen vier Gemälden abgebildet und kurz erläutert. Als Vergleich werden die Varianten in Leipzig erwähnt.[431] Im Leipziger Ausstellungskatalog „Das 19. Jahrhundert in München“ von 1992 sind die

[425] Eschenburg: Spätromantik und Realismus, S. 126.
[426] Das 19. Jahrhundert in München, S. 132.
[427] Bothmer/Carriere: Melchior Meyr, S. 158 f.
[428] Siehe Kap. Lauxmann.
[429] Freundliche Mitteilung von Thomas Raff, München.
[430] Öl auf Holz (Die Münchner Schule, S. 199, Nr. 81).
[431] Die Existenz der Gemälde wurde erst durch eine Abbildung des Gemäldes Kirchweihtanz aus „Ende gut, alles gut“ im Sonderheft „Nördlingen, die alte Reichsstadt in Schwaben“ der Zeitschrift „Bayerland“ von 1930 bewußt, die der Heimatforscher Hartmut Steger mir zeigte. Nachdem Anfragen an verschiedene Institute und Museen ohne Ergebnis blieben, brachten Boetticher und die 14. Auflage des Brockhauses von 1898 die richtige Spur. Hier ist erwähnt, daß der Rat der Stadt Leipzig sechs Gemälde ankaufte. Der damalige Verleger Meyrs hatte seinen Sitz in Leipzig. Weitere acht Arbeiten Enhubers wurden 1891 dem Museum gestiftet. Der künstlerische Nachlaß Enhubers wurde zwischen Leipzig und Schleißheim (jetzt in der Neuen Pinakothek in München) aufgeteilt.

ersten beiden Szenen zu „Die Lehrersbraut“ abgebildet; die Variante in der Neuen Pinakothek sowie die Vor- und Detailstudien in der Staatlichen Graphischen Sammlung in München sind erwähnt. Im Katalog „150 Jahre Museum der bildenden Künste“, Leipzig 1987, ist das dreiteilige Bild „Die Lehrersbraut“ aufgeführt.

Zu einer Verwendung der Gemälde für eine Neuauflage der „Erzählungen aus dem Ries“ kam es nicht, da Enhuber seinen Verleger Bruckmann verloren hatte, wie Pecht 1868 klagt. Ludwig I., der Enhuber sonst sehr schätzte, verweigerte den Ankauf für die Pinakothek, weil die Gemälde grau in grau gearbeitet waren und nicht farbig. Der Rat der Stadt Leipzig erwarb 1869 von Marie von Enhuber sechs Bilder aus dem Nachlaß Enhubers, die sich im Museum der bildenden Künste Leipzig befinden.[432] Außer diesen sechs Arbeiten sind in dem von Grote in Berlin verlegten Büchlein „Deutsches Volksleben“[433] weitere sieben abgedruckt, deren Verbleib mir nicht bekannt ist. Vier grob gemalte, skizzenhafte Varianten werden in den Bayerischen Staatsgemäldesammlungen aufbewahrt, von denen zwei dasselbe Motiv wie Bilder in Leipzig aufweisen. Somit liegen diesem Kapitel insgesamt siebzehn Enhuber-Illustrationen mit dreizehn verschiedenen Motiven zugrunde.[434]

Die Bildkommentare zu Enhubers Illustrationen in „Deutsches Volksleben“ stammen wiederum von Meyr selbst, der die Geschichten zusammenfaßt und die dargestellten Schlüsselszenen erläutert. Deswegen werden diese Kommentare hier als längere Zitate übernommen, die zudem Meyrs Sprachstil anschaulich wiedergeben. Der Buchtitel zeigt, daß die Bilder als repräsentative Dokumente für das ländliche Leben in Deutschland angesehen wurden.

„Die Lehrersbraut“

Im ersten Bild Enhubers[435] (Abb. 6) zu dieser Geschichte sind Christine und ihre Mutter, die Witwe Glauning, in der Stube mit Handarbeiten beschäftigt. Der elegante, gewandte neue Lehrer ist auf Besuch, flirtet mit Christine und entfernt soeben spielerisch Flachsabfälle von ihrer Schürze. Im Hintergrund verfolgt Vetter Hans, der den Frauen bei der Bewirtschaftung des Hofes hilft und heimlich schon lange in Christine verliebt ist, die Szene mißmutig.

[432] Lt. den Angaben bei den in Leipzig befindlichen Gemälden und lt. dem Leipziger Katalog „Das 19. Jahrhundert in München“, S. 132. Im Museumskatalog der Neuen Pinakothek nennt B. Eschenburg das Jahr 1866, ebenso der Brockhaus von 1898.

[433] Der Universitätsbibliothek Köln sei gedankt für die Anfertigung von Fotonegativen ihres Exemplars.

[434] In der Literatur variieren die Angaben, ob Enhuber die Arbeit an den Illustrationen bis zu seinem Tod beendet hatte und wieviele Bilder er angefertigt hat. Bei Thieme-Becker ist die Rede von siebzehn Bildern, während Boetticher von fünfzehn Kompositionen in Schleißheim und sechs Bildern in Leipzig schreibt. Nach seinen Angaben kam ein Teil der Gemälde zu H.F. Heidl nach Prag. Boetticher berichtet auch, daß dreizehn Bilder in fotografischer Reproduktion in Grotes Verlag in Berlin veröffentlicht wurden. B. Eschenburg beruft sich im Katalog der Neuen Pinakothek auf Regnet, nach dem fünfzehn Bilder fotografisch reproduziert seien. Der Brockhaus von 1898 nennt vier Bilder in Schleißheim und sechs in Leipzig. Rosenberg und Müller/Singer kennen nur die sechs Exemplare in Leipzig. Das Rieser Heimatbuch, 2. Aufl. 1923, nennt dreizehn Bilder, ebenso Monninger. Pecht zählt neun Bilder auf.

[435] Museum der bildenden Künste Leipzig, Inv.Nr. 73, datiert 1865. H. 34,4 cm, Br. 42,3 cm. Zusammen mit den beiden anderen Gemälden zu dieser Erzählung in einem Rahmen als Triptychon vereinigt.

Melchior Meyr schreibt zu dem Bild:

Ein Bild, das sich selbst erklärt, wie freilich die meisten dieser Compositionen, die sich eben dadurch zum Rang selbständiger, echter Kunstwerke erheben. [–] Eine runde, gesunde – fröhliche Dirne sitzt am Spinnrad, ein junger Herr daneben macht sich mit ihr zu schaffen. Die Mutter, ihnen gegenüber, schaut behaglich drein; das Spiel der Beiden missfällt ihr nicht. Allen dreien ist's in der geheizten Stube, die der kalte Wintertag doppelt heimlich erscheinen lässt, gründlich wohl. Aber ein Vierter – ein Bauernbursch, der auf der Ofenbank sitzt – theilt ihre Zufriedenheit nicht. Seine Züge drücken sorgenvolles, trauriges Nachdenken aus, in welches er versinkt.

Die Mutter ist die Wittwe eines in ziemlich guten Umständen verstorbenen Halbbauern, das Mädchen ihr einziges Kind. Der Bursch auf der Ofenbank, Vetter Hans, führt ihnen die Wirtschaft und hat um so mehr gehofft, das geliebte Bäschen davonzutragen, als Mutter und Tochter ihm stets freundliche, zuletzt verheissende, ja einverstandene Mienen zeigten. Aber zu seinem Unstern kommt ein neuer Lehrer in's Dorf; die hübsche Christine, mit der er durch seine Mutter einigermassen verwandt ist, erregt die Aufmerksamkeit des jungen Mannes, gewinnt sein reizbares Herz, und er kommt mit sich überein, sie zur Frau Lehrerin zu machen. Wie seine Künste wirken, sehen wir. Er versteht das Dorfkind auf ganz andere Weise zu unterhalten, als Hans; dermalen schüttelt er ihr – nach einer launigen Bemerkung, wie man schliessen darf – mit zierlichen Fingern die „Agen" (Flachsabfälle) von der blanken Schürze – und das Mädchen, belustigt, geschmeichelt, lächelt von der Seite. – Die Sache des Burschen ist schon verloren. Von der bewährten Bravheit zieht man sich zurück, um sich dem feinen Wesen, dem netten Benehmen zuzuwenden und anzuvertrauen. Aber eine gewisse Art von Liebenswürdigkeit ist nicht immer zuverlässig; – die Freude der „Lehrersbraut" kann in Trauer umschlagen und Herzeleid. [436]

Enhuber hat die Wohnstube mit dicken Wänden, Bretterboden, Holzdecke und einem zweiflügeligen Fenster dargestellt. Neben dem Wandschränkchen ist eine Zeitung an einer Ecke aufgehängt. In der Zimmerecke sieht man oben einen Spiegel, der auf beiden Seiten von kleinen ovalen Bildern umgeben ist. Rechts steht ein gußeiserner Ofen. Auf der Ofenbank, an der ein Reisigbesen lehnt, ist etwas irdenes Geschirr verteilt; unter ihr hat ein Hühnerkäfig Platz. Ein Katze spielt mit dem aufgespannten Regenschirm. An der Decke ist ein Gestell zum Wäschetrocknen befestigt. Am Türhaken hängen einige Kleidungsstücke. Während der Lehrer städtische Kleidung trägt und den Zylinder auf dem Fenstersims abgelegt hat, hat Enhuber die anderen Beteiligten in Tracht gemalt. Beide Frauen haben knöchellange Röcke mit hellen Schürzen, Spenzer und Schultertuch an. Bei der Mutter ist die Bänderhaube gut zu erkennen. Vetter Hans mit seiner Zipfelmütze und der Arbeitsschürze rückt unbeachtet in den Hintergrund. Der Lehrer hat als Gast den Polsterstuhl zugewiesen erhalten, während die Witwe Glauning auf einer Holzbank sitzt.

Nachdem der Lehrer mit seinem Werben Erfolg hatte und es feststeht, daß er in die Stadt versetzt wird, wird Christine in die Stadt zu weitläufig Verwandten geschickt. Dort soll sie städtisches Benehmen lernen, um ihren zukünftigen Mann nicht zu blamieren. Christine fühlt sich hier äußerst unbehaglich, die städtische Kleidung steht ihr nicht, und sie kommt mit den Bekannten ihres Verlobten nicht zurecht, zumal ihr hier eine Rivalin

[436] Deutsches Volksleben, S. 3, 1.

Abb. 6: Karl von Enhuber: Szene aus „Die Lehrersbraut", 1865.

Abb. 7: Karl von Enhuber: Szene aus „Die Lehrersbraut", 1864.

entsteht. Auf der von Enhuber wiedergegebenen Szene[437] (Abb. 7) spielen der Lehrer und die Nebenbuhlerin vierhändig Klavier. Christine ist aufgestanden, sieht den beiden bekümmert und eifersüchtig zu, weil sie deren Harmonie erkennt. Am Tisch sitzen einige Frauen beim Kaffee, an der Tür lehnt ein Freund des Lehrers. Im Gegensatz zum vorherigen Bild wird mit gepolsterten Stühlen und Sesseln, üppig drappierten Vorhängen eine eindeutig städtisch-bürgerliche Einrichtung gezeigt, die stark biedermeierlich geprägt ist. Im Hintergrund stehen ein Globus und ein ausgestopfter Vogel auf einem Schrank. Auf dem Bretterboden liegt ein Häubchen. Im Sessel wurden Gehstock, Zylinder und Notenblatt abgelegt. Neben dem Klavier steht ein Blumenstock am Boden. In der Fensternische hängt eine Zeitung an der Wand, im Spiegel stecken zwei Zettel oder ähnliches. Ein Bild über dem Tisch ist mit Efeu geschmückt. Im Nachbarraum meint man ein Schreibpult erkennen zu können. Alle sind bürgerlich gekleidet.

In Meyrs Worten stellt sich die Situation wie folgt dar:

Die Geschicke haben sich erfüllt. Nicht so rasch, als man sich's etwa vorstellen möchte, sondern in eigenthümlich-allmählichen Uebergängen. [–] *Der Bräutigam ist in eine Stadt des nahen Frankenlandes versetzt und Christine von ihm nachgeholt worden, damit er sie vor der Verheirathung noch städtisch bilden könne. Dieses Dorfkind gehört aber nicht zu den hinaufstrebenden, welche die für eine Kleinstadt nöthige Cultur wohl annehmen mögen; die Bildung rückt daher äusserst langsam vor, und in den Stadtkleidern scheint überdies die ländliche Anmuth von der gegen ihre Natur Verpflanzten gänzlich weichen zu wollen. Neben ihr, die nicht werden will, tritt nun eine Andere auf, die schon ist, was der Lehrer aus der Schülerin vergeblich zu machen strebt. Und diese Andere ist die Schwester eines Lehrers, der den Collegen zu seinem Schwager wünscht, eine in der Mitte der zwanziger Jahre befindliche kluge Städterin, die nach der Eroberung des jungen eleganten Mannes schmachtet und Alles aufbietet, ihn zu fahen.*

Den Wendepunkt veranschaulicht uns das zweite Bild. Es ist eine Kaffeegesellschaft bei Wilhelmine, die ihrem Bruder das Hauswesen führt. Sie und unser Lehrer sitzen am Klavier und spielen zusammen ein vierhändiges Stück. Sie sind dabei Ein Herz und Eine Seele, sie sehen zusammen, sie passen zusammen, – und in der zuschauenden Christine steigt zum erstenmal eine Ahnung auf. Eifersüchtig beobachtet sie die beiden; und ein wechselseitiges zärtliches Anblicken derselben, das sie unmittelbar nicht gesehen hätte, verräth ihr der Spiegel. Da erkennt sie ihr Schicksal! Bestürzt, verwirrt, in einer dorfmässig-dumpfen Betrübniss ihr Unglück anstarrend, schaut sie für sich hin – während der Bruder Wilhelmines, an einen Thürpfosten gelehnt, sich mit Behagen das Gelingen des Planes vorzustellen scheint. Das Bild ist das Gegenstück zum ersten: die Rolle, welche Christine dort den Vetter spielen lässt, spielt sie hier selber! – Sie weiss nun, wie es jenem, den sie um eines Andern willen verlassen hat, zu Muthe gewesen ist – und sie hat Gelegenheit, sich selbst zu richten.[438]

Nach dem unglücklichen Ende ihrer Verlobung mit dem Lehrer geht Christine als Dienstmagd zu einem strengen, herrschsüchtigen Bauern in Stellung. Sie will für ihren Ehrgeiz büßen, daß sie die Frau eines Lehrers werden wollte. Als sie auch noch den Heiratsantrag eines reichen Bauern abweist, ist Vetter Hans, der zwischenzeitlich nichts mehr

[437] Museum der bildenden Künste Leipzig, Inv.Nr. 74, datiert 1864. H. 33,5 cm, Br. 42,3 cm.

[438] Deutsches Volksleben, S. 3, 2.

von ihr wissen wollte, von ihrer Wandlung überzeugt und holt sie schließlich als seine Braut zurück ins Haus ihrer Mutter. Diese erkennt erst beim Absteigen ihre Tochter und begrüßt sie freudig überrascht. Mit Melchior Meyr liest sich die Szene so:

Vieles, Ausserordentliches, kaum Glaubliches musste geschehen, um die Situation zu ermöglichen, welche das dritte Bild uns vorführt. Christine musste leiden und büssen und erneuter Liebe würdig werden in einer alles Vorhergegangene auslöschenden, herzrührenden Weise; und der brave Bursch, dem sie nur mehr ein Gegenstand des Mitleids gewesen ist, musste in eine Lage kommen, wo er die alte Liebe mit allen Ehren wieder erstehen lassen und ihr folgen konnte. Wie der Erzähler diese Aufgabe, deren Schwierigkeit in die Augen springt, zu lösen wusste, mag man aus dem Buch ersehen. Zur Würdigung des Bildes genügt die Voraussetzung.

Hans, der jede Genugthuung erlangt hat, die sein Ehrgefühl heischen musste, ist an einem Sonntag ausgefahren und hat die alte Base auf dem Glauben gelassen, er gehe auf die 'G'schau' zu einer Andern. Er fährt aber an den Ort, wo Christine ihrer Busse lebt; und nachdem er mit der Ahnungslosen in einer Scene voll Erschütterung und Seligkeit sich verständigt hat, führt er sie als seine Verlobte heim. Die Mutter hat die Tochter bei der Einfahrt in den Hof nicht gesehen; sie glaubt, der Bursch bringe die Andere; aber trotz der drückenden Betrübniss eilt sie aus dem Haus, das Paar mit guter Miene zu empfangen. Sie schaut hin – und erkennt ihre Tochter! Hans, mit freudigem Selbstgefühl, scheint ihr zuzurufen: 'Nun, gefällt Euch die Braut!' Und Christine, mit einem Hauch von Beschämung, wirft einen innigen, schlaufrohen Blick auf die Ueberraschte, welche, um den glücklichen Augenblick zu haben, auch ihrerseits Kummer und Sorge genug erduldet hat.[439]

In „Christines Rückkehr“[440] (Abb. 8) sind beide Frauen mit Bänderhaube, Brusttuch, Spenzer mit gepufften Ärmeln und breiter Schürze dargestellt. Hans trägt eine Ausgehkleidung, die aus Lederhose, hohen Stiefeln, Weste, kurzer Jacke, dunklem Halstuch und einem breitkrempigen Hut besteht. Das Haus ist strohgedeckt. Der Erzählung kann man entnehmen, daß Wagen und Pferd von einem Nachbarn entliehen sind. Im Vordergrund tummelt sich eine Henne mit ihren Küken, ein Hund springt zur Begrüßung am Wagen hoch.

In einer erheblich gröberen Variante[441] des Motivs (Abb. 9), die den Anschein einer Lichtkomposition erweckt, sind die Bäume und Dächer im Hintergrund verschwommen, das Pferd ist stärker gefleckt, und auf dem Dach sitzen keine Tauben. Als Einzelskizzen gibt es außer der Gesamtkomposition Christine, die Mutter und zweimal den Vetter Hans.

„Ende gut, alles gut“

Zu Melchior Meyrs tragikomischer Erzählung „Ende gut, alles gut“, die um 1830 spielt, hat Enhuber drei Gemälde angefertigt.[442] In „Abgeblitzt“[443] (Abb. 10) sind die Hauptpersonen Michel und Gret zu sehen. Michel, Sohn einer wohlhabenden Söldnerin, ist gut gebaut und stark, aber ohne Manieren und tolpatschig. Für Mädchen interessiert er sich nicht, bis er Mar-

[439] Ebd., S. 3, 3.
[440] Museum der bildenden Künste Leipzig, Inv.Nr. 75, datiert 1865. H. 33,5 cm, Br. 42,5 cm.
[441] Bayerische Staatsgemäldesammlungen, Inv.Nr. 7664. H. 34,0 cm, Br. 41,7 cm.
[442] Die Leipziger Gemälde, die in einem Rahmen zusammengefügt sind, sind alle 1864 datiert.
[443] Museum der bildenden Künste Leipzig, Inv.Nr. 76. H. 33,9 cm, Br. 42,5 cm.

Abb. 8: Karl von Enhuber: Szene aus „Die Lehrersbraut", 1865.

Abb. 9: Karl von Enhuber: Szene aus „Die Lehrersbraut", um 1864/65.

gareth trifft, die zweite Tochter eines Söldners und Maurers, die einige Zeit in Nördlingen in „Stellung" gewesen war. Meyrs Erzählung schildert sie als groß, stattlich, hübsch, fröhlich und tüchtig. Durch die ganze Geschichte zieht sich Michels Angst von einer Zurückweisung, die durch verschiedene Situationen mal gemildert, mal durch Michels Ungeschicklichkeit oder Grets Übermut verstärkt wird. Gret ist ebenfalls an Michel interessiert und versucht mehrfach, ihm entgegenzukommen. Eine zufällige Begegnung der Beiden ist Gegenstand des ersten Bildes: Michel geht an einem Sonntagnachmittag schön angezogen und eine Pfeife rauchend auf dem Anger hinter seinem Garten spazieren. Als er Gret kommen sieht, tritt er auf sie zu. Gret behält bei der folgenden kleinen Neckerei die Oberhand. Michel reagiert auf den leichten Spott verletzt und wütend; er nimmt sich vor, sie zu vergessen.

Melchior Meyr schreibt dazu:

Michel, Sohn einer wohlhabenden Söldnerin, ist der grösste und stärkste Bursche im Dorf. Wenn's auf die Kraft der Fäuste ankommt, widersteht ihm keiner, ja mehrere zusammen nicht. Aber mit der körperlichen Stärke hält die geistige nicht gleichen Schritt. Zwar ohne Verstand ist er gerade nicht; aber dieser bleibt aus verschiedenen Gründen ohne die gehörige Uebung und kommt ihm nun immer später, als wo er ihn gebraucht hätte. Mit einem eigenen Humor, in verhältnissmässiger Abgeschlossenheit aufwachsend, ist er in der zweiten Hälfte seiner zwanziger Jahre ein Sonderling. Da hat er nun das Unglück, sich in die stattlichste, aber zugleich munterste und schlaueste Dirne des Ortes zu verlieben! Die Gret, eines Maurers Tochter, will dem Gewaltigen wohl und kommt ihm entgegen, soweit es für ein Mädchen irgend schicklich ist. Aber bei ihm, dem Manne, hat die Liebe mit ihren Aufregungen das natürliche Ungeschick in's Ausserordentliche vermehrt! Er macht, wenn er mit dem Mädchen zusammentrifft, Dummheiten über Dummheiten! Diese reizen ihren Spott, ja erzürnen sie zuletzt – und so kommen sich nach jeder neuen Annährung nur immer weiter auseinander.

Das erste der drei, seiner Geschichte gewidmeten Bilder stellt einen der unschuldigsten der misslungenen Versuche dar. Ein Vertrauter hat Micheln gerathen, die Gret zu foppen: damit komme man vorwärts bei den Mädchen! Der gute Gesell hat das in einem Durchgang zwischen zwei Gärten, wie sie ihm zufällig entgegenkam, unternommen; wer aber dabei gefoppt und verhöhnt wird, erräth man. Der Mangel an Begriff tritt im Verlauf des Gesprächs bei Michel so stark hervor, dass das Mädchen ihm durch die Blume zu verstehen gibt, sie halte ihn für den Dümmsten und Ungeschicktesten von allen Burschen im Dorf, und dann grüssend weitergeht. Michel begreift – und krault sich hinter den Ohren. Bald wird er in Wuth ausbrechen, den Vorsatz fassen, mit der Verrätherin keine Silbe mehr zu wechseln – um ihn zu halten, wie es bei Verliebten der Fall zu sein pflegt.[444]

Michel ist mit Weste und Fischottermütze bekleidet und läßt das kurze Jäckchen über die Schulter hängen. Er dreht sich im Weggehen noch einmal um zu Gret, die eine weiße halbärmelige Bluse, ein dunkles Mieder, Halstuch, eine breite, gepunktete, helle Schürze und weiße Strümpfen trägt. Da es warm ist, hat Gret den Kittel weggelassen. Am Arm hängt ein zierliches Weidenkörbchen. Die Bänderhaube mit wehenden Bändern ist nicht unter dem Kinn gebunden. Die leicht verwahrlost wirkenden Gartenzäune bestehen aus senkrechten Latten oder aus breiteren waagerechten Brettern und vermitteln einen idyllischen, malerischen Charakter, der durch die Gänse und die Blumen am Wegesrand verstärkt wird.

[444] Deutsches Volksleben, S. 2, 1.

Abb. 10: Karl von Enhuber: Szene aus „Ende gut, alles gut", 1864.

Abb. 11: Karl von Enhuber: Szene aus „Ende gut, alles gut", 1864.

Um einen Kirchweihtag geht es im zweiten Enhuber-Bild[445] (Abb. 11). Da die Beziehung zu Michel aussichtslos erscheint, läßt sich Christine von einem anderen Verehrer, dem schmächtigen, selbstgefälligen und wichtigtuerischen Schneider Jakob, zur Kirchweih einladen. Nach den ländlichen Sitten gilt dies als Beleg für ein Verhältnis zwischen den beiden. Am Kirchweihmontag wird weitergefeiert; für einige Zeit verläßt die ganze Kirchweihgesellschaft zusammen mit der Blechmusik das Wirtshaus, um unter der Linde einige Runden zu tanzen. Das Mädchen des Platzmeisters trägt als Zeichen der Ehre die Radhaube, der Schaufelhut des Platzmeisters ist mit Blumen geschmückt. Unter den Zuschauern befinden sich auch einige Damen und Herren aus Wallerstein und Nördlingen sowie zwei Studenten. *Einige flotte Musensöhne im altdeutschen Rock und weiten blauen Hosen, das Mützchen keck auf eine Seite des Kopfes geklebt, schauten mit vergnügtem Antlitz umher oder „schnitten" den schönsten und jüngsten der anwesenden „Florbesen" die Coux.*[446] Das Interesse der Studenten an der schönen Gret bewegt den Schneider zu einem prahlerischen Auftritt.

Von Melchior Meyr heißt es dazu im Bildkommentar:

Nach der letzten Erfahrung – beim Tanze – hat sich die Gret überzeugt, dass der Bursch geradezu unverbesserlich sei, und dass sie ihn aufgeben müsse. Sie lässt sich nun die Huldigungen eines Vetters, des kleinen und netten, in seiner Art gewandten Schneiders gefallen, der eine Zeitlang in der Fremde war und von ihr eine gewisse „Bildung" mit nach Hause brachte, welche aber seine Eitelkeit nicht gemindert, daher seinen Scharfsinn nicht gemehrt hat. Die Kluge durchschaut den Gesellen – und lässt sich von ihm am Kirchweihfest „auf den Platz", d. h. zum Tanz um die Linde führen, wodurch ein Mädchen immer eine besondere Gewogenheit an den Tag gibt. Diesen Tanz, wie er früher statt hatte, zeigt uns das zweite Bild. Wir sehen, zwischen dem Baum und den Musikanten, den „Platzmeister" (Vortänzer) und seine Geliebte, er durch den geputzten Hut, sie durch die grosse Radhaube ausgezeichnet. Der Platzmeister hat mit einem bebänderten Säbel in der Rechten zuerst drei Reigen allein zu tanzen; diese sind nun lange vorüber, der allgemeine Tanz der „Kirchweihbursche" ist im Gang, und die Zuschauer, worunter wir einen Nördlinger Bürger, ein feines Ehepaar aus der fürstlichen Residenz Wallerstein und zwei in Ferien befindliche Studenten unterscheiden, haben bei der Aufführung schon manches Ergötzen gehabt. Das netteste ist den Studiosen noch aufgespart. In einem kleinen Wettkampf mit Spottliedchen hat der Schneider gegen einen tüchtigen, lustigen Kerl bedeutend den Kürzeren gezogen und die Lacher, die sich keinen Zwang anthaten, ärgerlich wider sich gehabt. Der Ehrgeizige sinnt auf eine neue Leistung, wodurch er sich hervorthun und jenen Lümmel tief in Schatten stellen könnte. Und es fällt ihm ein in der Fremde gelerntes Lied ein, womit er namentlich den jungen Herrn Respekt einzuflössen gedenkt. Er stellt sich also mit seiner Tänzerin vor sie hin und stimmt den Gesang an. Die unbewusste Variation eines Studentenliedes, die er zum Besten gibt, verdient wohl auch in diesen Blättern verbreitet zu werden. Sie lautet:

[445] Museum der bildenden Künste Leipzig, Inv.Nr. 77. H. 34,3 cm, Br. 42,3 cm.

[446] „Ende gut, alles gut". – Hartmut Steger vermutet in den Studenten ein Selbstbildnis des Malers und M. Meyrs (Steger: Kirchweih, S. 228).

Der Herr Professor
Liegt in Corretschion,
Drom wär' es besser,
Man trinkt eins rom.
Ebete, bebete, esse coralle!
Was soll das Hepula? Bombau, holla!

Die Heiterkeit der Studenten begreift sich, ebenso die Beschämung und die Ungeduld der schönen Gret, welche das Lachen derselben richtig deutet. Diese hat mit ihren Liebhabern offenbar kein Glück! Der jetzige macht sich lächerlich wie der frühere! Michel hat sogar vor dem Schneider noch etwa voraus; er erkennt die gemachte Dummheit wenigstens nachher als eine, während der Schneider nach der seinen das ironische Lob von Seiten der Studenten für baare Münze nimmt und die Gret mit seligem Stolz in's Wirthshaus zurückführt. –

Dem Erklärer ist es vielleicht erlaubt, zu bemerken, dass das Dorf, in welchem diese Scene spielt, sein zwischen Nördlingen und Wallerstein liegender Geburtsort Ehringen ist. In dem Hause, dessen Dach hinter den Musikanten sichtbar wird, hat er das Licht der Welt erblickt, und in dem gegenüberliegenden Wirthshause als Gymnasiast und Student in Ferien die ergiebigsten Studien zu seinen Rieser Erzählungen gemacht. Die alte Linde steht noch, aber der Brauch, am Kirchweihfest den Reigen um sie zu schlingen, ist neuerdings in Abgang gekommen.[447]

Zur Staffage am Rand gehört ein *Obstweib*, das, wie auch Meyr erwähnt, Obst zum Kauf anbietet. Im Mittelpunkt des Bildes stehen der Schneider Michel, der mit Stoffhose, buntgemusterter Weste, kurzem Jäckchen, Halstuch und Pelzmütze eine Kombination aus städtischer und bäuerlicher Kleidung trägt, sowie Gret mit der unter dem Kinn gebundenen Bänderhaube, einer weißer Bluse, Mieder, Einstecktuch und weißer Schürze. Das Haar hat sie gescheitelt. Im Hintergrund erkennt man den Aufwärter mit der riesigen kupfernen Bierkanne.

Nahezu unverändert ist eine skizzierte Gesamtkomposition[448] in das Gemälde umgesetzt worden. Nur an der Bekleidung sind Details verändert worden. Statt eines Tiers stellt der Wirtshausausleger einen Stern dar, und anstelle eines Gebäudes ist neben dem Gasthaus nur ein Zaun mit wuchtigen Säulen zu sehen. Außerdem existieren noch einige Vorstudien zur Mittelgruppe und zu den Musikanten.[449]

Später im Wirtshaus kommt es zu einem Streit zwischen Gret und dem Schneider. Als dieser schließlich Gret beschimpft, steht auf einmal Michel, der trotz seiner schwermütigen Stimmung in das Wirtshaus gekommen war, hinter ihm und befiehlt ihm, damit aufzuhören. Anfangs wehrt er den Schneider nur ruhig ab im Wissen, diesem körperlich haushoch überlegen zu sein. Als der Schneider allerdings ein Stück von Michels neuer Jacke abreißt, wirft Michel ihn zu Boden. Daraufhin fühlt er sich seit langer Zeit endlich wieder einmal besser. Der Schneider ruft seine Kameraden zu Hilfe, die zu sechst

[447] Deutsches Volksleben, S. 2, 2.
[448] Staatliche Graphische Sammlung München. Abgeb. bei Steger: Kirchweih, S. 228.
[449] Abgeb. bei Höpfner: Von der „Däf" zur „Leicht", S. 33 u. 37. Die Vorskizze von dem Paar in der Mitte – Gret und der prahlende Schneider – hat K. Höpfner ohne Kenntnis des Kontexts mit der Bilderklärung „Bräutigam und Braut verabschieden sich nach dem Hochzeitsfest von ihren Gästen vor dem Hofanwesen, in das eingeheiratet werden soll" publiziert (S. 37).

gleichzeitig über Michel herfallen. Der ohnehin kräftige Michel wird überdies durch das Bewußtsein beflügelt, sich gerade für Gret einzusetzen. Da sich die Gegner – wie Meyr schreibt – aus Zeitmangel nicht wie sonst üblich mit Stuhlbeinen oder ähnlichem bewaffnen konnten, gibt es einen Kampf nur mit Fäusten, der viele Zuschauer hat. *Die theilnehmendste und zugleich antheilswertheste Zuschauerin von allen aber war die Gret.* Sie erkennt, daß Michel allein mit den Angreifern fertig wird, bewundert die Stärke des Mannes, der ihr immer am besten gefallen hat, und ist stolz darauf, daß er um ihretwillen kämpft. Es kommt zum Happy-End. Am Schluß ist sogar der Schneider versöhnt.

Mit Meyrs Worten zeigt das Bild folgendes:

Auf dem vorigen Bilde zeigt der Schneider schon beim Anstimmen des Liedes in seinem Gesicht eine Hoffart und Selbstgefälligkeit, die zu Schlägen herausfordern. Auf diesem Bilde, nachdem er sie noch weiter verdient hat, bekommt er sie. Steigendes Selbstgefühl verwickelt ihn nämlich mit seiner Tänzerin in einen höchst albernen Streit. Er entfaltet dabei alles Herrische, was in seinem Charakter liegt; das Mädchen, durch seinen lächerlichen Ton gereizt, kränkt seine Seele durch eine verächtlich klingende Bemerkung, und er, im Wahnwitz des Zornes, stösst gegen sie grimmige Schmähungen aus. Die härtesten Worte fallen; aber der Rächer der Unbill steht hinter ihm! Es ist Michel, den sein vertrauter Freund beinahe mit Gewalt in's Wirtshaus geführt hat. Der Riese untersagt dem Kleinen zunächst nur mit Strenge sein Schimpfen; aber die Geringschätzung, womit er es thut, reizt den Schneider auf's Aeusserste, – er erinnert sich, dass ihm seine Kameraden (die auf dem Dorf nicht wieder Schneider, sondern Handwerker aller Art sind!) zu Hülfe eilen werden – und er selber fängt den Kampf an. Michel wirft ihn zu Boden. Der Gesell, wieder aufgesprungen, ruft mit einem durchdringenden Schrei um Hülfe – ein halbes Dutzend Bursche eilen vom Tanzboden in die Stube, und es beginnt der Kampf der Vielen gegen Einen. Was Michel, der sich nun endlich in seinem Fache befindet und mit Wuth und Wonne zu Ehren der Geliebten streitet, für Thaten verrichtet, zeigt uns das Bild. Schon ist so viel geschehen, dass wir über den Ausgang nicht mehr in Zweifel sein können. Und die Gret steht an der Seite und sieht dem Helden zu, mit Bewunderung, mit übergehenden Augen. Die Hoffnungen, die sie auf diesen Tag gesetzt hat, sind über alles Erwarten in Erfüllung gegangen, und es ist für sie und Michel in Wahrheit „Ende gut, Alles gut".[450]

Von dieser Wirtshausprügelei gibt es zwei Bilder Enhubers. Die ausgeführtere Studie in Leipzig[451] (Abb. 12) zeigt einen groben Bretterboden und eine Kassettendecke. Die Fenster sind oben gekippt. Rechts ist im Hintergrund ein Ofen angedeutet. Zu erkennen sind Bretterstühle und Biergläser mit Zinndeckeln, sowie Zinn- oder Kupferkannen. Die Männer tragen durchwegs Lederhosen, die bis unters Knie reichen, hohe Stiefel oder genagelte Schuhe mit weißen Strümpfen. Kurze Jacken und langschößige Röcke wechseln sich ab. Als männliche Kopfbedeckungen treten Pelzmütze und Dreispitz auf. Gret sieht der Rauferei stillvergnügt zu. Im Gegensatz zum vorigen Bild, das unmittelbar vorher spielt, hat sie diesmal die Bänderhaube nicht unter dem Kinn gebunden, und die Ärmel sind leicht verändert.

[450] Deutsches Volksleben, S. 2, 3.

[451] Museum der bildenden Künste Leipzig, Inv.Nr. 78. H. 33,5 cm, Br. 42,3 cm.

Abb. 12: Karl von Enhuber: Szene aus „Ende gut, alles gut“, 1864.

Abb. 13: Karl von Enhuber: Szene aus „Ende gut, alles gut“, um 1864.

Bei dem Gemälde in München (Abb. 13)[452] ist die ganze Ausführung der Malerei erheblich gröber und undeutlicher, es ähnelt eher einer Farbstudie. Die Vorskizze[453] gleicht mehr dem Münchner Gemälde als dem in Leipzig. Im Unterschied zu den Gemälden sieht Gret hier nicht seelenruhig zu, sondern hebt aufgeregt die Arme. Offenbar hat Meyr die Skizze gesehen und Enhuber darauf hingewiesen, daß die Haltung Grets so nicht der Erzählung entspricht. Enhuber malte dann erst als weitere Vorstudie die Münchner Variante. Einzelne Skizzen gibt es von den verschiedenen unterlegenen Kameraden des Schneiders.

„Regine"

Das erste Bild aus dem Zyklus ist bei Pecht[454] erwähnt und im „Deutschen Volksleben" abgebildet (Abb. 14): Die Söldnerstochter Regine in der Bildmitte schaut neidvoll dem Hochzeitszug des von ihr geliebten Großbauern Johann und einer reichen Bauerntochter zu. Alle Teilnehmer am Zug sind festlich dunkel gekleidet. Ein geschmückter Säbel und die Blumen auf dem Dreispitz weisen den Hochzeitsknecht aus. Soweit es zu erkennen ist, trägt die Braut auf dem Haarknoten eine Haube aus Perlen- und Drahtgeflecht mit langen Bändern, wohl das von Meyr oft genannte *Jungfern-Horbet*, das er aber nie beschreibt. Eine Kameradin mit einer Art Hut, vielleicht einem Strohhut mit Bändern, neigt sich Regine zu. Unter der weißen Schürze Regines ist ein Wolkenrock zu erkennen. Einige Kinder, die ähnlich wie die Erwachsenen gekleidet sind, sehen ebenfalls zu.

Meyr schildert die Situation in seinem Bildkommentar:

Regine, die Tochter eines Bauern, ist schon in erster Jugend ein ungewöhnliches Mädchen, und das Herz der noch kaum Erwachsenen wendet sich einem jungen Manne mit einer so ernsten, tiefen, um nicht zu sagen feierlichen Liebesneigung zu, wie sie auf dem Lande nur höchst selten angetroffen wird. Der junge Mann ist aber der Erste und Vornehmste seiner Kameraden: der Sohn des „Meiers", des begütertsten Bauern im Dorf. Als er nach dem plötzlichen Tode des Vaters heirathen muss, wählen Mutter und Schwester für ihn die Tochter eines reichen Brauers – und er, der von dem Ernste der Neigung Regina's keine Kunde hat, nimmt sie an und feiert mit ihr die Hochzeit. Der Zug in die Kirche, wie er früher, und in einzelnen Orten bis in die letzten Jahre, stattfand, stellt uns das erste Bild vor Augen. Die Männer, mit Pfarrer, Bräutigam und Lehrer an der Spitze, gehen voran; die Weiber, geführt von der „Hochzeiterin" mit „Hochzeitknecht" und „Hochzeitmagd" folgen nach. Die stattliche, runde Wirthstochter schreitet mit einer Gemessenheit und Ruhe daher, dass man erkennt, sie schliesst mehr eine Standes- als eine Neigungsheirath. Die wahrhaft und in tiefster Seele Liebende steht an der Seite unter dem Baum! Regine hat sich's abgerungen, auf den Kirchhof zu gehen, um hier, dem Brauche gemäss, einem Nahverwandten im Zug das für die Feier nöthige Gesangbuch zu überreichen. Als der Geliebte an ihr vorüberging, hat sie noch an sich gehalten; wie nun aber die Braut naht, die Alles haben soll, was sie selber mit glühender Leidenschaft ersehnt hat und ersehnt, da geht der Beraubten und Wehrlosen ein Stich durch's Herz und sie muss alle Kraft aufbieten, um ihr Leid nur einigermassen zu verbergen.[455]

---

452 Bayerische Staatsgemäldesammlungen, Inv.Nr. 7662. H. 34,0 cm, Br. 41,7 cm, rötlich-weiß grundiert.

453 Staatliche Graphische Sammlung München. Abgeb. bei Steger: Kirchweih, S. 230.

454 Pecht: Enhuber's Illustrationen, S. 255.

455 Deutsches Volksleben, S. 4, 1.

Abb. 14: Karl von Enhuber: Szene aus „Regine“, um 1864/65.

Als die erste Frau Johanns nach einigen Jahren stirbt, heiratet er trotz des Standesunterschieds Regine und bekommt mir ihr noch ein Kind.

Jahre sind verflossen. In ihnen hat das Leid unseres Dorfmädchens ein Ende gefunden und die tiefsten und heissesten Wünsche ihres Herzens sind in Erfüllung gegangen. Der Geliebte, der nach dreijähriger Ehe Wittwer geworden, hat diesmal selber nach seinen Augen und seinem Herzen gewählt – und Regine als Gattin in sein Haus geführt.[456]

Auf dem Enhuber-Bild[457] (Abb. 15) zeigt Regine abends die kleine Tochter Annemarie in einem Tragekissen mit Bändern ihrem Mann, der gerade heimgekommen ist, noch Ausgehrock und Hut trägt und in der Hand eine Peitsche hält. Die beiden kleinen Kinder aus erster Ehe hängen an Vaters Rockzipfel.

Der Meier ist von einem Besuch aus der Stadt zurückgekehrt; die beiden Kinder aus erster Ehe drängen sich an ihn heran, und der Bube durchsucht ihm die Tasche nach einem Nasch- oder Spielwerk. Der Vater hat aber noch kein Auge für die muntern Bettler. Regine hält ihm ihr eignes Töchterlein entgegen; dieses hat ihn erkannt und lächelt ihn an, und sein Blick hängt an dem reizenden Kind mit inniger Liebe. Die Mutter sieht mit freudigem Stolz – mit einer Wonne hernieder, in welche sich, wie es eben in den seligsten Momenten geschehen kann, ein Hauch von Wehmuth gemischt hat.[458]

Regine hat die dunkle Schürze an einer Ecke hochgesteckt, so daß darunter ein Wolkenrock sichtbar wird. Ihr Mann ist dunkel gekleidet mit Stiefeln, langem Rock, Weste und breitkrempigem Hut. Der Junge hat eine Zipfelmütze auf, er trägt eine kurze Jacke, eine Weste und lange Hosen. Das Mädchen ist mit Rock, Schürze, Kittel und Halstuch annähernd wie eine Erwachsene angezogen. Durch das geöffnete Fenster kommt ein Luftzug herein. Auf dem Sims stehen eine Stielpfanne und ein Blumentopf. In der gewölbten Fensternische hängt eine Vogelkäfig. Der Hund auf der Bank macht Männchen. Auf dem Boden ist Spielzeug verteilt, ein Pferdchen mit Rädern, und ein umgeworfener Schemel. Im gepolsterten Ohrensessel steht eine Katze, über der Armlehne hängt eine Zipfelmütze. Vor dem Sessel liegen ein Stiefelknecht und Hauspantoffeln. Am linken Bildrand sieht man eine Schubladenkommode mit Schreibzeug. Die Stube ist mit Kassettendecke und zwei Holzwänden eines Kanzleis gemalt. Ein kleiner Schieber verdeckt eine Öffnung in der Holzwand. Schemenhaft ist im Hintergrund eine Truhe zu erkennen. Wie bei allen Inneneinrichtungen Enhubers ist eine Zeitung an der Wand aufgehängt. Der Spiegel steht oben von der Wand ab. Der Tisch in der Ecke ist mit einem Tischtuch verdeckt, etwas Geschirr steht darauf.

Es gibt davon wieder eine grobe Studie (Abb. 16)[459], bei der keine Kleidungsdetails zu erkennen sind, dafür einige Unterschiede: Die Katze auf dem Sessel hat sich zum Schlafen zusammengerollt. Regines Schürze ist hell. Der Kopf des Babys wirkt größer. Enhuber hat außer der Gesamtkomposition auch Regine mit dem Kind und den Mann mit nur angedeuteter Frau skizziert.

[456] Ebd., S. 4, 2.

[457] Abgeb. in: Deutsches Volksleben. Der Verbleib des Bildes ist unbekannt, möglicherweise handelt es sich um die bei Eschenburg: Spätromantik und Realismus, S. 126, erwähnte, 1865 datierte Variante Öl auf Holz in Privatbesitz.

[458] Deutsches Volksleben, S. 4, 2.

[459] Bayerische Staatsgemäldesammlungen, Inv.Nr. 7663, H. 34,7 cm, Br. 40,8 cm. Lt. Eschenburg: Spätromantik und Realismus, um 1864/65 entstanden.

Abb. 15: Karl von Enhuber: Szene aus „Regine", um 1864/65.

Abb. 16: Karl von Enhuber: Szene aus „Regine", um 1864/65.

Abb. 17: Karl von Enhuber: Szene aus „Regine", um 1864/65.

Abb. 18: Karl von Enhuber: Szene aus „Regine", um 1864/65.

Nach dem Tod der kleinen Tochter stirbt wenig später auch Regines Mann an einer ansteckenden Krankheit.

Die Tochter, auf welche Regine mit so holder Liebe herniedergesehen hat, ist kurze Zeit nachher eine Leiche. Der Meier wird von einer tückischen Krankheit befallen und trotz der sorgsamsten Wartung durch die treue Gattin erliegt er derselben. Regine, die mit allen Fasern an den beiden Wesen gehangen hat, sieht nicht mehr, wie sie ferner leben soll. Die Pflege des Kranken hat sie selber erschöpft und den Keim des gleichen Uebels in ihr erstehen lassen. Sie befolgt die Rathschläge des Arztes nicht – und in Kurzem stirbt sie dem Manne nach.

Das letzte Bild zeigt sie am Grabe desselben. Sie steht mit einer eignen – ergebnen und gehobnen Ruhe. Sie weiss, der letzte Wunsch ihres Herzens wird in Erfüllung gehen.[460]

Auf der Beerdigung sieht man Regine gefaßt und in schwarzer Kleidung mit Radhaube am Grab, neben ihr die beiden Kinder aus erster Ehe des Mannes (Abb. 17)[461]. Der Lehrer singt zusammen mit einigen in Tracht gekleideten Schuljungen. Die Frauen in der Trauergemeinde tragen Radhauben oder Bänderhauben, auch die kleine Tochter trägt eine Bänderhaube. Die Männer haben ihre Dreispitze abgenommen. Von den übrigen Trauergästen ist nur wenig zu erkennen. Rechts kann man ein Grab mit einem Grabstein und Blumen sehen. Der kahle Baum am linken Bildrand verstärkt die düstere Stimmung des Bildes. In einer gröberen Variante des Bildes (Abb. 18)[462] hat das Grab im Vordergrund einen unregelmäßigen Grabstein. Eine Frau oder ein Mädchen rechts in der Trauergemeinde hat eine andere Kopfbedeckung und ist nicht schwarz gekleidet. Als Vorarbeiten hat Enhuber außer der Gesamtkomposition Regine am Grab und den segnenden Pfarrer skizziert.

Regine verliert nach dem Tod ihres geliebten Mannes den Lebensmut; nachdem sie die Versorgung der beiden Kinder geregelt hat, forciert sie absichtlich durch kalte Nachtluft am offenen Fenster die Krankheit, an der auch ihr Mann gestorben war.

„Ludwig und Annemarie"

Ludwig ist der Sohn reicher und standesbewußter Bauern. Die Eltern haben für ihn bereits eine ebenbürtige Braut ausersehen, als er Annemarie, der verwaisten Tochter eines Zimmermanns, begegnet und die beiden sich verlieben. Enhuber hat ein heimliches abendliches Rendezvous im Garten der Eltern Ludwigs wiedergegeben, wo das Paar durch Hecken und Gebäude vor neugierigen Augen geschützt ist (Abb. 19)[463]. Leider kommt zufällig Ludwigs Mutter auf dem Fußweg vorbei, erkennt die Stimme ihres Sohnes und lauscht den Liebesbeteuerungen.

Der Sohn reicher, vornehmer Bauersleute liebt unter seinem Vermögen und Stande. Die Tochter eines wenig bemittelten Söldners ist aber so schön, so gut und dem stattlichen Burschen so herzlich zugeneigt, dass die beiden Seelen von dem Spiele der ersten wechselseitigen Freundlichkeiten rasch zum Ernste geführt werden. Ludwig hat Annemarie um eine Zusammenkunft

[460] Deutsches Volksleben, S. 4, 3.
[461] Abgeb. ebd. Der Verbleib des Bildes ist unbekannt.
[462] Bayer. Staatsgemäldesammlungen, Inv.Nr. 7665, H. 34,3 cm, Br. 41,2 cm.
[463] Abgeb. in: Deutsches Volksleben.

gebeten, und diese findet Sonntag Abends in ihrem Garten statt. Es ist im Monat Mai, die Sonne – vom wolkenlosen Himmel – eben untergegangen. Die Blüthen der Bäume hauchen Wohlgeruch und einzelne weisse Blättchen fallen von den Zweigen hernieder. Ringsum tiefe Stille; nur Maikäfer schwirren von einem Baum zum andern. Das Paar, auf der Gartenbank sitzend, tauscht Liebesreden und Worte glücklicher Laune. Dann kommt aber das Mädchen auf den Abstand zwischen ihr und dem Sohn reicher Leute und auf den Stolz des Vaters zu sprechen. Sie drückt ihre Furcht, ihre Sorge – ihre Liebe so rührend aus, dass der Bursche mit einer lauten, leidenschaftlichen Zusage der Treue antwortet. Unendlich hold und tröstend klingen diese Worte in's Ohr des Mädchens; sie neigt sich dem Umfangenden zu, mit aller Güte, mit unendlichem Vertrauen. Aber dieselbe Rede, die ihr Herz beseligt, wirft Schrecken in ein anderes. Die Mutter Ludwigs, die mit einem ganz andren Plane für ihn sich trägt, hat, von einem Abendbesuche auf dem Fusswege hinter dem Garten heimkehrend, die Stimme des Sohnes erkannt und den Schwur der Treue vernommen. Sie ist in höchster Bestürzung; sie zürnt dem Ungehorsamen, sie fürchtet beim Bekanntwerden von der Heftigkeit des Vaters einen schrecklichen Auftritt, und sie fasst den Entschluss, den Sohn von dem Mädchen abzubringen, koste es, was es wolle![464]

Unter dem ausladenden Baum hält Ludwig Annemarie im Arm. Ludwig trägt hohe Stiefel, Lederhose, kurze Jacke und pelzverbrämte Mütze, Annemarie eine breite helle Schürze, ein Mieder, unter dem dreiviertellange weiße Hemdsärmel hervorschauen, ein Halstuch und eine Bänderhaube, die unter dem Kinn gebunden ist. Im Vordergrund stehen eine Gießkanne und ein Spaten. Zahlreiche Blumen im Garten des Hobbygärtners bilden die Staffage. Auf einer Vorzeichnung[465] rückt das Haus näher; deswegen ist vom Dach weniger zu sehen. Neben der Gießkanne ist eine Topfpflanze zu erkennen.

Als nach vielen Schwierigkeiten die Eltern doch ihre Einwilligung zur Hochzeit der beiden geben, findet wie üblich ein abendliches Treffen statt, bei dem die Hochzeitsabmachungen schriftlich festgelegt werden.

Man hält den „Heirathstag" (die Verlobungsfeier). Der Contract, vom Schullehrer geschrieben, ist unterzeichnet, die Familie, mit dem Pfarrer und dessen Enkel, sitzt beim Mahle. Da bricht aus der Tiefe der Naturen, die so lange hart gewesen, alle Güte hervor und treibt die Angehörigen Ludwigs, der Braut, die so bitter gekränkt worden, eben die grösste Ehre anzuthun und die zärtlichste Liebe zu beweisen. Annemarie ist ergriffen! Und als der Vater, der am längsten in Feindseligkeit ausgehalten hat, der künftigen „Söhnerin" mit jener gemessenen, ernsten Höflichkeit, wie man sie unter dem Landvolk antrifft, ein Stück Kuchen überreicht, da blickt die Glückliche mit einem Gefühl wallender Freude und scheuen Staunens, als ob sie ihren Augen nicht trauen dürfte. Die Mutter drückt dem Sohn die Hand, als wollte sie sagen: bist du nun zufrieden! Der Pfarrer, der zur Ausgleichung, ohne es zu scheinen, auf musterhafte Weise mitgewirkt hat, schaut mit tiefer Genugthuung auf die Harmonie, die ohne ihn nicht zu Stande kam, – und sein Enkel, der junge Idealist, hat Gelegenheit, eine frühere, einseitige Ansicht über den Charakter der Landleute zu verbessern.[466]

---

[464] Ebd., S. 1, 1.
[465] Staatliche Graphische Sammlung München.
[466] Deutsches Volksleben, S. 1, 2.

Abb. 19: Karl von Enhuber: Szene aus „Ludwig und Annemarie", um 1864/65.

Abb. 20: Karl von Enhuber: Szene aus „Ludwig und Annemarie", um 1864/65.

Enhuber hat die Wände der Stube, die nur durch einige Kerzen auf dem Tisch erhellt wird, mit einem Spiegel, einem Bild und einem Schüsselbrett ausgestattet, in der Ecke steht eine Standuhr (Abb. 20)[467]. Die Beteiligten sitzen auf Bretterstühlen, dem Familienoberhaupt kommt der gepolsterte Armlehnstuhl zu, unter dem ein Hund schläft. Am gedeckten Tisch schneidet der Vater ein Stück vom Gugelhupf ab. Die Frauen tragen alle Bänderhauben, der Vater hat eine Zipfelmütze auf.

„Sieg des Schwachen"

Mit dem „Schwachen" ist in dieser Geschichte der überaus ängstliche Schneider Tobias gemeint. Sein strenger und eigensinniger Vater hat ihm bereits eine Braut ausgesucht, als Tobias sich in die neue Pfarrersmagd verliebt, die im Gegensatz zu Tobias resolut auftritt. Im ersten Bild läuft Tobias vor seinem überraschend aufgetauchten Vater davon, nachdem er eben noch seiner Angebeteten beim heimlichen Treffen im Garten künftig ein mutiges Auftreten versprochen hat (Abb. 21)[468]. Bitter enttäuscht sieht sie ihm nach und sagt dann erzürnt dem Vater die Meinung.

In Meyrs eigenen Worten hört sich das Geschehen wie folgt an:

Der junge Schneider Tobias soll die Tochter eines Schusters heirathen, welche nichts weniger als schön ist, aber des Vaters Haus bekommt. Die Pfarrmagd hat kein Haus, aber sie ist reizend, bezaubernd, und die höhergestimmte Seele, der feinere Geschmack des einigermassen belesenen Burschen kann dieser Anziehung nicht widerstehen. Das Liebespaar verständigt sich – und hofft! Aber der alte Schneider, ein Haustyrann, hat den guten Tobias stets in völliger Abhängigkeit zu erhalten gewusst; auf der einen Seite der väterliche Befehl und die Gewohnheit des Gehorchens, auf der andern die leidenschaftliche Neigung und die Unmöglichkeit, ihr zu entsagen, bringen den jungen Schneider in die schreckliche Klemme. Vom Alten gedrängt, weiss er sich keinen andern Rath, als an einem Sonntag, wo jener im Wirthshaus, der jüngere Stiefbruder bei seinen Kameraden ist, die Geliebte in seinen Garten zu bestellen, um sich mit ihr über die nöthigen Maassnahmen zu besprechen. Allein sein Bruder, ein heimtückischer Bube, hat das Paar zufällig gesehen und verräth es dem Vater; und eben wie der Liebende, durch das Mädchen begeistert, die muthigsten Gesinnungen kundgibt und den Entschluss ausspricht, dem alten Wütherich unbeugsam Trotz zu bieten – steht dieser neben ihm! Tobias starrt ihn an – von Schreck und Entsetzen in Stein gewandelt! Einige Sekunden weilt er regungslos. Dann scheint er sich zu ermannen; seine Züge beleben, die Beine bewegen sich, er macht eine Wendung und – läuft davon. Die Pfarrmagd blickt ihm in schmerzlicher, tiefster Entrüstung nach. Als der grimmige Alte auch ihr Vorwürfe machen will, schleudert sie ihm die Entgegnungen in's Angesicht, welche gerechte Wuth ihr eingeben, und schreitet hinweg, von Verachtung erfüllt gegen den alten und den jungen Schneider.[469]

[467] Abgeb. in: Deutsches Volksleben. Das Gemälde ist auch abgedruckt in: Verliebt, verlobt, verheiratet. Liebe, Hochzeit, Ehe und Sexualität in ländlichen Verhältnissen (= Freilichtmuseum Neuhausen ob Eck, Kleine Schriften 7) Tuttlingen 1991, S. 9. Das Repro befindet sich im Kreisarchiv Tuttlingen. Ingeborg Weber-Kellermann publizierte es auch in: Frauenleben im 19. Jahrhundert, S. 78.

[468] Abgeb. in: Deutsches Volksleben.

[469] Ebd., S. 3.

Tobias' Vater ist bekleidet mit einer Lederhose, Schuhen zu weißen Strümpfen, einem langen Rock und einer mit Pelz besetzten Mütze. In den Händen hält er eine Tabakpfeife. Der Sohn hat bei seiner Flucht die Mütze verloren. Meyr erwähnt in der Erzählung mehrfach die städtische Kleidung Barbaras, dennoch hat Enhuber sie mit einer Bänderhaube dargestellt, die nicht unter dem Kinn gebunden ist. Während beim Rock und bei der Schürze keine Unterschiede zu der sonst gezeigten bäuerlichen Bekleidung festzustellen sind, ist der Kittel anders geschnitten, man sieht den Kragen einer Bluse; das Halstuch, das sonst in Meyrs Beschreibungen und auf Enhubers Bildern prinzipiell zur Tracht gehört, fehlt. Im Hintergrund sind ein Taubenhaus und ein Giebel mit Krüppelwalm zu sehen. Die Gartenlaube ist mit Kletterpflanzen überwachsen. Der Zaun besteht aus senkrechten Latten. Eingerahmt ist das Bild von Blumen und Bäumen.

Eine völlig andere Situation zeigt das zweite Bild (Abb. 22)[470]: Tobias lehnt sich zum ersten Mal gegen seinen Vater auf, und es gelingt ihm, diesen einzuschüchtern.

Zwei Seelen wohnen in der Brust des Tobias: eine heroische, die ihn als den Sohn des Vaters kennzeichnet, und eine furchtsame, die er von seiner verstorbenen Mutter geerbt hat. Jene hat sich bis jetzt nur in Vorsätzen geäussert, während diese sich in Thaten offenbarte; nach der schmählichen Niederlage, die ihn bei aufgehelltem Bewusstsein gegen sich selber toben macht, erhebt sich aber die erstere wieder. Sie treibt den unauslöschlich Liebenden zu Wagnissen, die noch viel schlimmer enden, als das Stelldichein im Garten, und ihn dem äussersten Elend in die Arme führen. Da, nachdem er den letzten Bodensatz der Schmach hat verschlucken mussen, ist seine Geduld aufgezehrt. Seine ehrliebende Seele ist vergiftet, eine furchtbare Wuth schwillt in ihm auf, und als der Vater ihn, den Widerspenstigen, nochmals thätlich misshandeln will, da bricht er los. Er ergreift die grosse Schere, schwingt sie gegen den Tyrannen, dass dieser erschreckt zurückprallt, hält ihm seine Unthaten vor, steigert dadurch seine eigene Raserei auf's Höchste und schlägt Alles zusammen, was er in der Stube erreichen kann: Spiegel, Teller, Tabakspfeife, Oel- und Milchgefässe. Der Alte ist entsetzt. Er glaubt, der Bursch wäre förmlich wahnsinnig geworden, flüchtet sich hinter den Ofen und hält dem Vordringenden einen Stuhl als Schild entgegen.[471]

Von der Stubendecke hängen bei der Schneiderfamilie verschiedene Kleidungsstücke, in der Ecke steht ein gußeiserner Ofen mit einem Trockengestell an der Decke, davor ein niederer Tisch mit offener Schublade, Kaffeemühle, aufgeschlagenem Buch und Lesebrille. Seitlich sind Stiefel, Strümpfe und ein Stiefelknecht zu sehen. Der Spiegel in der Ecke ist zersprungen. In der Fensternische mit einem Blumenstock hängt ein Vogelkäfig, die Katze versucht zu flüchten. Auf dem Arbeitstisch sind Schneiderutensilien verteilt. Als Sitzgelegenheiten gibt es Brettstühle und Wandbänke. Tobias hat ein Stoßbutterfaß umgestoßen, eine Tabakpfeife liegt zerbrochen am Bretterboden, ein Kerzenleuchter fliegt durch die Luft. Vom Wandbrett fällt ein Teller herab. Tobias ist barfuß, er trägt eine lange Stoffhose, eine helles Hemd und eine dunkle Weste mit hellen Knöpfen, der Vater eine Zipfelmütze, Hemd, Weste und eine Arbeitsschürze. Er hat einen Pantoffel verloren. Eine Pelzmütze ist auf den Boden gefallen.

---

470 Abgeb. ebd. Das Bild ist links unten signiert „K. v. E. fec. 1865". Sein Verbleib ist unbekannt.

471 Ebd., S. 4, 2.

Abb. 21: Karl von Enhuber: Szene aus „Der Sieg des Schwachen", um 1864/65.

Abb. 22: Karl von Enhuber: Szene aus „Der Sieg des Schwachen", um 1864/65.

Abb. 23: „Im Riesgau“. Stich nach einem Gemälde Karl von Enhubers.

Abb. 24: „Eine Bauerfamilie im schwäbischen Riesgau.“ Stich nach einem Gemälde Karl von Enhubers.

Graphische Reproduktionen der Gemälde

Während die Episode „Abgeblitzt" aus „Ende gut, alles gut" in enger Anlehnung an das Original gestochen von C. Pommer nur 1866 in der Zeitschrift für bildende Kunst erschienen ist[472], fanden zwei andere Szenen als Holzstiche weite Verbreitung: „Christines Rückkehr" aus der Erzählung „Die Lehrersbraut" erhielt zum Teil die Bezeichung „Im Riesgau" (Abb. 23)[473]. Unter diesem Titel ist der Stich auch 1866 in der „Gartenlaube" abgedruckt worden.[474]

Das Familienidyll aus „Regine" ist als „Häusliches Glück" nach der Leipziger Variante 1867 in der „Illustrierten Zeitung" veröffentlicht worden.[475] Ein Holzstich nach der 1865 datierten Variante war mit dem Titel „Eine Bauerfamilie im schwäbischen Riesgau" sehr populär (Abb. 24).[476] Im Vergleich zum Gemälde ist das Gesicht des Säuglings deutlicher herausgestellt, was den sentimentalen Regungen der Käufer entgegenkam. Durch das Fenster sieht man den Kirchturm. Während man auf den beiden Gemäldevarianten nicht eindeutig zu entscheiden vermag, ob man auf Regines Schulter Haubenbänder sieht oder ihr Haar, ist es auf dem Stich eindeutig ihr Haar.

Zusammenfassung: Der Blick des Künstlers

Enhuber hat zu fünf „Erzählungen aus dem Ries" seines Jugendfreundes Melchior Meyr dreizehn Bilder gemalt, die Schlüsselszenen wiedergeben und gleichzeitig auch gefällige, verkaufbare Motive abgeben. Wie bei seinen anderen Gemälden war Enhuber darauf bedacht, daß der Betrachter die Bilder wie einen Roman „lesen" konnte, ohne die Geschichten zu kennen. Zu Enhubers üblicher Bildgestaltung gehören die immer gleichen Versatzstücke zur Ausschmückung: Zeitungen sind mit einem Nagel an der Wand befestigt, ein Vogelkäfig hängt in der Fensternische, auf dem Fußboden verstreut liegen einige Gegenstände herum, die Holzdecke ist in Kassetten eingeteilt. Bezeichnend sind die durchkomponierten Bildgestaltungen, bei denen häufig das Licht die Akzente betont. Deswegen fertigte Enhuber zumindest in vier Fällen vor der Ausführung des eigentlichen Gemäldes grob hingeworfene Studien an; in der endgültigen Fassung änderte er dann oft noch einige Details ab.

Die Bilder kann man verstehen als eine Mischung aus Treue zur literarischen Vorlage, künstlerischer Gestaltung und eigenen Studien vor Ort. Die Geschichten spielen meist in den zwanziger und dreißiger Jahren des vorigen Jahrhunderts, ab 1864 unternahm Enhuber Studienreisen in das Ries. Gerade bei der Kleidung stellt sich die Frage, welcher Zeit sie angehört. Die Tracht aus der ersten Hälfte des Jahrhunderts konnte Enhuber sicher noch an älteren Personen studieren, zumal er nur wenige Variationen verwendete.

---

472 Abgeb. in: Pecht: Enhuber's Illustrationen.

473 Z.B. Schwäbisches Volkskundemuseum Oberschönenfeld; Plattengröße H. 17,7 cm, Br. 23,3 cm. Die Reproduktion wird im Katalog der Neuen Pinakothek nicht erwähnt. Unter der Bezeichnung „Vom Markte zurück" wird dieser Stich in dem Buch von Götz über die Landwirtschaft im Ries als Illustration zum Thema Markt eingesetzt (S. 95, Abb. 40).

474 Wildmeister: Bilderwelt, S. 180.

475 Nach Boetticher.

476 Schwäbisches Volkskundemuseum Oberschönenfeld, Plattengröße H. 23,3 cm, Br. 30,1 cm.

Dagegen ist die Kleidung der Musikanten beim Tanz um die Linde eindeutig jüngeren Datums. Die Datierungen 1864 bzw. 1865 auf den Bilder könnten den städtischen Betrachter, der das Landleben nicht kannte, fälschlicherweise dazu verleiten haben, das Dargestellte für Gegenwart zu halten. Es mag Zufall sein, aber die drei Erzählungen Meyrs, zu denen Enhuber keine Bilder gemalt hat, fallen alle zumindest zeitlich aus dem üblichen Rahmen. Sie handeln gegen Ende des 18. Jahrhunderts, um 1800/1810 bzw. gegen Mitte des 19. Jahrhunderts. „Der schwarze Hans" bildet darüber hinaus auch thematisch eine Ausnahme. Wie sich besonders gut an den Bänderhauben zeigt, hängt es von der künstlerischen Wirkung ab, ob sie unter dem Kinn gebunden sind oder nicht. Dies kann von einer Szene zur anderen wechseln, obwohl sie ungebunden nicht hält. Die Authentizität spielt hier eine untergeordnete Rolle. Im Gegensatz zu Meyrs Erzählungen gibt es auf Enhubers Bildern zahlreiche Hunde; wenn es die Örtlichkeit zuläßt, wird sie mit Geflügel ergänzt. Besonders die niedlichen Küken und die turtelnden Tauben vor dem Taubenstall dürften dem Publikum gefallen haben. Von Dachdeckung ist bei Melchior Meyr keine Rede; Enhuber entschied sich für das romantisch wirkende Strohdach. Arbeit kommt in seinen Rieser Bildern nicht vor.

Großen Erfolg hatten die beiden Graphiken nach Enhubers Illustrationen, versehen mit allgemeinen, von den Geschichten unabhängigen Titeln. Nachdem schon Enhuber die Szenen gefälliger und publikumswirksamer wiedergab, als sie Meyr geschildert hatte, zeigen die Graphiken nur noch ein Idyll: ein „trautes Heim" sowie eine freudige Begrüßung in einer „heilen Welt". Wie schon die nichtssagenden Titel ausdrücken, waren sie völlig unabhängig von den Erzählungen zu verstehen und zu verkaufen.[477] Der Geschmack und die Wünsche der Käufer waren ausschlaggebend für die Motivauswahl. Episoden, die ohne Kenntnis der Geschichte nicht voll zu erschließen waren und die nicht als charakteristisch für das Ries oder für ländliches Leben überhaupt angesehen werden konnten, fanden ebenfalls keine Verwendung.[478]

[477] Die Beerdigungsszene dagegen wurde nicht graphisch reproduziert, obwohl – wie Johanna Müller-Meiningen für die zweite Hälfte des Jahrhunderts ausführt – solche Motive in weitverbreiteten Zeitschriften wie der „Gartenlaube" gerne abgedruckt wurden „und von einem für Sentimentalitäten aufgeschlossenen Publikum mit Vorliebe betrachtet" wurden (Die Prinzregentenzeit, S. 284).

[478] Publikumswirksam hätten wohl das romantische Rendezvous aus „Ludwig und Annemarie" und die drastische Wirtshausprügelei aus „Ende gut, alles gut" sein können, doch mir sind keine Stiche davon bekannt.

Bilder um 1850/70

Skizzen und einzelne Blätter

Eine der wenigen Studien der Zeit um 1850/70, die als Bildquelle für das Thema „Land und Leute im Ries" herangezogen werden kann und die sich nicht ausschließlich mit Tracht beschäftigt, ist die Innenansicht einer Stube in einem Rieser Dorf von **Carl Stauber**. Carl Stauber wurde am 3. November 1815 in Amberg geboren.[479] Er starb am 24. November 1902 in München. Der Schüler von Peter von Cornelius, H. Heß und J. Schnorr an der Münchner Akademie hatte ein weites Arbeitsfeld. Er betätigte sich als Genremaler, Illustrator, Karikaturist, Radierer und Lithograph. Von 1844 bis 1893 war er Mitarbeiter der „Fliegenden Blätter". Weitere Illustrationen lieferte er für die „Illustrierte Zeitung" und für „Über Land und Meer".[480] Von Stauber stammen auch Buchillustrationen, wie etwa zu Hebels „Schatzkästlein des rheinischen Hausfreundes" (Stuttgart 1846) und Radierungen zu Georg Scherers „Alte und Neue Kinderlieder". Ein Künstlerlexikon erwähnt ca. 15000 Illustrationen aus der Hand Staubers.[481]

Es ist nicht bekannt, was Stauber dazu veranlaßte, eine Bleistiftskizze zu erstellen, bezeichnet mit „Baldingen" und dem Datum 18. Dezember 1850 (Abb. 25)[482]. Sie zeigt ein sog. Kanzleile, das durch eine dreiviertel hohe Holzwand von der bäuerlichen Stube abgetrennt ist. Um den gußeisernen Ofen daneben führt an der Decke ein Trockengestell für Wäsche. Durch die Tür des Kanzleiles, neben der eine hohe schlanke Standuhr auffällt, erkennt der Betrachter ein Bett. Außen sind zwei Bretterstühle mit durchbrochener Lehne an die Holzwand gerückt. An dem einen drängen sich zwei Knaben zusammen; sie tragen Erwachsenenkleidung mit Kniebundhosen, Strümpfen, kurzen Jacken und Westen. Die Mützen scheinen Zipfelmützen zu sein. Möglicherweise sollte die Skizze als Grundlage für eine Illustration dienen. Datierung und Ortsangabe lassen vermuten, daß Stauber vor Ort skizzierte.

Carl August Lebschée (1800–1877) kam auf Reisen durch Franken, die er mit dem Auftrag, Architekturzeichnungen anzufertigen, auch nach Nördlingen.[483] Der aus Posen stammende Graphiker, Landschafts- und Architekturmaler besuchte ab 1814 die Münchner Akademie, wo er Schüler von Kobell, Wagenbauer, Dillis u.a. war. Von Leb-

[479] Zu Stauber s. Thieme-Becker, Bd. 31, S. 493. – Müller/Singer: Allgemeines Künstlerlexikon.

[480] Im Bayerland 44 (1933), ist auf S. 150 ein Holzstich von Franz Kollarz nach einer Zeichnung von C. Stauber 1881 abgedruckt: „Salvator-Ausschank in der Halle auf dem Nockherberg".

[481] Müller/Singer: Allgemeines Künstlerlexikon.

[482] StaNö Graph. Sammlung, kleines Format, Bildnisse Trachten. Abgebildet z.B. bei Müller: Volkstümliche Möbel, Abb. 1 und Vorderseite Einband.

[483] Zu Lebschée s. Thieme-Becker, Bd. 21/22, S. 513. – Trachtengraphik in Schwaben, S. 22. – Miller: Sammlung malerischer Burger. – Müller, Bruno: Carl August Lebschées Maler-Reisen. – Morenz: Der Maler Carl August Lebschée. Zu dem aus Nördlingen stammenden Albrecht Adam gab es eine Verbindung: Lebschée lieferte die Zeichnung zu einem von Adam lithographierten Blatt mit der zweisprachigen Bildunterschrift: „Eine moderne junge Frau von München. Une jeune femme de la Classe bourgoise d'aprésent à Munic." Die Lithographie erschien als 37. Blatt in Lipowskys „Sammlung bayerischer National-Costume" [um 1825]. (Abgeb. in: Die anständige Lust, S. 234 f., Abb. 13.1.4, und in: Biedermeiers Glück und Ende, S. 576 f., Abb. 7.4.9).

Abb. 25: Carl Stauber: Stube mit Kanzleile, „Baldingen 18. Dez. 1850“.

Abb. 26: Carl August Lebschée: „Nördlinger Landleute mit Gänse auf dem Markte“, dat. 9. Okt. 1862.

schée stammen zahlreiche Ansichten und Pläne von Münchner Gebäuden, altbayerischen Städten und fränkischen Burgen. Nach dem Tod Domenico Quaglios (1787-1837) führte er ein 1831 von Kronprinz Maximilian in Auftrag gegebenes Projekt fort, eine Sammlung der schönsten Burgen Bayerns. Im Nördlinger Stadtarchiv liegt eine „Notiz" Lebschées, datiert mit 9. Oktober 1862 (Abb. 26)[484]. Die Datierung und die Bemerkung über die *liebenswürdige Sprache* weisen auf eine Vorortstudie hin. Auf ihr sind zwei Rieser Bauern in langen Überröcken mit Knöpfen an den Schößen, knöchelhohen Schnürschuhen, Kniebundhosen und Dreispitzen zu sehen. Einer ist in Rückansicht dargestellt, der andere von der Seite; er raucht eine Pfeife. Bei beiden Männern hängt aus der linken Rocktasche eine Art Beutel heraus. Beide haben lange Stecken in der Hand, mit denen sie eine Gänseherde beaufsichtigen, wobei ihnen ein Hund hilft. Der seitliche, schlecht lesbare Bleistiftvermerk lautet: „Nördlinger Landleute mit Gänse auf dem Markte".[485] *Schwarze Röcke, weiße Knöpfe, do.* [=dito] *Westen mit Knöpfen, gelblederne Hosen, weiße Strümpfe, Bundschuhe u. eine liebenswürdige Sprache.* – Mit weißen Knöpfen sind sicherlich silberne gemeint. Lange Röcke und der Dreispitz waren zu dieser Zeit altmodische Kleidungsbestandteile, die nur noch von älteren Männern getragen wurden. Die gelblederne, also ungefärbte Lederhose war vor 1800 üblich.
Warum Lebschée, der sonst Personen nur als Staffage für seine Architekturarbeiten verwendete, diese „Notiz" verfaßte, ob sie Vorlage für ein Gemälde wurde, weiß man nicht.

Friedrich Voltz zählt zu den bedeutendsten Tier- und Landschaftsmalern seiner Zeit. „Johann Friedrich Voltz ist ein Genremaler des späten Biedermeier, der die Wiedergabe von Rindern in der Landschaft ins Zentrum seiner Bildwelt gestellt hat."[486] Der Sohn des Malers, Reproduktionsgraphikers und Illustrators Johann Michael Voltz wurde am 31. Oktober 1817 in Nördlingen geboren und starb am 25. Juni 1886 in München.[487]

Johann Michael Voltz förderte die künstlerischen Neigungen seines Sohnes und unterrichtete ihn in den verschiedenen Techniken. Ab 1834 besuchte Friedrich Voltz kurz die Münchner Akademie, wo damals die Landschaftsmalerei gering geschätzt wurde. Deswegen bildete er sich autodidaktisch weiter. Anregungen erhielt er in den 30er und 40er Jahren vom Pferdemaler Albrecht Adam, der ebenfalls aus Nördlingen stammte und mit der Familie Voltz befreundet war.[488] Friedrich Voltz studierte die alten Niederländer und reiste zu Naturstudien in die bayerischen Alpen. Bis in die 40er Jahre dominierten bei Voltz Alpenmotive. Er unternahm Studienreisen nach Oberitalien, Belgien, Holland, Wien, Berlin, London und Paris. Ab Mitte der 50er Jahre widmete sich Friedrich Voltz flacheren Landschaften mit Tierstaffagen. Nachdem er 1846 in Belgien und Holland Kontakt mit dortigen Tiermalern gehabt hatte, wurde sein Hauptgegenstand Rindvieh

[484] StaNö Graph. Sammlung, kleines Format, Bildnisse Trachten. Abgedruckt etwa in Lippert: Federvieh, S. 18.
[485] Höpfner liest „Waidte" (Die Rieser Tracht im Wandel, S. 148, Abb. 112).
[486] Das 19. Jahrhundert in München, S. 13.
[487] Zu Friedrich Voltz s. besonders Voges in: Rieser Biographien, S. 419 f. – Katalog zur Gedächtnisausstellung zum 100. Todestag
[488] Um 1860 unternahm Voltz zusammen mit Franz (1815-1886) und Emil (1843-1924) Adam, einem Sohn und einem Enkel Albrecht Adams, im Ries Studien in der Natur. Danach stellte Emil Adam ein Blatt zusammen, das Franz Adam 1857 an der Staffelei zeigt und Friedrich Voltz 1861, eine Kuh malend (abgeb. in: Hase-Schmundt: Albrecht Adam, S. 128, Abb. 52).

auf der Weide und an der Tränke, wobei Voltz die Landschaft aber nie zweitrangig behandelte. Starke Einflüsse durch Spitzweg und Eduard Schleich d. Ä. bedingten idyllische Szenen in den Bildern von Voltz.

Friedrich Voltz erlangte schon zu Lebzeiten hohes Ansehen. Er war gewähltes Mitglied der Akademien in München, Berlin und Wien. 1867 verlieh ihm Ludwig II. den bayerischen Verdienstorden vom Hl. Michael und den Titel eines königlichen Professors, obwohl Voltz nicht lehrte.

Von Friedrich Voltz sind einige grob skizzierte Bleistiftzeichnungen überliefert, die er nach seinen eigenen Ortsangaben im Ries erstellte. Eine Bleistiftzeichnung mit dem Titel „Ederheim im Ries"[489] und der Datierung „13/9/58" zeigt eine Rast bei der Feldarbeit. Vor provisorischen Hütten aus Holzpfosten, anscheinend mit Stroh gedeckt und eher einem Unterschlupf ähnlich, ruhen sich einige Personen aus. Eine sitzende Frau hält ein Kind im Arm, ein Mann raucht eine Pfeife, ein Knabe und ein Hund sitzen bei ihm. Im Hintergrund steht eine Frau. Alle tragen, soweit erkennbar, Arbeitskleidung, die Frauen Kopftücher. Einige Heuheinzen mit darunter eingebauten Hundehütten und einem Hund sind das Motiv einer weiteren Bleistiftzeichnung von 1865, betitelt „Aus dem Ries."[490]

Eine Rast während einer „Getreideernte bei Nördlingen"[491] ist Thema einer Bleistiftskizze vom 24. August 1855. Am rechten Bildrand steht ein Wagen mit einer hohen Getreidefuhre, davor sind zwei Pferde im Kummet gespannt. Auf der linken Bildhälfte ruht sich eine Anzahl Frauen vor oder in einem rohgezimmerten Bretterunterstand aus. Einige haben sich ein Tuch, wohl mit Essen, über die Schulter gehängt oder neben sich abgelegt. Die Frauen tragen Kopftücher oder breitkrempige, runde flache Hüte, die seitlich gebunden sind. Eine Frau hat die Schürze hochgesteckt. Im Hintergrund nimmt man undeutlich Männer wahr, die wohl Getreidesensen tragen.

Bei einer Bleistiftzeichnung, bezeichnet mit „Nördlingen 16/9/58"[492], bestimmt ein riesiger knorriger Baum die Bildmitte. Links von ihm ist eine Bretterhütte dargestellt, dahinter ein Haus, rechts kniet eine Frau an einem Trog und wäscht offenbar. Auf dem Boden steht ein Schöpfeimer an einem langen Stiel. Ebenfalls unter der Bezeichnung „Nördlingen 17.9.58"[493] ist eine gewölbte Brücke über einem Bach zu sehen, über die eine Frau mit einem Mädchen geht. Im Hintergrund rechts ist ein Gehöft angedeutet. Einige weitere Bleistiftskizzen sind nicht regional zuzuordnen; sie zeigen bäuerliche Szenen, die Voltz überall beobachtet haben konnte.

Es kam Voltz bei den groben Skizzen, auf denen keine Details zu erkennen sind, nicht auf die Wiedergabe von Kleidung, Hausbau oder bäuerlicher Tätigkeit an, sondern er schuf damit Vorstudien, die er später in Gemälde einarbeiten konnte.

---

[489] Abgeb. in: Hamberger: Friedrich Voltz, S. 145.
[490] Abgeb. ebd., S. 153.
[491] Abgeb. ebd., S. 142.
[492] Abgeb. ebd., S. 143.
[493] Abgeb. ebd., S. 144.

Abb. 27: Friedrich Michael Heil: Titelblatt des Bandes Schwaben und Neuburg der „Bavaria", 1863.

Friedrich Michael Heil[494], geboren 1830 in Mannheim, gestorben 1865 in München, studierte an der Mannheimer und der Münchner Akademie. Er war Mitarbeiter der „Fliegenden Blätter". Bei Thieme-Becker heißt es zu ihm: „Zeichnete außerdem treffliche Kostümblätter für eine in den Münchner Bilderbogen erschienene Bilderfolge und für die Landes- u. Volkskunde Bavaria ..."[495] Als Titelblätter für die „Bavaria" schuf Heil Holzstiche. „Dort wird dem Leser in jedem der acht Bände eine Gruppe charakteristischer Trachten vorgestellt, eingerahmt von Landschafts-, Kunst- und Kleidungszitaten, die typisch für jeden Kreis sein sollten."[496] Welche Vorlagen Heil für diese Arbeit zur Verfügung standen, ist nicht bekannt. Armin Griebel kann für Franken nachweisen, daß für die Titelbilder die Materialien der 1850er Trachteninitiative herangezogen wurden. Für das Ries läßt sich das nicht sagen. Der Holzstich (Abb. 27) zur „Zweiten Abtheilung" im 1863 erschienen zweiten Band, der den Kreis Schwaben und Neuburg behandelt, zeigt auf der linken Seite einen Mann in Kniebundhose, halbhohen Schnürschuhen, Weste und Schaufelhut, der mit stolz geschwellter Brust eine Gänseherde treibt, Symbol der Rieser Landwirtschaft.[497]

Populäre Trachtengraphiken

Rudolf Geißler (1834-1906)

Über den Trachtenstich Rudolf Geißlers weiß man wenig. Der Maler, Illustrator und Radierer Rudolf Carl Gottfried Geißler kam am 15. Januar 1834 in Nürnberg auf die Welt.[498] Nach Studien bei seinem Vater, dem Kunstanstaltsbesitzer Peter Carl Geißler, besuchte er von 1851 bis 1857 die Kunstschule Nürnberg, wo er anfangs unter Reindel und später unter August von Kreling studierte. Anschließend ging Geißler nach Leipzig, um Verbindungen zu Kunstverlegern zu knüpfen, und dann an die Akademie in Dresden, wo er stark von Ludwig Richter geprägt wurde. 1861 ließ er sich wieder in Nürnberg nieder. Rudolf Geißler war hier Lehrer für Freihandzeichnen an der Königlichen Kreisrealschule, später wurde er zum Königlichen Professor ernannt. Er starb am 15. September 1906.

Geißlers Hauptgebiet waren Radierungen aus der Kinderwelt in leichten, gefälligen Kompositionen, die zumeist als Illustrationen von Märchen und Kinderbüchern Verwendung fanden. Fünfzehn Radierungen wurden 1868 als „Kleine Welt" herausgegeben, und ein Jahr später erschien „Glückliche Zeiten" mit zwölf Radierungen. Als Aquarell ist z.B. der Zyklus „Märchen von Brüderlein und Schwesterlein" (1876) ausgeführt. Die Ölgrisaille „Die Alpenfee erscheint einem Gemsjäger" von 1880 ist eine seiner bekanntesten Arbeiten. Außerdem wird in Künstlerlexika eine künstlerische Komposition von der Erfüllung der Kyffhäusersage aufgeführt. Er bekam für seine Arbeiten verschiedene Medaillen. Seine Werke wurden 1880 und 1881 in Düsseldorf und Dresden ausgestellt.

494 Zu Heil s. Thieme-Becker, Bd. 15/16, S. 270. – Trachtengraphik in Schwaben, S. 22.
495 Thieme-Becker, Bd. 15/16, S. 270.
496 Griebel: Tracht und Folklorismus, S. 123.
497 Abgeb. in: Trachtengraphik in Schwaben, S. 5, Abb. 3.
498 Zu R. Geißler s. Müller/Singer: Allgemeines Künstler-Lexikon, Bd. I. – Thieme-Becker, Bd. 13, S. 355. – Boetticher, S. 367. – Müller: Biographisches Künstlerlexikon, S. 199. – Das geistige Deutschland.

Von Geißler kennt man außer dem Trachtenblatt einen weiteren Stahlstich, der sich mit dem Ries beschäftigt: Von Wilhelm Scholl gestochen und in „P. C. Geißler's Kunstanstalt in Nürnberg" gedruckt ist im mittleren Oval des Sammelbilds eine Stadtansicht Nördlingens zu sehen, in den Ecken Oettingen und die nahegelegenen fränkischen Städtchen Pleinfeld, Gunzenhausen, und Wassertrüdingen.[499] Die spärlichen und knappen Angaben zu Geißler geben leider keinen Hinweis darauf, weswegen er ein Blatt mit Rieser Tracht zeichnete, das, ebenfalls gestochen von Scholl, um das Jahr 1850 herum im Verlag von Geißlers Vater erschien. Zu dieser Zeit befand sich der Jugendliche noch bei seinem Vater in Nürnberg. Offenbar war es Teil einer Stahlstichfolge, zu der auch ein koloriertes Blatt „Im Pegnitzthal bei Hersbruck" gehörte.[500]

Auf dem Stahlstich mit dem Titel „Im Ries bei Nördlingen"[501] (Farbabb. 16) geht rechts im Vordergrund ein junges Bauernpaar. Der Mann trägt eine pelzbesetzte Mütze, Weste, offene, kurze Jacke und Lederhose. Die hohen Stiefel reichen bis über das Knie. Um den Hals hat er ein dunkles Halstuch geschlungen, über das der Hemdkragen gelegt ist. In der Hand hält er eine Pfeife, unter der Jacke mit zwei Reihen großer Metallknöpfe sieht man einen Schmuckanhänger. Bei der Frau, deren Hand er ergreift, läßt die kurze, schmale und gemusterte Schürze den Blick frei auf den langen „Wolkenrock". Die Bluse weist einen Spitzenkragen auf, die Ärmel sind weit gebauscht und schließen über dem Ellenbogen mit einem Bündchen ab. Über das vorne geschnürte Mieder, in dem die Enden des Schultertuchs stecken, fallen die vorderen Bänder einer kleinen Haube. Am linken Arm hängt ein viertelkugeliger, bedruckter Korb, der „Donaukrätza". Im Hintergrund fährt ein älteres Ehepaar in einer kleinen, von einem Pferd gezogenen Kutsche. Der Bauer, der das Pferd lenkt, und seine dahintersitzende Frau blicken wohlgefällig auf das junge Paar herab.[502] Selbst das Pferd scheint interessiert hinüberzuschauen. Im Unterschied zum jungen Mann ist der ältere mit einem langen Gehrock, Schuhen mit Strümpfen und einem breitkrempigen Hut mit Band dargestellt. Die Westen beider Männer sind nicht vollständig zugeknöpft. Die ältere Bäuerin ist fast verdeckt, ihre Bänderhaube ähnelt der der jüngeren Frau. Am rechten Bildrand geht ein Mann in die Gegenrichtung, der offensichtlich Blauhemd, Lederhose, Strümpfe und Schuhe trägt. Die Form des Hutes läßt sich nicht genau bestimmen. Er hat eine Sense geschultert, womit seine Kleidung als Arbeitskleidung gekennzeichnet ist, während die beiden Paare „stadtfein" angezogen sind. Sie sind auf dem Rückweg von Nördlingen in ihr südöstlich davon gelegenes Dorf, wie man am Hintergrund, dem Turm der Nördlinger Georgskirche und der typischen Silhouette des Ipfes, ablesen kann.[503] Links bildet ein Haus mit Fachwerkgiebel, Ziegeldeckung und einigen Tauben auf dem First die Bildbegrenzung.

Geißler stellt mit den verschiedenen Kleidungsvarianten sowohl generationsbedingte Unterschiede in der Tracht dar als auch den Unterschied zwischen Arbeitskleidung und

---

[499] StaNö. Abgeb. in: Hermann Kessler: Die Stadtmauer der freien Reichsstadt Nördlingen, Abb. 122. Schefold: Alte Ansichten, Nr. 47408.

[500] Helm: Bäuerliche Männertrachten, S. 158.

[501] Privatbesitz. Der Stich wurde z.B. als Titelbild der LP „So klingt's bei uns". Lieder und Tanzweisen aus dem Ries, hrsg. v. Verein Rieser Kulturtage, Hohenaltheim 1991, verwendet. Vgl. auch Schwäbisches Volkskundemuseum Oberschönenfeld, Inv.Nr. 5942.

[502] Höpfner interpretiert in seinem Manuskript zur Rieser Tracht die Szene dahingehend, daß die beiden Paare in Nördlingen waren, um dort beim Notar den Heiratsvertrag für das junge Paar abzuschließen.

[503] Hartmut Steger überlegt, ob es sich um Grosselfingen handeln könnte (Steger: Wörterbuch, S. 180).

der Kleidung, die man zum Gang in die Stadt wählte. Woher seine Kenntnis der Rieser Tracht stammte, ob er eine Vorlage zur Verfügung hatte oder sich seine Arbeit auf eigene Anschauung stützte, ist unklar. Der Stich ist heute – im Gegensatz zu den Holzstichen Robert Beyschlags – recht selten.

Robert Beyschlag (1838-1903)

Neben Karl von Enhuber war Julius Robert Beyschlag der profilierteste Künstler, der sich mit den Bewohnern des Rieses befaßte. Er wurde am 1. Juli 1838 in Nördlingen geboren und entstammte einer Gelehrten- und Künstlerfamilie.[504] Sein Vater war der Kaufmann und Gemeindebevollmächtigte Joachim Beyschlag (1805-1860). An der Münchner Akademie studierte Beyschlag bei Philipp Foltz, der wiederum ein Schüler von Peter von Cornelius war. Auf Studienreisen besuchte Beyschlag Paris und Italien. Beyschlag, der Mitglied bedeutender Künstlervereinigungen war, ließ sich in München nieder, wo er am 5. Dezember 1903 starb. Sein künstlerischer Nachlaß wurde am 10. November 1904 versteigert.

Robert Beyschlag gewann durch seine anmutigen, „zart angehauchten"[505] Genrebilder, die durch Holzstiche oder photographische Verfahren weite Verbreitung fanden, rasch Popularität beim Publikum. Nachdem er mit zeitgenössischen intimen Familienszenen, in denen graziös bis süßlich dargestellte Frauen die Hauptrolle spielten, begonnen hatte, ließ er Liebende in mittelalterlichen und renaissancehaften Umgebungen auftreten. Daneben beschäftigte sich Beyschlag mit Szenen und Frauengestalten aus der antiken Mythologie, die er in Titeln wie „Quellnymphe" oder „Psyche" umsetzte. Auch einige Genrebilder mit Figuren aus dem Dreißigjährigen Krieg stammen von Beyschlag. „Der sentimentalen Ausdrucksweise, welche die meisten Beyschlagschen Gemälde kennzeichnet, entspricht die süßliche, nur in der Behandlung des Stofflichen zu größerer Virtuosität entwickelte Färbung."[506] International bekannt wurde Beyschlag durch eine Kollektion schöner, verschiedene Jahrhunderte repräsentierender Frauenköpfe unter dem Titel „Frauenlob". Beyschlag zählt zu den Malern am Übergang vom Biedermeier zur Gründerzeit. Darüber hinaus entwarf Beyschlag Pläne zu verschiedenen Münchner Monumentalbauten und war ein begehrter Illustrator der Familienzeitschrift „Gartenlaube".

Von den drei bekannten Stichen Beyschlags mit Rieser Tracht führt Boetticher nur einen unter dem Titel „Sonntagsmorgen im Ries. Landmädchen schmücken sich zum Kirchgang" auf mit der Datierung 1861. Exakt lautet der Titel: „Bauernmädchen aus dem Ries, sich zum Kirchgange schmückend" (Farbabb. 17). Der Bildunterschrift zufolge hat Robert Beyschlag sein Gemälde *selbst auf Holz gezeichnet.* Es wurde nach den Angaben auf dem Blatt[507] in der Zeitschrift „Heimgarten. Erster Jahrgang. Nro. 16. Stereotyp-Auflage" abgedruckt.

---

[504] Zu Beyschlag s. Monninger: Nördlinger Häuser, S. 161. – Müller: Biographisches Künstlerlexikon, S. 48. – Müller/Singer: Allgemeines Künstlerlexikon, Bd. I, S.122. – Thieme-Becker, Bd. 3, S. 573. – Braun: München ehrt. – Braun: Robert Beyschlag. In: Schlagbauer/Kavasch (Hgg.): Rieser Biographien, S. 27. – Boetticher, 1.1, S.89 f. – Ebertshäuser: Malerei, S. 168. – Trachtengraphik, S. 22. – Münchner Maler im 19. Jh., S. 96. – Rosenberg: Geschichte der modernen Kunst, 3. Bd., S. 88. – Goschenhofer: J. R. Beyschlag.

[505] Thieme-Becker, Bd. 3, S. 573.

[506] Rosenberg: Geschichte der modernen Kunst, 3. Bd., S. 88.

[507] Plattengröße H. ca. 28 cm, Br. 19,5 cm. Schwäbisches Volkskundemuseum Oberschönenfeld, Inv.Nr. T 76. Nachträglich koloriert.

Im Hintergrund rechts gehen mehrere Personen, darunter eine Frau mit Radhaube, auf eine abseits stehende Kirche zu. Am linken Bildrand steht hinten ein Paar in Tracht vor einem strohgedeckten Haus mit einem bretterverschalten Giebel. Den rechten Bildrand begrenzt ein ausladender Baum. Die beiden ähnlich gekleideten, jungen Frauen im Vordergrund pflücken Blumen, um sie sich anzustecken. Breite Schürzen bedecken die Röcke. Die Ärmel der Blusen sind stark gebauscht. Ein gemustertes Schultertuch mit Fransen steckt im Ausschnitt des Mieders. Beide Frauen tragen Bänderhauben am Hinterkopf, die mit auffallend schmalen Bändern unter dem Kinn gebunden sind. Das Gesangbuch in der Hand der einen weist noch einmal ausdrücklich auf die Situation, den Kirchgang, hin.

Auch den Holzstich „Die Begegnung" (Abb. 28)[508], der bei Allgaier & Siegle in Stuttgart erschienen ist, hat Beyschlag der Unterschrift nach *selbst auf Holz gezeichnet.* Gestochen hat ihn F. Bauer. Wie die beiden anderen Stichen dürfte er zwischen 1860 und 1865 entstanden sein.[509] Am Rande eines Getreidefeldes breitet ein junger Mann zur Begrüßung einer jungen, auf ihn zu eilenden Frau die Arme aus. An seiner Weste mit kugeligen Metallknöpfen ist eine Uhrkette befestigt, am weißen Hemd fallen die sehr weit gebauschten Ärmel auf. Die kurze Jacke hat der Mann über den Arm gelegt. Die enge Kniebundhose schließt am Knie über hellen Strümpfen mit einer Schleife. Aus der rechten Hosentasche hängt ein Taschentuch heraus. Dazu trägt er eine Pelzmütze und Schuhe. Das Halstuch ist zu einer Schleife gebunden. Den bedruckten „Wolkenrock" der Frau bedeckt eine breite Schürze, die vorne gebunden ist. Über dem Mieder, aus dem eine Bluse mit halblangen, sehr weiten Ärmeln hervorschaut, liegt ein dreieckig gelegtes Schultertuch mit Fransen. Am Hinterkopf ist eine Bänderhaube befestigt. Den Bildhintergrund bildet ein Baum, der eine Kirche verdeckt, auf die eine Frau zugeht.

Der Holzstich „Auf dem Wege nach Nördlingen"[510] (Abb. 29) mit dem Untertitel *Originalzeichnung aus dem Ries von R. Beyschlag* wurde zusammen mit Melchior Meyrs „Land und Leute im Ries" 1864 in der Familienzeitschrift „Daheim" innerhalb der Reihe „Aus allen deutschen Gauen" abgedruckt und illustriert den Aufsatz.[511] Ob der Stich eine Auftragsarbeit war oder nur zufällig zum Aufsatz paßte, läßt sich nicht entscheiden. Dargestellt ist ein Gang „übers Feld" nach Nördlingen auf den Markt. Im Hintergrund ragt links der „Daniel", der Turm der Nördlinger Georgskirche, hervor. Rechts steht ein strohgedecktes Bauernhaus, dessen Giebel im Dachbereich mit Brettern verschalt ist. Die Mitte nimmt wieder ein ausladender Baum ein. Wie es auch Meyrs Text erzählt, trägt der *Bauernbursch*, der auf dem rechten Pferd eines Gespanns reitet[512], eine enganliegende Lederhose und bis über das Knie reichende, ebenfalls enganliegende Stiefel. Für die Jacke oder *Juppe* war, wie Meyr angibt, Manchester als Stoff beliebt. Die Pelzkappe war vorne höher und bestand aus Fischotterpelz. Unverzichtbares Attribut in Meyrs Beschreibungen und den meisten bildlichen Darstellungen der Zeit ist die mit Silber beschlagene *Ulmer Pfeife.* Der Junge, der

[508] Plattengröße H. ca. 27,5 cm, Br. 19,5 cm.

[509] Ein Bleistiftvermerk auf dem Blatt im Schwäbischen Volkskundemuseum Oberschönenfeld (Inv.Nr. 6451) nennt das Jahr 1864.

[510] Schwäbisches Volkskundemuseum Oberschönenfeld, Inv.Nr. T 133, Plattengröße H. 23,2 cm, Br. 18,4 cm. Abgedruckt z.B. bei Wörtz: Trachtengraphik in Schwaben; und Meyr: Ethnographie, S. 21.

[511] Der Titel der Zeitschrift und die Jahresangabe sind aus der Literatur übernommen; sie konnten nicht überprüft werden.

[512] Korrekt müßte er auf dem linken Pferd, dem Sattelpferd, sitzen, aber dort würde er nicht so gut wirken.

Abb. 28: Robert Beyschlag: „Die Begegnung“, um 1860/65.

Abb. 29: Robert Beyschlag: „Auf dem Wege nach Nördlingen“, um 1860/65.

einige Gänse auf den Markt treibt, ist ebenfalls mit Kniebundhose aus Leder und kurzer Jacke bekleidet und hat Schuhe an. Als Kopfbedeckung dient ein Hut mit breiter aufgebogener Krempe. Die Frau an seiner Seite, wahrscheinlich die Mutter, trägt eine Bänderhaube. Der knöchellange „Wolkenrock" ist von einer breiten Schürze bedeckt. Die Ärmel des gemusterten Spenzers bauschen sich, im Miederausschnitt stecken die Zipfel des Schultertuchs. Am Arm hängt der mit bedruckter Wachsleinwand überzogene *Donaugretzen.*

Die in der Bildmitte erhöht auf einer Brücke stehende junge Frau transportiert, wie es auch Meyrs Aufsatz schildert, auf dem Kopf einen mit einem Tuch abgedeckten Korb. Sie hat den obersten Rock in den Bund gesteckt, so daß man den gemusterten Unterrock sieht. Ausdrücklich genannt sind bei Meyr die ausgeschnittenen Schuhe und die Gewohnheit, bei Hitze den Kittel wegzulassen; das Mieder mit dem halbärmeligen Hemd wird so sichtbar. Die Haubenböden, deren Form und konfessionelle Unterschiede Meyr breit erörtert, sind auf dem Stich nicht zu erkennen. Diese Mädchenfigur Beyschlags nahm Albert Kretschmer als Vorlage für die junge Rieserin auf seinem Trachtenblatt (s. S. 177).

Die junge Frau erscheint auch auf zwei Gemälden Beyschlags: Auf dem Exemplar im Oettinger Schloßmuseum[513] (Farbabb. 18) sitzt in dem Korb mit dem herabhängenden Tuch eine Gans. Körperhaltung, Kleidung und Schrittstellung der beiden Figuren sind identisch, nur die Arme haben gewechselt, und der Unterrock ist nicht gemustert, sondern uni. Auf dem Gemälde schaut das Mädchen in Richtung des Betrachters, während sie sich auf dem Stich dem jungen Mann zuwendet. Zu den ausgeschnittenen Halbschuhen mit Silberspangen trägt sie hellblaue Strümpfe, einen roten Unterrock, einen braunen Überrock, ein dunkelblaues Mieder, ein gelbgemustertes Schultertuch und eine Bänderhaube. Das weiße Hemd weist wieder halblange, weite, stark gefältelte Ärmel auf. Im Hintergrund geht ein Mann mit Schaufelhut und Pfeife. Am Stecken über seiner Schulter hängt ein Korb.

Die gleiche Haltung und Kleidung erscheint auf dem Gemälde im Stadtmuseum Nördlingen, betitelt „Junge Frau in Sommerlandschaft, um 1870"[514]. Hier ist die Gans aber wieder verschwunden. Das locker um den Hals geschlagene Tuch ist nicht gelb gemustert, sondern einfarbig rot. Im Hintergrund ist ein Dorf mit spitzem Kirchturm und ein Getreidefeld mit arbeitenden Leuten zu sehen.

Beyschlag lieferte mit seinen ländlichen Idyllen, romantischen Liebespaaren, graziösen Bauernmädchen und stattlichen Burschen dem Käufer das, was sich dieser unter „Landleben" vorstellte. Seine Stiche, häufig in Familienzeitschriften abgedruckt, waren sehr populär und gehören noch heute zu den verbreitetsten Darstellungen Rieser Tracht.

Albert Kretschmer (1825-1891)

Albert Kretschmer wurde am 27. Februar 1825 in Burghof bei Schweidnitz (Schlesien) geboren.[515] Im Alter von 17 Jahren ging er mit seinem älteren Bruder, dem Tiermaler und Zeichner Robert Kretschmer, nach Berlin. Hier besuchte er die Akademie unter Karl Begas und studierte dann Kostümkunde. Er arbeitete als „Costumier", Kostümbildner, am

[513] Fürstliches Schloßmuseum Oettingen. Öl und Deckfarben auf Pergament, H. 14,8 cm, Br. 9,8 cm.
[514] Öl auf Leinwand.
[515] Zu Kretschmer s. Boetticher, 1.1, S. 765. – Thieme-Becker, Bd. 21, S. 508.

Abb. 30: Albert Kretschmer: „Bayrische Volkstrachten“, um 1875/85.

königlichen Hoftheater in Berlin und wurde später zum Professor ernannt. 1889 ging er in den Ruhestand. Er verstarb in der Nacht vom 11. auf dem 12. Juli 1891 in Berlin. Zeit seines Lebens beschäftigte er sich mit Kostümkunde. Von Kretschmer stammen zwei bedeutende Publikationen über Tracht und Mode, nämlich „Die Trachten der Völker vom Beginn der Geschichte bis zum 19. Jahrhundert“[516] und „Die deutschen Volkstrachten“[517]. Den Begriff „Tracht“ verwendet Kretschmer dabei im umfassenden Sinn von „Kleidung“. Die Abbildungen in beiden Büchern erstellte er selbst. Seine Aquarelle wurden von G. Reubke chromolithographisch vervielfältigt. In dem Werk über die Volkstrachten ist für Bayerisch-Schwaben nur die Kemptener Tracht abgebildet und beschrieben.

Zu Kretschmers Wirkung auf die Trachtenforschung heißt es in einem Ausstellungskatalog: „Kretschmers 'Deutsche Volkstrachten‘ mit ihren vergleichsweise detailgetreuen Chromolithographien leiteten eine neue Ära ein in der Trachtenforschung und Trachtendarstellung. Die genaue Schilderung in Wort und Bild markierte einen ersten Höhepunkt für die Typisierung der Trachtenteile und Festschreibung von sogenannten 'Trachtenlandschaften‘. Was auf den einheimischen Portraits aus den Jahrzehnten davor noch als variables Gewand dargestellt war, erschien nun, da das Interesse der Exotik alpiner Volkskultur galt, als zeitlose Tracht.“[518]

Von Kretschmer sind zwei Holzstiche mit Darstellungen der Rieser Tracht bekannt. Das Blatt „Bayrische Volkstrachten“[519] (Abb. 30) stammt sicher aus einer Art Landesbeschreibung; der umgebende Text bezieht sich auf eine Volkszählung von 1875. Es zeigt jeweils

[516] (Text von Carl Rohrbach), Leipzig 1860, 2. Aufl., Leipzig 1882.

[517] Leipzig o. J.

[518] Kleider und Leute, S. 366, 14/48.1-4.

[519] Schwäbisches Volkskundemuseum Oberschönenfeld, Inv.Nr. T 34.

drei Personen aus der Fränkischen Schweiz und aus dem Bamberger Umland sowie zwei aus dem Ries: Bei dem jungen Rieser Paar erscheint die Frau mit dem Korb auf dem Kopf als eine Umzeichnung der Frau aus Beyschlags „Auf dem Wege nach Nördlingen". Nur ist bei Kretschmer der Rock nicht mehr hochgesteckt, sondern eine breite Schürze mit Rüschen bedeckt den Rock, wehende Schürzenbänder fallen vorne herab, während bei fast allen anderen Bildquellen die Schürze hinten gebunden wird. Auf dem Rücken sind zwei sehr schmale Bänder einer Haube zu erkennen. Die Kopfhaltung ist nicht so graziös wie bei Beyschlag, die Frau wirkt insgesamt etwas plumper. Beyschlags Bild zeigt deutlich mehr malerisches Können. Eine direkte Vorlage für den Mann läßt sich nicht eindeutig benennen, da diese Art von Darstellung mit enger Hose bis zum Knie, hohen Stiefeln, Weste, kurzer Jacke, Pelzmütze und Pfeife zum gängigen Repertoire zeitgenössische Graphiken gehört. Das Bild ist mit Kretschmers Initialen signiert, ein anderes Blatt aus dieser Reihe[520] mit seinem vollen Namen. Leicht verändert und spiegelverkehrt ist dieses Rieser Paar laut Höpfner in einem Konversationslexikon abgedruckt.[521] Wie bei der Frau deutlich wird, hat Kretschmer keine eigenen Studien der Rieser Tracht angestellt, sondern Stiche anderer Künstler umgezeichnet, dabei aber unwissentlich Details verfälscht.

Der zweite Holzstich[522], links unten mit Kretschmers Initialen signiert, wurde 1879 im zweiten Band von Fedor von Köppens Werk „Deutsches Land und Volk" mit der Unterschrift „Trachten aus dem Ries" abgedruckt, ohne daß ein Bezug zwischen der Abbildung und der dortigen Beschreibung des Rieses ersichtlich wäre (Farbabb. 19). Einige junge Männer kegeln in einem Garten. Ein älterer Mann und zwei Knaben schauen zu, zwei Mädchen vervollständigen die Szenerie. Nur der ältere Mann trägt einen langen Rock, die anderen Männer und die beiden Jungen in normaler Erwachsenentracht sind mit kurzen Jacken abgebildet. Als Kopfbedeckungen treten pelzverbrämte Mützen und der Dreispitz auf. Bei der Beinbekleidung werden beide Varianten, die hochgezogenen Stiefel und Schuhe mit hellen Strümpfen, vorgeführt. Das stehende Mädchen weist wieder frappierende Ähnlichkeit auf mit der jungen Frau aus Beyschlags „Auf dem Wege nach Nördlingen". Der oberste Rock ist wie bei Beyschlag hochgesteckt, aber natürlich fehlt in dieser Situation der Korb; dafür hat Kretschmer sie mit einer Bänderhaube versehen, deren Kopfteil in einer Linie mit den Haupt waagrecht nach hinten ragt. Beim Mädchen daneben sieht man den runden oder ovalen Haubenboden. Die Enden der Schultertücher stecken jeweils im Mieder. Bei den Hemden mit halblangen, gebauschten Ärmeln bilden Rüschen den Abschluß. Ob Kretschmer eine direkte Vorlage für dieses Bild hatte, ist ungewiß. Auf Beyschlags Stichen jedenfalls ist der Dreispitz nicht so deutlich dargestellt. Fraglich ist auch, ob Kretschmer bei seinen Reisen zwischen 1864 und 1870 ins Ries kam. Die beiden Stiche scheinen jedenfalls nicht auf Studien vor Ort zu basieren.[523]

---

[520] Es zeigt drei verschiedene oberbayerische Trachten sowie Trachten aus dem Allgäu und aus Wertingen bei Augsburg.

[521] Illustriertes Konversations-Lexikon II. Bayerische Bauerntrachten. Nach Originalzeichnungen von Albert Kretschmer, Verlag von Otto Spamer, Leipzig. Tafel XXXVII (Höpfner: Trachtenmanuskript, S. 155, Abb. 144).

[522] Der Stich trägt im Schwäbischen Volkskundemuseum Oberschönenfeld die Inventarnummer T 86; er ist nachträglich – falsch – koloriert. Auf einer Antiquitätenmesse in Ellwangen wurde 1992 das Blatt angeboten mit dem Aufdruck „Trachten aus Württemberg".

[523] Wörtz: Trachtengraphik, S. 632.

Zusammenfassung: Die Blicke verengen sich

Beyschlag und Friedrich Voltz stammten aus Nördlingen, lebten aber als gefragte Maler in München, wo beide sich mit Bildern anderer Gattungen einen Namen machten. Stauber, Heil, Geißler und Kretschmer dagegen hatten keine erkennbaren Kontakte zum Ries. Über den Entstehungszusammenhang der Blätter von Stauber, Lebschée, Heil und Voltz läßt sich kaum etwas sagen. Geißler erstellte als junger Mann für den Verlag seines Vaters Vorlagen für Stahlstiche, die zu Folgen zusammengesetzt waren. Kretschmer forschte und publizierte zu Kleidung und Tracht allgemein, als Chromolithographien gewannen seine Trachtenbilder weite Verbreitung. Für seine beiden Stiche mit Rieser Trachten hat er offenbar Vorlagen genommen, für eine Frauengestalt einen Stich Beyschlags.

Während die Trachtenbilder von 1852 und Enhubers Gemälde eine Vielfalt verschiedener Kleidungsmöglichkeiten aufzeigten, schrieben die Graphiken von Beyschlag, Geißler und Kretschmer eine bestimmte Vorstellung von „der“ typischen Rieser Tracht fest. Die Vervielfältigungsmöglichkeiten als Holz- oder Stahlstich oder als attraktive bunte Chromolithographie trugen zur Verbreitung dieser eingeschränkten Trachtenvorstellung bei. Die Zahl der vorgeführten Varianten wurde immer geringer. Konfessionelle Unterschiede, auf deren Darstellung zuvor großes Gewicht gelegt wurde, waren kein Thema mehr. Schließlich wollte man nicht von vornherein die Käuferschaft halbieren. Auch soziale Unterschiede fallen weg. Die arrangierten Szenen bilden dörfliche Idyllen, wichtig war die Eignung der Bilder für den Verkauf. Grundsätzlich sind Sonntagsbauern zu sehen, nie ist jemand bei der Arbeit, allerhöchstens im Hintergrund auf dem Weg zum Feld. Die romantischen Blicke auf ganz spezielle Ausschnitte kamen den bürgerlich-sentimentalen Vorstellungen von Landleben entgegen. Die Verkaufsfähigkeit eines Bildes wurde dadurch unterstützt, daß ein für das breite Publikum unverständliches Objekt wie eine Gans, die auf dem Kopf getragen wird, durch ein gängiges Versatzstück wie einen Wäschekorb ersetzt wurde.

Landschaft und Häuser spielen keine Rolle mehr. Nur Geißler und in einem Fall Beyschlag rücken Szenen durch einen eindeutig identifizierbaren Berg oder Kirchturm im Hintergrund noch einmal bewußt ins Ries. Die wenigen Häuser, die Beyschlag einsetzt, könnten genauso woanders stehen. Die männliche Bekleidung ist reduziert auf zwei Typen: Ältere Männer werden mit langem Rock, Dreispitz, Weste mit silbernen kugeligen Metallknöpfen, Lederhose, Schuhen und Strümpfen abgebildet. Junge Männer tragen auf den Stichen kurze Jacke, Pelzkappe, Weste, Lederhose und hohe enge Stiefel. Eine veraltete und eine aktuelle Kleidermode werden so zu Erkennungsmerkmalen zweier Generationen hochstilisiert oder zum Unterschied zwischen Verheirateten und Ledigen. Frauen sind grundsätzlich mit Wolkenrock, ausgeschnittenen Halbschuhen, Mieder, halbärmeligem Hemd, Schultertuch und Bänderhaube bekleidet. Nur die Größe der Schürze variiert. Durch das ungenaue Kopieren von Vorlagen entstanden Fehler bei den Schürzen- und Haubenbändern.

Der Topos von der Trachtenbeobachtung beim sonntäglichen Kirchgang, den Beyschlag indirekt bei „Bauernmädchen aus dem Ries, sich zum Kirchgange schmückend“ einsetzt, findet später auch in Trachtenbeschreibungen häufig Verwendung.

Theodor Lauxmanns Trachtenbeschreibung 1919

Biographie

Der Maler und Illustrator Theodor Lauxmann kam am 4. Juni 1865 im nordwürttembergischen Adolzfurth, Oberamt Öhringen, als zweiter Sohn des Pfarrers Richard Lauxmann auf die Welt.[524] Nach dem Besuch von Gymnasien in Heilbronn und Stuttgart studierte er 1882 bis 1890 an der Kunstakademie unter Friedrich von Keller in Stuttgart; sein Zeichenlehrer war Jakob Grünenwald. Auf mehreren Reisen nach Italien und Paris unternahm Lauxmann kunstgeschichtliche Studien. Er engagierte sich für soziale Angelegenheiten der Künstler und wirkte 1913 entscheidend bei der Gründung der wirtschaftlichen Vereinigung der bildenden Künstler in Stuttgart mit. Längere Zeit führte er als Erster Vorsitzender die Stuttgarter Ortsgruppe der Allgemeinen Deutschen Kunstgenossenschaft. Ab 1914 war Lauxmann Mitglied der staatlichen Kommission für die Verwaltung der Staatssammlung vaterländischer Kunst- und Altertumsdenkmale. Lauxmann starb nach langer Krankheit am 26. Oktober 1920 in Stuttgart.

Lauxmann strebte in seiner Kunst nach höchsten, klassischen Idealen und galt als Künstler, der nicht versuchte, seine Werke dem Publikumsgeschmack anzugleichen. Das hatte zur Folge, daß die Erfolge in den ersten Jahren auf sich warten ließen. Immerhin war aber Lauxmanns Selbstportrait als einziges Gemälde aus Württemberg 1904 auf der Weltausstellung in St. Louis vertreten. Anfangs widmete sich Lauxmann wie sein Lehrer Friedrich von Keller der Kirchenmalerei. Ab 1895 befaßte er sich – eher zeichnerisch – mit dekorativen Wandgemälden und Deckenbildern. Eines seiner Hauptwerke waren die Wand- und Deckengemälde in der Friedhofskapelle Waiblingen mit der „Grablegung Jesu". Daneben schuf er Wandgemälde in Profanbauten, etwa dem Landestheater in Stuttgart. Auch die Illustrationen zur „Württembergischen Geschichte", die O. Schanzenbach herausgab, stammen von Lauxmann.

Seinen größten Erfolg erzielte Lauxmann, als er sich den schwäbischen Trachten zuwandte. „Erst die Beschäftigung mit den Volkstrachten Württembergs, über die er Vorlesungen hielt, trieb ihn in das Malerische hinein. Das von der Gemäldegalerie erworbene frischfarbige Bild 'Der Besuch' wird allgemein für sein bestes gehalten, und neuerdings hat er selbst mit einfachen Geflügelstilleben, in denen sich der malerische Trieb auslebte, einen entschiedenen Erfolg gehabt."[525] Als weitere Hauptwerke gelten die „Bauernhochzeit auf der schwäbischen Alb" und der „Bauerntanz". Seine ländlichen Szenen mit Bauern in Tracht zeichnen sich durch ihre Farbigkeit und die Abbildungsgenauigkeit besonders der Kleidung aus. Lauxmann schuf die schwäbischen Trachtengruppen im Landesgewerbemuseum und erstellte eine Mappe mit sechs Trachtenbildern nach Gemälden. Er setzte sich auch mündlich und schriftlich stark für die Kenntnis und Erhaltung der württembergischen Trachten ein.

---

[524] Zu Lauxmann s. Thieme-Becker, Bd. 22, S. 469. – Blätter der Erinnerung. – Stuttgarter Kunst.

[525] Stuttgarter Kunst, S. 47.

Die Trachtenbeschreibung

Die Absicht, ein Buch über die württembergischen Trachten zu verfassen, konnte Lauxmann wegen seines frühen Todes mit 55 Jahren nicht vollenden. Nach Angaben in den „Blättern der Erinnerung" hinterließ Lauxmann zwar ein druckfertiges Werk, das der Verein zur Erhaltung der schwäbischen Volkstrachten „der Zeitverhältnisse wegen" aber nicht herausgeben konnte.[526] Der Nachlaß Lauxmanns wird in der Württembergischen Landesstelle für Volkskunde aufbewahrt. Darunter befindet sich auch ein mit *September 1919* datiertes, in deutscher Handschrift verfaßtes Manuskript[527] über die Trachten im württembergischen Ries, in dem manchmal Bleistiftskizzen am Rand Beschreibungen veranschaulichen. Probleme bei der Auswertung bereiten die Handschrift Lauxmanns und die zahlreichen Streichungen und Einfügungen, die nicht immer zu entziffern sind. Nur in Ausnahmefällen konnten die von Lauxmann für seine Gewährspersonen und Belegstellen verwendeten Abkürzungen aufgelöst werden.

Die Rieser Trachtenbeschreibung Lauxmanns bezieht sich explizit ausschließlich auf die evangelischen Dörfer des württembergischen Teils des Rieses, im einzelnen sind das nach seiner Auflistung Kirchheim am Ries, Trochtelfingen, Goldburghausen, Pflaumloch, Schweindorf[528] (damals alle Oberamt Neresheim), Benzenzimmern und Walxheim (beide Oberamt Ellwangen). Das Städtchen Bopfingen, das eigentlich auch zur Region gehören würde, wird nicht berücksichtigt, da es dort keine *Volkstracht* mehr gebe. Trotz dieser Eingrenzung beruft sich Lauxmann häufig auf Quellen aus dem bayerischen Ries, da man seiner Auffassung nach die Trachten des württembergischen Rieses nur in Verbindung mit denen des bayerischen Teils beurteilen könne.

Lauxmann stützt sich bei seiner Rieser Trachtenbeschreibung nach eigenen Angaben auf Gewährsleute, Originalobjekte, auf eine Pfarrbeschreibung von Goldburghausen aus dem Jahr 1850, auf Schweindorfer Inventare von 1830 bis 1840, auf Pfarrberichte von 1903 und auf die Oberamtsbeschreibung Neresheim von 1872, die wiederum selbst ältere Quellen einbezieht. An mehreren Stellen zitiert er Schilderungen von Melchior Meyr, die Lauxmann mit *Meyr, Rieser Geschichten, ca. 1840* bezeichnet. Diese Zitate sind Meyrs „Ethnographie des Rieses" von 1863 entnommen bzw. dem für die Kleidung gleichlautenden Aufsatz „Land und Leute im Ries", erschienen 1864, und Meyrs Erzählung „Die Lehrersbraut", die 1856 veröffentlicht wurde.[529] Als Bildquellen nennt Lauxmann die Gemälde Enhubers zu Melchior Meyrs „Erzählungen aus dem Ries", die Silhouette einer Kirchheimerin und Aquarelle aus den zwanziger Jahren des 19. Jahrhunderts; mit letzteren könnten die Aquarelle des Nördlinger Malers und Stadtschreibers Johannes Müller[530] gemeint sein.

---

[526] Blätter der Erinnerung, S. 6.

[527] Im Heimatmuseum Oettingen liegt eine nicht ganz korrekte Abschrift über das Kapitel Wolkenröcke. Walzer, der den Standort des Nachlasses kennt, nennt handschriftlichen Notizen Lauxmanns zur Tracht des mittleren Neckarraums, Betzingens und des Steinlachtals und zitiert in etwas abgewandelter Form aus dem Abschnitt über die Rieser Wolkenröcke (Walzer: Wechselformen der Tracht, S. III, S. 15 und Anm. 17).

[528] Von Lauxmann in der Regel *Schweinsdorf* genannt.

[529] Die Beobachtungen Meyrs erstreckten sich über mehrere Jahrzehnte, so daß ihre Publizierung in den fünfziger und sechziger Jahren des 19. Jh. wenig über die Aktualität der Kleidungsweise aussagt.

[530] Siehe Kap. Frühe Streiflichter.

Für Lauxmann ist das Ries in Bezug auf die Trachten ein Reliktgebiet im Osten Württembergs. In den württembergischen Dörfern hätten sich die Trachten nur wegen des engen Kontakts mit dem bayerischen Ries erhalten, wohingegen Bopfingen, da dort keine Tracht mehr vorhanden sei, in dieser Hinsicht ohne Einfluß auf die Nachbarorte sei. In seinen einleitenden Sätzen geht Lauxmann auf alte enge Beziehungen zur protestantischen Kleidungsweise Mittelfrankens und indirekt dadurch auch zu der in Württembergisch-Franken ein. Die alte Verbindung zum württembergischen Franken zeige sich in manchen Kleidungsstücken, nämlich dem *Wolkenrock*, dem *Kittel*, der Radhaube und der *eigentlichen Rieser Haube*. Für die Zeit vor 1800 kennt Lauxmann keine Belege für Tracht im württembergischen Ries.

Theodor Lauxmann äußert sich begeistert über die Einzigartigkeit der Rieser Tracht und über das Aussehen der Rieser Bevölkerung, insbesondere der Frauen. Zur Dauer des Trachttragens führt Lauxmann den Kirchheimer Pfarrbericht von 1903 an, wo sich damals noch die Hälfte der protestantischen Bevölkerung in Tracht kleidete. Kirchheim war gemischtkonfessionell. Die Frage, ob Tracht hier zur demonstrativen Abgrenzung der Konfessionen eingesetzt wurde, stellt Lauxmann nicht. 1919, als Lauxmann den Text abfaßte, wurde Tracht noch in den evangelischen Dörfern Goldburghausen und Schweindorf getragen, aber nur zum Kirchgang. Pflaumloch setzte Lauxmann in Klammern. Die traditionelle Frauenkleidung verschwinde eher als die der Männer. Es würden keine Trachtenteile mehr neu gefertigt.

Lauxmann stellt seinen Darstellungen der Männer- und Frauenkleidung Zitate aus Gesamtbeschreibungen voran, bevor er systematisch auf die einzelnen Kleidungsstücke eingeht. Wo es seine Unterlagen erlauben, gibt er einen Überblick über die historische Entwicklung und die früheren Preise. Neben der Sonntagskleidung widmet er sich zumindest kurz auch den Unterschieden in der Arbeits- und der Trauerkleidung.

Die Ausführungen über die Männertracht beginnt Lauxmann mit einer Angabe aus einem Buch Hottenroths, mit einigen Aussagen aus Meyrs „Ethnographie des Rieses" und einer Kleiderliste aus einem Schweindorfer Inventar von 1840. Die Passage aus der Goldburghauser Pfarrbeschreibung von 1850 stellt eine Entwicklungsreihe der Hosen von Zwilch über Kalbsleder bis zu den um die Jahrhundertmitte üblichen kurzen schwarzen Hosen aus Hirsch- oder Bockleder auf. Die früheren Schnallenschuhe aus Rindsleder seien von hohen Stiefeln abgelöst worden. Als Material für die Leibchen diente früher Tuch, um 1850 Manchester mit Metallknöpfen. Die ungebleichten gestrickten Strümpfe seien verschwunden. Der Verfasser der Pfarrbeschreibung vermeldet erstaunt, daß Handwerker gelegentlich lange Stoffhosen und Söhne von Kleinbauern weiße Baumwollstrümpfe tragen würden. Weiter werden schwarze Barchentröcke, die sog. *Kirchenröcke*, Dreispitze sowie pelzverbrämte Samtkappen genannt, die an Sonn- und Feiertagen nach der Kirche aufgesetzt würden.

Lauxmann differenziert bei der männlichen Oberbekleidung nach Mänteln, Röcken, Jacken, Wamsen, dem *Burnus*, Leibchen und Blauhemd. Früher – etwa im Dreißigjährigen Krieg – seien ungefärbte *Zwilchkittel* im ganzen Land üblich gewesen. Im 19. Jahrhundert war der Männerrock nach Lauxmanns Erkenntnis aus schwarzem ungefüttertem Barchent und reichte bis unter die Waden, bisweilen sogar bis zu den Knöcheln. Erst spät sei schwarzes Tuch gebräuchlich geworden. Der Rock *hatte eine sehr kurze Taille, ein kleines Stehkrägle, doch fehlt dieses oft, und ist ohne Schöße.* Der Rücken bestand aus zwei Teilen, sonst war jedes Teil aus einem Stück geschnitten. Zwei Knöpfe im Rücken faßten den Stoff zusammen. Röcke hatten keine Taschen. Rechts waren sechs oder zwölf große, schwarze, gepreßte Beinknöpfe angebracht. Die engen Ärmel wurden vorne weiter und reichten bis über die Hand. Der Einschnitt war mit einem oder zwei Knöpfen geschlossen. Zur Arbeit – so Lauxmann weiter – zog man *einen schwarzgefärbten langen Zwilchkittel vom gleichen Schnitt* an. Früher bestanden die Knöpfe aus Metall (Blei oder verzinnt), später aus schwarzem Horn. Der Mantel sei nach Schnitt und Art so wie überall gewesen, gefertigt aus grauem Tuch. Seit den sechziger Jahren sei er vom Burnus verdrängt worden, der die Form des zu Lauxmanns Zeit üblichen Überziehers gehabt habe, ohne Rückennaht oder Schlitz, kurz geschnitten, mit Umlegekragen und Revers. Auf beiden Seiten waren einige wenige übersponnene, dunkle Knöpfe angebracht. Die Außentaschen waren schräg eingesetzt.

Zum Wirtshausbesuch oder sonntags nach der Kirche zogen die Bauern – so fährt Lauxmann fort – ein kurzes Wams aus schwarzem bzw. blauem Tuch oder aus schwarzem Manchester an. Für farbige Samtwamse lagen Lauxmann keine Belege vor. *Die älteste Form des stets sehr kurzen Wamses hatte einen kurzen Stehkragen.* Die Seitenteile seien handbreit umgeschlagen und in eine Knopfreihe eingeknöpft worden. Die Knöpfe bestanden früher aus Metall, jetzt aus schwarzem Bein. Später seien nur noch die oberen Ecken umgebogen und in den zweitobersten Knopf eingeknöpft worden. Zur Arbeit habe man nach dem gleichen Schnitt einen schwarzen Wams aus Zwilch oder auch aus Zwirnstoff getragen.

Das Männerleible, das nach Lauxmann in den dreißiger Jahren als *Weste* bezeichnet wurde, beschreibt er als sehr kurz und einem Brusttuch ähnlich. In Farbe und Material sieht Lauxmann eine historische Abfolge: Bis in die vierziger Jahre des vorigen Jahrhunderts sei es aus rotem oder schwarzem Tuch gewesen, dann aus schwarzem, seltener aus blauem Manchestersamt. Das rote Brusttuch, dessen Farbe dem Ellwanger entsprochen habe, sei verschwunden. Lauxmann kennt auch eine seidene Weste, *vielleicht eine Hochzeitsweste.* Man habe dann sonntags ein *stuftenes* Leible aus dunklem Manchester getragen, bestickt mit kleinen Effekten. Lauxmanns Beschreibung zufolge hatte das hochgeschlossene Leible rechts achtzehn Knöpfe, die meist auf einem Lederstreifen zwischen Stoff und Futter saßen, so daß sie auswechselbar waren. Früher sei dieser Knopfriemen ein gezackter roter Tuchstreifen gewesen, der unten etwas herausschaute. Die Knöpfe hätten Eichelform und konnten aus Metall, etwa gepreßtem Silber oder versilbert, sein. Zur Trauer nehme man ein Leible aus schwarzem Tuch oder Manchester mit einer dichten Reihe kleiner schwarzer Beinknöpfe. Für werktags diene ein, ebenso wie das Wams, ganz einfaches, schwarzes Leible. Das Leible werde grundsätzlich ganz geschlossen.

Bis in die dreißiger Jahre habe es gelblederne Hosen gegeben, dann sei man immer mehr übergegangen zu einer schwarzen Hose aus Hirsch- oder Schafleder mit Ziernähten aus weißer Seide. Die Hose sei unter dem Knie mit einem Lederriemen gebunden bzw. früher mit einer Schnalle geschlossen worden. An der rechten Seitennaht sei eine Bestecktasche angebracht, während links ein rotes oder gelbes Schnupftuch weit heraushängen müsse. Lauxmann gibt hierfür ebenso wenig einen Grund an wie für seine Feststellung, daß nur junge Männer ein Besteck mit sich führten. Offenbar handelte es sich dabei um eine Modeerscheinung. Handwerker hätten laut Lauxmann immer lange Hosen an, wogegen die Pfarrbeschreibung aus Goldburghausen, die er eingangs zitiert hatte, nur von *gelegentlich* gesprochen hatte.

Ein charakteristisches Kleidungsstück der Rieser stellten für Lauxmann die dünnen, enganliegenden und ausziehbaren Stiefel dar. Am Werktag würden sie zusammengeschoben, am Sonntag auseinandergezogen, so daß sie bis über das Knie reichten. Ihr Wert betrug 1837 sechs Gulden. An Werktagen sei aber der *uralte Zungenschuh* häufiger, der bis zu den Knöcheln gehe und mit einer Schnalle geschlossen werde. Die vielen kleinen Löcher der langen, ausgefransten und heraushängenden Zunge seien mit gelbem Metall eingefaßt. Außer diesen beiden Arten von Schuhwerk sei auch *der gewöhnliche Bundschuh* üblich. Lauxmanns Aussagen über die Strümpfe beschränken sich auf sehr kurze Angaben. Für Geschäftsgänge seien die Strümpfe ungebleicht oder aus weißem Leinen, zur Trauer schwarz. Zur Zeit Lauxmanns waren sie meist aus schwarzer Wolle. Die Goldburghauser Angabe von 1850 über weiße Baumwollstrümpfe nimmt Lauxmann nicht mehr auf.

Lauxmann beschreibt verschiedene Arten von männlichen Kopfbedeckungen. Zum Kirchgang habe man den niederen *Nebelspalter* aufgesetzt, den Lauxmann auch als *Dreispitz* bezeichnet. Seine Form und Größe wechselten, in der Spätzeit sei er sehr klein gewesen. Er war aus dickem festem Filz oder aus Seidenfäden und mit Samtbändern eingefaßt. Den Dreispitz mit hochgeschlagener Krempe zeichnete Lauxmann in verschiedenen Ansichten an den Manuskriptrand, ebenso den niederen steifen Filzhut; dieses *Rieser Hütchen* aus schwarzem Seidenfilz mit flachem Kopf und schmalem, geschweiftem Rand sei ab den fünfziger Jahren aufgekommen. Vom Ries aus habe es sich in geringem Maß bis in den Ellwanger Raum und bis weit nach Franken hinein ausgebreitet. Immer, sonn- und werktags, im Sommer wie im Winter, habe man die oft sehr große Pelzkappe getragen, deren Boden aus grünem, strahlenförmig angeordnetem Samt mit grüner Quaste bestanden habe und die ringsum mit Fischotterpelz besetzt gewesen sei. Vorne war die Mütze erhöht. In der Goldburghauser Pfarrbeschreibung hatte es geheißen, daß die Pelzmütze an Sonn- und Feiertagen nach der Kirche aufgesetzt werde. Als weitere Kopfbedeckung habe es auch niedere Tuchkappen mit Quaste gegeben, die ringsum mit *Krimmer* (ein Fellimitat) besetzt gewesen seien und Ohrenklappen haben konnten. Nach Lauxmanns Angaben trugen die Rieser immer, auch unter dem Dreispitz, Zipfelmützen, früher weiße, später schwarze. Sie konnten aus verschiedenen Materialien bestehen und unterschiedlich gefertigt sein. Statt zum Dreispitz griffen Handwerker zu den hohen zylinderförmigen *Schlosserhüten.*

Das Hemd war nach Lauxmanns Schilderung aus *rauhem hausgemachtem Leinen.* Der Kragen, der angesetzt war oder separat umgebunden wurde, wurde nach außen umgeschlagen. Unter dem Kragen band man ein schwarzes Halstuch um, das vorne geknüpft wurde. Sonntags konnte es aus Seide sein und dann einen Gulden kosten. Trug man ein buntes Halstuch, habe man anscheinend den Hemdkragen weggelassen und an seiner Stelle ein weißes mit einem schwarzen Halstuch kombiniert. Bei Trauer wurde ein schwarzseidenes Halstuch so umgebunden, daß es den weißen Kragen verdeckte. Sonntags wie werktags sei das Blauhemd, das die Form der Fuhrmannshemden hatte, über dem Wams getragen worden; im Sommer ließ man die Jacke weg. An den Schultern, am schmalen Bündchen und an den Seitenschlitzen, durch die man in die Hosentaschen greifen konnte, seien weiße Ziernähte angebracht gewesen. Die Zierstiche an den Schultern wiesen nach Lauxmanns Kenntnis immer andere Muster auf. Sie konnten auf der Unterseite mit rotem Garn wiederholt sein, so daß man das Blauhemd auch wenden konnte. Die Bündchen an den Handgelenken waren mit einem Knopf geschlossen. Bei der Arbeit sei das Hemd oft von einem Ledergürtel oder einem Strohband gehalten worden.

Kurz geht Lauxmann zum Schluß noch auf einige weitere Bereiche der Männerbekleidung ein. Als traditionelle Hochzeitskleidung habe der Bräutigam einen Zylinder mit angenähtem Strauß, ein schwarzes Samtleible mit schwarzen Knöpfen, einen schwarzen knielangen Tuchrock und über das Knie heraufgezogene Stiefel getragen. Zum Schmuck gehörten die im ganzen Land beliebten Uhrketten und Medaillons sowie die silberbeschlagene Tabakspfeife, deren Wert 1840 in einem Fall sechs Gulden betragen habe. Kleinen Jungen habe man anfangs schwarze Barchenthöschen angezogen, zur Schule ein schwarzes Lederhöschen, weiße Strümpfe und Zungenschuhe; später waren sie etwa wie die Erwachsenen gekleidet. Ab der Konfirmation trugen sie laut Lauxmann die volle Tracht. Die Burschen schlüpften sonntags in einen schwarzen Tuchrock, der knapp bis über das Knie reichte. Zum Ausgang vertauschten sie ihn mit einer schwarzen Jacke aus Baumwolle oder Manchester mit Metallknöpfen, über die *zur Schonung* noch das Blauhemd kam. Werktags hatten die jungen Männer ein schwarzes kurzes Wams, ein schwarzes Leible – beides aus Tuch –, eine schwarze Lederhose, schwarze oder weiße lange Strümpfe und ein schwarzes Halstuch an.

Das Kapitel über die Frauenkleidung beginnt Theodor Lauxmann mit Hinweisen zur bürgerlichen Kleidung. Für die ältere Form beruft er sich auf ein Aquarell und eine Silhouette einer Kirchheimerin von 1810/20, die zu einer *alten Rieser Haube* Empirekleidung zeigten. Lauxmann nimmt dies als Beweis, daß bei den Wohlhabenden die *französische Mode* geherrscht habe. Da andere Quellen von gesteiften Miedern in den vierziger Jahren des 19. Jahrhunderts berichteten, folgert Lauxmann, *daß die städtische Mode des Rokoko ebenso vor dem Empire, als auch nach dessen Verschwinden noch in den wohlhabenden Bürgerhäusern noch geherrscht hat und erst spät erloschen ist.* In Bopfingen, wo, wie Lauxmann gleich am Anfang erwähnte, keine Trachten mehr vorhanden seien, seien zu Hauben des 18. Jahrhunderts große Schnürbrüste getragen worden, deren Form und Schnitt er genau beschreibt. Der Rock habe über den Hüftpolstern und Lederlappen des Mieders gelegen, aber unter den Schneppen. Um den Ausschnitt werde ein mit Spitzen verzierter Tüllschleier gelegt.

Nach diesem recht unstrukturierten Exkurs in die städtisch-bürgerliche Kleidung listet Lauxmann die Kleidungsstücke auf, die in Schweindorfer Inventaren von 1830 bis 1840 genannt werden, und macht dabei die Unterschiede zwischen bäuerlichen Ausstattungen und dem Besitz zweier bürgerlicher Frauen deutlich. Erneut stellt Lauxmann ein längeres Zitat aus einer Arbeit Melchior Meyrs voran, die er wieder mit 1840 datiert. Es handelt sich um die Erzählung „Die Lehrersbraut", die 1856 erschien und in der ersten Hälfte des 19. Jahrhunderts spielt. In einer Passage aus der Neresheimer Oberamtsbeschreibung von 1872, die sich auf eine ältere Quelle beruft, ist davon die Rede, daß dort die schwarzen gefütterten Rieser Strohhüte verbreitet seien und im Ries die Wirts- und Müllersfrauen weiße Spitzenhauben tragen dürften.

In einem langen Auszug aus der Pfarrbeschreibung Goldburghausens von 1850 wird von älteren Tuchröcken mit eingewebten schwarzen Streifen berichtet und von schmalen Bändern um den Hals. Die gedruckten Flanellröcke konnten rot, braun oder blau sein. Sonntags waren die Kleider aus Tibet, Orleans (beides Wollgewebe) oder Zitz (Baumwollgewebe). Die Hauben hatten lange, breite Seidenbänder und ihre Böden waren mit Silber, Gold oder Perlen verziert. Früher seien die Haubenbänder aus Wolle gewesen. Zum Abendmahl oder als Taufpatin setzte eine Frau die große schwarze Radhaube auf. Als Schürzenstoffe nahm man Seide oder Zitz. Wie in der Neresheimer Oberamtsbeschreibung heißt es auch in der Goldburghauser Beschreibung, daß die Frauen der Wirte und Müller bei Feierlichkeiten große weiße Radhauben und goldene Ketten tragen durften. Da sich die Oberamtsbeschreibung auf ältere Quellen stützt, könnte die Goldburghauser darunter gewesen sein, oder es kann beiden Beschreibungen eine dritte zugrunde gelegen haben. Das Haar, so die Pfarrbeschreibung weiter, sei früher einfach zurückgekämmt worden, während es nun oft gescheitelt würde.

Die Pfarrbeschreibung beklagt eine zunehmende *Putzsucht* bei beiden Geschlechtern. So seien Bäuerinnen und Söldnersfrauen *an der Kleidung* nicht auseinanderzuhalten. Die Art des Armkorbs mit *aus Leder geschnitzelten* Initialen, den Landfrauen für den Gang nach Nördlingen nahmen, dürfte mit dem *Donaugretzen* bei M. Meyr identisch sein. Der Goldburghauser Autor klagt weiter, daß die Rieser Tracht leider verschwinde, während die Regierung von Mittelfranken versuche, die Tracht zu erhalten oder wiederherzustellen. Möglicherweise könnte die Pfarrbeschreibung mit den mittelfränkischen Bemühungen die von König Maximilian II. für ganz Bayern in die Wege geleitete Trachteninitiative ab 1852 meinen, die auch Schwaben und damit das bayerische Ries mit einbezog; dabei wurde das Ries von den Behörden aber als Trachtengebiet geschildert, in dem folglich die Tracht nicht wiederbelebt werden mußte.

Aufbewahrt werde die Kleidung nicht mehr in Schränken, sondern eher in bemalten *Kästen*, die oft zwanzig Röcke und zwei Dutzend selbstgestrickter Strümpfe beinhalteten. An Festtagen seien die Frauen in Schwarz gekleidet, sonst farbig. Anstelle des früheren, ganz einfachen Bandes um den Hals gebe es jetzt, so die Goldburghauser Schilderung von 1850, wollene oder seidene Halsbuddel.

Lauxmann beginnt seine Beschreibung der einzelnen Bestandteile der Frauentracht mit der Haube, von der die älteste bekannte Form noch in Originalen überliefert sei. Die als *Kammode* bezeichnete Haubenart, die auch in den angrenzenden Teilen Frankens getragen worden sei, habe eine mit grober Leinwand gefütterte Kappe, die auf dem Hinterhaupt sitze und unten mit einer Zugschnur gebunden werde. Die Seitenteile reichten nur wenig in das Gesicht. Die ursprünglichen Knüpfbänder an den Wangen seien später weggelassen worden. Um den Gesichtsrand sei ein weißer kurzer Flor angesetzt gewesen, der in das Gesicht geragt habe. Lauxmann beruft sich dabei auf drei erhaltene Hauben und ein Aquarell, das seiner Ansicht nach wohl aus dem zweiten Jahrzehnt des 19. Jahrhunderts stamme. Die Farbe und die Ausführung der Kamoden seien vom Geschmack bestimmt gewesen, doch habe die Sitte geregelt, welche Art bei welcher Gelegenheit für angemessen galt.

Als weitere Entwicklung schildert Lauxmann die mit der wechselnden Haartracht korrespondierende Verkleinerung der Haube in den zwanziger Jahren, bis schließlich die Form *des eigentlichen Rieser Häubchens* erreicht worden sei. Als Beweis zitiert Lauxmann wieder aus Melchior Meyrs „Ethnographie des Rieses". Lauxmann sieht eine Verwandtschaft der schwarzen Haube mit den fränkischen Bändelhauben, doch fehle hier die Stirnschneppe ganz. Die Haube habe man am Haarknoten mit einer Nadel festgesteckt, in den Hauben älterer Frauen sei oft noch ein Stück Kamm zur Befestigung auf dem Haar angebracht. Früher habe man diese Haube immer getragen, auch zur Haus- oder Feldarbeit.

Die Beschaffenheit der Haubenbänder habe sich nach dem Anlaß gerichtet: Zum Abendmahl und zu hohen Festen habe man Hauben mit Atlas- oder Seidendamastbändern gewählt, zur Trauer Florhauben mit Bändern aus Florettseide, zur Halbtrauer dienten Hauben mit Bändern aus Taft. Die Bänder aus Atlas habe es in verschiedenen Ausführungen gegeben. Die normalen Alltagshauben wiesen gewässerte, gezahnte Taftbänder auf. Der Haubenboden bestand nach Lauxmanns Beschreibung für gewöhnlich aus gepreßtem schwarzem Samt, wohlhabende Frauen konnten sich silberne oder goldene Bödelchen leisten. Die Haubenböden mit Perlen und Steinen seien *Bodderbödele* genannt worden. Im Unterschied zu anderen Haubenarten seien die Bänder der evangelischen Rieser Haube auf Brust und Rücken verteilt gewesen. Die äußeren vier der sechs Bahnen auf dem Rücken seien als Schleifen geformt gewesen. Vorne seien die ehemaligen Knüpfbändern zu reinen Schmuckelementen geworden. Die Haube sei nur mit zwei schmalen Schnüren um den Hals gebunden worden, während die Bänder weit herabfielen und in der Halsgegend zusammengesteckt worden seien.

Zur Verdeutlichung skizzierte Lauxmann verschiedene Arten von Hauben an den Rand: zum einen die Haube, die das Hinterhaupt bedeckt, und eine ähnliche mit verziertem Boden. Bei einer Haube mit Volant um das Gesicht ist auch die Bekleidung des Oberkörpers dargestellt und angegeben: *auf Miniatur. Tüllumlegtuch, Kittel offen, man sieht das Samtmieder geblümt u. getupft.* Außerdem zeichnete Lauxmann die kleine Bänderhaube.

Die älteren Rad- oder Spitzenhauben, die nach Lauxmann auch im Ellwanger Raum üblich waren und Ähnlichkeiten mit den großen protestantischen Storhauben Frankens und den Spitzenschirmhauben Oberschwabens aufwiesen, seien aus den *Kammoden* hervorgegangen. Die ursprünglich *städtische Volkstracht* habe sich allmählich auf dem Land verbreitet. Ein Teil der städtischen Bevölkerung, etwa in Bopfingen, habe von jeher Rieser Tracht angelegt. Traditionell durften die Frauen der höchsten sozialen Schicht im Dorf die großen Radhauben und halbstädtische Kleidung tragen. Die Frauen der Beamten und Honoratioren in der Stadt würden sich nach der Mode des 18. Jahrhunderts kleiden. Die beiden Spitzenhauben, die Lauxmann vorlagen und die er ausführlich beschreibt und am Rand skizziert, waren weiß und deswegen den höchsten Feierlichkeiten sowie dem Abendmahl vorbehalten. Zur Hochzeit habe man eine schwarze Radhaube getragen, da nicht jede Frau eine weiße besaß, und verzierte sie mit künstlichen Blumen. Später beim Thema Brautkleidung präzisiert Lauxmann, daß diese geschmückten Spitzenhauben eher in der Stadt oder bei halbstädtischer Kleidung als Brautschmuck Verwendung fanden. Wie Lauxmann aus den Beschreibungen Meyrs schließt, wurden etwa zu der Zeit, als die kleinen Häubchen durch Bänder bereichert wurden, nämlich 1830/40, auch die Radhauben mit Bändern versehen. Originale Radhauben aus jener Zeit hatte Lauxmann aber nicht in Händen. Um 1860 seien die Spitzenhauben verschwunden.

Im Sommer habe es schwarz gefütterte Strohhüte aus schwarzem Stroh gegeben, die sehr groß sein konnten. Das Lauxmann vorliegende Exemplar, das er am Rand skizzierte, hatte einen Durchmesser von sechzig Zentimeter. Die Strohhüte waren reich mit Bändern, Samt und kleinen Spiegeln verziert, außerdem waren, wie bei einem Original von 1858, Name und Jahreszahl mit Samtbändchen aufgenäht. Die Hüte wurden seitlich herabgebogen und mit Bändern unter dem Kinn festgebunden.

Die Hemden waren nach Lauxmann aus rauhem, selbstgesponnenem Leinen. Die Ärmel hätten sich oben gebauscht und über dem Ellbogen mit einem Bündchen geendet, worüber Lauxmann sich positiv äußert. Über dem Hemd habe die Rieserin drei bis vier Röcke getragen, erst einen einfarbigen Woll- oder Flanellrock, dann einen stark wattierten Rock und darüber einen leichten Rock mit einigen Verzierungen. Bei Hitze wurden der unterste und der oberste Rock weggelassen, der mittlere wurde beibehalten, da er wegen seiner Wattierung weit abstand und kühlend wirkte. Die Röcke lagen auf Bäuschen, Hüftpolstern, auf. Als obersten, sichtbaren Rock trugen die Rieserinnen den *Wolkenrock*, der zum Symbol der protestantischen Frauen im Ries geworden sei. Es gebe im ganzen Land, so Lauxmann, nichts mit dem Wolkenrock Vergleichbares. Er bestehe aus Wolle oder Flanell und sei früher eng gefältelt gewesen, jetzt aber einfach am Bund eingefaßt. Der Stoff sei in der Oettinger Färberei mit Farbe und Muster versehen, *geflammt*, worden. Die alten Röcke waren nach den Informationen des Verfassers aus Tuch mit schwarzen Streifen gewesen. Er bezieht sich hierbei auf die Goldburghauser Pfarrbeschreibung, aus der er eingangs zitiert hatte. Die Wolkenröcke seien schwarz, dunkelrot, dunkelblau, violett oder grün gewesen, die aufgedruckten unregelmäßigen Muster heller. Einige der vielfältigen Farbkompositionen seien besonders beliebt gewesen. Als Verzierung habe man im unteren Teil noch eine Randborte aufgedruckt.

Es habe für die verschiedenen Anlässe unterschiedliche Wolkenröcke gegeben. Die gewöhnlichen Röcke seien einfach gefärbt, die besseren und teueren mit bis zu vier Farbnuancen bedruckt gewesen, darunter u.U. auch weiß. Sonntags habe man bevorzugt Röcke in kräftigem Rot getragen, Festtagsröcke konnten sehr bunt sein, weswegen man sie als *Stieglitzenröcke* tituliert habe. Für ernste Gelegenheiten habe man Schwarz oder eine Kombination von Schwarz mit Blau, Weiß und Grau gewählt. Um immer jeder Gelegenheit angemessen gekleidet zu sein, habe eine wohlhabende Bäuerin oder Bauerntochter zwölf bis zwanzig Wolkenröcke besitzen müssen, weniger wohlhabende immerhin noch fünf bis sechs. *Zur Aussteuer bekam eine reiche Tochter bis 15-20 Anzüge mit und brauchte dann fürs ganze Leben keine Kleider mehr zu kaufen.* Zur Zeit von Lauxmanns Beschreibung war der Wolkenrock im Verschwinden begriffen. Während die Wolkenröcke nur bis über die Waden reichten, gingen die ganzen Kleider bis über die Knöchel. Werktags habe man ganz einfache Röcke aus Wolle, Baumwolle oder *Zwirnstoff* angezogen.

Nach Lauxmanns Kenntnis hatten vor allem bei den jüngeren Frauen schon bald modische Kleider Eingang gehalten. Sie seien an Sonntagen oder zur Hochzeit getragen worden. Der Schnitt habe sich ungefähr nach der Mode gerichtet. Einer frühen Quelle zufolge hätten sich die Rieserinnen an den Festtagen schwarz gekleidet, sonst farbig. Dies habe sich nun geändert, man ziehe an Sonn- und Feiertagen die bunten Wolkenröcke an. Lauxmann vermutet, die Frauen besäßen nicht mehr genügend Wolkenröcke, um den passenden auswählen zu können. Vielfach würden zum Bedauern Lauxmanns die noch vorhandenen Wolkenröcke einfarbig umgefärbt. Neu hergestellt würden keine mehr.

Basierend auf seiner Beschreibung der Schnürbrüste des 18. Jahrhunderts geht Lauxmann auf die Entwicklung des Mieders im Ries ein. Am Rand hat er in wenigen Strichen ein Mieder skizziert mit dem Vermerk *hellblauer Damast*. Im ersten Drittel des 19. Jahrhunderts seien farbige, mit Fischbein verstärkte Seidenmieder in Grün, Rot oder Blau getragen worden. Die Hüften seien mit Polstern verstärkt worden. In den folgenden Jahrzehnten ist laut Lauxmann nur noch von einem Leibchen die Rede, der Name Mieder kam damals nur in der halbstädtischen Tracht vor. Lauxmann kennt die Form dieses früheren Leibchens nicht, geht aber davon aus, daß es weit geschnitten war, vorn geschlossen und ebenfalls mit Hüftpolstern versehen, über denen die Unterröcke hingen. Das Schweindorfer Inventar von 1840 gibt als Stoff schwarze Wolle, Manchestersamt und Kotton an.

Lauxmann vermutet, daß das Leible wie der Kittel erst in den fünfziger Jahren hochgeschlossen wurde. Dieses ärmellose Trägerleibchen sei dann an den Unterrock festgenäht worden und in dieser Form *bis zuletzt* getragen worden. Die Frauen nahmen sonntags eines aus dunklem geblümten Samt, die Mädchen bevorzugten lebhaftere Farben, doch da es unter dem Kittel verborgen und von schlichtem Schnitt war, habe es im Ries nie die gleiche Rolle wie Mieder in anderen Gegenden gespielt. Vom Goller der alten Tracht, der Halskrause, kennt Lauxmann nur den Namen. Anschließend beschreibt er noch einmal kurz die Form des Hemdes, was er bereits im Zusammenhang mit den Unterröcken getan hat.

Bei der Entwicklung des Halstuches, das unter dem Spenzer getragen wurde, sei die Form des Leibchens entscheidend gewesen. Früher sei es ganz sichtbar getragen und zur Zeit des ausgeschnittenen Leibchens als Busentuch in den Ausschnitt gesteckt oder über der Brust gekreuzt worden. Später habe man das Tuch über dem Oberteil gekreuzt, wie es die alten Frauen zu Lauxmanns Zeit noch taten. Es wurde dazu als Dreieck gefaltet, über der Brust gekreuzt und die Enden unter den Armen nach hinten gezogen. Die drei Ecken wurden mit Nadeln an Jacke und Rock festgesteckt. Seidene Halstücher seien als Mailänderhalstücher bezeichnet worden.

Im ersten Drittel des 19. Jahrhunderts habe es schwarze Halstücher für kirchliche Zwecke gegeben, schwarz- und blaugrundige Tücher aus Seide, Tücher aus weißer Baumwolle und aus Wollmusselin. Die älteren Halstücher erinnerten noch an die Empirezeit und die Zeit davor, zartfarbig, mit eingewobenen und eingestickten Blumenborten. Sie seien etwa 0,8 Quadratmeter groß gewesen, während die jüngeren eine Größe von einem Quadratmeter hätten. Diese späteren Tücher hätten seltener eingestickte Blumen, sondern mehr Streifen in allen Arten. Da die Tücher immer aus den Städten bezogen worden seien, seien sie dem Wechsel der Mode und des Angebots zu sehr unterworfen gewesen, als daß man jetzt genauere Unterscheidungen treffen könne. Im Winter trage man einen *Halsbudel* aus verschiedenen Strängen Kamelgarn, der wie ein Pelz um den Hals geschlagen werde.

Der *Kittel*, wie Lauxmann die Jacke oder den Spenzer bezeichnet, ist nach seiner Vermutung im ersten Drittel des 19. Jahrhunderts wie das Leibchen weit ausgeschnitten gewesen und dürfte den damals üblichen Schnitt gehabt haben. Nach mündlicher Überlieferung seien diese alten Kittel am Ausschnitt rot, blau oder grün verziert gewesen. Später seien sie wie das Leibchen hochgeschlossen worden, die Ärmel seien, wie in den sechziger Jahren üblich, weit und faltig gewesen; am Handgelenk hätten sie mit einem

Bündchen geendet. Diese bequem anliegende Jacke habe nur bis zum Rockbund gereicht. Je nach den finanziellen Mitteln und nach Geschmack seien unterschiedliche Stoffe und verschiedene Farben möglich gewesen. Als Muster seien kleine weiße Sternchen, Ringe oder Blümchen vorgekommen. An den höchsten Feiertagen habe man einen halbschwarzen, dunklen Kittel mit weißem Muster getragen. In der Spätzeit sei er vorne ganz geschlossen gewesen.

Die langen, breiten und buntgemusterten Schürzen seien im Lauf der Zeit immer kleiner und schmäler geworden, bis sie schließlich die Größe der fränkischen gehabt hätten. Bestimmte Farben würden bevorzugt, auch gebe es Streifen und Blumenmuster. Das Schürzenband würde vorne zu einer Schleife geknüpft. Die Sonntagsschürze zum Kirchgang sei schwarz, *neuerdings* auch kräftig dunkelblau. Am unteren Rand sei sie oft mit schwarzen Spitzen und ähnlichem verziert. Mädchen würden weiße Leinenschürzen tragen.

Die Baumwollstrümpfe würden in verschiedensten Farben und Mustern gestrickt. Für den Werktag seien sie mit Barchent gesohlt. Man trage sommers wie winters die gleichen Strümpfe. Zu einer guten Aussteuer gehörten 20 bis 24 Paar Strümpfe. Zur Trauerkleidung ziehe man schwarze Strümpfe an. Die Frauenschuhe seien flach und sehr weit ausgeschnitten. Werktags trage man Schuhe aus gewöhnlichem Leder mit tiefblauen Strümpfen, sonntags *aufgeriebene* Schuhe aus Hirschleder und weiße Strümpfe. In neuerer Zeit sei für sonntags ein feiner Zeugstiefel mit schwarzer Lederkappe und weißer Abnähung aufgekommen.

Früher sei das Haar einfach aus der Stirn gekämmt worden. Als in den zwanziger und dreißiger Jahren *künstliche Haarmoden* aufgekommen seien und gleichzeitig die kleinen Hauben, habe man auch im Ries begonnen, das Haar zu scheiteln. Die Haare des Oberkopfes seien vom Mittelscheitel aus in zwei Strähnen gedreht und über die Ohren nach hinten gezogen worden, die Haare des Hinterhauptes nach hinten gekämmt. Schmuck sei nicht sehr verbreitet, früher habe man lediglich ein Samtband um den Hals gebunden. Sonst würden nur noch Ketten mit Kreuzanhängern getragen.

Der Brautschmuck habe aus der *Horbet* bestanden, einem Haarschmuck mit bunten Blumen aus Draht und Stoffblättern. Er wurde auf dem Haar befestigt; wie bei der Haube seien hinten bunte Seidenbänder als Schleifen und Hängebänder herabgehangen. Die hochzeitlich geschmückten Spitzenhauben, vermutet Lauxmann, dienten wohl eher in der Stadt oder bei halbstädtischer Kleidung als Brautschmuck.

Mädchen hätten bis etwa in die achtziger Jahre hinein die Bänderhaube getragen, auch in der Kirche und in der Schule, ebenso Wolkenröcke und hellblaue Strümpfe. Zur Konfirmation habe man bis 1864 die schwarze Spitzenhaube mit ihrem reichen Bänderschmuck aufgesetzt, ab da künstliche Kränze. Die Stoffe des Wolkenrocks und des Kittels hätten sich nach den finanziellen Verhältnissen gerichtet. In der jüngeren Zeit seien Mädchen- und Frauentracht bis auf wenige Details gleich. Allgemein bevorzuge die Jugend laut Lauxmann buntere Stoffe und trage den Kittel offen, damit das bunte Leibchen sichtbar werde. Nur zur Trauer würden Mädchen schwarze Schürzen tragen. Zum Tanz gehe man in Haube und Kittel. Eine Braut sei, ebenso wie die Brautjungfern, in der Regel dunkel gekleidet mit schwarzem Kleid, schwarzer Schürze, schwarzweißem Halstuch sowie Halskrause und trage die Brauthorbet auf dem Kopf. Lauxmann meint anscheinend die jugendlichen Hochzeitsgäste, wenn er von weißleinenen Schürzen zur Hochzeit spricht.

Zusammenfassung: Der Blick des Spezialisten

Lauxmann erweist sich in seinem Manuskript über die evangelische Rieser Tracht als sachkundiger, langjähriger Trachtenforscher, der die einzelnen Kleidungsstücke sehr detailliert und auf der Basis fundierter Kenntnisse der Bekleidungsgeschichte beschreibt. Er stützt sich dabei im Unterschied zu anderen auf eine Vielfalt divergierender Quellen: Sachzeugnisse, Schrift- und Bildquellen und mündliche Informationen. Seine eindeutige Haltung „pro" Tracht und Trachtenerhalt beeinflußte seine sachliche Darstellung des Wandels der regionale Kleidung in den gut einhundert Jahren von etwa 1800 bis zum Ersten Weltkrieg trotz gelegentlich eingestreuter lobender Worte über die Rieser Tracht nicht, auch das Verschwinden einzelner Teile kommentiert oder beklagt er nicht weiter.

Bei seinen Aussagen fällt auf, daß es rote Männerwesten früher auch bei den Protestanten gegeben habe. In den anderen Quellen ist eine rote Weste sonst nur beim evangelischen Burschen aus Nähermemmingen (aquarellierte Bleistiftskizze von 1852, Farbabb. 8) abgebildet. Mit den Angaben in den Physikatsberichten stimmt überein, daß der Überrock in den sechziger Jahren vom *Burnus* verdrängt worden sei. Lauxmann äußert sich nicht dazu, ab wann das Blauhemd aufgekommen ist. Der Mantel sei der gleiche wie in der bürgerlichen Kleidung. Allgemein verweist Lauxmann vielfach auf die Abstammung von Trachtenteilen aus der bürgerlichen Mode. Eine neue Modeerscheinung war offenbar die Bestecktasche an der Hose. Über die kurze dunkle Jacke schreibt Lauxmann, daß sie nicht nur von den jungen Männern, sondern nach der Kirche oder im Wirtshaus genauso von älteren getragen wurde. Als einziger macht Lauxmann die Beobachtung, daß die Stiefel sonntags bis über die Knie auseinandergezogen und werktags zusammengeschoben wurden. Werktags seien Zungen- oder Bundschuhe häufiger. Ebenso wie die anderen Quellen stellt Lauxmann fest, daß sich die dörflichen Handwerker bürgerlich kleideten mit langen Hosen und Zylindern. Er befaßt sich auch mit Arbeits- und Hochzeitskleidung. Im Gegensatz zu den anderen hier erörterten Quellen führt Lauxmann einige kleine Unterschiede zwischen Frauen- und Mädchenkleidung an.

Der Maler Lauxmann erweist sich als scharfer Beobachter besonders der Schnitte, Stoffe und Farben. Differenzierungen in der Kleidung sah er im Anlaß und im Alter bzw. den Generationen begründet, weniger in sozialen Abstufungen.

Das Ries und die Rieser Tracht im 20. Jahrhundert

Rieser Beteiligung an Festumzügen in München

Ein Teil des Festprogramms zum 70. Geburtstag von Prinzregent Luitpold am 12. März 1891 bildete ein Gaben- und Huldigungszug des Landes in München.[531] Außer Vertretern von Vereinen sollten aus den acht Kreisen auch *ländliche Abordnungen in Volkstracht* teilnehmen. *Derselbe soll ein Bild der Vielgestaltigkeit und der Eigenart des Landes geben, durch die dargebrachten Geschenke selbst und durch die Art und Weise der Uebergabe, kein von Künstlern arrangierter mit allegorischen Darstellungen prunkhaft ausgestatteter Zug, kein Kostümzug mit erfundenen oder der Vergangenheit entnommenen Trachten, sondern ein Stück aus dem heutigen wirklichen Leben sein.*[532] Oberstdorf etwa wurde nicht berücksichtigt, weil es ein Kostüm vom Ende des 18. Jahrhunderts vorgeschlagen hatte, das einige Jahrzehnte zuvor für die Darstellung einer Bauernhochzeit benutzt worden war. Die Authentizität ging aber nicht soweit, daß Vertreter der ländlichen Bevölkerung ohne Tracht hätten teilnehmen dürfen.

Im Vorfeld des Festzugs gab es Rundfragen an die Städte und Bezirksämter nach existierenden Trachten. Aus den Städten gingen überall Negativmeldungen ein. Die Stadt Nördlingen teilte kurz mit: *besondere Landestracht besteht dahier nicht*[533]. Die überwiegende Zahl der Bezirksämter gab ebenfalls das Fehlen von Trachten kund, z.B. das angrenzende Bezirksamt Dillingen, wo die Volkstracht überall, selbst im Kesseltal, verschwunden sei. Die Bezirksämter, die noch Trachten vermelden konnten, waren dann alle im Festzug vertreten.

Das Bezirksamt Nördlingen antwortete nach Rücksprache mit einigen Bürgermeistern:

Da im Verwaltungsbezirke Nördlingen landesübliche Trachten noch bestehen und zwar verschieden nach den beiden christlichen Confessionen, so könnte eine Betheiligung der Bevölkerung des Rieses an dem geplanten Festzuge wohl statthaben. Es würde dies am zweckmäßigsten geschehen in kleinen Wagen oder Chaischen [sic!], *wie sie hier im Gebrauche stehen. Da solche aber nur 2 - 4 Personen fassen, so würden mindestens 6 solche Gefärthe* [sic!] *nemlich 3 für jede Confession bzw. Tracht nothwendig werden. Eine Theilnahme in dieser Weise würde sehr gerne geschehen. Die Jahreszeit des Festes erlaubt leider keine Ausschmückung von Wägen mit Produkten des Landes. Dieselbe erschwert auch die Abgabe von Geschenken. Vielleicht ließe sich jedoch in Verbindung mit den Nachbarbezirken, in welchem das Fleckvieh gezüchtet wird, ein ansehnliches Geschenk vereinbaren. Soweit die Kosten nicht aus der Kreisreserve gedeckt werden können, würden sie von den Distrikten Nördlingen und Oettingen gerne übernommen werden.*[534]

---

531 Siehe dazu StAA, Reg. 8405-8408.
532 StAA, Reg. 8408.
533 Ebd.
534 Ebd.

Aus dem Bezirksamt Nördlingen Ib [?] verlautete:

Auf Eurer Excellenz hohen Auftrag erlaube ich mir ehrerbietigst zur Anzeige zu bringen, daß die landesübliche Tracht im Riese noch an mehreren Orten zu finden ist. Sie scheidet sich in die katholische und protestantische. Die erstere findet sich hauptsächlich noch in Ammerbach, Laub, Maihingen, Reimlingen und Fremdingen, die letztere findet sich in Lehmingen, Lochenbach, Wechingen, Fessenheim, Alerheim, Moettingen, Löpsingen, Groß- und Kleinsorheim, Grosselfingen, Deiningen und Enkingen. Die nötige Anzahl von Personen könnte gestellt werden, sobald festgestellt ist, wie viele Paare zum Festzug zugelassen werden.[535]

Zum Vergleich: 1854 waren als – aus den unterschiedlichsten Gründen – prämierungswürdige Trachtenorte genannt worden: Reimlingen, Fessenheim, Wechingen, Hochaltingen, Balgheim, Möttingen, Löpsingen. Trachtenabbildungen waren geliefert worden aus Reimlingen, Nähermemmingen, Marktoffingen und offenbar aus Maihingen. In der Aufzählung von 1890 waren also Amerbach, Laub, Fremdingen, Lehmingen, Lochenbach, Alerheim, Groß- und Kleinsorheim, Grosselfingen, Deiningen und Enkingen ergänzt worden.

Der Regierungsrat Herrmann in Nördlingen fungierte als Obmann für die ländlichen Abordnungen des Regierungsbezirkes. Jeweils zwei Städte sollten gemeinsam einen Wagen gestalten. Nördlingen akzeptierte den Vorschlag, sich mit Neu-Ulm zusammenzutun.[536] Im Zugteil Schwaben und Neuburg beteiligten sich die Bezirksämter Günzburg, Krumbach, Memmingen, Neu-Ulm, Nördlingen, Sonthofen, Wertingen und Zusmarshausen.

Bezüglich der Huldigungsfeier zum 70. Geburtstag Sr. Kgl. Hoh. des Prinz-Regenten verlautet, daß aus unserm Bezirksamt Nördlingen 12 Paare in der Rieser Nationaltracht zum Festzuge nach München abgeordnet werden und zwar 6 Paare protestantischer und 6 Paare katholischer Confession, da sich diese bekanntlich in der Volkstracht etwas unterscheiden. ... Es soll auch die Absendung von Festwagen aus dem Ries beabsichtigt sein.[537]

Die Teilnehmer am Festzug hatten Freifahrt, auch Pferde wurden kostenlos transportiert. Das Festkomitee organisierte etwaige notwendige oder gewünschte Übernachtungen wie bei den Riesern, für deren Kosten die Mitwirkenden allerdings selbst aufkommen mußten. Aus Mitteln des Distrikts erhielten die Rieser Teilnehmer einen Zehrkostenbeitrag von je 11 Mark.[538]

Die Rieser Delegation bestand schießlich aus 35 Personen.[539] Für die Stadt Nördlingen wurde per Los die Freiwillige Feuerwehr als Vertretung der Vereine bestimmt. Das Bezirksamt Nördlingen war mit drei Gruppierungen dabei: Für die Vereine wirkte die Freiwillige Feuerwehr Alerheim mit. Eine große Rolle bei der Auswahl eines Vereins hatte der Besitz einer Fahne gespielt. Die ausgewählten Vereine durften je drei Personen abordnen.

---

535 Ebd.
536 *Donauwörth* ist durchgestrichen.
537 Oettinger Wochenblatt, 24.1.1891.
538 Ebd., 7.3.1891.
539 Siehe dazu StAA, Reg. 8407.

Die Gemeinde Möttingen stellte einen vierspännigen *Kammerwagen zum Einzuge der Braut ... in herkömmlicher Weise bepackt.* Friedrich Volk, Dienstknecht in Möttingen, und Kaspar Schick, Bauer in Merzingen, lenkten als Roßführer die Pferde, die der Bierbrauer Reißner aus Möttingen zur Verfügung stellte. Dazu kamen als die traditionellen Begleiter Näherinnen, nämlich die Bauerntochter Sofia Volk und die Söldnerstochter Katharina Gerstenstetter, sowie der Schreiner Matthäus Thum; alle drei aus Möttingen.

Die dritte Gruppe bestand aus *Landleuten in Rieser Landestracht*, die, aufgeteilt nach den beiden Konfessionen, insgesamt sechs Kutschen füllten. Als Katholiken nahmen teil: In der Chaise von Roßführer Xaver Schnehle, einem Bauern aus Reimlingen, saßen Kaspar Lutz, Söldners- und Bürgermeisterssohn, und die Wagnerstochter Walburga Götz, beide ebenfalls aus Reimlingen, sowie das Bauernehepaar Anton und Creszentia Thum aus Marktoffingen. Beim Roßführer Josef Koller, Bräuerssohn von Hochaltingen, fuhren der Bauernsohn Johann Gentner und die Söldnerstochter Theres Diethei, beide aus Reimlingen, sowie der Fremdinger Schmiedemeister Kaspar Schmidt mit seiner Ehefrau Theresia mit. In der dritten katholischen Kutsche, die der Marktoffinger Bauer Josef Baur lenkte, befanden sich der Bauer Josef Schneid, die *Ökonomenstochter* Theres Reicherzer, der *Ökonom* Anton Reicherzer sowie die Frau des Bürgermeisters, Theres Lechner, alle aus Laub.[540]

In der ersten protestantischen Kutsche, die der Bierbrauer Deffner aus Löpsingen stellte, war Kaspar Hager, ein Dienstknecht in Löpsingen, der Roßführer. Er kutschierte zwei weitere Löpsinger, nämlich den Bauernsohn Michael Hahn und die Metzgerstochter Auguste Korhammer, sowie zwei Möttinger: den Bürgermeisterssohn Johann Schneider und die Söldnerstochter Katharina Keller. In der Kutsche mit Roßführer Christian Güttler, einem Dienstknecht von Löpsingen, nahmen die beiden Löpsinger Heinrich Steinmeier, Bauer und Eigentümer der Kutsche, und dessen Schwester Friederike Steinmeier, Bauerntochter, sowie das Enkinger Bauernpaar Adam und Sofia Hubel Platz. Der letzte Wagen bestand aus dem Alerheimer Bauernsohn Carl Schick als Roßführer, dem Söldner Leonhard Schick und der Bauerntochter Margaretha Straß (beide Alerheim) sowie dem Pächterssohn Georg Löfflad und der Krämerstochter Johanna Scheidle (beide Mönchsdeggingen). Es fällt auf, daß nicht nur Bauern am Festzug beteiligt waren, sondern auch Handwerker, von denen es bereits Mitte des Jahrhunderts geheißen hatte, sie seien städtisch gekleidet. Zogen sie ausnahmsweise Tracht an, weil sie andernfalls von der Teilnahme ausgeschlossen gewesen wären, oder hatte sich das Kleidungsverhalten inzwischen erneut geändert?

Im Anschluß an das Fest regte das Festkomitee in Schreiben an die Bezirksämter an, Fotos der Mitwirkenden machen zu lassen, um sie in einem Fotoalbum dem Prinzregent zu schenken. Hintergedanke war, *daß sich wohl nie mehr Gelegenheit finden werde, die Volkstrachten von ganz Bayern in solcher Vollständigkeit und Übersichtlichkeit vertreten zu sehen, wie es beim Huldigungszuge vom 12. v. Mts. der Fall war.*[541] Das Komitee drängte, die Aufnahmen vor Ort möglichst bald zu erstellen, *weil zu befürchten steht, daß bei längerem Zuwarten die Gewänder und deren Ausschmückung nicht in der Weise wie sie im Zuge*

[540] Das Oettinger Wochenblatt vom 28.2.1891 nennt mit einer Ausnahme die gleichen Personen in einer anderen Aufteilung auf die Kutschen. Statt des Bauern Andreas Löfflad aus Laub nahm Josef Koller teil.
[541] StAA, Reg. 8405.

vorgeführt wurden, erhalten bleiben.[542] Im Akt steht am Rand mit Bleistift ein großes Fragezeichen und die Bemerkung *In Schwaben nicht!* Der unbekannte Kommentator war vom Fortbestand der schwäbischen Tracht überzeugt.

Wie Regierungsrat Herrmann in einem Schreiben an das Festkomitee – er wollte, daß die Kosten von 100 Mark für den Fotografen übernommen werden – berichtete, waren die schwäbischen Teilnehmer sehr zufrieden, zumal auch die sechzehn Pferde wohlbehalten zurückgekommen waren. Er schreibt im Rückblick:

Es waren darunter einzelne sehr schöne und stattliche Leute. Malerisch war die Allgaeuer Gruppe, sie gab durch die Buntfarbigkeit der Kleider der Mädchen ein frisches Bild. Die Originalität des Rieser Aufzuges fand lebhaften Anklang, er wurde häufig mit Halloh begrüßt. Auch in der Presse wurde er hervorgehoben. Wenn nun auch der schwäbische Zug in der Buntfarbigkeit und Lebhaftigkeit hinter den Abordnungen aus Oberbayern zurückstand, so hatte er aber gerade die Originalität für sich, ohne in seiner Schönheit beeinträchtigt gewesen zu seyn.[543]

Da man die Rieser nicht alle an einem Ort zusammenrufen konnte, mußte der Nördlinger Fotograf Adolf Frölich[544] in die einzelnen Dörfer fahren und dort Gruppenaufnahmen machen, die er zu Gemeinschaftsbildern anordnete. Wegen der großen Teilnehmerzahl wurden zwei nach Konfessionen getrennte Fotos zusammengefügt. Beim protestantischen Bild (Abb. 31) stellen die Personen in der oberen Reihe die Begleiter und Führer des Möttinger Kammerwagens dar. Fast alle Männer halten Pfeifen in der Hand, die meisten Frauen Blumensträuße. Rechts oben im Hintergrund der gemalten Kulisse ist Nördlingen zu erkennen. Die katholische Gruppe (Abb. 32) ist in eine hügelige Waldlandschaft eingebettet.

Außerdem wurden drei kleinere Fotos vom Kammerwagen, vom katholischen Wagen aus Laub und vom protestantischen aus Alerheim beigelegt, die beim Umzug in München aufgenommen worden waren: *letzterer ist der einzige Wagen, dessen Insassen den noch theilweise im Gebrauche stehenden Dreiecker tragen.*[545] Am 20. April 1891 schickte Herrmann die Rieser Fotos nach München. Im folgenden Jahr wurden die beiden Gruppenbilder in der Zeitschrift „Bayerland" zusammen mit einer Beschreibung der Rieser Tracht abgedruckt (s. S. 205).

Die Begleiter des Möttinger Kammerwagens vom protestantischen Gemeinschaftsbild erschienen achtzehn Jahre nach der Aufnahme auf einer schwarzweißen Ansichtskarte des Verlags Gebr. Metz, Tübingen, wieder. Links und rechts ist das Foto beschnitten, so daß die Figuren am linken Rand stehen, rechts sieht man die Silhouette Nördlingens. Der Titel lautet *Rieser Trachten.* Nach den Angaben in der Mustermappe[546] wurde diese Postkarte am 16.2.1909 erstmals bestellt. Der Vermerk *Chr. Strauß, Nördlingen* benennt den Kunden: Christian Strauß betrieb in der Löpsinger Straße D 46 eine Buchbinderei und ein Schreibwarengeschäft.[547]

---

542 Ebd.
543 Ebd.
544 Er begann seine Tätigkeit als Fotograf in der Äußeren Einfahrt D 127 um 1880 (Adreßbücher), Gewerbeabmeldung 1906 (StaNö, G IV/3 Bd. 6).
545 StAA, Reg. 8405.
546 Karten-Nr. 47505 (Privatbesitz).
547 Monninger: Hand- und Adressbuch, 1906. – Einwohnerbuch, 1926.

Abb. 31: Die protestantischen Rieser Teilnehmer am Münchner Festzug von 1891.

Abb. 32: Die katholischen Rieser Teilnehmer am Münchner Festzug von 1891.

Offiziell hatte auch der Festzug beim Oktoberfest 1895 das Ziel, nur wirklich getragene Trachten vorzuführen und gleichzeitig für den Trachtenerhalt und die Trachtenpflege zu werben.[548] Dagegen spricht allerdings, daß der Organisator Maximilian Schmidt lange herumreisen mußte, um die nötigen Trachtenteile zusammenzutragen.[549] Über eine Teilnahme von Riesern ist nichts bekannt. Das Oettinger Wochenblatt druckte nur kurze Berichte über den Trachtenzug, ohne etwas über eine Rieser Beteiligung zu vermelden; dies deutet eher daraufhin, daß der Umzug ohne Rieser Trachtenträger stattfand.

Der Festumzug zur Jahrhundertfeier des Oktoberfestes 1910 sollte nach dem Willen der Initiatoren *unter gar keinen Umständen ... eine Art Kostüm-Festzug*[550] werden. Das Schwergewicht lag deswegen nicht auf den Trachtenvereinen, sondern es sollte nur solche Kleidungsstücke zum Einsatz kommen, *die in den letzten hundert Jahren in den betreffenden Bezirken im Gebrauch waren, und auch heute noch existieren und – wenn auch leider immer seltener – tatsächlich bei gewissen Anlässen noch getragen werden.*[551] Somit ging es nicht um völlige Authentizität, sondern um das Hervorholen von Relikten. Der sogenannte *Festzug des Landes* wurde organisiert von einer großen Kommission bestehend aus dem bayerischen Landwirtschaftsrat, dem Bayerischen Verein für Volkskunst und Volkskunde und einer Künstlerkommission unter Prof. Fritz Jummersbach. Anfangs weigerten sich die Rieser teilzunehmen. Schließlich gingen dann doch etwa fünfzehn Rieser verschiedenen Alters, Geschlechts und Konfession nach München.[552] Der Kreis Schwaben und Neuburg war mit einer allgemeinen Gruppe der Almwirtschaft, neun Paaren aus dem Ostrachtal in Hindelanger Tracht und einem Jagdwagen vertreten. *Bauern und Bäuerinnen aus dem Schwäbischen Flachland und eine Gruppe aus dem Ries, die mit ihren langen blauen Fuhrmannshemden und den steifen, kleinen, niederen Hüten ein bemerkenswertes Trachtenbild boten, bildeten den Schluß dieser Kreisgruppe.*[553] Mittlerweile war also sogar das Blauhemd festzugswürdig.

Festzüge und die Inszenierung lebender Bilder im Ries

Den Festzug von 1891 konnte man als Vorbild nehmen, als in Nördlingen im Jahr 1900 ein Umzug anstand. Anläßlich der 36. Wanderversammlung bayerischer Landwirte vom 26. bis 30. Mai 1900, die *mit einer Ausstellung von Tieren des Zuchtverbandes für das schwäbische Fleckvieh und mit einer allgemeinen Geflügelausstellung und einer Ausstellung landwirtschaftlicher Maschinen*[554] verbunden war, kam Prinz Ludwig persönlich nach Nördlingen. Deswegen *wird es sich die Rieser Bevölkerung nicht nehmen lassen, ihrer Treue und Anhänglichkeit zu dem angestammten Herrscherhause Ausdruck zu geben und den erlauchten Sprossen unseres Königshauses feierlichst zu begrüßen.*[555] Als Rahmen für diese

[548] Möhler: Das Münchner Oktoberfest, S. 227-229.

[549] Hartinger: Ostbaierische „Tracht" im 19. Jahrhundert, S. 146.

[550] Schreiben an die Kreisausschüsse des Landwirtschaftlichen Vereins (zitiert nach Möhler: Das Münchner Oktoberfest, S. 289).

[551] Ebd., S. 290.

[552] Möhler: Das Münchner Oktoberfest, S. 290.

[553] Destouches: Die Jahrhundertfeier, S. 70.

[554] Oettinger Wochenblatt, 23.5.1900.

[555] Ebd., 28.3.1900.

Huldigung wurde ein Festzug organisiert. Am Abend davor fanden eine Serenade mit Fackelzug und ein Feuerwerk statt. Der Besuch der landwirtschaftlichen Ausstellung und die Besichtigung verschiedener Nördlinger Fabriken standen ebenfalls auf dem Programm des Prinzen.

Als Teilnehmer des Festzuges auserkoren waren die Schulkinder mit ihren Lehrern, die Geistlichkeit, Vertreter der Distrikte, des landwirtschaftlichen Bezirksausschusses und der Gemeinden sowie Vertreter der Veteranen und Feuerwehren aller Gemeinden.

In der Hauptgruppe soll eine sinnbildliche Darstellung des ganzen Rieses gegeben werden. In dieser Gruppe soll zunächst ein Zug Berittener auftreten. Es können hiebei sowohl Männer und Burschen in der örtlichen Tracht als auch Mühlknechte in der ihnen eigenen Kleidung teilnehmen. Die darauffolgenden Darstellungen der Landwirtschaft und des ländlichen Erwerbs- und Gewerbslebens werden in Festwägen (Erntewagen, Gänsezucht, Geflügelzucht, Schäferei, Holzarbeiter, Fischerei, Mühlgewerbe, Brauerei, Flachsbereitung, Marktwagen etc.) und in besonderen Bildern (Hochzeitszug, Hochzeits- und Kammerwagen etc.) bestehen. Sodann werden die verschiedenartigen schönen (alten und neuen) Trachten der einzelnen Orte vertreten sein und zwar werden die Teilnehmer entweder auf geschmückten Bernerwägelchen mit 2 - 4 Personen oder auf geschmückten Leiterwägen mit 10 - 12 Personen erscheinen. Auf den Bernerwägelchen sollen womöglich Paare in Festtagskleidung Platz nehmen; auf den Leiterwägen sollen dagegen alle Trachten vertreten sein – alte Leute, Männer und Frauen, Burschen und Mädchen – auch Kinder in der Tracht dürfen auf den Wägen mitgenommen werden, um ein möglichst abwechslungsreiches Bild zu geben.[556]

Einige Wochen später hieß es:

Es ist ein imposanter Zug, an welchem etwa 1800 Personen teilnehmen werden; in demselben werden 28 schmucke Reiter und 84 Wägen (22 Festwägen, auf welchen die Erwerbsthätigkeit des ganzes Riesgaues zur Darstellung gelangt, 17 geschmückte Festwägen und 45 Bernerwägele) mit Insassen vertreten sein.[557]

Die Oettinger Zeitung vermeldet nach dem Fest begeistert:

Schon in den frühen Morgenstunden strömte von nah und fern Alles Nördlingen zu. So mußten z.B. hier in Oettingen beim fahrplanmäßigen Vormittagszuge mehr als 200 Personen zurückbleiben, die nicht mehr mitbefördert werden konnten. Nachmittags 3 Uhr, nachdem Se. Kgl. Hoheit Prinz Ludwig die vor der St. Georgskirche aufgebaute Tribüne betreten hatte, setzte sich der Zug in Bewegung. Demselben lag der Gedanke zu Grunde, außer der Huldigung ein Bild der Erwerbsthätigkeit und der Volkstrachten der Bewohner des Rieses vor Augen zu führen. Der Zug setzte sich zusammen aus einem Musikkorps, aus Schulkindern von sämtlichen Schulen des Bezirkes unter Führung ihrer Lehrer, aus den Mitgliedern und Ersatzmännern der Distriktsausschüsse von Nördlingen und Oettingen, aus den Vertretern der gemeindlichen Kollegien der Stadt Oettingen und den Bürgermeistern der Landgemeinden, aus ca. 600 Kriegsveteranen, aus einer großen Schar Berittener in Landestracht, aus dem in 83 Wagen bestehenden Wagenzug, worauf die Feuerwehren im strammen Vorbeimarsch mit Musik den Zug abschlossen. Während des Vorbeimarsches vor der Tribüne brachten die

[556] Ebd.
[557] Ebd., 16.5.1900.

Insassen der Wägen etc. jubelnde Hochrufe aus. ... Hierauf begann der Wagenzug, zum großen Teil aus blumengeschmückten Bernerwägelchen bestehend, in welchem meistens 4 festlich in ihre Heimatstracht gekleidete Personen saßen. Dazwischen waren die Festwagen der Gemeinden verteilt. Dieselben bestanden teils in mit Laubgewinden verzierten, mit Bewohnern des betreffenden Dorfes besetzten Leiterwagen, teils wurden auf denselben die verschiedenen landwirtschaftlichen Arbeiten zur Veranschaulichung gebracht. So waren die Herblinger (wahrscheinlich in Vorahnung des Gewitters, das sie beim Heimweg ereilte) aufs Allereifrigste mit der Heuernte beschäftigt, die Lehminger Mädchen brachen und hechelten Flachs was Zeug hielt, die Marktoffinger waren vollauf mit der Getreideernte beschäftigt, Wechingen führte in höchst gelungener Weise seine Gänsezucht vor, der mit Netzen reich überzogene Fischereiwagen Munningens zeigte Bühler, wie er eben einen Aal dem Fangnetze entnahm, eine Hochzeitsgesellschaft aus Laub und Ammerbach fuhr festlich geschmückt mit allen Gästen vorüber. Ferner zeigten die Landwirtschaft Appetshofen, eine lustige Hochzeitsgesellschaft Nähermemmingen, einen Kammerwagen Balgheim, die Waldarbeit Mönchsdeggingen, Geflügelzucht mit Taubenhaus Alerheim, die schwere Steinbrucharbeit Holheim, eine höchst originelle, ganz dem Leben entsprechende Marktfahrt Möttingen, einen sehr schön mit Waffen, Geweihen, Jagdhörnern etc. ausgestatteten Jagdwagen Wallerstein, die Getreideputzerei, daß die Spreu nur so herumflog, zeigte Kleinsorheim, eifrigst beim Getreidedreschen waren die Herkheimer, ein durch sein prachtvolles Sechsergespann auffallendes Gefährte war ein Bierbunzen der Schloßbrauerei Reimlingen mit nachfolgendem Flaschenbierwagen. Ebenso fiel das Mühlgespann der Kunstmühle Lierheim, welche einen Mühlgang in Betrieb hatte, allgemein auf. Das größte Staunen und Bewunderung rief aber der von der Orgel- und Harmoniumfabrik Steinmeyer in Oettingen gestellte Wagen hervor. Imposant zog er einher, weihevoll erklang der Ton der Orgel und der Gesang der Engel, eine tiefe Stille und feierliche Stimmung trat ein, wo er erschien. ... Ebenso vornehm wirkte auch der von der Stadt Oettingen gestellte Gärtnereiwagen in seiner gediegenen, geschmackvollen Ausstattung, gekrönt von Flora mit dem früchtespendenden Füllhorn. Allgemein war das Lob und die Bewunderung, verstummt mit einem Schlage die vorerst so rege Spottlust der Nördlinger. Oettingen war in jeder Weise würdig repräsentiert. Außer diesen bereits genannten Wagen hatten noch Festwagen, meist mit dem Namenszuge L und einer Krone geschmückt, gestellt die Gemeinden Belzheim, Hochaltingen, Ederheim, Heroldingen, Fessenheim, Utzwingen, Rudelstetten, Enkingen, Reimlingen, Birkhausen, Deiningen, Auhausen (hier fiel besonders das von Hrn. Tremmel von Wachfeld kutschierte Bernerwägelchen alter Konstruktion, welches er mit seine 3 Enkeln besetzt hatte, auf), Löpsingen, Wörnitzostheim, Bühl und Grosselfingen.[558]

Der Oettinger Zeitungsbericht macht deutlich, wie es das Selbstwertgefühl der kleinen Stadt stärkte, die Nördlinger Bürger mit dieser Selbstdarstellung beeindrucken zu können. Der Wagen der Orgelfabrik Steinmeyer wurde nach Entwürfen des Münchners Kunstmalers C. Leibig arrangiert[559], der mit der Familie Steinmeyer verwandt war. Im Ries bedurfte es keiner Erwähnung, daß Kleinsorheim sich das Thema Getreideputzen aussuchte, weil am Ort eine überregional renommierte Putzmühlenfabrik ansässig war. Ob es Zufall war, daß Marktoffingen erneut eine Getreideernte aufführte, oder eine Erinnerung an den Empfang des Königspaares 1829, sei dahingestellt. Lebende Bilder von

[558] Ebd., 2.6.1900.
[559] Ebd., 30.5.1900.

Ernte und Hochzeitszug gehörten damals zum gängigen Repertoire ländlicher Festzüge. Trachten, auch abgelegte, repräsentierten ebenso wie die Darstellung verschiedener landwirtschaftlicher Bereiche das Ries.

Der Nördlinger Umzug im Jahr 1900[560] konnte aufbauen auf einer Tradition landwirtschaftlicher Feste mit Umzügen. Wie Regina Fritsch für Unterfranken gezeigt hat, wurden dort ab 1836 bewußt Trachtenpaare eingesetzt, die als Landleute zu Pferd und als ländliche Hochzeitsgruppen agierten. Solche Brauchtumsvorführungen traten neben die klischeeartige Wiedergabe der einzelnen Landwirtschaftszweige und -tätigkeiten. Bisweilen war mit einem landwirtschaftlichen Festzug auch ein gewerblicher verbunden.[561]

Die Tradition, bei Festzügen landwirtschaftliche Bilder zu gestalten, wurde 1933 auch im Ries bei den Erntezügen aufgegriffen, die auf Betreiben der Nationalsozialisten standen.

Prinzessin in Tracht

Eine ungeklärte Rolle spielte Trachtenkostümierung bei der Hochzeit der Oettinger Prinzessin Elisabeth (geb. 31.10.1886 in Oettingen, gest. am 2.10.1976 daselbst) mit dem Herzog von Ratibor im September 1910. Die Verlobung erfolgte am 17.9.1910 in Oettingen, die Hochzeit am 19.11.1910 in München. In den ansonsten sehr ausführlichen Berichten im Oettinger Wochenblatt etwa vom 17.9. und vom 5.10.1910 ist keine Tracht erwähnt. Dennoch gibt es im Zusammenhang mit dieser Hochzeit einige Fotografien, auf denen die Beteiligten Tracht tragen. Ein Foto kam als Postkarte in den Handel. Auf der einen Aufnahme[562] ist die Prinzessin zu sehen, wie sie in Reginahaube, Spenzer, Rock und Schürze mit verträumten Blick am geöffneten Fenster vor einem Spinnrad als „Nostalgie-Requisit"[563] sitzt (Abb. 33).

Die Postkarte[564] zeigt einen Heuwagen mit Pferdegespann vor dem Oettinger Schloß (Abb. 34). Davor und darauf sind das Brautpaar mit den Bediensteten arrangiert. Der Bräutigam trägt Jägerkleidung. Ein Teil der Männer ist mit Blauhemd und Troddelkäppchen bekleidet, deren Quasten auf unterschiedlichen Seiten herunterhängen. Beim linken untersetzten Mann soll wohl ein Regenschirm verdecken, daß er keine knielange Leder-, sondern eine lange Stoffhose trägt. Der Mann am Pferd präsentiert sich in kurzer Jacke, Lederhose, hochgezogenen Stiefeln und rundem Hütchen. Andere Männer sind in langem Rock, Weste mit Metallknöpfen, Kniebundhosen, dunklen Strümpfen oder hohen Stiefeln und runden Hütchen dargestellt. Fast alle halten eine Pfeife und ein großes Tuch, in das man gewöhnlich Essensreste für zu Hause einpackte, als Attribute in der Hand.

---

[560] Fotos des Umzugs befinden sich im Stadtmuseum Nördlingen.

[561] Nach Fritsch: Landwirtschaftliche Feste, S. 53.

[562] Heimatmuseum Oettingen, Slg. Fischer.

[563] Brückner: Verwaltete Region, S. 43.

[564] Heimatmuseum Oettingen, Slg. Fischer. Auf einem ähnlichen Foto in der Slg. Fischer fehlt das Brautpaar. Vor dem Heuwagen ist ein Wirtshaustisch mit Maßkrügen aufgestellt, rechts sitzt eine Frau am Spinnrad, ganz rechts steht ein Jäger mit erlegtem Vogel und einem großen Blumenstrauß. Vor dem Tisch sitzen Kinder am Boden. Das Mädchen hält einen Korb mit einer lebenden Gans. Die gesamte Dienerschaft ist wieder in Tracht gewandet, jeder trägt oder hält ein Attribut.

Abb. 33: Prinzessin Elisabeth von Oettingen-Spielberg, gekleidet als katholische Rieser Bäuerin, 1910.

Abb. 34: Prinzessin Elisabeth von Oettingen-Spielberg mit ihrem Bräutigam Herzog von Ratibor und Gefolge als Bauern vor dem Oettinger Schloß, 1910.

Die Prinzessin erscheint erneut in Spenzer mit reichem Geschnür, Rock, Schürze, weißen Strümpfen, ausgeschnittenen Schuhen und Reginahaube. Zwei Frauen auf dem Wagen tragen die evangelische Bänderhaube, die anderen entweder katholische Reginahauben wie die Prinzessin oder die weit abstehende Flügelhaube. Eine farbige Dienerin steht mit Kopftuch, heller Schürze und dunklem Kleid oder Rock und Kittel dabei. Man gewinnt den Eindruck, daß hier die Dienerschaft in zusammengesuchte Trachtenteile gesteckt wurde, um ein Bild zu inszenieren. Im Geschäftsbuch des Oettinger Hofphotographen Fischer ist dazu vermerkt *Dienerschaft vor fürstlichem Schloß als Bauerngruppe*, ohne Aufnahmedatum. Eine weitere, unbekannte, Aufnahme ist unter *Brautpaar als Bauern* verzeichnet.[565]

Da eine Postkarte mit der Aufnahme der Dienerschaft den Poststempel vom Juli 1910[566] trägt, kann die Aufnahme nicht in direktem Zusammenhang mit der Verlobung oder Hochzeit stehen, wie sonst vielfach angenommen wurde. Warum das fürstliche Paar Bauern spielte, ist nicht geklärt. Womöglich greift es die Tradition der gespielten adeligen „Bauernhochzeiten" in der Feudalzeit auf.

Die Rieser Tracht in heimatkundlichen Beschreibungen

Eine landeskundliche Betrachtung des Rieses, dessen Autor unbekannt ist, findet sich in dem Werk „Deutsches Land und Volk", das **Fedor von Köppen** 1879 in Leipzig herausgab. Der Text beginnt mit geologischen Ausführungen über das Ries und einer stammeskundlichen Einordnung der Rieser als – wegen der Grenzlage zu den Franken und den Bajuvaren – *wesentlich modifizierte Schwaben.* Der Verfasser zitiert Melchior Meyrs Ausspruch vom Ries als einer Welt für sich, die sich seiner Meinung nach in geologischer Hinsicht bestätigt. Zur Beschreibung der Rieser Tracht wählt er einen Markt- oder Schrannentag als Ausgangspunkt:

In Nördlingen vereinigt sich das ganze Volksleben des Rieses, und ein Markt oder Schrannentag in Nördlingen bietet uns Gelegenheit, den Rieser in seinem ganzen Thun kennen zu lernen.

Der Riesbauer unterscheidet sich in seinem Wesen nur wenig von dem Aelbler. Wir treffen dieselben hochgewachsenen, hageren Gestalten, deren Leben in der Feldarbeit verläuft und durch Fleiß, Sparsamkeit und Nüchternheit sich auszeichnet. Auch das weibliche Geschlecht verrichtet die schwersten Arbeiten auf dem Felde, steht aber dafür auch in besonderer Achtung bei den Männern. Sie tragen des Sonntags rothe, wollene, faltenreiche Röcke, des Werktags solche von gestreiftem Barchent. Das Tuch zum Sonntagsrock wird in Nördlingen gemacht und gefärbt, der Barchent zu Hause gewoben. Der Rock hängt mit silbernen Haken am festen Mieder; über demselben trägt man noch einen dunkelfarbigen Kittel. Die Kopfbedeckung ist Sonntags ein kleines schwarzes Häubchen mit lang über den Rücken herabhängenden breiten Bändern. Für gewöhnlich wird nur ein Tuch über den Kopf gebunden und das Haar damit befestigt; ist jedoch Frisur gemacht, so hängen lange Zöpfe über den Rücken. Der Mann trägt durchweg kurze, schwarze Lederhosen und hohe Stiefel oder Strümpfe und Schuhe. Der

[565] Freundlicher Hinweis von Dr. Petra Ostenrieder, Heimatmuseum Oettingen.
[566] Heimatmuseum Oettingen.

Rock ist lang und schwarz, mit kurzer Taille, meistens von Zwillich oder Barchent. Der schwarze Filzhut ist meistens niedrig und rund, zuweilen auch dreispitzig. Eine eigene Sitte ist es, das Sacktuch aus der Rocktasche heraussehen zu lassen. In katholischen Orten herrschen bei dem weiblichen Geschlechte die bunten Farben vor, wie das wol [sic!] *auch anderwärts beobachtet werden kann.*[567]

Eingefügt in den Text ist ein Holzstich mit dem Titel „Trachten aus dem Ries". Es handelt sich dabei um die Kegelszene von Albert Kretschmer (Farbabb. 19). Sie steht in keinem erkennbaren Kontext zum Text.

Bei seiner kurzen Ausführung über die Kleidung nennt der Verfasser als Unterscheidungsmerkmal der Konfessionen nur die bunteren Farben der Katholikinnen; auf eine andere Haubenform geht er nicht ein. Werktags werden nach seiner Darstellung Kopftücher umgebunden. Neu gegenüber den älteren Beschreibungen sind die Bemerkungen über lange Zöpfe und über das heraushängende Taschentuch der Männer. Der Verfasser schildert keinen Wandel, befaßt sich nur mit der zeitgenössischen Kleidung und äußert keine Meinung über sie. Viel Raum widmet er anschließend der Gänsezucht und -aufzucht und dem Verkauf der Gänse in weitem Umkreis als einer wichtigen Sonderkultur in der Rieser Landwirtschaft.

Beim Text aus Köppens Werk fallen starke Ähnlichkeiten mit der **Oberamtsbeschreibung** für das württembergische Ries und die angrenzende Sechtagegend von 1872 auf. Es hieß dort:

In der Sechta- und Riesgegend trägt der Landmann kurze schwarze Lederhosen, hohe bis über die Kniee reichende gesteppte Stiefel, schwarze, lange Röcke mit kurzer Taille von Zwilch oder Barchet, selten von Tuch; Wämser sieht man nicht bei ihnen. Das dunkle Brusttuch ist meist von Manchester und mit silbernen oder zinnernen Rollknöpfen besetzt. Man trägt runde niedere, in einzelnen Orten auch dreieckige Filzhüte. Im Ries lassen die Männer gerne das Sacktuch weit zur Hosentasche heraushängen. Das weibliche Geschlecht trägt sich in der Hauptsache wie auf dem Herdtfeld, dagegen sind bei ihnen im Sommer schwarze gefütterte Strohhüte üblich. In Bopfingen werden zum Staat weiße oder schwarze Florhauben, oben mit einem großen mit Spitzen verzierten Rad getragen. Die Weiber der Wirthe und Müller im Ries haben das Recht, ebenfalls weiße Radhauben zu tragen.

Im allgemeinen ist die Tracht der katholischen Weibspersonen bunter als die der evangelischen.[568]

Die Frauenkleidung des Härtsfeldes, auf die der Absatz verweist, wurde wie folgt beschrieben:

Das weibliche Geschlecht trägt Sonntags rothe wollene faltenreiche Röcke, am Werktag von gestreiftem selbstgemachtem Barchet. Das feste Mieder ist besonders und wird der Rock mit Hacken daran gehängt; über dem Mieder wird gewöhnlich noch ein meist dunkelfarbiger Kittel getragen. Die Kopfbedeckung ist Sonntags ein schwarzes kleines Häubchen, von dem lan-

[567] Köppen (Hg.): Deutsches Land und Volk, Bd. II., S. 143-145.
[568] Beschreibung des Oberamtes Neresheim, S. 86.

ge breite Bänder über den Rücken hängen, Werktags wird meist ein rothes oder weißes Tuch über den Kopf gebunden. Wenn der Kopf unbedeckt ist, dann hängen die beiden Zöpfe mit ihren Schnüren lang über den Rücken hinab; das ziemt sich aber nur für die Ledigen und noch nicht Gefallenen, die letzteren haben wie die Weiber zu gehen. Nicht selten wird auch das Haar um lange Nadeln schneckenartig gelegt.[569]

Besonders die Schilderung der Frauentracht bei Köppen ähnelt der in der Oberamtsbeschreibung auffallend; ergänzt hat er die Herstellung des Rockstoffes in Nördlingen, dagegen fehlen die Zuordnung einer bestimmten Haarmode zum Familienstand und die Sonderformen von Hauben. Die Darstellung der Männertracht differiert etwas stärker; der württembergische Text ist etwas länger und detailreicher.

Von **Alois Gutbrod** stammt das Buch „Die unmittelbaren Städte und Bezirksämter des Kreises Schwaben und Neuburg. Ein Handbuch für Volksschullehrer", gedruckt Augsburg 1890. Das Kapitel über die Stadt und das Bezirksamt Nördlingen ist untergliedert in die Themen *Lage, Grenzen und Größe, Bodengestalt, Gewässer, Klima und Bodenbeschaffenheit, Naturerzeugnisse und Erwerbsquellen, Verkehrswege* und *Bevölkerung.* Anschließend werden die einzelnen Orte behandelt. Der Punkt *Bevölkerung* besteht fast ausschließlich aus Zitaten, für die als Quelle nur kurz *Jugendlust, 1881* angegeben ist. Es geht darin um die soziale Gliederung der Rieser Bauernschaft, die Kleidung, die Dorfanlage und den Hausbau.

Den in zwei Folgen erschienenen Artikel *Das Ries* in der Jugendzeitschrift „Jugendlust"[570], auf den Gutbrod sich 1890 beruft, hat er selbst verfaßt. Seinen Angaben nach war Gutbrod ab 1877 Lehrer in Nördlingen. *Ich durchwanderte das Ries nach allen Richtungen hin und beobachtete Land und Leute genau. Was ich auf meinen zahlreichen Ausflügen gesehen und gefühlt habe, schrieb ich unlängst in einem Aufsatze nieder.*[571] Die Gliederung entspricht der von 1890, nur sind die einzelnen Punkte nicht so ausführlich erörtert. Ergänzt sind dagegen zwei Abschnitte über die Mundart sowie über die Feste und Abwechslungen vom Alltag. Zu letzteren zählt Gutbrod die Nördlinger Messe, Kirchweihen, die Spinnstuben, die „Metzelsuppe" (das Schlachtfest), die Flegelhenke als Ausklang des Dreschens und Hochzeiten. Den Abschluß bildet ein rühmender Absatz über Melchior Meyr, den *Dichter und Schriftsteller des Rieses.* Eine Beziehung zwischen dessen Trachtenbeschreibung und seinen eigenen nennt Gutbrod nicht.

Zur Kleidung schreibt Gutbrod 1881 in der „Jugendlust":

Die eigentümliche Tracht der rieser [sic!] *Landleute fällt jedem Fremden zuerst ins Auge. Sie ist einfach und doch hübsch zu nennen. (S. Abbildung in voriger Nummer.) Die Männer tragen schwarze, enganliegende Lederhosen und hohe, über die Kniee gezogene Stiefel. Die Weste oder das „Leible" ist meistens dunkel und von oben bis unten zugeknöpft. Den Hals ziert ein schöner, weißer Hemdkragen, unter welchem sich das seidene Halstuch befindet. Bei feierlichen Gelegenheiten wird der schwarze Barchentkittel angezogen und der Schaufelhut aufge-*

569 Ebd, S. 85 f.
570 S. 260-263 und S. 268-271.
571 Gutbrod: Das Ries, S. 260.

setzt, Ersterer hat sehr lange Flügel und reicht fast bis zu den Fersen herab; letzterer ist hinten spitz und vorn so gestaltet, daß er im ganzen eine Art Dreieck bildet. Beide werden jedoch nur mehr bei den älteren Männern gesehen; die jungen Burschen erscheinen in langen Tuchröcken und runden Hüten. Zur festtäglichen Unterhaltung, zum Gang ins Wirtshaus oder auch überfeld vertauschen sie die Röcke mit kurzen Joppen und die Hüte mit leichten Käppchen. Letztere sind meistens aus Sammt, haben eine lange Quaste und werden ein wenig auf das rechte Ohr gesetzt. Sehr häufig sieht man im Ries auch das blaue Fuhrmannshemd mit roter oder weißer Auszeichnung. Das bessere Hemd wird an Sonn- und Feiertagen angezogen, wenn die Burschen im Dorfe umherspazieren oder in die „Stadt" gehen; das mindere, zum Teil schon abgetragene Hemd ist für den Werktag zur Arbeit bestimmt. Wo die hohen Stiefel fehlen, vertreten weiße Strümpfe und kurze Schnürschuhe ihre Stelle. Nicht nur die Männer und die „Ledigen", sondern auch schon die Knaben kleiden sich in der landesüblichen Tracht. Manches rieser Büblein ist eine gar liebliche Erscheinung, wenn es im blauen Hemd, in schwarzen Lederhosen und weißen Strümpfen daherkommt. Der breite, reine Hemdkragen steht ihm ebenfalls gut, und noch etwas fehlt nicht: das Sammtkäppchen ist auch bei ihm ein wenig auf die rechte Seite gedreht.

Die Rieserinnen tragen als Kopfputz das sogenannte „Rieser Häubchen." Dasselbe hat ein kleines, ovales „Bödele" und mehrere lange Bänder. Es wird ganz auf das Hinterhaupt gesetzt und vorn unter dem Kinn festgeknüpft. Die Gewandung des Oberkörpers bildet ein kurzer Kittel oder „Spenzer" von dunkler Farbe. Recht eigentümlich sehen auch die „geflammten Röcke" oder „Wolkenröcke" aus. Sie werden von den Frauen und Mädchen als Oberkleider getragen, haben meistens einen schwarzen Grund und allerlei rote oder blaue Verzierungen. Die Schürze tritt in verschiedenen Farben und Stoffen auf: in weißer Leinwand, in gemodeltem oder gestreiftem Kattun und in schwarzer oder brauner Seide. Als Fußbekleidung dienen weiße oder blaue Strümpfe und ausgeschnittene Schuhe. Wie überall, so kommen auch im Ries mancherlei Abweichungen von der landesüblichen Tracht vor. Im allgemeinen kann aber doch gesagt werden, daß die echten Rieser ihre Dorfkleidung lieben und dieselbe nicht so leicht mit einer andern vertauschen.[572]

Die beiden Versionen von Gutbrods Trachtenbeschreibung differieren nur in Kleinigkeiten. Das eine Mal heißt es *die eigentümliche Tracht der rieser Landleute* (1881), das andere Mal *die eigentliche Tracht des Rieser Landvolkes* (1890). 1881 macht er zum Blauhemd längere Ausführungen als 1890 und schreibt, daß auch schon kleine Buben Tracht trügen. Dies fehlt im späteren Text ebenso wie die Ausführungen zu den Schürzen und der Fußbekleidung der Frauen.

An einigen Stellen faßt Gutbrod Melchior Meyrs ausführliche Darstellung in der „Bavaria" von 1863 zusammen, an manchen übernimmt er Teile von Meyrs Formulierungen wörtlich, führt den Text dann aber mit eigenen Worten weiter. Bisweilen geht er auf Neuerungen in der Kleidungsweise ein. Die Aussage, bei feierlichen Gelegenheiten würden der Barchentkittel und der Schaufelhut getragen, wie es bei Meyr zu lesen ist, relativiert er im nächsten Satz indirekt als altmodisch, indem er sie in Zusammenhang mit älteren Männern bringt. Den Satz Meyrs, daß die jungen Männer zum Gang ins Wirts-

[572] Ebd, S. 268 f.

Abb. 35: „Bauer und Bäuerin im Ries“. Illustration zu Alois Gutbrods Aufsatz in „Jugendlust“, 1881.

Abb. 36: „Bursche und Mädchen im Ries“. Illustration zu Alois Gutbrods Aufsatz in „Jugendlust“, 1881.

haus Pelzmützen statt der Hüte aufsetzten, greift Gutbrod auf, ändert aber den Schluß dahingehend ab, daß sie die Hüte mit leichten Käppchen (der Troddelkappe) vertauschten. Es schließt sich eine Beschreibung dieser Käppchen an. Eine Unterscheidung nach Konfessionen, die Meyr noch vorgenommen hatte, trifft Gutbrod, der im protestantischen Nördlingen arbeitet, nicht.

Gutbrod erweckt 1890 in einem Handbuch für Volksschullehrer mit seinem Hinweis auf *Jugendlust, 1881* den Eindruck, als sei eine Schilderung erst knapp zehn Jahre alt, während sie sich in Wirklichkeit in den wesentlichen Teilen an Melchior Meyrs Beschreibung hält, die dieser knapp dreißig Jahre zuvor in der „Bavaria" veröffentlicht hatte. Nur an manchen Stellen fügt Gutbrod Neuerungen ein. Den katholischen Bevölkerungsteil behandelt er nicht, ohne dafür einen Grund anzugeben.

Der Artikel in der „Jugendlust" ist illustriert mit zwei ziemlich plump ausgeführten Stichen. Sie zeigen „Bauer und Bäuerin im Ries" (Abb. 35) sowie „Bursche und Mädchen im Ries" (Abb. 36). Darauf ist der Bauer in langem Gehrock, Weste, hohen Schaftstiefeln und Schaufelhut zu sehen, der Bursche in kurzer doppelreihiger Jacke, Weste, Kniehosen, hellen Strümpfen, Schuhen mit heraushängender Zunge und Troddelkappe. Die Frau trägt einen reich gefältelten einfarbigen Rock, darüber eine Schürze, einen Kittel, Schuhe, ein Halstuch und eine Bänderhaube. Am Arm hängt der „Donaukrätzen". Im Vergleich dazu wird die junge Frau mit einem Wolkenrock und einer kleineren, gemusterten Schürze dargestellt. In der Hand hält sie wohl ein Gesangbuch, um auf den Kirchgang zu verweisen.

Als Folge des Festzugs von 1891 zum 70. Geburtstag von Prinzregent Luitpold (s. S. 191 ff.) veröffentlichte die Zeitschrift „Das Bayerland" mit Erlaubnis des Prinzregenten bis 1894 eine Serie über *Bayerische Nationaltrachten*, in der jeweils die Tracht eines teilnehmenden Bezirksamtes vorgestellt und ein Foto abgedruckt wurde. 1892 waren die beiden Rieser Gruppen an der Reihe. Der Chefredakteur **Heinrich Leher** beschrieb anhand der Fotos der Festzugsteilnehmer *Die Landestracht im Ries:*

Der schwäbische Nationalcharakter ist konservativ und der Rieser zeigt sich nur wenig geneigt, seine Tracht mit dem modernen, städtischen Anzuge zu vertauschen. Dennoch hat sich gar manches geändert seit den dreißig Jahren, als Melchior Meyr in der „Bavaria" seine Heimat in unvergleichlicher Weise beschrieb. Allerdings unterscheiden sich heute noch die beiden Konfessionen Katholiken und Protestanten durch die Tracht. ... Der beliebteste weibliche Kopfschmuck ist die bekannte Reginahaube, welche wir schon bei der Beschreibung der Trachten des Bezirksamts Zusmarshausen kennen lernten. Sie gewährt der Trägerin ein stattliches Aussehen; nach hinten fallen vier große, 80 Centimeter lange, 20 Centimeter breite Moireebänder, mit Chenillefransen, zwei etwas kürzere Bänder gehen vorn herab, während zwei kleinere Bändchen zur Befestigung der Haube unter dem Kinn dienen. Die pfauenradartig ausgebreitete Scheibe, welche auf der schwarzen Haube sitzt, ist von Gold, weiße Perlen bilden die Randfassung, in dem Goldgrunde ruht eine sich dreimal wiederholende Reihe von amethystähnlichen, schillernden Steinen, welche dann wieder mit Perlen umfaßt sind. In der obersten Reihe stehen 8, in der mittleren und in der letzteren 4 solcher

Steine. Wir erblicken außerdem eine andere ältere, mehr spezifisch rieserische Form der Haube. An das althergebrachte Häubchen schließen sich leierförmige Seitenflügel. Die Zahl der Moireebänder bleibt die gleiche. Das hinten am Häubchen befindliche „Bödele" kann durch Herausnehmen gewechselt werden; es ist gewöhnlich aus Goldstoff, der bei Trauer durch Schwarz oder Blau ersetzt wird.

Das Jäckchen, welches die Rieserinnen „Kittle" nennen, ist von braunem oder blauem Stoffe, seine Aermel sind gefältelt, gepufft, an der Achsel und am Oberarm stark wattiert, vorn eng und mit hübscher Posamentierarbeit ausgeputzt. Der Rock ist in Farbe und Stoff dem „Kittle" gleich. Für die Schürzen sind helle, sanfte Farben beliebt, z.B. grauer Atlas mit gleichfarbigem eingewirkten Blumenmuster, dagegen finden wir bei den Schürzen ausgiebige Verwendung von Schmelz zum Aufputze. Das seidene Halstuch zeigt ebenfalls zarte Farben, z.B. eine Mischung von Taubengrau mit Violett; an den Ecken treten farbige Blumen hervor, für welche früher Gold- und Silberstickereien beliebt war. Die Halstücher sind stets mit langen Fransen versehen. Es zählt zur Mode von ehemals, die mit Thalern und alten Medaillen behangene Silberkette um die Taille zu schlingen; der Lieblingsschmuck der Neuzeit ist ein goldenes Kettchen mit Kreuz; mehrfach findet man auch noch 6-, 7- und 8gliederige Halsketten. – Die Männer tragen niederen steifen schwarzen Filzhut, lange bis unter die Kniee reichende schwarze Röcke, die oben in der Taille etwas hoch genommen sind. Die schwarze Lederhose reicht bis unter die Knie, über sie wird der weiche, hohe Stiefel gezogen; das Beinkleid ist an den Taschen mit weißer hübscher Stickerei geziert. Die Weste, „Laible" genannt, ist aus schwarzem Sammet mit blauen oder gelben Blümchen. Ein blau-schwarzes seidenes Halstuch läßt den weißen Hemdkragen hervortreten. – Die von uns abgebildete Gruppe stammt aus den Ortschaften Reimlingen, Fremdingen, Marktoffingen, Laub.

Wir gehen zur Tracht der evangelischen Orte über, welche unser heutiges Bild veranschaulicht. Die Männer tragen niedere schwarze, steife Filzhüte mit schmaler Krempe, welche sehr elegant aussehen. Der Rock gleicht dem der katholischen Orte. Die Weste wird in Erinnerung an den einstigen noch von Meyr angeführten Herstellungsstoff kurzweg „Manchester" genannt; sie ist heute aus besserem schwarzen Sammet und mit nicht weniger als 18 Stück silbernen runden Knöpfen besetzt. Zwei derselben befinden sich am Kragen der Weste gleich den Knöpfen der Gefreiten. Die Sitte heischt, die Weste in der Mitte offen zu halten und nicht zuzuknöpfen. Die Lederbeinkleider sind hübsch weiß ausgenäht, in der Messertasche darf der Namenszug des Besitzers nicht fehlen. Alte Leute tragen schwarze Strümpfe, während die übrigen die Zugstiefel bis über das Kniee heraufziehen. Es gilt als stutzerhafte Neuerung, zwischen Stiefel und Beinkleid den weißen Strumpf hervorsehen zu lassen.

Die Mädchen und Frauen tragen das einfache, zierliche schwäbische Häubchen, welches noch wie es M. Meyr beschreibt, „recht kokett, fast ganz auf den Haarbund aufgesetzt wird". Während bei der Katholikin die vier Moireebänder am Rücken einzeln herabfallen, lassen die evangelischen Mädchen ihre zwei Bänder als Ganzes, indem beide Enden am Häubchen befestigt sind. Bei Trauerfällen wird der Moiree durch glattes Band ersetzt. Rock und Taille sind ein Ganzes; als Farben findet man dunkle Töne, stahlgrün und dgl., bei Trauer und an Festtagen wird Schwarz getragen. Die Schürze ist gern in lebhaftem Kornblau gehalten, mit reichem Aufputz in Schmelz und Spitzen. Besondere Sorgfalt ist dem Schuhwerk geschenkt, die Sitte erfordert zierliche Zeugstiefelchen mit Lederkappen, welche vorn hübsch weiß abgenäht sein müssen.

Die Teilnehmer der Gruppe stammen aus den Orten Möttingen, Löpsingen, Merzingen, Enkingen, Deggingen, Alerheim. [–] *Dies die Tracht der Gegenwart im Riese. Die einst so charakteristische Ottermütze, deren Lob Melchior Meyr begeistert pries, ist verschwunden.*

Beide Bilder sind nach Aufnahme des Herrn Photographen Fröhlich in Nördlingen hergestellt; sehr hübsch präsentiert im Hintergrunde des heutigen Bildes die Stadt Nördlingen mit ihrem stolzen Münsterturme.[573]

Leher bezieht sich in seinen Ausführungen wiederholt auf Melchior Meyrs Kapitel in der „Bavaria", aus der er auch kurze Passagen übernimmt. Obwohl der Rieser konservativ sei, habe es in den seither vergangenen dreißig Jahren doch Veränderungen gegeben. Die pelzbesetzte Mütze aus den Beschreibungen Meyrs war verschwunden. Vom Wolkenrock und vom Dreispitz ist bei Leher keine Rede mehr, obwohl beim Festzug einige protestantische Männer Dreispitze aufhatten, wie aus den Fotos hervorgeht. Intensiver als Meyr betrachtet Leher die katholische Kleidung und ihren Wandel: die modische Reginahaube, die ältere Flügelhaube, deren „Bödele" aber nicht auswechselbar ist, wie Museumsstücke zeigen, sowie eine neue Schmuckform der Frauen. Bei den evangelischen Männern weist Leher auf die neue Mode hin, zwischen den Stiefeln und der Hose die weißen Strümpfe sehen zu lassen. Da Leher eine Festkleidung beschreibt, erwähnt er das Blauhemd natürlich nicht. Aber er geht auf neue und alte Moden sowie Trauerkleidung ein. Bei ihm liest man zum ersten Mal von achtzehn Knöpfen an evangelischen Westen sowie von weiß bestickten Hosentaschen.

Auf diesem Artikel Heinrich Lehers in der Zeitschrift „Bayerland" von 1892 basieren im wesentlichen die Äußerungen **Christian Grubers** über die Rieser Tracht. Dr. Gruber war Hauptlehrer an der städtischen Handelsschule München und verfaßte geographische und volkswirtschaftliche Studien. Von ihm stammt u.a. das Buch „Schilderungen zur Heimatkunde Bayerns".[574] 1899 publizierte er das Werk „Das Ries. Eine geographisch-volkswirtschaftliche Studie". Darin sind die beiden konfessionell getrennten Fotos der Rieser Gruppen am Münchner Festzug von 1891, die im Anschluß an den Münchner Festzug im Ries aufgenommen worden waren, abgedruckt, ohne Hinweis auf den Entstehungskontext (Abb. 31 u. 32). Die Blumensträuße der Frauen wirken dadurch unverständlich.

Gruber beginnt mit einer kurzen Beschreibung der Arbeitskleidung und druckt dann in kleinerer Schriftgröße für die *alte Staatstracht* explizit Lehers Text ab. Er nimmt dabei nur einige stilistische Änderungen vor und läßt die Verweise auf Melchior Meyr, den Festzug und zum Teil auch auf die ältere Kleidermode weg. Hinzugefügt hat er, ohne dies zu benennen, zwei Passagen aus Melchior Meyrs „Ethnographie des Rieses", nämlich dessen ästhetisierende Ansicht über das evangelische Häubchen und die Kurzbeschreibung der weiblichen Frisuren. Gruber sieht im Ries ein Reliktgebiet, in dem *die alte Staatstracht der Rieser ... durchaus noch nicht in dem ausgiebigen Maße verschwunden ist, wie in vielen Gegenden Mittelfrankens.*

[573] Bayerland 3 (1892), S. 491 f.
[574] Vgl. Bayerland 4 (1893), S. 292.

Gruber, dessen Hauptaugenmerk auf den volkswirtschaftlichen Verhältnissen im Ries liegt, die er mit umfangreichen Zahlenangaben belegt, äußert sich auch über das Wesen und den Charakter des Riesers:

Der Rieser Bauer und Söldner lebt ein eng umschlossenes Leben voll Emsigkeit, sparsamen Betriebs und häufig wohl auch herber Entsagung. Er ist klug im Kreise seiner Traditionen, Anschauungen und Meinungen. Ihm ist die Gabe eigen, mit wenigem sich zu begnügen, mit solider Behaglichkeit zu leben, muntere Schalkhaftigkeit und sinnig derbe Sangesfreude zu pflegen. Mit der Natur und allen Vorgängen, welche sein Wirtschaftsleben beeinflussen, steht er in einem engeren Zusammenhange, als mit den wogenden sozialen und politischen Verhältnissen im weiten Vaterlande, obwohl er auch ihnen, besonders in den Monaten der winterlichen Ruhe, seine Aufmerksamkeit nicht versagt. Auch vom Handelsgeist der Schwaben hat er sein Teil überkommen. Bei allem Festhalten am Alten schreitet der Rieser doch rüstig vorwärts. Er arbeitet und sorgt zwar im ähnlichen Sinne wie Vater und Ahne, denn er hat den gleichen Naturbedingungen zu gehorchen wie jene. Aber er weiß die Verhältnisse besser auszunützen, auf die Forderungen der Zeit mehr zu achten, und er schafft vielfach mit anderen Hilfsmitteln, wie ein Blick auf die allenthalben im Ries angewandten, modernen landwirtschaftlichen Geräte darthut. Und zugleich gestaltet er sein Leben angenehmer; er hat für die verwischten alten Bräuche Kenntnisse eingetauscht, weiß freundlicher zu wohnen, bei Besuch der nahegelegenen Städte genußreicher zu leben und kleidet sich auch modischer als seine Ahnen.[575]

Ob Gruber für diese Charakterisierung eine Vorlage hatte, ist nicht auszumachen. 1901 übernimmt er sie in eine von ihm verfaßte Aufsatzreihe „Ries und Rieser“ in der Zeitschrift „Bayerland“[576], in der er hauptsächlich geologische, topographische und siedlungsgeschichtliche Aspekte behandelt. Der Abschnitt „Die Erwerbstätigkeit im Ries“ findet sich in einer gegenüber der Arbeit von 1899 wesentlich gekürzten Fassung wieder. Als Fußnote bringt er die Beschreibung der männlichen Arbeitskleidung.

Ohne Bezug zum Text sind als Illustration Fotos eines Nördlinger Festzugs abgebildet. Im einzelnen zeigen sie „Se. Kgl. Hoheit Prinz Ludwig von Bayern in Nördlingen“ vor dem geschmückten Böhm'schen Haus, wo er logierte[577], den „Wagen der Steinmeyerschen Orgelfabrik zu Öttingen“, die Wagen „Getreideernte Marktoffingen“, „Marktfahrt Möttingen“ und „Kammerwagen Balgheim“. Diese Titel lassen auf den bereits erwähnten Festzug anläßlich der Wanderversammlung bayerischer Landwirte 1900 schließen.

Die Trachtenbeschreibung aus Melchior Meyrs „Ethnographie des Rieses“ in der „Bavaria“ bildete die Grundlage für weitere Arbeiten, ohne daß die Autoren ihre Quelle genannt hätten. So übernimmt **Dr. J. M. Hübler**, „Hauptlehrer an der städtischen Höheren Töchterschule zu Nördlingen“, der 1901 den Band „Bayerisch Schwaben und Neuburg und seine Nachbargebiete. Eine Landes- und Volkskunde“ für die Reihe „Deutsches Land und Leben in Einzelschilderungen. Landschaftskunden und Städtegeschichten. I. Landschaftskunden“ verfaßte, die Trachtenpassage Meyrs weitgehend wörtlich, ohne dies anzugeben.

---

575 Gruber: Das Ries, S. 270 f.
576 Bayerland 12 (1901), hier S. 34.
577 Vgl. Völkl/Klees (Hgg.): Rieser Leben, S. 81.

Zu Beginn seines Kapitel über die *Volkstracht* in Schwaben äußert sich Hübler über den Wandel der Kleidung:

Das Dichterwort: „Das Alte stürzt; es ändert sich die Zeit,“ bewahrheitet sich nirgends buchstäblicher, als gerade in dem Wechsel der Volkstrachten. Der Wechsel der Tracht geht bei dem sonst so zäh am Alten haftenden Bauern viel leichter vor sich, als eine Änderung im Hausbau oder in seiner Ernährungsweise. Es bedarf hiezu nicht etwa der Jahrhunderte, um eine Änderung zu erzielen; Jahrzehnte genügen, um auf diesem Gebiete eine vollständige Umwälzung herbeizuführen. Die Mannigfaltigkeit der Trachten, welche früher in den schwäbischen Gebieten reicher als in den Bergen und Thälern von Oberbayern herrscht, hat seit dem Anfang dieses Jahrhunderts bedeutend abgenommen. In den wohlhabenderen Schichten der ländlichen Bevölkerung nimmt die Nachahmung der städtischen Mode immer mehr überhand, und auch in den untern Klassen tritt eine gewisse Gleichförmigkeit zu Tage. Die bunten und originellen Trachten weichen der einfachen, unterscheidungslosen „Hausknechtstracht“, und zwar macht sich dieses Angleichen der städtischen und ländlichen Trachten von den Alpen bis ins Ries geltend. Indessen hält die Metamorphose in der ländlichen Tracht hinsichtlich der Zeit nicht gleichen Schritt mit der städtischen; stets folgt sie derselben nach. Dauert es doch immer eine geraume Zeit, bis das träge Element bäuerlicher Sitte von der „herrischen Mode“ ergriffen wird, und meist ist letztere in den Städten längst veraltet und von einer andern verdrängt, wenn sie in den Dörfern heimisch und herrschend geworden ist. Aber nicht etwa bloß die Nähe der Stadt und der Verkehr mit Stadtbewohnern tragen zur Veränderung der ursprünglichen Tracht bei, sondern auch der Einfluß fremdländischer Faktoren macht sich hiebei geltend.[578]

Während Meyr seine subjektive Sicht zum Ausdruck brachte, indem er schrieb, daß er als geborener Rieser die Rieser Tracht hübsch finde, verallgemeinert Hübler dies in *darf hübsch genannt werden.* Hübler nennt als verschwundene Trachtenelemente den dreispitzigen Schaufelhut, der vom runden Filzhut ersetzt wurde. Bis um 1870 war der lange, zum Sonntagsstaat gehörende Barchentkittel getragen worden. Die Fischottermütze wurde nur noch von älteren Männern benutzt, während jüngere Männer eher der städtischen Pelzmütze den Vorzug gaben. Hier fällt eine Unaufmerksamkeit Hüblers auf, denn er fährt jetzt mit Meyrs Beschreibung fort, die die Fischottermütze nur in Verbindung mit den Burschen brachte. Die rote Tuchweste beobachtete Hübler auch bei den katholischen Burschen nur noch selten; sie sei eine Sache der älteren Männer. Protestanten hätten sie schon früher kaum angezogen. Dagegen hieß es bei Meyr noch, die katholischen Burschen würden sie beibehalten, während sie von den protestantischen fast ganz fallengelassen worden sei.

Die Spitzenradhaube, die die Frauen zu Meyrs Zeit noch zu feierlichen Anlässen hervorgeholt hatten, erwähnt Hübler gar nicht mehr. Größere Unterschiede finden sich in den Beschreibungen des weiblichen Halstuchs, die zum Teil vielleicht auch wieder darauf zurückgehen, daß Hübler Meyr nachlässig gelesen hat: Meyr schrieb, daß früher die Halstücher auf dem Rücken ein Dreieck bildeten, dessen untere Ecke festgesteckt wurde; Hübler berichtet davon in Gegenwartsform, führt aber zusätzlich ein neu aufgekommenes weißes Tuch in Art der Herrenhalsbinden auf. Bei den Frauenstrümpfen gibt

[578] Hübler: Bayerisch Schwaben und Neuburg und seine Nachbargebiete, S. 133 f.

Hübler mehr Farben und Muster an als Meyr; er nennt auch mehr Schmuck. Nur Hübler berichtet von Schweinefett, mit dem die Rieserinnen ihre Haare einölten. Während Meyr lediglich den Boden der katholischen Haube beschrieb, die ansonsten der evangelischen geglichen habe, stellt Hübler, ausgehend vom Text Meyrs und wohl ohne es selbst zu merken, eine andere Haubenform vor, die Flügelhaube. Nur Hübler geht darauf ein, daß die Breite und Länge der Haubenbänder im Zusammenhang mit der Wohlhabenheit und der sozialen Stellung der Trägerin stehen, auch wenn manche Magd lange Bänder trage. Neu bei Hübler ist die Feststellung, daß sich die Männer und Jünglinge aus den Rieser Dörfern am Sonntagnachmittag bei jedem Wetter auf dem Nördlinger Marktplatz versammelten. Ein neues Kleidungselement, das Hübler anführt, ist die *Hausmütze* der Männer, deren Quaste nach rechts hängen müsse, also eine Troddelkappe. Meyr nannte als zu seiner Zeit neues Kleidungsstück das blaue Fuhrmannshemd; bis zur Beschreibung Hüblers hatte es sich durchgesetzt.

Während Hübler also weite Teile des Textes von Melchior Meyr wörtlich übernimmt, höchstens manchmal altmodische sprachliche Wendungen Meyrs aktualisiert, fügt er durchaus auch die neuen Kleidungselemente ein und läßt verschwundene Stücke weg. Problematisch wird dies an den Übergängen zur Beschreibung Meyrs, die von den alten Verhältnissen ausgeht. Hübler bleibt dabei im Präsens und gibt nirgends zu erkennen, daß diese Darstellung keine aktuellen Zustände benennt, sondern bereits vierzig Jahre alt war. Der einleitende Absatz über *Veränderungen der neuern Zeit* stammt im Grunde von Melchior Meyr und bezieht sich auf Phänomene, die dieser um 1860 als neu beobachtet hatte!

Illustriert ist Hüblers Beschreibung der Rieser Tracht mit sechs Fotos des Nördlinger Fotografen Gustav Fröhlich[579] vor verschiedenen gemalten Hintergründen: Im katholischen Paar (Abb. 37 li.) erkennt man zwei Personen von den Aufnahmen wieder, die 1891 nach dem Festzug zum 70. Geburtstag des Prinzregenten gemacht wurden.[579a] Der Mann mit dem runden kleinen Hut, der Pfeife im Mund, dem langen Gehrock, einer Weste mit großen hellen Knöpfen, den hohen Stiefeln und dem auffallenden Schmuckanhänger ist auf dem Gruppenbild (Abb. 32) der zweite von links. Die dort links von ihm stehende Frau sitzt auf dem Foto in Hüblers Band rechts neben ihm. Sie erscheint in Reginahaube, Halstuch mit Fransen, heller, gestreifter, breiter und langer Schürze mit zwei Zierborten und hält einen Blumenstrauß in Papiermanschette.

Ein Zusammenhang der einzelnen katholischen Frau (Abb. 37 re.) mit dem Gruppenfoto ist nicht eindeutig auszumachen. Sie tritt auf mit einer Flügelhaube, einem Halstuch mit langen Fransen und einer Kette mit Schmuckanhängern über dem Bund der hellen Schürze.

Bei einer der beiden evangelischen Frauen (Abb. 38) vermeint man ebenfalls, Ähnlichkeiten mit dem Gruppenfoto der Festzugsteilnehmer (Abb. 31) festzustellen: Die linke, jüngere Frau mit Bänderhaube, hellem „Halsbudel", dunklem Rock mit zwei schwarzen Zierborten und dunkler Schürze mit Zierbesatz könnte identisch sein mit der Frau, die in der

[579] Laut Gewerbekataster der Stadt Nördlingen tätig ab 1.1.1890, Abmeldung des Gewerbes 1907 (StaNö, G IV/3 Bd. 5 u. 6). Unklar ist, warum die Gruppenbilder von einem anderen Nördlinger Fotografen, nämlich Adolf Frölich, erstellt wurden. Vermutlich handelt es sich um eine Namensverwechslung, oder die Einzelfotos hat wirklich ein anderer Fotograf gemacht.

[579a] Dieses Paar erscheint mit leicht verändertem Hintergrund auch auf einer Postkarte des Verlags Hans Nischler, Nördlingen (RBM, Inv.Nr. 4721).

Abb. 37: Katholisches Paar und katholische Frau. Illustration zu Hüblers Trachtenbeschreibung von 1901.

Abb. 38: Evangelische Frauen. Illustration zu Hüblers Trachtenbeschreibung von 1901.

Abb. 39: Knaben. Illustration zu Hüblers Trachtenbeschreibung von 1901.

oberen Gruppe steht. Die ältere Frau in dem Wolkenrock, den beim Festzug niemand trug, und der einfachen einfarbigen Schürze ist offenbar aus einer anderen Situation entnommen; ihrer Armhaltung nach stützte sie sich bei der ursprünglichen Aufnahme auf etwas.

Auf einer zweiten Seite sind noch zwei Knaben abgebildet (Abb. 39). Der linke trägt einen runden niedrigen Hut, eine kurze Jacke, weißen Hemdkragen, dunkle Weste mit großen Metallknöpfen, die unten nicht geschlossen sind, reich bestickte Hose und über die Knie hochgezogene Stiefel. Der etwas jüngere Bub wird in Troddelkappe, Blauhemd, Kniehose, dunklen Strümpfen und Zungenschuhen gezeigt. Alle Personen sind in gemalte Landschafts- und Dorfkulissen einmontiert. Eine evangelische Männerkleidung ist nicht vertreten.

Das beliebte Topos der Trachtenbeobachtung beim sonntäglichen Kirchgang verwendet **Fritz Gruhler**. Wie er im Vorwort zu dem Büchlein „Unsere Heimat: Das Ries. Eine Heimatkunde für Schule und Haus" ausführt, hatte er vom evangelischen Bezirksschulinspektor, dem Aalener Stadtpfarrer Rohrer, den Auftrag erhalten, zur Bezirksschulversammlung einen Vortrag über die Heimatkunde des Rieses auszuarbeiten. Ein Teil des Vortrags ging 1909 in Druck, wobei Gruhler Wert darauf legt, daß das gesamte Ries, nicht nur der württembergische Teil, behandelt werde:

Ist doch das Ries ein in sich abgeschlossenes Ganzes, ein Stücklein Erde von durchweg gleicher geologischer und landschaftlicher Beschaffenheit. Und seine Bewohner, die Rieser, sie sind ein Menschenschlag für sich, mit eigener Tracht, eigenem Dialekt, eigenen Sitten und Gebräuchen und sogar mit eigener Litteratur (vergl. Melchior Meyr, Friedrich und Michael Wild, Johannes Kähn u.a.).[580]

Im Kapitel *Was insbesondere vom Rieser Bauernstand zu berichten ist!* heißt es:

Am Sonntag freilich gehts zuerst nach altem Brauch in die Kirche, das ist löbliche Sitte im evangelischen wie im katholischen Ries. Da ist dann auch Gelegenheit, die alte Rieser Tracht zu bewundern, die leider nach und nach schwindet. Bei den Männern: kurze Lederhosen, am Sonntag lange Stiefel, am Werktag Schuhe mit weit herausschlappender Zunge, geblümte Weste mit Silberknöpfen, langer Tuchrock, weißer Hemdkragen, bei Trauer schwarze Binde ohne Kragen, zum Ausgehen kurze Jacke. Im rechten Hosenbein eine kleine Tasche mit silbernem Eßbesteck, aus der linken Hosentasche muß das Sacktuch heraushangen. Auf dem Kopf das kleine steife Rieserhütel. Der Frauentracht Wesentlichstes ist der Wolkenrock und die Bändelhaube. Sie umschließt das Nest der aufgebundenen Zöpfe und hat ein auswechselbares „Bödele", das je nach Gelegenheit schwarz oder bunt gestickt ist. Von der Bändelhaube fallen nach hinten und vorn schwarze, seidene Bänder. Für Sonntag nachmittag oder sonst für Festlichkeiten ist der Stolz der Rieserin eine hübsch buntgestickte schwarze Schürze aus Tuch oder Seide.[581]

Aus der kurzen Beschreibung geht nicht eindeutig hervor, ob sie sich auch auf den katholischen Bevölkerungsteil bezieht, nachdem beim Kirchgang beide Konfessionen genannt wurden. In Gruhlers Augen sind nur der Wolkenrock, die Bänderhaube (deren Bödele

[580] Gruhler: Nördlingen und das Ries, S. 3.
[581] Ebd, S. 62 f.

nicht auswechselbar ist) und sonntags eine bestickte schwarze Schürze charakteristische Elemente der Rieser Frauentracht. Die Bänderhaube und die schwarze Schürze deuten auf die evangelische Kleidungsweise hin. Über das allmähliche Verschwinden der Rieser Tracht äußert sich Gruhler bedauernd. Eine Vorlage für den Text ist nicht auszumachen.

In den im gleichen Jahr, 1909, aus dem Ries eingegangenen Antworten auf die **Volkskunde-Umfrage**[582] ist sehr viel stärker von einem Wandel der Bekleidungsgewohnheiten die Rede. Aus Hochaltingen im Nordries teilten Dekan Ernst und Distriktsschulinspektor Hirle mit:

Kleidung. Die frühere Bauerntracht der Männer u. Jünglinge hat größtenteils der städtischen Kleidung sich genähert. Der Dreispitzhut, die kurzen, bis unter das Knie herunterreichenden Lederhosen aus Hirschleder sind verschwunden. Die weiblichen älteren Personen tragen noch die ländliche Kleidung mit Schürzen und Halstüchern, oft in grellen Farben u. zumeist mit Kopftüchern in allerlei Farben. Nur an den höchsten Festtagen, bei Taufen u. Hochzeiten sieht man noch die schwarzen Bandhauben mit breiten u. langen schwarzseidenen Bändern (Bändelkappen). Die ledigen Frauenspersonen tragen zum großen Teil städtische Kleidung mit Fauenhüten [?].

Schmuck der Männer. Uhren mit silbernen Ketten, behangen mit alten Talern u. Geldstücken. Schmuck der Frauen: Brustketten (selten), Kreuzchen an Halsketten oder seidenen Bändern, aus Silber u. vergoldet oder aus Gold, Damenuhren, Brochen, Ringe, Ohrenringe.[583]

Aus Oppertshofen am südlichen Riesrand berichtete der Lehrer Konrad Hertle knapp, ohne auf die Frauenkleidung einzugehen:

Als eigentümlich gilt die Tracht des nordschwäbischen Bauern bestehend aus kurzer Lederhose, langen, ausziehbaren Lederstiefeln, kurzer Rock, schwarzer Hut (früher Dreispitz), weicher, weißer Hemdkragen, Sammtweste mit großen Metallknöpfen; am Werktage statt der Stiefel weiße Strümpfe und Schnürschuhe. Jedoch kommt diese Tracht immer mehr ab.[584]

Hermann Niklas vermeldete aus Harburg am südlichen Riesrand kurz und bündig: *Trachten kommen bei unseren Bauersleuten leider immer mehr mehr ab; alles trägt sich „städtisch".*[585]

Rose Julien veröffentlichte 1912 das Ergebnis ihrer Forschungen zu den *deutschen Volkstrachten zu Beginn des 20. Jahrhnunderts.* Der Abschnitt über die Rieser Tracht ist ergänzt durch zwei Fotos, die einen Bauern bei der Arbeit sowie eine Bauernfamilie zeigen. Zwei Brustbilder illustrieren die Beschreibung der evangelischen Bandhaube und der *Bandhaube der Katholischen im Ries* (Flügelhaube).

Im nördlichen Teil von Schwaben und Neuburg – dem Ries – sind noch mancherlei Reste völkischer Kleidung zu finden, wenn auch die altschwäbische bunte Frauentracht seit der Mitte des vorigen Jahrhunderts geschwunden ist. Nur in Truhen und Schränken erhielten sich ihre letzten Zeu-

---

[582] Der bayerische Verein für Volkskunst und Volkskunde druckte im Novemberheft 1908 seiner Vereinszeitschrift „Volkskunst und Volkskunde" den Fragebogen, der von Friedrich von der Leyen (1873-1966) zusammengestellt wurde, ab. Außerdem wurde er an alle Bezirksämter verschickt. Die Antworten stammten meist von Lehrern und Pfarrern (Pötzl: Brauchtum. S. 3-10). Nach Abschluß dieser Dissertation erschien die Edition der schwäbischen Antworten (Willi: Alltag und Brauch).

[583] Umfrage des bayerischen Vereins für Volkskunst und Volkskunde, 1909 (Archiv des Instituts für Volkskunde, Bayer. Akademie der Wissenschaften, München).

[584] Ebd.

[585] Ebd.

gen: rote Röcke aus selbstgesponnenem Leinen mit buntem Aufdruck, farbige Mieder mit Hüftenkragen und herzförmigem Kopfschluß (siehe Schwalm), und an leinenen Leibchen sitzende buntseidene Goller. Auch Florhauben gleich der Dachauer oder Betzinger finden sich hier aus uralter Zeit. Die katholische Bäuerin kleidet sich heute dunkel, nach städtischer Weise, nur zum Festschmuck legt sie noch die „Bändelkappe" oder die „Reginahaube" an, und am Werktag schlingt sie ein buntes Tuch um den Kopf. In evangelischen Gegenden werden zu dunklen Jacken und Leibchen eigenartig blau-grau-violett gefärbte, wollene Röcke getragen, welche nach ihrem Muster im Volksmund die Bezeichnung „Wolkenröcke" oder „geflammte (flammete) Röcke" führen. Es ist interessant an der Kopftracht der katholischen und evangelischen Gegenden die reinliche Arbeit zu beobachten, welche das Unterscheidungsbedürfnis zuweilen leistete, wo es galt gleichartige Stücke so zu modeln, daß zunächst der Eindruck grundsätzlicher Verschiedenheit hervorgerufen ward. Die schwäbische Haube im Ries ist ein gewölbtes, bald spitzeres, bald breiteres Häubchen mit kleinem, dreieckigem „Kappenplätz" und breit auseinandergefalteten Schmuckschleifen, deren Enden über dem Rücken hängen. Da die katholische Bäuerin ihr spitzes Häubchen hoch über dem Scheitel trägt, so stehen die Schmuckschleifen radartig um den Kopf; die Evangelische dagegen zieht ihre breitere Haube über den tief im Nacken sitzenden Haarknoten, so daß die Schmuckschleife in Höhe der Ohren, oft auch tiefer ansetzt und zuweilen von vorn gar nicht zu sehen ist. Während die katholische Haube noch die charakteristischen Backenlaschen besitzt, hat die evangelische nur Backenbänder, die jedoch von den eigentlichen Bindebändern durch eine Naht getrennt sind.

Auch der Bauer im Ries bewahrte sich manches Stück der Tracht, obgleich die roten Westen mit den Zinn-Kugelknöpfen durch dunkle ersetzt sind. Neben der kurzen Jacke (Janker) blieb für den Festtag der lange schwarze Kirchenrock, während am Werktag der Blaukittel mit den benähten Achselstücken noch allerorten zu finden ist. Eigentümlich für den Rieser Bauern sind die bis übers Knie reichenden Schaftstiefeln und vor allem die originelle Zipfelkappe, eine feste Deckelmütze mit seitlich herabhängender langer Schnurfranse. Auch sein Hut unterscheidet sich von den weichen, breitkrempigen Bauernhüten, denen wir sonst in Oberdeutschland begegnen, er ist steif und hat schmale Krempe (siehe Altenburg).[586]

Über dieses Buch kam es zu einer Auseinandersetzung. Karl Spieß gesteht der Autorin in seiner Rezension[587] zu, das Wesentliche und nicht immer leicht erkennbare Zusammenhänge gut beobachtet zu haben. Aber er wirft ihr neben Flüchtigkeitsfehlern und Nachlässigkeiten vor, Einzelheiten, die ihr besonders aufgefallen waren, herausgegriffen zu haben und bisweilen sogar auf längst abgegangene Trachten eingegangen zu sein.[588] Für Franken konnte Armin Griebel „wenigstens 7 von 16 Abbildungen als Photographien von Trachtenfest-Akteuren identifizieren."[589] Die Herkunft der Rieser Fotografien ließ sich bisher nicht klären.

[586] Julien: Die deutschen Volkstrachten, S. 30-32.

[587] Zeitschrift für Volkskunde 23 (1913), S. 203-205.

[588] In einer „Erklärung", die im gleichen Jahrgang der Zeitschrift abgedruckt ist, beruft sich Rose Julien auf W. H. Riehls wissenschaftliche Autorität und geht auf einzelne Vorwürfe ein (S. 437 f.). Auf diese Entgegnung hält Spieß (S. 439 f.) ihr vor, keineswegs alle Vorwürfe ausgeräumt zu haben, nicht nach wissenschaftlichen Grundsätzen gearbeitet und ihre Publikation nicht methodisch angelegt zu haben.

[589] Griebel: Tracht und Folklorismus, S. 9, Fußnote 7.

Georg Mader aus Mödishofen betont 1914 einen Unterschied zwischen der Rieser und der schwäbischen Tracht:

Die Rieser Bauerntracht unterscheidet sich auch heute noch von der andren üblichen schwäbischen Tracht. Bei den Männern nimmt man am Werktage noch allgemein das blaue Blusenhemd mit dem weiß oder rotbenähten Achselstück wahr, das am Sonntage dem dunklen langen Kirchenrocke weicht. Im übrigen sieht der Bauersmann mit der seltsamen Troddelmütze oder dem steifen niedrigen Hute, mit den weitheraufreichenden Schaftstiefeln und den gewölbten Silberknöpfen (sog. Kesseltalern) über der Brust noch eigenartig und altväterisch-behäbig genug aus. Nicht minder originell muten die Rieserinnen an, die die sog. flammeten Röcke lieben und je nach katholischer oder protestantischer Konfession auch verschiedene Kleidung tragen. Bei den ersteren sieht man ein schmales spitzes Häubchen mit breiten, hinten hinabwallenden Bändeln hoch über den Scheitel aufragen, bei den letzteren ist das Häubchen breiter und sitzt bescheiden auf dem Haarknoten hinterwärts im Genick. So sind sie schon von der Ferne an ihrer Tracht erkenntlich.[590]

Typisch für die Frauenkleidung sind für Mader die *flammeten Röcke*, also die Wolkenröcke. Als Unterschied zwischen den Konfessionen nennt er nur die verschiedenen Hauben. Er bringt in seiner sehr unspezifischen Beschreibung einen neuen Ausdruck, nämlich *Kesseltaler* für die Knöpfe.

Sehr viel intensiver widmet sich ein Aufsatz des Nördlinger Stadtarchivars und Gymnasialprofessors **Ludwig Mußgnug**[591] 1924 dem Thema *Die Tracht des Rieses*. Mußgnug war nebenbei für das Museum zuständig und gründete 1911 den Historischen Verein für Nördlingen und Umgebung. Er sieht das Ries als Trachteninsel, als Reliktgebiet inmitten einer Region ohne Trachten. Das Tragen von Trachten sei zumindest teilweise noch allgemein üblich und nicht nur auf die alten Leute beschränkt, auch wenn die Kleidung immer städtischer würde. Mußgnug akzeptiert den Wandel der Bekleidung, der seit Melchior Meyrs Beschreibung der *vollen alten Tracht* vor fünfzig Jahren (eigentlich waren es sechzig Jahre) eingetreten sei. Verantwortlich dafür macht Mußgnug die Mode, die Bequemlichkeit und die niedrigen Preise der Fabrikware – die gleichen Faktoren, die bereits 1850 genannt wurden. Er deutet an, daß beim Oktoberfestzug 1910 Teilnehmer aus anderen Gegenden eine nicht mehr gebräuchliche Kleidung getragen hätten, während die der Rieser immerhin überwiegend der Wirklichkeit entsprochen habe.

Mußgnug unterscheidet bei den Männern die Kleidung zur Arbeit und für Unternehmungen am Sonntagnachmittag von der Festtagstracht für den Kirchgang und zu feierlichen Gelegenheiten. Die Otterfellmütze und der Dreispitz seien fast überall ganz verschwunden. Die Frauenkleidung sieht Mußgnug in Stoff, Form und Farbe sehr differenziert nach den verschiedenen Gelegenheiten, weswegen er seine Beschreibungen auf die Grundelemente beschränkt. Er erwähnt zwei Haubenarten, die evangelische Bänderhaube und die Reginahaube, die er nicht eindeutig als katholisch bezeichnet. Er geht auf die Vorliebe für dunkle Haare ein, sowie auf früher übliche Objekte, nämlich den *Donaukretzen*, die Hefeflasche und den *Bauscht*, das Kopfpolster. Als konfessionelle Unterscheidungsmerkmale nennt er die Farben. Wie bereits Hübler 1901 berichtet auch Mußgnug von den Zusammenkünften der jungen Männer auf dem Nördlinger Marktplatz am Sonntagnachmittag.

590 Mader: Von schwäbischer Volkstracht, hier S. 27.

591 Zu Carl Christoph Ludwig Mußgnug s. Voges, in: Rieser Biographien, S. 273 f.

Mußgnug äußert 1924 die Hoffnung, der Rieser Volkstrachtenverein möge *die Reste der alten Schönheit und Gediegenheit* vor dem Verschwinden retten. Dieser Satz fehlt 1921, als der Aufsatz in fast gleichem Wortlaut in der Zeitschrift „Bayerland" abgedruckt wurde, da die Rieser Trachtenvereine in diesen Jahren erst gegründet wurden.

Im Text von 1921 sind vier Fotos bzw. Postkarten abgebildet. Links stehen zwei Burschen vor einem Nördlinger Stadttor. Die beiden stellen die Grundvarianten der damals beschriebenen Tracht dar: Der eine in Blauhemd, dunklen Strümpfen, Schuhen und mit Hefeflasche, der andere in Weste, Jacke, Stiefeln und mit einer Pfeife. Beide tragen Troddelkappen. An dieser Aufnahme orientiert sich der Stich, der später die Schilderung Lämmerers illustrierte.

In der Mitte ist eine einzelne, offenbar evangelische Frau in seitlicher Ansicht zu sehen. Auch sie entspricht im Wolkenrock mit Schürze, gemustertem Spenzer, mit Bänderhaube, Halstuch und Armhenkelkorb dem üblichen Bild.

Unten ist ein evangelisches Paar zu sehen, das im Text von 1924 ebenfalls abgebildet ist. Die Frau trägt einen Wolkenrock, eine mit Borten besetzte Schürze, einen einfarbigen Kittel und eine Bänderhaube. Der Mann ist dargestellt in Blauhemd, Hose, hohen Stiefeln und Troddelkappe, außerdem gehört eine Pfeife zu seiner Ausstattung. Dieses Paar erscheint – einmontiert vor einem anderen Hintergrund, nämlich dem Reimlinger Tor in Nördlingen und mit etwas mehr Abstand – auch auf einer Postkarte mit Poststempel von 1918.[592]

Zur Illustration der katholischen Tracht kommt erneut die Aufnahme des Paares vom 1891er Festzug zum Einsatz, die bereits 1901 bei Hübler abgebildet war und die auch als Postkarte vertrieben wurde (Abb. 37 li.). Mittlerweile waren dreißig Jahre vergangen.

Die Abbildung dieses Paares schmückt gleichfalls **Fritz Lämmerers** Beschreibung der Rieser Tracht aus, die der Herausgeber Hans Schindlmayr 1921 in das Buch „Schwäbische Heimat. Landschafts- und Lebensbilder aus Schwaben und Neuburg" aufnahm, erschienen im Verlag des Bayerischen Schulmuseums. In diesem *Heimatlesebuch* für den Schulgebrauch sind für das Ries auch Gedichte von Gottfried Jakob (1839-1908), die Charakterisierung des Rieses und seiner Bewohner sowie die Schilderung des Blickes vom Wallersteiner Felsen herunter auf das Ries von Melchior Meyr und kurze Übersichten über Nördlinger Sehenswürdigkeiten und über das Karthäusertal vertreten. Aus Hüblers Buch „Bayerisch Schwaben und Neuburg" stammen Aufsätze über die Flüsse und die landwirtschaftlichen Erzeugnisse des Rieses. Fritz Lämmerer lieferte außerdem kurze Abhandlungen über die Entstehung des Rieses sowie über Schloß und Stadt Harburg. Eingeflochten sind neben kleinen Volkssprüchen Fotos von Sehenswürdigkeiten und Trachtenträgern. Die Herkunft der Aufsätze und Fotos ist durchgehend angegeben. Die Trachtenfotos stammen aus Rose Juliens Arbeit über die Deutschen Volkstracht und aus Mußgnugs Beschreibung der Rieser Tracht im „Bayerland" von 1921. Lämmerer schreibt über *Die Rieser Tracht*:

Wenn in den Bauernburschen der Zeitgeist gefahren ist, schlupft er aus der Lederhose. Wenn dem Bauernmädel der Sinn nach der Stadt steht, verschmäht es die Bandhaube. Die alt-

[592] Voges: Nördlingen in alten Ansichten, Nr. 75.

schwäbische Rieser Tracht, wie sie Sonntags noch in der Mitte des vorigen Jahrhunderts getragen wurde, ist verschwunden. Der schwarze Barchentkittel mit den fast bis zu den Fersen reichenden Flügeln, die rote Weste, der Schaufelhut, die Otterfellmütze der Männer werden höchstens noch von städtischen Anverwandten bei Fastnachtsscherzen geschätzt. Die einstige Frauentracht, als wie die roten Leinenröcke mit buntem Aufdruck, die farbigen Mieder mit Hüftenkragen und herzförmigem Kopfschluß, die buntseidenen Goller, die goldverbrämte Reginahaube, sie ruht in der Truhe.

Namentlich der katholische Rieser hat das Eigenkleid fast gänzlich beiseite gelegt. Er trägt unter der Nase einen Schnurrbart und steckt die Beine in lange Hosenröhren, wie Hinz und Kunz auch.

Die katholische Rieserin kleidet sich nicht gerade „rein städtisch“, aber doch nach städtischer Weise, im allgemeinen aber farbenfroher wie die evangelische. Nur als Festschmuck setzt die katholische Rieserin noch die „Bändelkappe“ auf. Ihre Bandhaube ist ein gewölbtes, spitzes Häubchen mit kleinem dreieckigem, besticktem Haubenfleck, dem „Bödele“, und durchgesteppten Backenlaschen. Da die katholische Rieserin ihr Häubchen hoch überm Scheitel trägt zum Unterschied von der evangelischen, deren etwas breitere Haube über den tief im Nacken geschlungenen Haarknoten sitzt, so stehen die seidenen Schmuckschleifen ihrer Haube radartig um den Kopf. Bei der Haube der evangelischen Rieserin setzt die Schmuckschleife erst in der Höhe der Ohren an. Auch fehlen ihrer Haube die Backenlaschen; sie hat nur Backenbänder, die jedoch von den eigentlichen Bindebändern durch eine Naht getrennt sind.

Zu ihrem Kopfputz trägt die evangelische Rieserin heutzutage nur mehr selten die dunkelgefärbten Leibchen und „Spenzer“, häufig aber die eigenartigen „Wolkenröcke“ aus schwerem Wollstoff, auch „geflammte Röcke“ geheißen, deren dunkler Grund mit allerlei roten oder blauen Verzierungen gemustert ist.

Am meisten Beharrlichkeit für völkische Kleidung zeigt der evangelische Rieser. Zu diesen kernigen Bauern paßt die Tracht in ihrer schmucklosen Einfachkeit ganz trefflich. Die dunkle Gewandung unterstreicht noch das ernste Wesen dieser glattrasierten, scharfgeschnittenen Langschädel und Hakennnasen.

Des Werktags trägt der Rieser Bauer eine dunkle Weste, das „Leible“, besetzt mit Zinn- und Kugelknöpfen und zwar Knopf an Knopf in einer Reihe. Darüber streift er das sogenannte blaue Ulmer Fuhrmannshemd mit aufgenähten roten oder weißen Achselstücken. Eine schwarze, enganliegende Knielederhose, weiße oder schwarze Strümpfe, Knöchelschnürschuhe mit langen Lederzungen, die eigenartige, meist samtene Deckelmütze mit herabhängender, lange Schnurquaste vervollständigen die werktägige Gautracht des Riesers.

Am Sonntag schlingt er das schwarzseidene Halstuch unter den weißen Hemdkragen, tut die schwarze, kurze Tuchjacke, den Janker, um oder den langschößigen Kirchenrock an, zwängt seine Beine in sehr enge, noch handbreit über die Kniee reichende Schaftstiefel, setzt den steifen, niedrigen, schmalkrempigen Rundhut auf und raucht aus seiner silberbeschlagenen Maserpfeife.

Bei jungen Burschen lugen meist die silberbeschlagenen Griffe des Eßbestecks aus der Messertasche und aus dem rechtsseitigen Sackschlitz der Hirschledernen hängt der farbige Sacktuchzipfel herunter. Ich denke mir, dieser herausfordernde, bunte Wimpel – er ist der einzige

Farbfleck am ganzen Mannsbild – soll anzeigen, daß auch der etwas schwerfällige Rieser „Schneid“ hat. Gerade so wie es die Spielhahnfeder auf dem grünen Hut des beweglichen Gebirglers dem „Anderen“ zu wissen macht.[593]

Außer dem bereits erwähnten Foto des katholischen Paares ist als Abbildung die Seitenansicht einer jungen Frau verwendet; beide sind – wie die Bildunterschrift angibt – einem „Bayerland“-Heft des gleichen Jahres entnommen, nämlich der Trachtenbeschreibung L. Mußgnugs. Die katholische Tracht wird mit Ausnahme der Haube im Text nicht beschrieben, da sie nicht mehr üblich sei. Nur die evangelischen Männer würden sich althergebracht kleiden, unterschieden nach Werktag und Sonntag. Bei den evangelischen Frauen nennt Lämmerer die „Wolkenröcke“ als gebräuchlich, auf Hauben geht er nicht ein. Die alten Trachtenstücke würden nur noch als Faschingskostüme in der Stadt benützt.

1926 kleidete **Fritz Lämmerer** seine Ausführungen in eine Geschichte, den Dialog eines aus dem Ries gebürtigen Professors mit einem sehr alten Rieser Bauern. Dies ermöglicht Lämmerer die Darstellung einer älteren Kleidungsweise, die nur noch in Resten getragen wurde. Garniert ist der Text mit mundartlichen Wendungen, die nicht immer ganz korrekt sind.

Der Professor Dr. Michel Wick lebt seit vielen Jahren in Leipzig. Wenn es sich aber schickt, sucht er sein Heimatdorf im unteren Ries auf und insbesondere seines Vaters Bruder, den steinalten Vogelbauern Martin Wick. [–] Der Vogelbauer geht schon stark auf die Neunzig zu. Aber seine Augen sind noch hell und seine Ohrmuscheln rosenrot; also kann's bei ihm an einem gesunden Herz nicht fehlen.

An einem Sonntagvormittag nun sitzen der alte Vogelbauer und der Professor hinterm großen Tisch im Herrgottswinkel. Der Professor ist eben mit dem Alten aus der Kirche gekommen. Auf dem Kirchenweg hat er die älteren Männer und Frauen gemustert, auch so manchen Burschen und manches Mädle. Und er hat sich darüber gefreut, wie dem Rieser Bauernvolk so trefflich seine ernste, schmucklose Tracht stand!

Nun bringt er die Rede aufs „Eigenkleid“. Und der Alte steht dem Professor Red' und Antwort und schmaucht dabei seine silberbeschlagene Maserpfeif'. [–] „Wenns' Dich freut – warum nicht – von unserer Tracht gibt's gar viel zu erzählen,“ meint der Alte. „Also – von den Wolkenröcken willst du etwas wissen – ei wohl, die tragen noch die meisten Weibsleut', namentlich die alten!"

Dann erzählt der Alte weiter, man heiße sie auch „g'flammte Röck“. Denn der Grund des schweren Wollstoffs sei mit allerlei roten und blauen Mustern geziert. Selten sehe man noch das dunkle Leible und den Spenzer mit dem seidenen Halstuch drauf, „dem Flender“. Meistens tragen die Frauen eine schwarze Jacke, oder das ganze Kleid blau oder grün, auch grau, und darüber den halbseidenen gestickten Schurz.

„Die Bändelhaube scheinen die Frauen aber auch noch hoch in Ehren zu halten, wenn ich recht gesehen habe?“ unterbricht der Professor den Alten.

593 Lämmerer: Die Rieser Tracht, 1921. Hervorhebungen von Lämmerer (im Original gesperrt gedruckt).

„Kannst recht haben!" nickte er. „Aber ein halbes Dutzend Kappen und mehr hat keine mehr im Kasten liegen wie mein Weib selig – und jede mit anderem Bödele und anderen Bändern an die fünfzehn Ellen lang! Die Florkapp' und die Taffetkapp' zum Trauern, die Wasserkapp' zum Austrauern! Dann die goldene Haub' zu den Festtägen und die seidenblumete fürs Abendmahl!"

Tragen denn die katholischen Rieser Frauen noch die schöne Reginahaube wie zu meiner Jugendzeit?" fragt der Professor. [–] *„Arg selten, Vetter!" gibt der Alte zur Antwort. „Meinem Nachbarn, dem Kirchenbauer sein Weib – je – wenn die in d' Mess' geht – das ist ein wahrer Staat! Und sie, die alt' Sephi – die trägt auch noch ihr Seidenkleid mit den Puffärmeln! Silberkette und allerlei Zierat drauf! Um den Hals die schwere goldene Kette mit der großen Schließe! Das prangt! Und dann auf dem „Schoppel" die große Reginahaube mit dem goldenen Bödele – die Bänder so breit wie zwei Mannshänd' – weiße Strümpf'! Und alles recht hell, nicht so 'duhse'* [Fußnote: *Dunkel*] *wie's bei uns Protestantischen der Brauch ist!"*

Der Professor schiebt seine Brille zurecht und schaut von seinem Schreibbüchlein auf, in das er sich manches von den Reden des Alten aufgezeichnet hat. Während er den Bleistift frisch spitzt, sagt er: „Das 'Häs' der Mannsleut' kenne ich noch von meiner Bubenzeit her. Aber das Besondere bei der Männertracht habe ich doch zumeist vergessen in der Fremde!"

Der alte Vogelbauer stimmt zu und klagt: „Michelvetter, du bist über fünfzig! Da läßt das Gemerk freilich nach! Das geht jedem so! Ja, wenn ich's so überleg' – die katholischen Mannsleut' halten heut' nur mehr wenig auf ihre Tracht. Es ist schad' – wenn ich an den alten Zodelbauern denk' im roten Leible mit den zwei Reihen Talerknöpfen – uneben war's nicht – das muß wahr sein! Freilich, der Zodelbauer hat zu seinem roten Leible auch den rechten runden Bauch gehabt! Und sieben Schuh hoch! Das war ein „Dreischlag!" [Fußnote: *Starker Mann*]. *Dreispitz und Otterfellkapp' trägt im ganzen Ries keiner mehr. Der Weilerbauer war der letzte. Lichtmeß vor drei Jahren ist er gestorben. Ja – und was es sonst noch gibt, das will ich dir auch noch ausdeutschen. Was man so den Kirchenstaat heißt, das ist der lange schwarze Flügelrock. Davon hat man nur einen – und der langt von der Heirat bis zum Grab! Die kurz Jupp' – die knöpfelt man beleib' nicht zu – siehst's ja bei mir! Denn's schwarze Leible will man sehen lassen mit den Zinnkugelknöpfen – zähl's nur Vetter – ausgerechnet achtzehn – und Knopf an Knopf in einer Reihe – so muß es sein!"*

Warum denn gerade achtzehn Knöpfe, Vetter?" forscht der Professor, zwanzig hätten doch auch Platz?" [–] *„Ha," lacht pfiffig der Alte, „so hat der Tierarzt von Nördlingen auch einmal gefragt. Und dann hat ihm der Saurabauer zur Antwort gegeben: 'Achtzehn Knöpf? – Ja, so ist – grad so isch – damit ma' glei siehgst, daß d'Baura achtzehn Stund' schaffa im Tag – und Stadtleut', wenn's hoch kommt' – was er noch gesagt hat, kannst dir selber denken! Ich mein' halt – weil man die Knöpf' dutzendweis kauft – achtzehn sind grad' anderthalb – also stimmt's!"*

Dann erzählt der Alte noch von der „Pistolhos' " und den Rieser Schaftstiefeln. [–] *Auf die Stiefel habe er immer viel gehalten. Aber ein Pfuscher dürfte sie nicht auf den Leisten gespannt haben! In die langen Schäfte hineinschlupfen und sie noch handbreit übers Knie heraufzuziehen und fest sitzen sollen sie – wenn da der Schusterzacher bei der Arbeit ungeschickt gewesen sei wie Müllers Gaul – und der heiße Esel – ja, dann trage er lieber einen Zweizentnersack auf den Kornboden, als daß er seine Füß' in die Stiefel zwinge.*

Den Rundhut trage der Rieser am Sonntag, aber auch sobald er „über Feld" müsse, also auswärts, und dazu das blaue Staubhemd. So ein blaues Ulmer Hemd sei arg bequem bei der Arbeit. An den Handgelenken, am Hals und an den Achseln sei es außen mit weißen, innen mit roten Streifen verziert und könne also auch gewendet getragen werden. Dazu das „Batzenkäpple mit der Doll" [Fußnote: *Herabhängende Troddel*], *Bundschuh mit der Lederzung', im Sommer weiße, im Winter schwarze Wadenstrümpf' – so sei der Rieser gestellt – für die Arbeit im Feld und Stall!*

Der Professor steckt sein Aufschreibbuch in den Rucksack und sagt: „Ich dank' dir, Vetter Martin! Das war alles sehr hörenswert, was du mir heut' über die Rieser Gautracht erzählt hast.[594]

Als Illustration dient ein Stich zweier Burschen, beide mit Troddelkappe. Der eine hat zum Blauhemd Strümpfe und Schuhe mit heraushängender Zunge an; in der Hand hält er offenbar eine Hefeflasche. Der andere raucht Pfeife und trägt Weste, Jacke, eine Kniehose sowie hohe Schaftstiefel. Dieser Stich ist eindeutig nach der Fotoaufnahme ausgeführt, die 1921 im Aufsatz Mußgnugs im „Bayerland" abgedruckt ist. Auch für die Seitenansicht einer Frau mit evangelischer Bänderhaube, Schultertuch, gemustertem Oberteil, Armhenkelkorb und betontem Wolkenrock diente eine Fotografie aus diesem Aufsatz, die ebenfalls Lämmerers Aufsatz von 1921 illustriert.

In manchen Passagen kommen recht starke Anklänge an die Trachtenbeschreibungen Ludwig Ferggs von 1925-1927 zum Ausdruck, man kann annehmen, daß Lämmerer in seiner späteren Abhandlung Ferggs Text rezipiert hat.

Ludwig Fergg, Lehrer und Vorstand des Bezirkslehrervereins Oettingen[595], veröffentlichte seinen Aufsatz über „Die Rieser Tracht" zwischen 1925 und 1927 mindestens dreimal.[596] Die Texte von 1925 und 1927 sind bis auf wenige Wörter gleichlautend, der Aufsatz von 1926 ist etwas gekürzt: Die Passagen über die *schecketen* Bänderhauben und die katholische Weste fehlen ebenso wie die über den Dreispitz und die pathetischen Ausführungen über die Kirchenlieder oder die Auslassungen über die früheren Funktionen des alten Bauern mit der Otterfellmütze. Anstelle des Plädoyers für Trachtenvereine dringt Fergg, der das Verschwinden der alten Kleidungsweise mehrfach bedauert, 1926 auf die Wiederaufnahme der abgelegten katholischen Tracht. Eingefügt sind 1926 drei Sätze darüber, daß die katholischen Mädchen und Frauen sich jetzt städtisch kleideten, was ihnen aber nicht stünde.

Fergg, der ein idyllisches Bild vom Dorfleben zeichnet, beginnt mit dem Topos der Trachtenbeobachtung beim sonntäglichen Kirchgang[597] in einem protestantischen Dorf.

---

[594] Lämmerer: Die Rieser Tracht, 1926, S. 43-47.

[595] StAA, BA Nö I 885.

[596] Festschrift und Führer für die Gewerbeschau Oettingen 1925, hrsg. v. Gewerbe- und Handelsverein e.V., S. 33-36. – Hagl (Bearb.): 'In meiner Heimat'. Ein Rieser Buch für Schule und Haus, Oettingen 1926, S. 60-62. – Bayerische Wochenschrift für Heimat und Volkstum 5 (1927), Folge 2, S. 9 f.

[597] Diesen Topos verwendete 1892 der badische Pfarrer, Politiker und Schriftsteller Dr. Heinrich Hansjakob (1837-1916) in seinem Buch „Unsere Volkstrachten. Ein Wort zu ihrer Erhaltung". Er berichtet darin von einer fiktiven Begegnung 1881 mit einer Gruppe sonntäglicher Kirchgänger, darunter auch zwei Schwestern, die eine in Tracht gekleidet, die andere nach zwei Jahren Dienst in der Stadt krank und ein *maskiertes Bauernmädchen in seiner Modetracht.* (Nach Höflein: Ländliche Tracht, v.a. S. 231-235.)

Er konstruiert dazu ein Gespräch mit einem Bauern als kompetentem Gewährsmann. Varianten bzw. veraltete Stücke der Tracht zeigt er auf, indem er eine Szene am Sonntagnachmittag im Wirtshaus spielen läßt, wo er einen Mühlstangenreiter in aktueller Tracht und einen achtzigjährigen Bauern in einer altmodischen Kleidungsweise auftreten läßt. Nur hier wird ganz versteckt ein Hinweis gegeben auf eine Veränderung der Tracht. Kurz spricht er noch die Männerkleidung zur Feldarbeit und fürs Wirtshaus am Feierabend an. Die nichtbäuerlichen Dorfbewohner wie Handwerker, von denen es bereits Mitte des 19. Jahrhunderts hieß, sie würden keine Tracht tragen, ignoriert Fergg völlig. Unmotiviert wechselt er vom Präsens in die Vergangenheitsform und wieder zurück in die Gegenwart. Anstelle des Begriffs *Bendelhaube*, der an die Rieser Mundart angelehnt ist, verwendet er in dem Absatz, der 1926 fehlt, den Ausdruck *Bandelhaube*, der in der Rieser Mundart nicht vorkommt, ebenso wenig wie *Tücherl.* Für die Kappe mit der seitlich herabhängenden Quaste bringt Fergg, ebenso wie Lämmerer, einen neuen Ausdruck: *Batzenkäpple.*

1925 und 1927 ist jeweils das gleiche Foto eines Trachtenpaares zur Illustration mitabgedruckt (Abb. 40). 1925 schreibt Fergg, bevor er mit der Trachtenschilderung beginnt, dazu:

Unsere Festschrift enthält ein reizendes Trachtenbild, einen Rieser Bauern und seine Bäuerin, wie sie eben zur Stadt gehen, die Bäuerin, um in ihrem, von den Vätern ererbten eindeckeligen Marktkorb allerhand Ware zu verstauen, der Bauer mit seinem Zinngefäß will Weißbierhefe mit heimnehmen, man hat ziemlich Dienstboten und da muß man einen halben Ofen voll Nudeln und Blaatz backen; denn die mögen was. So ein hübsches Bild mutet ungemein an; es spricht etwas Biederes, Bodenständiges, Frisches daraus. Blättern wir in unseren illustrierten Unterhaltungsblättern, so werden wir kaum eines aus der Hand legen, in dem nicht Trachtentypen aus verschiedenen Gegenden unseres Vaterlandes zu sehen sind. Nicht bloß jeder kleine Staat, fast jede abgeschlossene Landschaft hat ihre eigene Tracht – so auch das Ries.[598]

Ganz anders das klingt 1927 in der Unterschrift zum selben Foto. Es handelt sich nämlich nicht um einen *Rieser Bauern und seine Bäuerin, wie sie eben zur Stadt gehen*, sondern um den *1. Vorstand Emil Strehle mit Frau vom Volkstracht-Erhaltungsverein 'D' Riaser' – Öttingen, dessen Verein es sich zur Aufgabe gemacht hat, die Rieser Volkstracht zu hegen und zu pflegen.*[599] Emil Strehle war Schreinermeister in Wallerstein.[600] Das Foto wurde seit damals vielfach als Beleg für getragene Tracht veröffentlicht, z.B. mit der Unterschrift *Rieser Trachtenpaar*[601].

---

598 Fergg: Die Rieser Tracht, 1925, S. 33.
599 Fergg: Die Rieser Tracht, 1927, S. 9.
600 Auskunft des Heimatmuseums Oettingen. Das Foto wurde im Mai 1925 vom Oettinger Fotografen Fischer aufgenommen (Heimatmuseum Oettingen, Slg. Fischer).
601 Völkl/Klees (Hgg): Rieser Leben, S. 9.

Abb. 40: Emil Strehle, 1. Vorsitzender des Volkstracht-Erhaltungsvereins „D'Riaser" Oettingen, mit seiner Frau, Mai 1925.

Für das um 1930 erschienene Buch „Mittel- und Nordschwaben" verfaßte Hauptlehrer **Niederwieser** aus Augsburg das Kapitel „Die Rieser Tracht". Er beginnt dabei mit einem Abschnitt über das Rieser Haus, wobei er Gruhlers idyllische Beschreibung von 1909 wörtlich übernimmt, ohne dies anzugeben.[602] Für die Kleidung hält er sich dann im wesentlichen an die Beschreibung Ferggs von 1926, läßt aber die allzu pathetischen Ausdrücke Ferggs und das Gespräch mit dem Bauern weg. Auch der Hinweis auf die für ein Bauernmädchen unkleidsame städtische Mode fehlt. Den Aufruf, die abgelegten Trachten wieder hervorzuholen, behält Niederwieser aber bei. Sogar den Bildkommentar über das Bauernpaar, das mit dem Marktkorb und der Zinnflasche in die Stadt geht, integriert Niederwieser.

Sowohl Fergg als auch Niederwieser beziehen sich auf die Schönheit der Rieser Tracht, was ihnen Grund genug ist, engagiert für ein Beibehalten der evangelischen und für eine Renaissance der katholischen Tracht einzutreten. Niederwieser zielt verstärkt auf die Glorifizierung der Heimat ab, wenn sein Schlußsatz lautet *Ja, bewahret sie die Heimattracht, das Heimatlied, die Heimatsprache, die Heimatsitte, dann nur bleibt auch wahre Heimatliebe, schönster Heimatfriede und echtes Heimatglück!*[603] Die Substantive sind – mit Ausnahme des „Heimatfriedens" – gesperrt gedruckt.

Der Volkskundler und Kunsthistoriker **Dr. Rudolf Helm**, der von 1929 bis 1938 im Germanischen Nationalmuseum Nürnberg tätig war und dort u.a. eine Trachtensammlung bearbeitete[604], griff 1934 wieder die Marktsituation auf, um die Männerkleidung im Ries zu skizzieren, das er als Trachtenreliktgebiet sah:

Eine der wenigen Gegenden Deutschland, in denen noch Männertrachten im Gebrauch sind, ist das Ries. ... Man sieht die Riesbauern häufig auf dem Nördlinger Markt. Sie passen gut zu dieser trotzigen Stadt, aus deren kühl abweisenden Wehrbauten noch heute ein harter, kampfbereiter Geist spricht; ein gleich entschlossener, fest auf Vorteil und Abwehr gerichteter Wille steht in den Gesichtern der Bauern geschrieben, die groß, breitschultrig und selbstbewußt, gleichsam einen leeren Raum um sich verbreitend, durch die Straßen gehen. Die gewöhnliche Marktkleidung ist der blaue, weiß bestickte Kittel, der über die kurze Jacke gezogen wird, schwarze halblange Lederhosen und hohe Stulpstiefel aus sehr schmiegsamem Leder. Der Gegensatz dieser engen Stiefel, die dem Bein anliegen wie Strümpfe, zu dem massigen, breitfallenden und weitärmeligen Kittel läßt die Gestalten noch wuchtiger und größer erscheinen. Wenn er über Land geht, trägt der Bauer einen niedrigen steifen Filzhut; im Dorf eine flache Mütze, eine Art Barett, von der seitlich eine flachgeflochtene Troddel aus gedrehten Schnüren herabhängt. Das Gesicht ist rasiert.

---

[602] *Schmucke, steinerne Häuser in reinlichem Weiß gehalten, mit rotem Ziegeldach zieren die Landschaft. Einstockig fast durchweg sind die langgestreckten Häuser der Bauern, denn der Wind im Ries ist stark und häufig. Rings um Haus und Hofraum liebt der Rieser eine Mauer oder wenigstens einen Zaun. Innerhalb dieser Einfriedung herrscht fast überall peinliche Sauberkeit, besonders in Stube und Küche. In der Stube ist durch Bretterwand mit Staketenverzierung ein Kabinett abgeteilt, es heißt die Kanzlei. Drinn steht das Kanapee, auf das sich der Bauer am Feierabend oder am Sonntag nach dem Mittagessen legt.* (Gruhler: Nördlingen und das Ries, S. 61 f.)

[603] Mittel- und Nordschwaben, S. 848.

[604] Alzheimer: Volkskunde in Bayern, S. 107 f.

Die bequemen blauen Kittel werden gern zur Arbeit getragen. Sie sind heute fertig im Laden zu kaufen, im alten Schnitt und aus guter kräftiger Leinwand. Nur die Schulterverzierung ist gänzlich entartet, die gute Handarbeit ist verdrängt durch eine formlose und lieblose Maschinenstickerei. ...

Die Männertracht besteht nur in den protestantischen Dörfern im Ries und auf den Randhöhen des Härtfeldes. Die Frauentracht ist unscheinbar. Die weibliche Handarbeit und Handfertigkeit ist verschwunden; damit hängt natürlich auch der Verfall der Schulterstickerei auf den Männerkitteln zusammen. Auch in den katholischen Ortschaften ist die Frauentracht größtenteils städtisch, nur an hohen Feiertagen wird eine Haube mit mächtigen Flügelbändern getragen.[605]

Als Illustrationen sind mehrere Fotos eingefügt: Das seitliche Brustbild einer Frau mit Flügelhaube: *Katholische Bäuerin aus Maihingen im Ries mit der Bändelkappe, die heute noch (1934) an besonderen Kirchenfesten zu einem schwarzen, schon städtischen Kleid und einer Trachtenschürze getragen wird.* Drei Abbildungen, alle aus Forheim im südlichen Ries, widmen sich dem Blauhemd: *Schwäbischer Bauer aus Forheim im Ries in besticktem blauem Leinenkittel und flachem Filzhut* bzw. *Schwäbischer Bauer aus Forheim im Ries (Bayern). Die Stickereien auf dem blauen Leinenkittel sind heute allgemein in Maschinenstickerei.* Ganz deutlich ist die Quaste der Troddelkappe zu sehen. *Schwäbische Bauern aus Forheim im Ries auf Kirchwacht. Nach alter Sitte schreiten sie mit Hellebarden durch das Dorf, wenn am Sonntag die Gemeinde in der Kirche ist.*

Helm, der offenbar der Ideologie von selbstgefertigter Tracht anhängt, macht den Mangel an weiblichen Handarbeiten und Handfertigkeit verantwortlich für die in seinen Augen unscheinbare Frauentracht und die Maschinenstickerei an den Blauhemden. Während fast alle anderen Autoren das Schwergewicht auf die Frauentracht legten, ist Helm diese zu unscheinbar, als daß er sich mit ihr abgeben würde. Als einziges Element der Frauenkleidung führt er die katholische Flügelhaube an hohen Feiertagen an. Es verwundert Helm anscheinend, daß auch die Katholikinnen sich städtisch kleideten, während aus den anderen Darstellungen hervorgeht, daß sie die Tracht früher als die Protestantinnen abgelegt hatten.

Helm beschreibt ausschließlich die Männertracht, die nur in den protestantischen Dörfern des Rieses und des angrenzenden Härtsfeldes bestehe. Er unterscheidet zwei verschiedene Anlässe, zu denen die Troddelkappe bzw. der niedrige steife Hut getragen werde. Die katholische Kleidung ignoriert er.

Eine sehr ausführliche Beschreibung lieferte 1936 **Leonhard Simon**:

Das zähe Festhalten an Brauchtum und Sitte äußert sich im Riese auch darin, daß noch ein verhältnismäßig hoher Hundertsatz der Bevölkerung die Tracht trägt. Besonders in den größeren Gemeinden des mittleren und unteren, also des südlichen Rieses ist die Tracht noch lebendig. Im nördlichen Teil des Gebietes dagegen ist die Männertracht heute schon fast völlig verschwunden. Aber auch im mittleren und südlichen Ries werden die Trachtenträger von Jahr

[605] Retzlaff (Hg.): Deutsche Bauerntrachten. S. 155-158. Retzlaff selbst verwendet in seinem Buch „Deutsche Trachten“, das 1936 in der Reihe der Blauen Bücher erschien, zwei Schäferfotos mit Blauhemden als Repräsentanten des Rieses. Für die anderen deutschen Regionen wurden überwiegend Frauen in Tracht abgebildet.

zu Jahr weniger. Männer die heute noch in Tracht gehen, sind fast immer selbständig wirtschaftende Bauern und haben das 40. Lebensjahr schon überschritten. Die meisten der jungen Burschen haben nie eine Tracht getragen. Doch gibt es auch rühmliche Ausnahmen: es mögen im ganzen Ries etwa dreißig ledige Burschen sein, die heute noch die Tracht ihrer Väter in Ehren halten und stolz darauf sind, sich als Rieser Bauern kleiden zu können. Und es ist erfreulich, feststellen zu können, daß da und dort ein Jungbauer, der bisher nie in Tracht ging, beginnt zunächst zu bestimmten Gelegenheiten die Tracht anzuziehen. Merkwürdig berührt es, daß heute die Männertracht fast ausschließlich von evangelischen Bauern getragen wird, während insgesamt kaum mehr als ein Dutzend katholischer Männer an ihr festhält. Die Bauersfrau ist auch im Riese in besonderem Maße die Hüterin heimischer Sitte geblieben und so hat sich auch die Frauentracht allerorts mehr erhalten, wie jene der Männer. In letzter Zeit über die heutige Verbreitung der Rieser Tracht durchgeführte Erhebungen haben ergeben, daß in den evangelischen Gemeinden des südlichen und mittleren Rieses sich noch 15 - 25 v. H. der Gesamtbevölkerung, also einschließlich der Kinder und einschließlich der nicht landwirtschaftlichen Bevölkerung, in die Tracht kleiden. Von diesem Gesamthundertsatz der Trachtenträger sind etwa ein Viertel Männer und drei Viertel Frauen.

Eine durch den Gemeinschaftssinn der Bevölkerung bedingte Tracht, und das ist jede Volkstracht, ist bei aller Gleichmäßigkeit doch nie schablonenhaft gleich. Sie muß, soll sie nicht langweilig werden und dann absterben, lebendig sein, d. h. sie kann nie bis auf die kleinsten Kleinigkeiten gleich sein, sondern muß einerseits dem eigenen Gestaltungswillen des sie anfertigenden Handwerkers Bewegungsfreiheit ermöglichen und muß auch andererseits den individuellen Neigungen des Trägers, seinem Geltungsbedürfnis und Schönheitssinn Raum zur Entfaltung gewähren. Aber diese besonderen Liebhabereien des Einzelmenschen, die sich in seiner persönlichen Tracht zu erkennen geben, fallen nie aus dem durch Stammes- und Landschaftszugehörigkeit gegebenen Rahmen heraus und bei festlichen oder feierlichen Anlässen haben auch weniger auffallende Eigenwilligkeiten in der Tracht keine Berechtigung. Bei Familienfesten oder an hohen kirchlichen Feiertagen ist der Rahmen des durch Sitte und Brauch Erlaubten besonders eng gesteckt. Und dann ist die Tracht auch nicht gleichbleibend, sondern im Laufe der Zeit mehr oder weniger umfangreichen Veränderungen unterworfen. Die Jugend nimmt neuere Eigenheiten der Tracht auf und behält sie auch späterhin bei, während sie von der älteren Generation nicht übernommen werden. Es bestehen also Trachten neuerer und älterer Mode nebeneinander. Die Rieser Tracht, wie sie Melchior Meyr in seiner „Ethnographie des Rieses“ schildert, ist in vielen Stücken grundverschieden von der heutigen. So ist beispielsweise der Sommerhut der Rieserin und der „Dreispitz“ des Bauern völlig, die Otterfellkappe fast völlig verschwunden. An ihre Stelle ist das Kopftuch, das niedere steife Hütlein und die Troddelkappe getreten. Und das weite blaue Staubhemd, das Melchior Meyr kaum kannte, bildet heute ein besonders kennzeichnendes Stück der Rieser Tracht.

Eine „vorschriftsmäßige“ Tracht gibt es also nicht und alle Vorschriften in Bezug auf das Tragen einer bestimmten Tracht, wie sie manchmal von „Volkstrachtenerhaltungsvereinen“ aufzustellen versucht werden, können höchstens eine Vereinstracht schaffen und erhalten, nie aber eine Volkstracht. Sie würden höchstens zur Erstarrung der Tracht und damit zu ihrem Verschwinden führen. Grundsätzlich ist beim männlichen wie beim weiblichen Geschlecht zwischen der Festtracht und der Arbeitstracht zu unterscheiden; denn Brauchtum und Sitte erfordern es, sich bei dieser Gelegenheit so, aus anderem Anlaß wieder anders zu kleiden.

Der Rieser trägt die kurze unter dem Knie gebundene Hirschlederhose, deren tiefes Schwarz durch die aus dünnen weißen Garnfäden kunstvoll ausgeführte Steppstickerei um Hosenlatz und Taschen belebt wird und aus deren einer Tasche lustig ein gelber oder roter Taschentuchzipfel herauslugt. In den heißen Sommermonaten wird die Lederhose heute gerne zu schwerer Arbeit durch eine leichte, einfacher gehaltene Stoffhose von gleichem Schnitt ersetzt, die den vom gesundheitlichen Standpunkt aus zu stellenden Anforderungen völlig entspricht, ohne den durch Brauchtum und Sitte gebildeten Rahmen zu durchbrechen. Die Hosenträger werden noch heute vielfach von breiten Leinengurten gebildet, die mit Blumenmustern von bunter Wolle bestickt sind und die Anfangsbuchstaben des Namens tragen. Darüber wird das „Loible" getragen aus dunklem Samt, der häufig „gestupft" ist, d. h. kleine kaum stecknadelgroße Tupfen von lila, blauer oder grüner Farbe zeigt. Dies Loible wird vorne in der Mitte mit einer dichten Reihe von Knöpfen verschlossen, die je nachdem, zu welchen Anlässen das Kleidungsstück getragen werden soll, aus verschiedenem Material von verschiedener Form und Farbe sind und zumeist nicht alle zugeknöpft werden. Am prunkvollsten sieht es aus, wenn es mit etwa zwei Zentimeter im Durchmesser haltenden, halbkugeligen Silberknöpfen mit oben eingeprägtem Blumenornament besetzt ist. Bei tiefer Trauer jedoch wird das Loible ganz schwarz getragen und zum Verschließen dienen nun ganz dunkel gehaltene, flache, mit dünnem Garn übersponnene Knöpfe. An die Stelle des Sammetleibchens ist heute schon vielfach eine schwarze, hochgeschlossene Tuchweste mit einer erheblich geringeren Zahl von schwarzen Knöpfen getreten, die schon allmählich zu einem mehr städtischen Stil der Tracht überleitet. Über dem Loible ist für gewöhnlich der weiche am Hemd angenähte Leinenumlegekragen zu sehen, um den ein dunkel gehaltenes buntseidenes Halstüchlein zu einer Masche gebunden ist. Kragen und Halstuch werden aus besonderem Anlaß, z.B. bei Trauer, durch eine schwarze Binde verhüllt. Zur Festtracht gehört nun ein bis unterhalb die Knie reichender schwarzer Rock mit langen Schößen, der heute auch schon oft durch einen Überzieher oder Mantel ersetzt wird. Bei weniger feierlichen Anlässen wird der lange Rock mit einer schon mehr nach städtischem Schnitt gearbeiteten Jacke vertauscht. Die früher besonders am Sonntag Nachmittag viel getragene nur bis zu den Hüften reichende schwarze Jacke mit zwei Knopfreihen ist fast verschwunden. Zur Festtracht werden stets die langen, bis weit über die Knie reichenden Stiefel und das niedrige steife Hütchen getragen, die beide ein besonderes Merkmal der Rieser Tracht bilden. ...

Die Arbeitstracht unterscheidet sich von der Festtracht vor allem dadurch, daß statt des langen Rockes das blauleinene Staubhemd übergestreift wird, das an den Schultern, am Halsausschnitt und den Ärmelbündchen mit weißer Stickerei verziert ist. Die schweren Stiefel werden bei nicht zu schlechtem Wetter mit leichteren, aber sehr kräftig gearbeiteten schwarzen Halbschuhen vertauscht, zu denen früher weiße, heute fast ausschließlich schwarze, handgestrickte Strümpfe getragen werden. Diese Strümpfe sind je nach der Handfertigkeit der Bäuerin mit häufig sehr kunstvollen Strickmustern verziert. „Zöpflesstrümpfe" mit Flechtwerkmustern sind besonders beliebt. Um einen vorzeitigen Verschleiß vorzubeugen, werden Sohlen und Fersen der Strümpfe mit Leinen oder Baumwollstoff besetzt. Im Dorf oder auf dem Felde trägt man zum Staubhemd zumeist eine runde schwarze Samtkappe mit rechts seitwärts herabfallender bis zu dreißig Zentimeter langer Troddel aus gedrehten Schnüren. Zum Gang „über Land", also zum Markt oder in ein weiter entfernt gelegenes Dorf ist stets der steife Hut üblich.

Die evangelische Rieser Bäuerin trägt werktags einen dunklen weiten Tuchrock mit meist angenähtem eng anliegendem Leibchen und dunkle Umbindeschürze. Die ebenfalls dunkle, größtenteils grauschwarze Jacke reicht wenig über den Schürzenbund nach abwärts und wird im Gegensatz zum benachbarten Mittelfranken nicht durch die Schürze festgebunden. Schürze, Rock und Ärmelbündchen sind mitunter mit mehreren dunklen, gut fingerbreiten Tuchstreifen verziert. Vervollständigt wird die Werktagstracht durch einfache Halbschuhe und ein grauschwarzes, geblumtes Kopftuch, das im allgemeinen unter dem Kinn, im Sommer auch am Hinterkopf gebunden wird. Bei Trauer sind alle Kleidungsstücke schwarz gehalten.

An kirchlichen Feiertagen zeigt sich die Rieserin in einem einfarbigen dunklem Kleid. Je nachdem, bei welchen Gelegenheiten es getragen wird, ist es ganz schwarz, dunkelgrün, dunkelblau oder dunkelbraun. Der Schnitt des Feiertagskleides ist häufig schon stark durch die Stadt beeinflußt. Über das Kleid wird stets noch eine Schürze vorgebunden, die ebenfalls recht dunkel gehalten, häufig aber durch aufgestickte Blumen usw. belebt ist. Im südwestlichen Riesrandgebiet bindet die Bäuerin über das Kleid um den Hals noch vielfach einen breiten buntbestickten, weißen Schlips. Früher wurde an gewöhnlichen Sonntagen oder zum Tanz auch der „Wolkenrock" getragen, ein rötlich- oder blaulilafarbener Lodenrock mit großen dunklen Mustern und ein dunkler Kittel. Heute ist der Wolkenrock fast verschwunden.

Das eigenartigste Stück der Rieser Frauentracht aber ist die Bändelkappe, kurzweg die „Kapp" genannt. Gerade in bezug auf diese Bänderhaube weicht die Festtracht der evangelischen Rieserin von jener der katholischen Bäuerin ab. Die Haube der Protestanten, von der hier zunächst die Rede sein soll, ist kaum größer als eine geballte Faust und wird ganz am Hinterkopfe, fast im Nacken, getragen. Sie ist aus 10 - 15 Zentimetern breiten, schwarzen Bändern, meist verschieden „geblumten" oder „gewässerten" Atlasbändern, für tiefste Trauer aus Florbändern gearbeitet und hat ein nur kleines, nach oben spitz zulaufendes „Bödele", das zum Teil mit schwarzen Glasperlen oder mit silber- oder goldglänzenden Metallperlen besetzt ist. Je nach der Art der aufgenähten Perlen wird die Haube als die „schwarze", die „scheckige", „silberne" oder „goldene" Kapp bezeichnet. Von der eigentlichen Haube aus fallen im Rücken bis über die Hüften zwei lange Bandschleifen herab, während über die Brust ebensoweit zwei Bandenden nach abwärts reichen, auf deren jedes wieder je ein zusammengeschlagenes Bandstück mit beiden Enden an derselben Stelle angenäht ist. Zur Anfertigung einer solchen Haube braucht die Kappennäherin etwa 15 Ellen Atlasband, so daß die fertige Haube etwa 30 - 40 Reichsmark kostet. Nun reicht die Bäuerin aber nicht mit einer Haube aus [sic!]*, sondern sie braucht mindestens eine „Bodderkapp" mit Glasperlen im Bödele, eine „scheckige Kapp", eine „Bloamakapp" mit geblumten Bändern und eine „Florkapp" für die tiefste Trauer. „Große", d. h. reiche Bäuerinnen besitzen aber von den meist getragenen zwei bis drei Stück und haben außerdem auch eine „silberne", eine „goldene" und eine „Zäckleskapp" mit schwarzem Boden und glatten ungemusterten Bändern, die an der Seite mit ganz kleinen Zacken besetzt ist. Die reiche Bäuerin verfügt damit nicht selten über ein Dutzend, ja sogar oft bis zu fünfzehn Stück Kappen, die freilich nicht alle ihr Vater zu beschaffen hatte, sondern die sie zum Teil schon von ihrer Mutter, vielleicht auch von ihrer Patin geerbt hat.*

Es ist nun nicht gleichgültig, welche Haube an einem bestimmten Tag getragen wird, sondern auch in dieser Hinsicht ist Brauch und Sitte maßgebend. Nicht selten soll es schon vorgekommen sein, daß eine durch Arbeit überlastete Bäuerin in der Eile mit einer für diesen Tag unpassenden Haube den Kirchgang angetreten hat und, nachdem sie ihren Irrtum bemerkte, wieder umgekehrt ist, um eine andere Haube aufzusetzen. ...

Die „goldene Kapp", sie hat die breitesten Bänder, ist für Hochzeiten, den Ostermontag, Pfingstmontag und den zweiten Weihnachtsfeiertag zum farbigen Kleide und farbiger Schürze üblich. Verschiedentlich setzt sie die Bäuerin auch im Sommer bei schönem Wetter zum Kirchgang am gewöhnlichem Sonntage auf. Die „silberne Kapp" ist nur für die höchsten kirchlichen Festtage, also den Christtag, den Ostersonntag, das Trinitatisfest usw. bestimmt. Zu ihr gehört ein schwarzes Kleid und schwarze Schürze. Die „scheckige Kapp", mit verschieden gewässerten oder geblumten Bändern, wird am Karfreitag, zu Himmelfahrt, zum Erntedankfest, Reformationsfest, Allerheiligen, „Obersttag" (6. Januar) usw. und außerdem zu Beerdigungen von nicht zu nahen Verwandten getragen. Bäuerinnen, die keine „silberne Kapp" haben, verwenden sie auch an ihrer Stelle. Zur „scheckigen Kapp" gehört, abgesehen von Beerdigungen, ein schwarzes Kleid mit ganz kleinen weißen Strichlein oder „Flämmchen". In der „Bloamakapp" mit schwarzen geblumten Atlasbändern und schwarzem Bödele geht die Bäuerin mit schwarzem Kleid und schwarzer seidener Schürze zum Abendmahl. Bei diesem Gang trägt sie auch die Halskette und den Trauring, der für die schwere Arbeit wieder abgelegt wird. An gewöhnlichen Sonntagen wird die „Bodderkapp" aufgesteckt und dazu ein farbiges Kleid angetan oder statt dessen der jetzt nur mehr selten anzutreffende „Wolkenrock" angezogen. Die „Florkapp" mit Florbändern ist die Trauerhaube bei der Beerdigung nächster Verwandter. Vielfach wird als Trauerhaube für die Beerdigung naher Verwandter, die aber nicht blutsverwandt sind, also für Schwager und Schwägerin, die „Zäckleskapp" verwendet, zu welcher ein schwarzer Rock, schwarzer Kittel und schwarze, glatte Schürze ohne Borten gehört. Brauchtum und Sitte erfordern es, daß auch nach dem Tode von Verwandten die verschiedenen Trauerhauben noch eine bestimmte Zeit getragen werden. …

Nun die Tracht der katholischen Rieserin! Sie ist nicht mehr so einheitlich, wie jene der evangelischen Bäuerin, wohl deshalb, weil durch Heiraten auch Bäuerinnen aus dem Donautal und der „Pfalz" ins Ries gekommen sind, die ihre eigene Tracht weitergetragen haben. Die katholische Rieserin trägt sich etwas farbenfroher wie die evangelische. Ihr Kittel ist heller gehalten, enger anliegend und am Rücken vielfach in einen Zacken auslaufend, die Ärmel sind an den Schultern etwas gepufft und im ganzen etwas enger. Auch Schürze und Kopftuch sind hell, das letztere zumeist leuchtend bunt geblumt. Das Festtagskleid hat schon mehr städtischen Schnitt. Die Bänderhaube wird oben auf dem Hinterkopf und nur noch an hohen kirchlichen Festtagen oder sonstigen Festlichkeiten, z.B. Primizfeiern usw., getragen. Im nordwestlichen Ries ist die Haube eine sogenannte Flügelhaube. Von einem kegelförmigen Rumpfstück fällt hinten rechts und links, zunächst halbkreisförmig gerafft, ein breites schwarzes „doppelt gewässertes" Band herab. Schmalere Bänder laufen seitwärts nach vorne, wo die Haube unter dem Kinn mit einer großen Schleife gebunden wird. Weniger häufig als diese Art Haube ist die Reginahaube anzutreffen, die ursprünglich nicht im Riese gebräuchlich war, sondern vom Donautal aus langsam ins Gebiet vorgedrungen ist und deshalb auch als „Donauwörther" Kappe bezeichnet wird. Sie wird mehr in den katholischen Gemeinden des Ostrieses, aber auch in Reimlingen und Deiningen von insgesamt noch etwa fünfzig Bäuerinnen nur an Festtagen getragen. Die Reginahaube ist mit ihrem diademähnlichen, mit verschlungener Goldstickerei verzierten Mittelstück die prunkvollste der im Ries zu sehenden Hauben, aber sie entspricht vielleicht am wenigsten der Rieser Eigenart. Rechts und links unterhalb der Haube werden noch je vier große silberne Schmucknadeln ins Haar gesteckt, von denen jeweils die oberste und unterste eine aus Silberblech gefertigte Rosette trägt, während die beiden mittleren Silberfiligranköpfe zeigen. Im übrigen wird zur Reginahaube auch mehr Schmuck getra-

gen als zu den anderen im Ries vorhandenen Hauben. Vor allem besitzen manche Bäuerinnen prachtvolle 5-7fache Silberketten, die so angelegt werden, daß sie weiter über den Rücken als über die Brust herabfallen.

Besonders erwähnenswert sind noch die in großer Mannigfaltigkeit gestrickten Strümpfe, unter denen wahre Meisterstücke der Strickkunst anzutreffen sind. Leider werden aber bunt gemusterte Strümpfe nur mehr selten getragen.[606]

Für seine Zeit zeigt sich Simons Text über das *Rieser Bauerntum* wenig ideologisch verbrämt, nur gelegentlich verweist er auf Stammeszugehörigkeiten und die Bindung der Bauern an die *Scholle.* Simon beginnt seinen Aufsatz mit einer Erörterung der landschaftlichen Einheit des Rieses. Als Grenzgebiet habe sich u.a. die Tracht so lange lebendig erhalten. Das Ries sei landwirtschaftlich geprägt, es gebe keine Industrie und auch keine *verderblichen Einflüsse* durch eine nahe Großstadt. Simon hält Zuzug aus anderen Gegenden oder Fremdenverkehr für schädlich. Weil großartige landschaftliche Schönheiten fehlten, würden keine Massen von Großstädtern ins Ries strömen, für die man *volkstümliche Eigenheiten* hätte aufgeben müssen. *Es ist auch nicht notwendig gewesen, Stücke wertvollen Volksgutes in den Dienst der Werbung für die Hebung des Fremdenverkehrs zu stellen.*[607] Im Ries sei ein Bauer oder Söldner noch stolz auf seinen Stand. Im weiteren geht der Landwirtschaftsrat Simon auf die Bewirtschaftungssysteme, Bräuche und magische Praktiken, Methoden des Anspanns sowie besondere bäuerliche Gerätschaften im Ries und ihre Verzierungen ein. Ausführlich widmet er sich den Rieser Tänzen. Der Text ist mit zahlreichen Fotos bebildert.

In Bezug auf die regionaltypische Kleidung spricht sich Simon im Gegensatz zu Fergg vehement gegen Volkstrachtenerhaltungsvereine aus, weil diese eine bestimmte Tracht vorschreiben würden. Er vertritt vielmehr die Ansicht, daß eine Tracht nie schablonenhaft gleich und überdies im Laufe der Zeit Veränderungen unterworfen sei. Simon geht darauf ein, wer zu seiner Zeit überhaupt Tracht trug, nämlich hauptsächlich evangelische Bauern im mittleren und südlichen Ries, die älter als vierzig Jahre waren, sowie evangelische und katholische Frauen, wobei bei letzteren sich die Tracht durch Einheiraten aus anderen Gegenden verändert habe. Simon liefert dazu in seiner fundierten Darstellung exakte Zahlen und Prozentangaben. Er legt in seiner differenzierten, neutralen Sicht auch Wert darauf, zu welchen Gelegenheiten man was anzog, und zeigt den Wandel in der Tracht *(Trachten neuerer und älterer Mode)* ebenso wie die Anklänge an die städtische Kleidung auf.

Eine späte, kurze Beschreibung der letzten Reste der historischen Kleidung erschien 1960 in einem „Lesebogen für die Schulen in Bayerisch-Schwaben“[608], herausgegeben im Auftrag des „Schwäbischen Heimattages“ von **Hans Eberlein**. Die Dialoge sind in Mundart wiedergegeben, in Klammern stehen die hochdeutschen „Übersetzungen“. Konstruierter Anlaß ist der Besuch eines Augsburger Jungen beim Onkel in Birkhausen:

---

606 Simon: Vom Rieser Bauerntum.

607 Ebd., S. 50.

608 „Hei, grüaß di Gott, Ländle!“, hier S. 17.

Als der Hans dann noch etwas über die Rieser Tracht wissen will, da kann ihm der Onkel keine rechte Auskunft geben. „Ja, Hans," meint er, „von d'r Riaser Tracht wurscht (wirst du) nemme (nicht mehr) viel seha. Vielleicht hoscht morga Glück d'rmit en d'r Kirch." ... Und der Hans hat Glück! Als er am Kirchweihmorgen mit dem Michelsvetter ins Amt geht, da sehen sie den alten Raffelsbauern mit seiner Bäuerin vor sich laufen. Die Raffelsbauernleute sind schon hoch in den Siebzigern und tragen beide noch die alte Tracht. Der Raffelsbauer hat heute eine schwarze Lederhose angezogen und ist in blankgewichste Stiefel geschlüpft, die bis übers Knie heraufreichen. Dazu trägt er eine dunkle Weste mit blanken Knöpfen und einen dunklen, langen Rock mit 2 Schößen, den man für einen Mantel ansehen kann. Auf dem Kopf sitzt ein niedriger Hut mit steifem, aufgebogenem, schmalem Rand. Die Bäuerin fällt dem Hansel durch ihre Kopftracht auf. Sie hat nämlich hinten am „Schoppel" eine goldene Scheibe, das „Bödele" befestigt. Von dem „Bödele" hängen zwei lange, breite, schwarze Bänder den Rücken hinunter, zwei kürzere Bänder sind links und rechts nach vorne gelegt. „Des hoißt ma" dia Bödeleshauba" flüstert der Michelsvetter seinem Besuch zu. Er weiß auch vom Vater, daß man früher an der Tracht erkennen konnte, ob Bauersleute aus einem katholischen oder evangelischen Dorfe stammten. „Wenn aber d'r Raffelsbauer en d'Stadt got (geht)", so erzählt der Michel weiter, „nocht (nachher) trägt'r a blos Hema"d (blaues Hemd). Des isch a Überhema"d über d'r Jupp (Joppe). Schtatt 'm Huat hot er a Kapp mit ar Doll (Dolde, Quaste).

Wieder wird die Tracht beim Kirchgang beobachtet, als Kirchweih ist der Anlaß noch stärker hervorgehoben. An gewöhnlichen Sonntagen scheint es ungewiß, ob jemand in Tracht erscheint. Der Einheimische weiß bloß noch aus Erzählungen des Vaters von konfessionellen Unterschieden in der Kleidung. Von der Frauenkleidung wird nur die (katholische) Reginahaube beschrieben.[609] Auf dem illustrierenden Stich ist lediglich ein dunkles Kleid mit weitem wadenlangem Rock und einer hellen Schürze zu sehen.

Trachtenpostkarten – Die Sicht von außen[610]

Außer der bereits erwähnten Schwarzweißaufnahme mit den Begleitpersonen des Möttinger Kammerwagens vom Festzug 1891[611] finden sich in den Bildermappen des Verlags Metz[612] noch weitere, farbige, Postkarten mit „Rieser Trachten". So steht ein ungewöhnliches Paar vor einem Holzzaun und einem Baum (Farbabb. 21)[613]: Der Knabe ist ausstaffiert wie ein erwachsener Mann, mit langem Gehrock, hohen Schaftstiefeln, dem kleinen Hütchen, einer Pfeife und einer schwarzen Weste mit Kugelknöpfen. Die junge Frau trägt die evangelische Bänderhaube, Rock und Oberteil aus demselben Stoff und eine bestickte Schürze. Die Karte wurde zum ersten Mal am 7. Oktober 1910 gedruckt, nachbestellt wurde sie im Dezember 1910, März 1913 und 1914, August 1916, Februar und Juni 1917.[614] Dasselbe Motiv erschien auch in anderen Farben sowie als Schwarzweißpostkarte 1919 bzw. 1916.

---

[609] In den 60er Jahren trugen alte Frauen in evangelischen Rieser Dörfern durchaus noch Bänderhauben zum Kirchgang (Erinnerung der Verfasserin).

[610] Die illustrierten Postkarten mit Motiven Rieser Tracht wären eine eigene Untersuchung wert. Hier können nur wenige Beispiele behandelt werden.

[611] Erstdruck 16.2.1909.

[612] Zum Verlag Gebr. Metz, Tübingen, s. Walter: Postkarte und Fotografie, v.a. S. 146-196.

[613] Bildermappe Nördlingen, Karten Nr. 60043, Bild Nr. 43567 (Privatbesitz).

[614] Eine Karte in Privatbesitz lief im Oktober 1917, *Verlag: Eduard Foerster, Papier- u. Schreibwarenhandlung.*

Ebenfalls am 7. Oktober 1910 wurden zwei weitere Postkarten erstmals gedruckt, beide mit dem Aufdruck „Nördlingen, Rieser Trachten". Auf der einen wurden zwei Männer vor eine Ansicht des Bergertors einmontiert, die es auch ohne die Männer gibt.[615] Der rechte Mann ist in Blauhemd und hohen Schaftstiefeln zu sehen, der linke in dunklen Strümpfen, Schuhen mit heraushängender Zunge und kurzer Jacke über schwarzer Weste. Beide tragen die Troddelkappe und – soweit zu erkennen – Kniehosen. Bei der anderen Postkarte wurden fünf Personen und ein Hund reproduktionstechnisch vor eine Hofsituation gestellt.[616] Sie sollen offenbar eine Bauernfamilie darstellen, bestehend aus dem Elternpaar und drei Söhnen. Der Mann ist bekleidet mit einem runden Hut, Blauhemd, Kniebundhosen und Schaftstiefeln. Die Frau dagegen wurde in Arbeitskleidung fotografiert: Kopftuch, Weste, hochgeschobene Hemdärmel, gemusterte Schürze. Beim kleineren Jungen mit der „Hefeflasche" in der Hand fällt die aufwendig bestickte Lederhose mit sehr weit hochgezogenem Latz auf, der von Hosenträgern gehalten wird. Die beiden anderen Knaben, die Holzrechen geschultert haben, sind mit hellblau kolorierten Latzschürzen versehen.

Die Aufnahme des kleineren Jungen wurde auch für eine Karte verwendet, die ihn auf dem Wehrgang beim Reimlinger Tor zeigt.[617] Vor einer Ansicht des Deininger Tors[618] wurden zwei Männer einmontiert, die ebenfalls auf anderen Karten auftreten: der Mann im Blauhemd aus der Karte mit der Ansicht des Bergertors und ein Knabe mit Holzrechen aus der Postkarte mit der Bauernfamilie; durch eine andere Kolorierung erscheint hier aber die Schürze verändert.

Die Aufnahmen, die als Postkarten Verwendung fanden, wurden aus dem Glasplattenarchiv und den Plattenbücher des Verlages Metz ausgewählt.[619] Aus den dreißiger Jahren befinden sich zahlreiche Aufnahmen „Rieser Bauerntrachten" darunter.[620] Unter der Bezeichnung „Möttingen Risser [sic!] Tracht" sind Fotografien vom September 1911 verzeichnet. Auf zwei leicht unterschiedlichen Aufnahmen[621] ist eine Frau vor einem Zaun mit Überstieg zu sehen. Zwei weitere Fotografien zeigen einen Jungen vor einem Zaun, beidemal mit Troddelkappe, Holzrechen und sechseckiger Zinnflasche. Einmal trägt er das Blauhemd[622], das andere Mal ist er weiß gekleidet[623].

[615] Karte Nr. 30, Bild Nr. 20797. Nachbestellungen Dezember 1910, Juli 1912, März 1914, August 1916, Februar und Juni 1917. Andere Postkarten waren weniger erfolgreich, etwa die Schwarzweißaufnahme eines Mannes, der in gezierter Haltung vor einer gemalten Kulisse posiert (Karte Nr. 47506, Bild Nr. fremd), die nur am 16. Februar 1909 bestellt wurde. Den gleichen Auftraggeber, Chr. Strauß aus Nördlingen, hatte eine Aufnahme mit fünf Knaben in Blauhemden und Troddelkappen, die wie Orgelpfeifen aufgestellt sind (Karte Nr. 73710, Bild Nr. fremd). Sie wurde nur am 31. März 1914 gedruckt. Ohne Männer: Karte Nr. 53294, Bild Nr. 21737, Erstbestellung 4. Juni 1909.

[616] Karte Nr. 60045, Bild Nr. 43568. Erstbestellung 1910, mehrfache Nachdrucke bis 1917.

[617] Karte Nr. 60315, Bild Nr. 43435. Erstdruck 10. April 1911, nachgedruckt bis Juni 1917.

[618] Karte Nr. 45, Bild Nr. 12200. Erstdruck 10. Mai 1924, Nachdruck 30.6.1925.

[619] Sie werden aufbewahrt im Haus der Geschichte Baden-Württemberg.

[620] Etwa die Nummern 30396-30402, 30404-30407, 30409, 30410 im Plattenbuch Nr. 666 Nördlingen. Die Informationen über die Glasplatten und Blaubücher im Haus der Geschichte Baden-Württemberg verdanke ich Dr. Karin Walter.

[621] Nr. 52373 und 52374.

[622] Nr. 52372.

[623] Nr. 52371.

War es Zufall, daß für die Fotoaufnahmen Möttingen gewählt wurde, das 1891 beim Festzug zum Geburtstag des Prinzregenten einen Kammerwagen und weitere Trachtträger gestellt hatte? Eher entsteht der Eindruck, daß der protestantische Ort seit damals einen Ruf als Trachtendorf hatte. Zwanzig Jahre später wurden hier Aufnahmen gemacht, nun aber nicht mit der Festzugstracht, sondern mit einer zeitgemäßeren Kleidung. Ob die Glasplatten als Postkarten zum Einsatz kamen, ist nicht geklärt. Ähnliches gilt wohl für eine Schwarzweißpostkarte „Alerheim. Alerheimer Tracht" aus dem Kunstverlag C. Wiedmayer, Ellwangen, *Spezialität: Fernrohraufnahmen u. Fotogr. Aufnahmen aus der Vogelschau für Ansichtskarten* (Abb. 41).[624] Auch Alerheim hatte eine Delegation zum Festzug nach München geschickt. Vor einer Ortsansicht ist ein Paar auf einer Anhöhe einmontiert: Ein Knabe mit Quastenkappe, Blauhemd, Kniebundhose, dunklen Strümpfen und Zungenschuhen steht neben einer Frau mit Blumensträußchen in der Hand und undeutlich zu erkennender Kleidung: evangelische Bänderhaube, Kleid (?) und Schürze.

Das Motiv Junge mit Holzrechen und Zinnflasche existiert auch in einer weiteren Variante. Als Schwarzweißdruck erscheint der Junge unter dem Titel „Nördlingen. Riesertracht" in Blauhemd, Lederkniebundhose, weißen Strümpfen, knöchelhohen Schuhen und Troddelkäppchen mit Troddel über dem rechten Ohr vor einem gemalten Hintergrund (Abb. 42). Eine vorliegende Postkarte aus der Kunstverlagsanstalt Hugo Radeck, München, wurde 1911 verschickt.[625]

Als „Rieser Volkstracht. Vater und Sohn" finden sich ein Junge und ein Erwachsener auf einer kolorierten Postkarte des Verlags Riffelmacher (Farbabb. 20).[626] Auf einer Landstraße stehen beide Figuren breitbeinig frontal zum Betrachter. Beide tragen Erwachsenenkleidung: hohe Schaftstiefel, reich bestickte Hosen, dunkle Weste mit einer Reihe heller Kugelknöpfe, Mantel und runden kleinen Hut. Der Mann ist zusätzlich mit einer Pfeife und einem Gehstock ausstaffiert. Die Aufnahme der beiden wurde auch für eine andere Postkarte[627] verwendet. In eine fotografische Ansicht des Brettermarktes und des „Daniels" in Nördlingen sind sie zusammen mit einer Frau einmontiert, die mit einer Reginahaube, einer hellen, gemusterten und mit Borten besetzten Schürze und einem hellen Halstuch mit Fransen bekleidet ist. Die restliche dunkle Kleidung ist schlecht erkennbar, in der Hand hält die Frau ein Gesangbuch. Die Frau von dieser Dreiergruppe gibt es auch einzeln auf einer kolorierten Postkarte[628] als „Rieser Volkstracht: Katholische Bäuerin". Hier erhielt sie eine gemalte Landschaftskulisse als Hintergrund (Farbabb. 23).

Eine sehr verbreitete Postkarte, die in unterschiedlichen Kolorierungen auf den Markt kam, zeigt eine Frau in evangelischer Kleidung vor einem Hintergrund in verlaufenden Farben (Farbabb. 22).[629] Auch sie steht in Frontalansicht, den linken Arm in die Seite gestemmt. Die kleine schmale Schürze mit Spitzenbesatz läßt den Blick frei auf den Wolkenrock, des-

---

[624] RBM, Inv.Nr. 10050.

[625] RBM, Inv.Nr. 4729.

[626] Schwäbisches Volkskundemuseum Oberschönenfeld. Verwandte der beiden haben sie als Vater und Sohn Wolfinger aus Merzingen identifiziert. Die Aufnahme sei ca. 1935 entstanden (frdl. Hinweis von Hartmut Steger, Wallerstein).

[627] Abgeb. in: Voges: Nördlingen in alten Ansichten, Nr. 66.

[628] Schwäbisches Volkskundemuseum Oberschönenfeld.

[629] Etwa RBM, Inv.Nr. 3118 u. 4722, oder ein Exemplar im Schwäbischen Volkskundemuseum Oberschönenfeld.

Abb. 41: „Alerheim. Alerheimer Tracht". Postkarte. Kunstverlag C. Wiedmayer, Ellwangen.

Abb. 42: „Nördlingen. Riesertracht". Postkarte. Kunstverlagsanstalt Hugo Radeck, München.

sen Musterung sehr deutlich herausgestellt ist. Über dem dunklen Oberteil liegt ein gemustertes Schultertuch mit Fransen, das durch die Bindebänder der Haube weitgehend verdeckt ist. Unter dem Rock ist ein Schnürschuh zu sehen. Die Haare sind in der Mitte gescheitelt. Am rechten Arm hängt ein sog. Donaukrätza, ein halbrunder Korb mit Verzierung und Aufschrift. Während man die aufgesetzte Jahreszahl auf dem Korb bei der älteren Postkarte auch als *84* lesen kann (die sicherlich dazu gehörige „18“ war links vom Blumenmotiv angebracht), ist sie bei Radeck so überarbeitet, daß sie als *34* erscheint. Dieses Vorgehen ließ den Korb fünfzig Jahre älter erscheinen. Die Postkarte wurde von mindestens zwei Verlagen vertrieben: dem Verlag von Ludwig Riffelmacher, Fürth i. Bayern *Riha-Karte Nr. 299* mit dem Titel „Rieser Volkstracht. Bäuerin“ und in einer neueren Drucktechnik aus der Kunstverlagsanstalt Hugo Radeck, München, unter dem Titel „Rieser Tracht“.

Der Verlag Fritz Lauterbach (*Frila*), Fürth i. Bayern, gab unter dem Titel „Rieser Volkstracht“ den unscharfen, schwarzweißen Druck einer Fotografie[630] mit einem jungen Paar heraus. Die Kleidung der Frau hat verblüffende Ähnlichkeit mit derjenigen, die auf den Postkarten von Riffelmacher und Radeck den Donaukrätza trägt; besonders Wolkenrock und Schürze sehen identisch aus (s. Farbabb. 22). Das Schultertuch ist kaum zu erkennen. Es entsteht der Anschein, als sei das Gesicht in die Kleidung retuschiert worden. Der Mann trägt zur knielangen Lederhose dunkle Strümpfe und Zungenschuhe. An der Seite hält er das Blauhemd hoch, so daß man das heraushängende Taschentuch sieht. Als Kopfbedeckung dient eine Troddelkappe. Unverzichtbares Attribut ist die Tabakspfeife. Das Foto wurde stark retuschiert, was besonders am Haar der Frau deutlich wird.

Der Verlag Samson & Co. in Lübeck brachte die Fotografie einer jungen Frau als Postkarte auf den Markt (Abb. 43): Die Atelieraufnahme zeigt eine Frau in Wolkenrock, Schürze, einem einfachen einfarbigen Oberteil, mit der evangelischen Bänderhaube und einem kleinen, unter dem Kinnn geknüpften Halstuch.[631]

Sehr häufig wurde die Schwarzweißfotografie eines älteren Paares für verschiedene Postkarten verwendet (Abb. 44)[632]. Mit der Unterschrift „Rieser Bauernpaar in Tracht“ erscheint der Mann im gewohnten Bild, in Schuhen mit heraushängender Zunge, dunklen Strümpfen, Kniebundhose, Blauhemd und rundem Hütchen. Rucksackgurte sind zu erkennen. In der linken Hand hält er eine Zigarre. Im Ausschnitt des Blauhemdes ist ein weißer Kragen und ein Stückchen einer Weste o.ä. zu sehen. Die Frau dagegen ist nicht trachtenartig gekleidet, sondern sie trägt einen dunklen Kittel mit leicht gepufften Ärmeln, einen dunklen Rock und eine mit Blumenmotiven bestickte dunkle Schürze mit Spitzenverzierung. Um den Kopf hat sie ein geblümtes Kopftuch gebunden, am Arm hängt eine einfache Tasche mit zwei Henkeln. Den Hintergrund bildet ein Stück von der Fassade eines bürgerlichen Hauses.

Die gleiche Aufnahme des Paares wurde vor eine Ansicht des Berger Tores in Nördlingen einmontiert[633]. Beide Postkarten wurden vom Stoja-Verlag Janke & Dr. Maiwald, Nürnberg, vertrieben, der eine ganze Anzahl von Postkarten mit Rieser Trachten veröf-

---

630 RBM, Inv.Nr. 5534.
631 RBM, Inv.Nr. 6117. Das vorliegende Beispiel wurde 1911 verschickt.
632 RBM, Inv.Nr. 4045.
633 RBM, Inv.Nr. 4049.

Abb. 43: Postkarte. Samson & Co., Lübeck.

Abb. 44: „Rieser Bauernpaar in Tracht". Postkarte. Stoja-Verlag Janke & Dr. Maiwald, Nürnberg.

fentlichte. Wie eine Anfrage beim Stoja-Verlag Paul Janke in Nürnberg ergab, wurden die Aufnahmen zwischen 1932 und 1936 gemacht. Die Originalunterlagen sind im Krieg verbrannt.

Es befinden sich darunter auch etliche Schwarzweißfotos mit Brustbildern älterer Rieser Männer mit markanten, wettergegerbten Gesichtern, alle mit der Unterschrift „Bauer aus dem Ries“[634]. Die „Bauern“ tragen grundsätzlich alle Blauhemden. Nur die Kopfbedeckung variiert zwischen Pelzmütze und Troddelkappe. Der Mann mit der Pelzmütze raucht eine stark verzierte Pfeife (Abb. 45). Unter dem Hemd ist ein Manchesterkragen zu sehen. Dieser Mann erscheint im gleichen Verlag noch auf einer farbigen Postkarte[635] nach einem Gemälde Frey-Moocks (Farbabb. 24).

Ein Mann ist auf Schwarzweißpostkarten in zwei leicht unterschiedlichen Ansichten[636] – mal frontal, mal seitlich – zu sehen (Abb. 46). Es handelt sich dabei um das Brustfoto eines Mannes in Blauhemd mit heller Schulterstickerei und mit einem Troddelkäppchen. Der Mann hat tiefe Falten im Gesicht und ist unrasiert. Nach Angaben seiner Enkelin zeigt die Aufnahme den Wagnermeister Johann Kotz (geb. 12.4.1846, gest. 2.6.1936) aus Maihingen, Hausname „Kotzawanger“. Er wurde für die Aufnahme ausgewählt, weil ihm die Tracht gut stand. Normalerweise trug er keine Tracht. Eine weitere Abbildung dieses Mannes, ebenfalls im Blauhemd, hängt als Gemälde Frey-Moocks von 1936 im Nördlinger Stadtmuseum. Auf der Rückseite sind der Name des Mannes und sein Geburtsjahr vermerkt.

Der Stoja-Verlag druckte weitere Gemälde Frey-Moocks, die Rieser Männer im Blauhemd zeigen, als Postkarten[637]. Der Schweizer Maler Adolf Frey-Moock (1881-1954) lebte in den dreißiger Jahren in Nördlingen.[638] Hier und im Südries beschäftigte er sich vor allem mit Architektur-, Landschafts- und Porträtmalerei. Es existiert von ihm eine ganze Reihe von Bauernporträts. „Adolf Frey-Moock galt in Nördlingen als exzellenter Porträtist. Und erst seine Rieser Bauern! Mit ihnen stand er einem besonderen Verhältnis. Er liebte an ihnen Urwüchsigkeit und Originalität. Sie saßen dem Künstler unbefangen und gerne. Zur Zufriedenheit wurden sie entlohnt. Wer malte sie schon besser? Diese Gesichter vom Wind und Wetter gegerbt, von harter Feldarbeit gezeichnet und mit einem Anflug von verhaltenem Mutterwitz.“[639] Auch Karl Schlierf (1902-1990), u.a. Schüler Frey-Moocks, malte „Rieser Bauern“ in zahlreichen Varianten. Eine Kohlezeichnung mit dem Kopf eines Bauern wirbt jedes Jahr auf den Plakaten für den „Rieser Bauerntag“.

[634] Privatbesitz und RBM.
[635] RBM, Inv.Nr. 4748.
[636] RBM, Inv.Nr. 4060, und Privatbesitz.
[637] Z.B. RBM, Inv.Nr. 4749 und 4059. Für das als Postkarte reproduzierte Gemälde (RBM, Inv.Nr. 4059), das einen Bauern mit Armkorb vor der Nördlinger Rathaustreppe zeigt, nahm Frey-Moock offenbar den Landwirt Gottfried Schröppel (1879-1946) aus Grosselfingen, der Eier auf dem Nördlinger Wochenmarkt verkaufte und das Kloster Maria Stern mit Butter belieferte, als Modell (vgl. Engler (Hg.): Nördlinger Bilderbogen, S. 148).
[638] Zu Frey-Moock s. Braun: Adolf Frey-Moock. In: Schlagbauer/Kavasch (Hgg.): Rieser Biographien, S. 116 f. – Braun: Adolf Frey-Moock, der Maler Nördlingens. – Schlierf: Begegnungen.
[639] Braun: Adolf Frey-Moock, der Maler Nördlingens, S. 42.

Abb. 45: „Bauer aus dem Ries". Postkarte. Stoja-Verlag Janke & Dr. Maiwald, Nürnberg.

Abb. 46: „Bauer aus dem Ries". Postkarte. Stoja-Verlag Janke & Dr. Maiwald, Nürnberg.

Tracht als Anreiz in Tourismus und Publizistik

Als Symbol für das Ries wurden die Rieser Bauern im Blauhemd auch für die frühe Tourismuswerbung eingesetzt. Beim Fremdenverkehrsprospekt „Bayerisch-Schwaben und das Allgäu", 1951 in einer Auflage von 50.000 Stück gedruckt und gegen eine Schutzgebühr von 20 Pfennig verteilt,[640] bilden Vorder- und Rückseite jeweils eine farbige Titelseite. Auf der einen Seite wirbt eine Ansicht der Alpen mit einer davor im Gras liegenden Kuh für das Allgäu. Die andere Seite zeigt das Schloß Harburg, im Vordergrund das Brustbild eines Mannes mit wettergegerbtem Gesicht, rundem Hut, weißbesticktem Blauhemd und braunem Schal.

Zuvor repräsentierte ein anderer Kleidungsstil das Ries. Der „Führer durch Schwaben und Neuburg"[641], der im Verlag von Leo Woerl in der Reihe „Woerl's Reisehandbücher" in der 2. Auflage in Würzburg und Wien etwa um 1910 erschien, zeigt auf dem Frontispitz als „Trachtenbild aus Schwaben" verschiedene Felder mit Holzstichen (Abb. 47). Anhand der Kleidung eindeutig als Rieser zu identifizieren ist ein junger Mann links in Lederhose, kurzer Jacke, dunkler Weste und Pelzmütze. Die Stiefel reichen bis über die Knie. Tabakspfeife und Uhrkette dürfen nicht fehlen. Der ältere Mann in der Mitte ist mit langem Mantel und Schaufelhut in einer für seine Generation in Süddeutschland weit verbreiteten Weise gekleidet. Die Eckfelder zeigen Frauenköpfe mit verschiedenen schwäbischen Hauben; die links unten könnte man als schlecht gezeichnete Reginahaube ansehen.

Eine gewisse Ähnlichkeit zu diesen beiden Männern weisen der „Bauer aus dem Ries und Bauernbursche von Nördlingen" auf einem Holzschnitt auf (Abb. 48)[642]. Der Bauer steht in langem Gehrock, Stiefeln, Weste und Dreispitz neben einem jüngeren Mann, der hochgezogene Stiefel, (Leder-)Hose, Weste mit Umlegekragen, kurze doppelreihige Jacke und eine hohe Pelzmütze trägt. Beide rauchen Pfeife. Eine direkte Abhängigkeit der Trachtenbilder aus dem Reiseführer von dem Stich kann aber nicht behauptet werden, da die Darstellungen zu wenig differenziert sind. Die Abbildungen sind ein Beispiel dafür, wie sich bestimmte Trachten als Symbole für das Ries eigneten, weil die breite Öffentlichkeit sie bereits mit dem Ries verband.

Ein Bild von den Vorstellungen über die Rieser Tracht vermittelt auch Paul Ernst Rattelmüller in seinem Buch „Volkstrachten in Bayern", worin er sich offenbar am Lesergeschmack orientierte. Nachdem er zuvor schon die beiden Marktaquarelle Johannes Müllers und die beiden Bilder der Reimlinger und Nähermemminger Tracht von 1852/53 umgearbeitet hat, läßt er unter dem Titel „Ries um 1925"[643] eine Gruppe von vier Männern vor einem Rieser Bauernhaus stehen. Als Vorbild dafür diente ihm eine Zeichnung Friedrich Wilhelm Doppelmayrs, datiert 1808, die ein Bauernhaus in Großsorheim zeigt[644]. Die Männer stellt Rattelmüller so unspezifisch dar, daß es schwer sein dürfte, eine Vorlage dafür auszumachen. Alle vier Männer hat er mit Kniebundhosen ausge-

---

640 Laut Druckangaben. Privatbesitz.

641 Privatbesitz.

642 Die Graphik im Schwäbischen Volkskundemuseum Oberschönenfeld ist mit Bleistift 1881 datiert und angeblich einer Zeitschrift namens „Die Donau" entnommen. Höpfner schreibt den Stich Albert Kretschmer zu (Trachtenmanuskript, S. 167).

643 S. 127.

644 Vgl. S. 38.

Abb. 47: „Trachtenbild aus Schwaben.“ Woerl's Reisehandbücher. Führer durch Schwaben.

Abb. 48: „Bauer aus dem Ries und Bauernbursche von Nördlingen.“ Holzschnitt.

stattet, wobei beim linken die hohen Stiefel über die Knie reichen. Die anderen drei Männer tragen Schuhe mit langen Zungen und Strümpfe. Deutlich herausgearbeitet ist bei ihnen immer die Schleife am Beinabschluß. Jeweils zwei Männer haben den niedrigen Hut auf dem Kopf, zwei die Quastenkappe. Die beiden Männer in der Mitte sind mit Blauhemd dargestellt, der linke trägt über einer grünlichen Weste eine ungewöhnliche, kurze, rund geschnittene Jacke mit breitem, weit heruntergezogenem Revers. Der linke Mann in Rückenansicht mit Peitsche unter dem Arm ist mit schwarzer Weste über weißem Hemd wiedergegeben, eine weiße Schürze ist zu erkennen. Den anderen verpaßte Rattelmüller zwei Pfeifen und zwei Spazierstöcke als Attribute.

Diese vier Figurinen fanden in anderer Konstellation und auf neutralem weißem Hintergrund auch für eine Trachtenpostkarte[645] Verwendung. In der *Wallach Trachtenserie* sind sie unter der Bezeichnung „Schwaben. Bauern aus dem Ries" *um 1935* abgebildet, somit zehn Jahre später datiert als bei der Abbildung in Rattelmüllers Buch. Als Vorlage ist angegeben *Original-Aquarell von P. E. Rattelmüller.*

Heimatbewußtsein im 20. Jahrhundert

Wie Hans Moser 1964 feststellte, kam es nach der Niederlage im Ersten Weltkrieg und nach der Inflation zu einer Besinnung auf die verbliebenen Werte der Heimat und oft auch zu einer Welle von Braucherneuerungen.[646] Überall war man bemüht, das Nationalgefühl wieder aufzubauen. Markus Barnay konstatiert für Vorarlberg eine allgemeine Orientierungslosigkeit nach dem Verlust des Krieges und dem Niedergang der Monarchie, was die führenden christlichsozialen Politiker dazu nützten, „das Identifikationsangebot 'Heimat Vorarlberg' als Ersatz für das verlorene monarchistisch-patriarchalische Weltbild in den Vordergrund" zu schieben.[647] Auch für Baden ist belegt, daß Heimatkunde, heimatliche Volksforschung und Volkstumspflege in dieser Zeit einen Aufschwung erlebten.[648]

Für das Ries läßt sich Gleiches feststellen. So wurden auch hier in den 20er Jahren **Trachtenvereine** gegründet. Die ersten Trachtenerhaltungsvereine[649] in Bayern waren Ende des 19. Jahrhunderts fast überall als Gebirgstrachtenvereine entstanden, deren Mitglieder oberbayerisches bzw. speziell Miesbacher Gewand trugen. Auch Vereine außerhalb Altbayerns widmeten sich den Gebirgstrachten und dem Schuhplatteln.[650] Meist zählten weder trachttragende Bauern zu ihren Mitgliedern noch die Bürger, die sich um die Mitte des Jahrhunderts für Tracht interessiert hatten. „Um die Jahrhundertwende herum aber

[645] Privatbesitz.

[646] Moser: Der Folklorismus als Forschungsproblem, S. 35.

[647] Barnay: Die Erfindung des Vorarlbergers, S. 396.

[648] Schmitt: Volkstracht in Baden, S. 76.

[649] Siehe dazu die jüngste Debatte, ob Bayrischzell oder Miesbach den ältesten Trachtenverein besitzt, in: Brückner: Trachtler-Streit und Professoren-Statements.

[650] Am 3. März 1956 wurde der Heimat- und Gebirgstrachtenverein Edelweiß Schloßberg (württembergisches Ries) gegründet. Als Grund für die Orientierung nach Oberbayern gaben Vereinsmitglieder an, daß ein Gründungsmitglied damals viel in Oberbayern und auf dortigen Heimatabenden gewesen sei. Der Verein mit zwanzig Mitgliedern widmete sich dem Laienspiel, Volksliedern und Jodlern. Bereits ab 1960 ging die Zahl der aktiven Mitglieder immer mehr zurück. 1978 nahmen von den ca. vierzig Mitgliedern nur noch fünf Paare an auswärtigen Festen teil.

waren es in der Regel gar keine selbst betroffenen Gruppen mehr, sondern andere soziale Schichten, die in Trachtenvereinen Heimat zu spielen begannen."[651] In den 1920er Jahren entdeckten Vereine dann die heimisch gewesene Tracht.[652] Die Bedeutung der Trachtenvereine für die Heimatpflege stellte der damalige Bezirksheimatpfleger Dr. Hans Frei 1975 im Rahmen der „Trachtenschatzsuche" der Rieser Nachrichten (s.u.) heraus, der als ihre Hauptaufgabe *die Pflege der örtlichen, bodenständigen Tracht und des bodenständigen Brauchtums*[653] sah.

Der Trachtenverein **„D'Rieser", Nördlingen** entstand aus dem Zusammenschluß zweier sog. Tischgesellschaften, der seit 1906 bestehenden „Gemütlichkeit" und der 1919 gegründeten „Fidelitas".[654] Beide Gesellschaften widmeten sich der Unterhaltung, dem Tanz und dem Theaterspiel, speziell aber auch dem Schuhplatteln. Nach zweijährigen Bestrebungen vereinigten sich die beiden Vereine am 22. September 1921 zum „Oberbayerischen Gebirgs- und Rieser Volkstrachtenerhaltungsverein Nördlingen". Das Gründungsjahr wurde auf 1919 festgelegt.

Die nun neu entstandene Trachtengruppe verlegte sich auf die in den damaligen Jahren schon im Verschwinden begriffene Rieser Bauerntracht und auf die im Ries getanzten Bauerntänze, die sogenannten Schweinauer. Gebirgstracht und der Schuhplattler- und Reigentanz wurden nur noch bei örtlichen Veranstaltungen und Heimatabenden verwendet.[655]

Nach der Unterbrechung im Zweiten Weltkrieg wurde 1947 eine neue Vorstandschaft gewählt, neue Vereinsmitglieder traten ein. In den 50er und 60er Jahren beteiligte sich der Verein an zahlreichen Trachtenfesten und Veranstaltungen. 1967 erhielt der Nördlinger Trachtenverein bei einem Trachtenfest in Merching bei Augsburg den Ehrenpreis für die schönste Volkstracht. Nach der Auflistung in der Festschrift zum 60jährigen Bestehen standen in den 70er und 80er Jahren Tanzvorführungen, Teilnahme an Festen und Festzügen befreundeter Vereine bzw. in der französischen Partnerstadt Riom an erster Stelle. Als weitere Tätigkeiten des Vereins werden in der Festschrift genannt:

Teilnahme an Festlichkeiten bei verschiedenen Schützen- und Veteranenvereinen, Wanderungen in die nähere und weitere Umgebung, Heimatquizveranstaltungen, Film- und Diavorträge, Waldweihnachtsfeiern, Grillpartien, Teilnahme an Volkstrauertag, Jahrgangsfeste und Bergtouren.

Der Nördlinger Verein trägt die Tracht der evangelischen Rieser. Dies ist nicht durch die Konfession der Reichsstadt begründet, sondern die katholischen Stücke sind seit dem Zweiten Weltkrieg verschollen.[656]

---

[651] Brückner: Luxus, Mode und Moderne als Kontext von Volkstracht, S. 19.
[652] Vgl. Griebel: Tracht und Folklorismus, S. 141.
[653] Rieser Nachrichten, 15.2.1975.
[654] Die Forschungslage zu den Rieser Trachtenvereinen ist sehr lückenhaft. Nur der ehemalige Kreisheimatpfleger Karl Höpfner befaßt sich in einem Manuskript mit ihnen. Herta Zink hat dieses Manuskript in einer Zulassungsarbeit rezipiert und darüberhinaus mit Mitgliedern der Vereine Gespräche geführt. Ansonsten stehen nur Festschriften zu Vereinsjubiläen zur Verfügung.
[655] 60 Jahre Trachtenverein D'Rieser. [Vereinsgeschichte S. 1].
[656] Zink: Die Trachtenvereine im Ries, S. 40.

In Oettingen kam es 1921 zur Gründung eines Gebirgstrachtenvereins. Ein Jahr später wurde der Name „Almrausch-Edelweiß“ Oettingen in **„D'Riaser“ Oettingen** geändert.[657] Der frühere Kreisheimatpfleger Karl Höpfner schreibt über die Entstehung des Oettinger Trachtenvereins. „Einige junge Burschen und Mädchen aus Oettingen, die sich in diesem Bestreben zum Erhalt der Rieser Bräuche zusammengefunden hatten, waren im Frühsommer des Jahres 1921 nach Christgarten ins Karthäusertal gekommen, um einer Veranstaltung des damals ins Leben gerufenen Trachtenerhaltungsvereins Nördlingen im Gasthaus 'Zum Schwanen' beizuwohnen. Diese eindrucksvollen Darbietungen von damals mit Tanz, Unterhaltung und Vorführung der Rieser Gewänder bezeichnen heute noch die Trachtler aus Oettingen als die Geburtsstunde ihres Vereins.“[658] An der Gründungsversammlung am 4. Juni 1921 traten 26 Mitglieder bei; sie wählten den Schreiner Ludwig Günther zu ihrem Vorsitzenden. Außer ihm zählten seine Brüder Fritz, ein Dekorationsmaler, und Otto Günther bis in die jüngste Zeit zu den führenden Kräften des Vereins. Otto Günther, der eine Buchbinderei betrieb und dessen Frau als Damenschneiderin arbeitete, war von 1929 bis 1978 mit kurzen Unterbrechungen Vereinsvorstand. Marie Günther, die Ehefrau von Fritz Günther, gehörte zu den aktivsten Vereinsmitgliedern. Außer ihnen war in der Anfangszeit Emil Strehle, Schreinermeister in Wallerstein, sehr rührig.[659] 1980 übernahm Fritz Günthers Sohn Reinhard die Vorstandschaft.

Der Verein sah vier Hauptaufgaben:

Sammeln von alten Trachtenteilen und Trachtenzubehör; Einkleiden der Mitglieder in die katholische und evangelische Trachtenvielfalt des Rieses. – Einüben der alten einheimischen Tänze und Lieder. – Mitwirkung bei öffentlichen Festen und Heimatveranstaltungen. – Intensive Pflege der Trachtenfreundschaften zu den nachbarlichen Brudervereinen.[660]

Die Trachtensammlung ging im Krieg verloren; deswegen ist der Verein immer noch bestrebt, Stücke zu erwerben Der Verein rühmt sich, als einziger Verein *beide Rieser Trachten, die katholische und die evangelische, in lebendiger, unverfälschter Form*[661] weiterzupflegen. Die Mitglieder treten auch in Werktagstracht auf. 1952 gründete sich eine Trachtenkapelle. Im Jahr darauf führte der Verein Theaterstücke der Heimatdichterin Therese Scholl im Rahmen des Volksbildungswerkes Oettingen auf. 1972 richtete der Oettinger Trachtenverein zusammen mit dem 50. Stiftungsfest gleichzeitig das Rieser Bezirkstrachtenfest aus, an dem zwölf Trachtenkapellen und über vierzig Vereine teilnahmen. Seit diesem Fest gibt es eine eigene Trachtenjugendgruppe. 1991 waren es neun Buben und 28 Mädchen im Alter zwischen sechs und vierzehn Jahren, die in *Rieser Schnittergewänder und in beide Festtagstrachten*[662] eingekleidet wurden und hauptsächlich fränkische und Rieser Volkstänzen vorführten.

---

[657] Siehe dazu die Festschrift 70 Jahre Volkstrachten-Erhaltungsverein e.V. „D' Riaser“ Oettingen, Oettingen 1991, sowie Höpfner: Der Oettinger Trachtenerhaltungsverein „D' Riaser“.

[658] Höpfner: Der Oettinger Trachtenerhaltungsverein „D' Riaser“, S. 1.

[659] Berufe nach Auskunft der Stadtverwaltung Oettingen. Ein vielfach publiziertes Foto zeigt Emil Strehle mit seiner Frau in Tracht (Abb. 40).

[660] 70 Jahre Volkstrachten-Erhaltungsverein e.V. „D' Riaser“ Oettingen, S. 35. – 75 Jahre Volkstrachten-Erhaltungsverein e.V. „D' Riaser Oettingen“, S. 19 f.

[661] 75 Jahre Volkstrachten-Erhaltungsverein e.V. „D' Riaser Oettingen“, S. 24.

[662] 70 Jahre Volkstrachten-Erhaltungsverein e.V. „D' Riaser“ Oettingen, S. 41.

Ein herausragendes Ereignis in der Vereinsgeschichte bedeutete 1979 die Teilnahme an der Steubenparade in New York mit 69 Personen. 1981 wurde die Schuhplattlergruppe in der Miesbacher Gebirgstracht wieder eingeführt. 1991, 70 Jahre nach der Gründung, hatte der Trachtenverein „D'Riaser" Oettingen 285 aktive und passive Mitglieder, darunter 80 Trachtenträger; dazu kamen 23 Personen in der Musikkapelle sowie 37 Kinder und Jugendliche. Der Verein nimmt jedes Jahr an zahlreichen Festen in Oettingen selbst und an Trachtenfesten anderer Vereine teil. 1997 feierte der Verein mit einjähriger Verspätung sein 75jähriges Bestehen, am Festzug beteiligten sich über 2000 Menschen, darunter der Trachtenverein Wemding, der Trachtenverein „D'Rieser" Nördlingen, die Brauchtumsgruppe aus Pfäfflingen und eine Trachtengruppe aus Deiningen. In der Festschrift ist unter dem Titel „Staubhemd und Reginahaube" ein Aufsatz des Kreisheimatpflegers Herbert Dettweiler über die „Rieser Tracht im Wandel der Zeiten" abgedruckt, in dem sich dieser hauptsächlich – stark verkürzt – auf die Ausführungen Leonhard Simons[663] von 1936 stützt.

In Wemding bestanden in den 20er Jahren ein Theaterverein und eine Schuhplattlergruppe. Am 26. Mai 1926 gründeten sieben Männer und eine Frau einen Trachtenverein. Bei der Eröffnungsversammlung am 1. Juni des Jahres wurde der Name „Dramatischer Club und Trachtenverein" gewählt, zu dieser Zeit zählte der Verein dreißig Mitglieder. Im Oktober des gleichen Jahres erfolgte der Beschluß, dem Nördlinger Trachtenverein als Untergruppe beizutreten. Der Vereinsname wurde im Juni 1927 in **Trachtenerhaltungsverein Wemding** geändert. 1928 verkaufte er Gutscheine im Wert von 1 bis 10 Reichsmark[664] als Anleihen an die Wemdinger Bevölkerung. Es gingen 295 Reichsmark ein, die dem Kauf von Rieser Trachtenteilen dienten.

1930 zählte der Verein 73 Mitglieder. Zum zehnjährigen Bestehen 1936 richtete der Wemdinger Verein ein Bezirkstrachtenfest mit fünfzehn auswärtigen Vereinen aus. Zusammen mit dem 25jährigen Gründungsfest wurde an Pfingsten 1951 das 37. Gaufest gefeiert, an dem sechzig Vereine und acht Musikkapellen mit über 2000 Trachtlern teilnahmen. 1976 feierte der Verein sein 50jähriges Bestehen. Zu dieser Zeit hatte er etwa 150 Mitglieder und auch eine Jugendgruppe. Der Trachtenverein Wemding veranstaltete pro Jahr zwei Heimatabende für die Feriengäste. 1996 zählte der Verein 170 Mitglieder.[665] Das Schuhplatteln wird immer noch betrieben.

Herta Zink gibt eine Beschreibung der vom Wemdinger Verein getragenen katholischen Kleidungsvariante wieder, die sehr genau festgelegt und uniformhaft erscheint:

„Zur katholischen Tracht wird von den Mädeln eine schwarze Bänderhaube getragen, die Trauerhaube mit schwarzem Rad, die Festhaube mit goldenem Rad. Hier und da wird auch die 'Regina', eine Flügelhaube, getragen. Die jungen Mädel haben zum rot-schwarzen Leible und Rock eine rote, blauschimmerne Taftschürze, die Frauen tragen Leible und Rock in graugrün, die rote Taftschürze silbergrauschimmernd. Während die Mädchen ein geblümtes Schultertuch in blaugrün haben, zeigen sich die Frauen mit einem weißen mit Fransen. Weiße Strümpfe und schwarze Halbschuhe gehören zur Tracht, ebenso damit der Rock recht fliegt beim Tanz, ein siebenbahniger Spitzenunterrock und schließlich noch eine geschlossene Spitzenhose.

---

[663] Vgl. S. 226 ff. Dettweiler zitiert ihn fälschlich als „Lutz" Simon; Lutz Simon ist der ehem. Kreisbaudirektor.
[664] Herta Zink schreibt von „DM"; ab 1924 hieß die Währung aber Reichsmark.
[665] Bericht über die Jahresversammlung. In: Rieser Nachrichten, 11.12.1996.

Die Männer tragen über dem Leinenhemd eine doppelreihige rote Samtweste mit Silberknöpfen. Dazu eine schwarze Tuchjacke und eine unter dem Knie gebundene schwarze Hirschlederhose, weiße Strümpfe, schwarze Zungen-Halbschuhe und ein rotgeblümtes Schnupftuch, das aus der Hosentasche herausschauen muß. Den Kopf schmückt der Rieser Bauernhut in Schwarz."[666]

Auch die Initiative des in der Bevölkerung überaus beliebten rechtskundigen 1. Bürgermeisters Nördlingens, Dr. Otto Mainer, zielte auf die Erziehung der Rieser zur Identifikation mit dem Ries als Heimat und gleichzeitig auf eine Förderung des Fremdenverkehrs. Er setzte sich 1922 für eine **Rieser Heimatwoche**[667] ein; etwas Vergleichbares war bereits einige Jahre vorher in mehreren württembergischen Orten durchgeführt worden. Mainer wollte eine Zusammenkunft aller Rieser, gleichgültig ob sie im Ries oder auswärts lebten, zu dem Zweck, *unser Ries kennen zu lernen, an seinem Werte und an seiner Schönheit uns zu erheben und zu begeistern ...*[668] In einem Brief an das Bezirksamt verwies er auf den *Schmachfrieden von Versailles* und *die schier unaufhaltsame Zersetzung unseres Volkstums und unseres Staatswesens*[669]. In der Bayerischen Staatszeitung schrieb Mainer: *Der Deutsche steht vor einem großen Trümmerhaufen. Alles, was ihm Ideal war, was ihm gut und tüchtig zu sein schien im deutschen Vaterland, ist zerbrochen: die Wehrmacht, die Staatsform, die Macht und Größe des Reiches, die Volkswirtschaft, die Volksmoralität, die Staatsautorität. Ja beinahe auch das Vaterland; denn was verstehen wir in Deutschland heute unter Vaterland? Will nicht fast jeder Deutsche etwas anderes darunter verstanden wissen?*[670]

Als Mittel zum Durchhalten in dieser schwierigen Zeit sah er die *unvergängliche Heimatliebe.* Auch im Rieser Heimatbuch, das nach der Heimatwoche veröffentlicht wurde, ging Mainer auf seine Beweggründe ein: Für ihn bedeutete Heimat der *ewige Jungbrunnen des deutschen Volkes*[671]: *Und darum wird auch unser schicksalgeprüftes, feindberücktes Volk wieder gesunden und groß und stark werden, wenn der deutsche Mensch innerlich wieder gesundet, wenn er zum Heimatmenschen wird, wenn er aus der Heimat seine Kräfte schöpft, um sie in die Heimat wieder zurückzuströmen.*[672]

Mainer erreichte finanzielle Unterstützung durch das Kulturministerium; reichsweit warb ein Poststempel für die Rieser Heimatwoche. Vom 22. bis 31. Juli 1922 fand die erste Rieser Heimatwoche statt, im Mai 1926 die zweite und letzte. Die Vorträge beider Rieser Heimatwochen wurden anschließend in zwei Bänden als Rieser Heimatbuch publi-

---

[666] Zink: Die Trachtenvereine im Ries, S. 86. Hierbei sei an die Antwort des Wemdinger Landgerichts von 1857 im Zusammenhang mit der königlichen Trachteninitiative erinnert, wo Änderungen im Kleidungsverhalten angeführt wurden und die Hauptaussage lautete:
In dem Bezirk des Landgerichtes findet sich keine ausgeprägte noch weniger eine schöne Landestracht. ... In und um Wemding ist die Tracht eine Mischung der Rieser und der Tracht vom Hahnenkamm, entstellt durch die Zuthaten, welche Handwerksgesellen und Dienstbothen mit aus den Städten brachten und bringen. (StAA, Reg. 8603.)

[667] Siehe hierzu und zu den Heimatwochen Zipperer: Nördlingen, S. 242-247.

[668] Aus einem Schreiben des Nördlinger Stadtrats an das Bezirksamt Nördlingen vom 23.2.1922 (StAA, BA Nördlingen Abg. 1977/A, 1582).

[669] Ebd.

[670] Bayerische Staatszeitung vom 28.4.1922, No. 99. In: StAA, BA Nördlingen Abg. 1977/A, 1582.

[671] Vorwort von Otto Mainer. In: Rieser Heimatbuch 1926, S. 5.

[672] Ebd.

ziert; der Band der ersten Heimatwoche mußte bereits nach einigen Monaten neu aufgelegt werden. Mainer empfiehlt das Buch *als eines der besten Lehrbücher für volkstümliche Heimatpflege in deutschen Landen ... allen deutschen Volks-, Berufs- und Mittelschulen.*[673] Den Referenten war die Wahl ihres Themas nicht selbst überlassen worden, sondern den ausgewählten Fachleuten waren ganz bestimmte Aufgaben gestellt worden, *damit die Vortragsreihe in einem sichtbarlich logischen Aufbau auch eine innere geistige und seelische Verbundenheit zum Ausdruck bringen konnte.*[674]

Die Vorträge „hatten zum Gegenstand das Wesen der Heimat, ihre Natur und Kultur, ihre Menschen und ihre Geschichte, Kunst und Volkstum und wurden von namhaften Persönlichkeiten gehalten, Professoren und Vertretern des Staates, Künstlern und Wissenschaftlern, Dichtern und Geistlichen. Und in den Zyklus solcher rezeptorischen Gedankenarbeit flochten sich auflockernd geologische und botanische Führungen in der Rieslandschaft, Besuche von Museen und Geschichtsdenkmälern, ein Sonntag mit Turmblasen, Festgottesdienst, Standkonzert der Stadtkapelle und unterhaltendem Heimatabend."[675] Bei der Abschiedsfeier 1922 waren der Ministerpräsident und der Innenminister anwesend. Die Nachbarstädte Oettingen, Wemding und Bopfingen führten gleichzeitig eigene Heimattage durch. Am Rieser Heimattag am 30. Juli 1922 beteiligte sich unter anderem der im Jahr davor gegründete Trachtenverein Oettingen.[676] Oettinger Kinder spielten eine Rieser Bauernhochzeit.[677] Die drei Themenbereiche der zweiten Rieser Heimatwoche gliederten sich in *I. Heimat, II. Rieser Heimat, III. Deutsche Heimat.*

Es blieb bei den beiden Rieser Heimatwochen. Im Januar 1927 schied Otto Mainer vorzeitig aus seinem Amt, nachdem sich der Stadtrat dem unternehmungslustigen Bürgermeister immer mehr widersetzt hatte. Auch das 1925 mit großem Enthusiasmus begründete Festspiel „Anno 1634", das die Belagerung im Dreißigjährigen Krieg zum Thema hatte, wurde 1929 zum letzten Mal aufgeführt. Überdauert hat der Gemeinnützige Verein „Alt-Nördlingen" e.V., der 1924 im Zuge der zwei Jahre zuvor entfachten Heimatbegeisterung gegründet wurde und „der es sich zur Aufgabe setzte, die kulturelle Überlieferung der ehemaligen Freien Reichsstadt Nördlingen aufrechtzuerhalten und zu pflegen, das gesellschaftliche und wirtschaftliche Leben der Stadt zu fördern und den Fremdenverkehr zu heben."[678] Diese Aufgaben nimmt er auch heute noch wahr.

Der hinter den Heimatwochen stehende Patriotismus, den schließlich die Nationalsozialisten als Basis für ihre Interessen ausnutzten und mißbrauchten, kommt einige Jahre danach, 1933, in einem Aufsatz Mainers deutlich zum Ausdruck: *Volkstümliche Heimatpflege ist bester Dienst an Heimat und Vaterland, Volk und Staat, wenn ihr Sinn und Ziel in der Erziehung der deutschen Menschen zu Heimatgesinnung und Heimatliebe gelegen ist; denn Hei-*

[673] Mainer: Volkstümliche Heimatpflege, S. 697.
[674] Ebd.
[675] Zipperer: Nördlingen, S. 243.
[676] Völkl/Klees (Hgg.): Rieser Leben, S. 16.
[677] Ebd., S. 10, datieren das Gruppenfoto auf Juni 1932. Beim Foto im Heimatmuseum Oettingen ist dagegen vermerkt „Rieser Heimattag 1922".
[678] Zipperer: Nördlingen, S. 243 f. Vgl. dazu auch A. u. P. Schiele: Die Geschichte des Gemeinnützigen Vereins „Alt Nördlingen" e.V.

matgesinnung ist die Grundvoraussetzung für Staatsgesinnung und Heimatliebe ebenso für Vaterlandsliebe.[679] Im letzten Satz erinnert Mainer daran, daß die Volksgemeinschaft aller deutschen Menschen von *unserem Führer Adolf Hitler gedacht und gewollt ist.*[680]

1933 griffen die Nationalsozialisten beim Erntedankfest auf die seit dem 19. Jahrhundert bewährten Festzüge zurück: Auf geschmückten Festwagen zeigten „Rieser Bauern" in Tracht bäuerliche Tätigkeiten wie das Dreschen. Im Jahr darauf beging Nördlingen den 300. Jahrestag der Schlacht auf dem Albuch. Zur Eröffnung der Gedenkfeier wurde ein „Heimatabend mit folkloristisch auf Rieser Brauchtum abgestimmtem Programm"[681] abgehalten. Der Festzug stellte einen Gang durch die Geschichte Nördlingens dar, von der Vorzeit bis zur Zukunft.[682] Wiederum nahm ein „Rieser Brautwagen" teil.

Im Dritten Reich schienen die Machthaber den Volkstrachten besondere Wertschätzung entgegenzubringen, verfolgten in Wirklichkeit aber andere Ziele.[683] Im Auftrag der Nationalsozialisten wurden auch Fotos von Rieser Tracht erstellt. Kreisbauernführer Karl Geiß schickte im März 1937 der Landesbauernschaft Bayern 36 Aufnahmen mit 71 Bildern im Hochformat 13/18 cm samt der Rechnung.[684] Die Trachtenstücke *mit den dazu in Frage kommenden charakteristischen Persönlichkeiten* wurden auf einen bestimmten Zeitpunkt bestellt, Eugen Schneidt, der Vorstand der Photofreunde Nördlingen, machte die Aufnahmen. Beteiligt waren die Ortsbauernschaften Alerheim, Balgheim und Reimlingen, sowie der Kreisbildwart der NSDAP und sein Mitarbeiter Finck. Geiß versicherte: *Nach meiner Überzeugung sind die Bilder gut geraten und entsprechen durchaus dem, was man im Ries innerhalb der Kreisbauernschaft Nördlingen noch antrifft.* Der Verbleib der Fotos ist unbekannt.

Nach dem Ende des Zweiten Weltkrieges waren Begriffe wie „Volk" oder „Heimat", die die Blut- und Bodengesinnung der Nationalsozialisten ideologisch strapaziert hatte, lange Zeit verpönt. Ein Umdenken setzte nur langsam wieder ein. Auch im Ries begann man erst in den 60er Jahren wieder, sich dieser geschlossenen, eigenartigen Landschaft bewußt zu werden. Auslöser war die Geologie: Nachdem die Forscher über die Topographie und die geologischen Phänomene des Rieses lange Zeit gerätselt hatten – die gängigste Theorie führte die Entstehung auf eine vulkanische Tätigkeit zurück –, gelang Eugene M. Shoemaker und Edward C. T. Chao 1961 der Beweis, daß der Einschlag eines Meteoriten Ursache dafür war. Seit dem Geologentag 1970 in Nördlingen gilt diese Theorie als allgemein anerkannt. Das Interesse der Geologen richtete sich verstärkt auf das Ries, und die amerikanische Weltraumbehörde NASA ließ die Astronauten von zwei Apollo-Missionen in Rieser Steinbrüchen üben, weil der Suevit den Gesteinen in Mondkratern, die ebenfalls auf Meteoriteneinschlägen beruhen, ähnelt. Gerade auch für die Fremdenverkehrswerbung ist die Entstehung als Meteoritenkrater von großer Bedeutung.

[679] Mainer: Volkstümliche Heimatpflege, S. 698.
[680] Ebd.
[681] Zipperer: Nördlingen, S. 253.
[682] Nach: Ebd., S. 254.
[683] Für Schwaben sind die Unterlagen der „Mittelstelle Deutsche Tracht", die im Tiroler Volkskunst-Museum, Innsbruck, aufbewahrt werden, nicht sehr ergiebig (frdl. Auskunft von Dr. Herlinde Menardi).
[684] StAA, Kreisbauernschaft Nördlingen 190.

In dieser Zeit, 1962, gründete der aus Oettingen stammende Verleger August Lutzeyer (1891-1974)[685] in seiner Heimatstadt den „Fränkisch-Schwäbischen Heimatverlag". Lutzeyer hatte in den 30er Jahren und nach dem Zweiten Weltkrieg in Verlagen, die in mehreren deutschen Städten angesiedelt waren, erfolgreich juristische und volkswirtschaftliche Schriften publiziert. Im „Fränkisch-Schwäbischen Heimatverlag" erschien eine ganze Anzahl von Heimatpublikationen. Er brachte einige Erzählungen Melchior Meyrs als Geschenkausgaben oder preiswerte „Volksausgaben" auf den Markt. Mitte der 60er Jahre begann der Fränkisch-Schwäbische Heimatverlag August Lutzeyer „unter Förderung des Bezirks Schwaben und der Stadt Nördlingen" mit der Herausgabe von „Das Ries. Gestalt und Wesen einer Landschaft. Ein Heimatbuch". Es kam nur zu fünf Lieferungen, die letzte 1973.

Ab 1965 gab Lutzeyer, der 1972 in seine Heimatstadt übersiedelte, die Zeitschrift „Der Daniel" als „heimatkundlich-kulturelle Zweimonatsschrift für das Ries und Umgebung" heraus. Sein Verlag ging 1980 in den Konrad Theiss Verlag, Aalen, über. Der „Daniel", benannt nach dem volkstümlichen Namen für den Turm der Nördlinger Georgskirche, erschien im neugebildeten Landkreis Donau-Ries unter dem Titel „Der Daniel/Nordschwaben" bis 1992. Seitdem gibt es im Ries kein periodisches Veröffentlichungsorgan für regionalbezogene Aufsätze mehr. Das „Jahrbuch des Historischen Vereins für Nördlingen und das Ries" erscheint nur unregelmäßig. Heimatliteratur verlegt seit 1976 vor allem der Verlag Fritz Steinmeier in Nördlingen.

In den 70er Jahren entstanden verschiedene Gruppen und Vereine, die sich der Brauchtums- und Trachtenpflege verschrieben. Kreis- und Bezirksheimatpflege standen beratend und fördernd zur Seite. Neben Volkstanzgruppen tragen auch viele Musikkapellen Tracht oder erneuerte Tracht. Als etwa die Maihinger Musikkapelle in den 80er Jahren in Zusammenarbeit mit Walter Wörtz, dem damaligen Trachtenberater des Bezirks Schwaben, neu eingekleidet wurde, diente ein alter Stich als Vorbild für die Uniform. Neben anderen treten die „Goißlschnalzer" als Rieser Bauerngruppe in Tracht auf. Der Verein Rieser Bauernmuseum, der 1973 mit dem Ziel gegründet wurde, volkskundliche Objekte zu sammeln und ein Regionalmuseum aufzubauen, beteiligt sich immer wieder an Festzügen, derzeit meist als Hochzeitsgruppe, gekleidet in originale Stücke, die sich noch in Privatbesitz befinden. Auch die Brauchtumsgruppe Appetshofen-Lierheim unter Leitung von Gerda Schupp-Schied hat zahlreiche historische Kleidungsstücke gesammelt und trägt sie bei Vorführungen und Umzügen. Besonders beim Historischen Stadtmauerfest in Nördlingen alle drei Jahre und beim Historischen Markt Oettingen alle zwei Jahre im Rahmen der Rieser Kulturtage nehmen zahlreiche Trachten- und Brauchtumsgruppen teil.

1975 riefen die Rieser Nachrichten, die Lokalausgabe der Augsburger Allgemeinen, ihre Leser zu einer „**Trachtenschatzsuche**" auf:

Trachten sind ein Stück lebendiger Heimatgeschichte. In ihnen spiegeln sich die Eigenheiten und Gebräuche einer Gemeinde, einer Stadt oder eines Landstriches wider. Diese Zeugen heimatlichen Brauchtums sind wertvolle Schätze. Doch sie sind noch längst nicht alle „gehoben". Viele schlummern unentdeckt und vergessen in Schränken, Kommoden und Truhen. Wir fin-

[685] Schlagbauer: August Lutzeyer. In: Schlagbauer/Kavasch (Hgg.): Rieser Biographien, S. 238. – Hofmann: August Lutzeyer zum Gedächtnis.

den, das ist schade.[686] Deswegen sollten die Leser bei sich zu Hause *stöbern.* Es ging dabei nicht nur um alte einheimische Trachten, sondern ebenso um erneuerte Tracht und die Trachten der Vertriebenen. Außer zahlreichen historischen Fotos von Trachtenträgern wurden in der Folge auch Aufnahmen von Personen, die alte Kleidungsstücke angezogen hatten, abgedruckt und schließlich als Ausstellung in der Nördlinger Sparkasse präsentiert wurden. Die schönsten Fotos erhielten eine Prämierung.

Im Rahmen dieser Aktion, die unter Leitung des Redakteurs Curt Engler bis Ende Mai 1975 dauerte, erfuhren die Leser von der letzten Bänderhaubennäherin im Ries, der Schneiderin Barbara Lippenberger (1855-1943), der Herstellung und dem Preis der Hauben und dem Stoffverbrauch. Die Haubenbänder stammten aus der Nördlinger Seidenbandweberei Kellermann, die sie bis etwa 1933 produzierte. Auch einige der letzten Trachtenträger wurden porträtiert. Gleichzeitig ging die Lokalzeitung auf die Bestände des Stadtmuseums Nördlingen und des Heimatmuseums Oettingen kurz ein. Der Nördlinger Trachtenverein hatte damals nur 48 Mitglieder, wobei besonders der Nachwuchs fehlte. Aktiver war der Oettinger Trachtenverein mit 150 erwachsenen Mitgliedern[687]. Die Rieser Trachtenkapelle aus Oettingen sei in ihren blauen Staubhemden *zum Botschafter des Rieses in vielen Gegenden Deutschlands geworden.*[688]

Die Redakteure der Rieser Nachrichten hatten bestimmte Vorstellungen, wie die Rieser Tracht ausgesehen hatte:

Bei der Frauentracht ist eines der hervorragendsten Merkmale die Bändelhaube, ein Kopfputz, der im Haarschopf festgesteckt wird und in langen Bändern auf Rücken und Brust der Trägerin fällt. Typisch katholisch ist dabei die sogenannte Regina-Haube, eine mit prächtigen Stickereien verzierte Haube. Die Haube der evangelischen Rieserin war einfach und schwarz. Schwarz waren auch bei beiden Konfessionen die Bänder, von der die Haube ihren Namen hat. Leibchen oder Mieder der Rieserin war einfach geschnitten. Die evangelische Bäuerin trug dazu den Ton-in-Ton gewebten Wolkenrock, während ihre katholische Geschlechtsgenossin in bunterem Kleid einherschritt.

Über dem Rock trug man die Schürze mit Stickerei. Auch hier sind durchwegs die einfarbigen und nur wenig bestickten Schürzen dem evangelischen Bekenntnis zuzuschreiben, während die Katholikin einen bunten und oft reichbestickten Schurz trug. Selbstgestrickte einfarbige oder bunte Wollstrümpfe und schwarze Lederschuhe vervollständigten die Erscheinung der Rieserin in ihrer schmucken Tracht. Als Zubehör sind noch aufzuzählen die Schultertücher, die größtenteils mit geschmackvollen Handstickereien versehen waren. Zum Markttag trug man eine Tasche, die oft geflochten war, den „Kreza". Für Regenwetter war der buntgemusterte Schirm bestimmt.

Das Staubhemd des Rieser Bauern ist das Kleidungsstück, das die Rieser Tracht in letzter Zeit auch bei den Modeschöpfern interessant gemacht hat. Das blaue Hemd aus Grobleinen ist an Schulter, Halsausschnitt und an den Armbündchen bestickt, wobei weiß evangelisch und rot katholisch bedeutet. Das Staubhemd ist jedoch nicht das Staatsgewand des Riesers gewesen; es diente wohl mehr als Arbeitsgewand. Der Sonntagsstaat des Riesers bestand aus dem weißen Hemd, über dem

[686] Rieser Nachrichten, 15.2.1975. Den Hinweis verdanke ich Anja Lippert M.A.

[687] Rieser Nachrichten, 28.2.1975.

[688] Ebd., 17.2.1975: Titel: „Das Rieser Staubhemd wurde zur modischen Kleidung".

eine schwarze Weste getragen wurde. Die weißbestrumpften Beine steckten in schwarzen Hirschlederhosen und in schwarzen Halbschuhen. Ein runder, niedriger Bauernhut saß auf dem Kopf; vielfach hing aus der Hosentasche ein buntgemustertes oder rotes Taschentuch.[689]

Daß man Trachten nicht nur als ideelle, sondern auch als materielle Schätze ansehen kann, die deswegen häufig nach außerhalb verkauft wurden, sprach Dieter Höpfner von der Tanzgruppe Reimlingen in einem Leserbrief an. Er plädierte dafür, die Trachten dem Rieser Bauernmuseum Maihingen oder einem Trachtenerhaltungsverein zu geben, statt sie zu Hause verrotten zu lassen oder sie an Privatsammler zu verkaufen.[690]

Die derzeit bedeutendste Institution für das kulturelle Bewußtsein im Ries ist der Verein **Rieser Kulturtage**, den der aus dem Ries stammende bayerische Staatsminister Anton Jaumann initiierte. Jaumann äußerte sich über seine Beweggründe im Geleitwort zu den ersten Rieser Kulturtagen:

Für die vornehmste Aufgabe in dieser orientierungslosen Zeit halte ich es, unseren Mitbürgern Orientierung zu geben, Angst zu nehmen und damit Heimat zu schaffen. [–] Es gilt, für Natur und Landschaft den Blick zu weiten, die Geschichte und Kultur zu verdeutlichen und die gestaltenden Kräfte auf den verschiedensten Ebenen hervorzuheben und zu unterstützen. Dies scheint mir vergleichsweise leicht zu schaffen im Ries, einer selten geschlossenen und gleichwohl offenen Landschaft.[691]

1975 wurde der Verein Rieser Kulturtage e.V. unter dem Vorsitz von Schulamtsdirektor Walter Barsig gegründet. Dieser bezog sich in seiner Ansprache ausdrücklich auf die Rieser Heimatwoche von 1922 und befand, daß sich die Ziele beider Veranstaltungen eigentlich glichen:

Wollen doch auch wir ... erreichen,

- daß die geographische Geschlossenheit unseres Raumes, die zu einer stammesmäßigen Einheit führte, Signalwirkungen auf die Menschen ausüben soll, die heute im Ries wohnen. Sie sollen sich als aufeinander bezogen und zueinander zugehörig begreifen und zu einem stärkeren Zusammenhalt finden;

- daß aus der Förderung und Pflege der Kultur, der Geschichte und der Kunst im Ries Freude und Beglückung für die Menschen dieses Raumes erwachen sollen;

- daß alle interessierbaren Kreise der Bevölkerung sich mehr als bislang bewußt werden sollen, daß in ihrer Landschaft, die an den Grenzen Bayerns nicht Halt macht, ein wohl einzigartiges kulturelles und geschichtliches Erbe geborgen liegt;

- daß eine Landschaft nur dann „lebt", wenn sich die in ihr beheimateten Menschen um sie bemühen, sie mit offenen Augen sehen und bereit sind, etwas zu ihrer Erhaltung beizutragen;

- daß schließlich über ein neues Besinnen und Herausstellen der Kräfte und des Wesens einer Landschaft, die Heimat ist, Ideen Struktur bekommen, die zu einem auch neuen gesellschaftlichen Bewußtsein hinführen, das letztlich politisch gesehen – nicht parteipolitisch gesehen – Wirkungen ausüben kann.[692]

[689] Ebd.
[690] Ebd., 20.2.1975.
[691] Rieser Kulturtage. Dokumentation Bd. I/1976, S. 11.
[692] Ebd., S. 13 f.

Der Verein Rieser Kulturtage ist in Arbeitskreise gegliedert, die die einzelnen Bereiche vertreten. *Von Anfang an wurde der Kulturbegriff sehr weit gefaßt. So wurden neben den „klassischen" Arbeitsgebieten Geologie, Natur und Landschaft, Geschichte oder Bildende Kunst auch die Arbeitskreise Jugend, Landwirtschaft, Schulen, Sozialer Bereich, Wirtschaft und Handwerk einbezogen.*[693] Als Grundsatz gilt: *Alle Aktivitäten im Rahmen von Kulturtagen sollten möglichst aus eigenen Kräften entstehen und thematisch mit dem Ries verbunden sein.*[694] Ebenso weit gefaßt wie der Kulturbegriff wird der Riesbegriff: Zugunsten eines größeren Aktionsradius' weitet er sich aus; so gehört mittlerweile auch Lauchheim dazu, was der Verein u.a. geologisch begründet.

Die Rieser Kulturtage werden seit 1976 in zweijährigem Rhythmus abgehalten, jeweils vier bis sechs Wochen lang, jeweils unter der Schirmherrschaft der Ministerpräsidenten von Bayern und Baden-Württemberg. Der Verein ist betrebt, die Veranstaltungen nicht auf die Städte zu konzentrieren, sondern möglichst *flächendeckend*[695] auch auf die einzelnen Dörfer zu verteilen. In der Regel finden etwa 150 Veranstaltungen während der Kulturtage statt; im Jubiläumsjahr 1994 wurden in über 50 Gemeinden und Städten 230 Veranstaltungen abgehalten, bei denen 90.000 Besucher gezählt wurden. *Besonderer Wert wurde auf kulturellen Austausch zwischen württembergischem und bayerischem Ries gelegt, sollte doch die trennende Staatsgrenze überwunden und die Menschen des gesamten Riesraumes zusammengeführt werden.*[696] Der jetzige Vorsitzende Dr. Wulf-Dietrich Kavasch sieht denn auch als Motiv für die Gründung der Rieser Kulturtage: *Infolge der bayerischen Randlage und zerschnitten durch die bayerisch-württembergische Staatsgrenze drohte das Ries ins „kulturelle Abseits" zu geraten.*[697]

Neben den Dokumentationsbänden mit den Vorträgen der Kulturtage gibt der Verein Publikationen mit einer großen Bandbreite an Themen heraus; inzwischen betreibt er auch einen eigenen Verlag für Heimatschriften und Musikerzeugnisse. Seit 1983 verleiht der Verein in den Jahren zwischen den Kulturtagen den Rieser Kulturpreis für hervorragende Leistungen in den Bereichen Kunst, Natur, Geisteswissenschaft, Geschichte, Brauchtum oder Behandlung von Gegenwartsfragen mit Bezug zum Ries.[698]

Der Verein registriert zunehmendes Interesse der Rieser Bevölkerung an der kulturellen Selbstdarstellung des Rieses und die Entwicklung eines ausgeprägten Selbstwertgefühls. Im Rückblick auf neun Rieser Kulturtage formuliert Kavasch 1993: *Es geschieht aber auch in der Überzeugung, daß nicht zuletzt durch die Arbeit des Vereins Rieser Kulturtage die Rieser Bevölkerung ihre Identität wiedergefunden und neues Selbstbewußtsein und Zusammengehörigkeitsgefühl über die trennende Staatsgrenze hinweg entwickelt hat.*[699]

[693] Kavasch: Verein Rieser Kulturtage. In: Mitteilungen des Verbandes bayerischer Geschichtsvereine 16 (1993), S. 23. Vgl. auch die Vereinssatzung.
[694] Kavasch, 1993, S. 23.
[695] Kavasch, 1989, S. 101.
[696] Kavasch, 1993, S. 23.
[697] Ebd.
[698] Vgl. die Ordung für die Verleihung des Rieser Kulturpreises.
[699] Kavasch, 1993, S. 24.

Zusammenfassung: Die Bilder verfestigen sich

Wie Armin Griebel feststellt, stand der Münchner Festzug von 1891 zum 70. Geburtstag des Prinzregenten in der Tradition der älteren Wittelsbachischen Huldigungszüge, nahm aber bereits Elemente der neuen Trachtenbewegung auf.[700] Auch eine große Gruppe aus dem Ries, das den Behörden spätestens seit der 1852er Trachteninitiative als Trachtengebiet bekannt war, gehörte zu den Teilnehmern. Auf die Erfahrungen dieser Veranstaltung und der älteren Festzüge konnte man 1900 beim Huldigungszug in Nördlingen aufbauen, der den einzelnen Gemeinden Gelegenheit zur Selbstdarstellung bot.

Seit dem Ende des 19. Jahrhunderts ergibt sich ein komplexes Bild von Zusammenhängen und Beziehungen: Festzüge und die Entstehung von Trachtenbeschreibungen, -fotos und -postkarten stehen oft in engem Kontext. Nachträglich vorgenommene Aufnahmen der Festzugsteilnehmer von 1891 wurden noch Jahrzehnte später als Illustrationen von Trachtenbeschreibungen oder als Postkarten verwendet, Trachtengruppen bei Festzügen als Anlaß von Trachtenbeschreibungen genommen, hinter denen trachtenpflegerische Absichten stehen.

Häufig beruhen Trachtenbeschreibungen auf anderen, älteren oder zeitgleichen, Texten, meist ohne die Vorlage zu nennen. Melchior Meyrs Trachtenbeschreibung von 1863 wurde noch 40 Jahre später kopiert. Flüchtig vorgenommene Aktualisierungen führten zu unpassenden Übergängen. Ein Vergleich der Beschreibungen ergibt kein einheitliches Bild. Die Einstellung des Autors zur Tracht bestimmte seine Sicht. Wer Veränderungen im Kleidungsverhalten ignorieren wollte, schrieb manches dem jahreszeitlichen Wechsel zu, nicht einer neueren oder älteren Mode. Und Kleidungsstücke, die jemand als charakteristisch für eine Tracht betrachtete, durften in seinen Augen nicht verschwinden, auch wenn andere Autoren sie als längst abgelegt bezeichneten. Eine Ausnahme bildete besonders Leonhard Simon, der 1936 statistisch belegt und differenziert darstellt, wer zu welchen Gelegenheiten welche Trachtenbestandteile trug und wie sich die Kleidungsweise geändert hatte. Ein Teil der Texte war für den schulischen Gebrauch vorgesehen; ihre Verfasser vermittelten der heranwachsenden Bevölkerung ein bestimmtes Bild von einer Tracht, die vielfach längst Vergangenheit war.

Auf Postkarten wurden Trachtenaufnahmen – meist als Dekoration von Stadtansichten – beliebig kombiniert, Kleidungs- und Zubehördetails durch Retusche und Kolorierung gelegentlich verfälscht. Aus kommerziellen Gründen wurden Männer mit interessanten, publikumswirksamen Gesichtern in Tracht gemalt und fotografiert, die „privat" keine Tracht trugen. Viele dieser Postkarten, auch welche aus der Vorkriegszeit, waren bis weit in die sechziger Jahre hinein im Handel, verbreiteten und bestärkten so noch lange ein Bild von der „Rieser Volkstracht", das auf den Vorstellungen beruhte, die seit dem 19. Jahrhundert entstanden. Besonders das Blauhemd wurde, auch in der Tourismuswerbung, zum Sinnbild für die Region.

Nach dem Schock des verlorenen Ersten Weltkriegs und der folgenden Orientierungslosigkeit herrschte ein großes Bedürfnis nach einem Ausgleich, der vielfach zu einer Konzentration auf die regionale Identität führte. Zu diesem Zweck organisierte der Nörd-

[700] Griebel: Tracht und Folklorismus, bes. S. 167.

linger Bürgermeister in den 20er Jahren zwei Rieser Heimatwochen mit einem umfangreichen Spektrum an Vorträgen und Veranstaltungen. Nicht von ungefähr wurden in diesem Zeitraum die ersten Trachtenvereine im Ries gegründet. Tracht diente als Regional-Emblem, als Bekenntnis zur Heimat. Dabei stand aber auch hier wie bei den frühen Vereinen in Bayern anfangs die Gebirgstracht im Vordergrund. Gründe waren wohl eine schwärmerische Begeisterung für das Gebirge[701] und das folkloristische Vergnügen am Schuhplatteln. Bald verlagerte sich das Interesse aber auf die Konservierung der einheimischen Tracht. Trachtensammlungen wurden angelegt. „Mit der vereinsmäßigen Pflege kam es zu einer weiteren Fixierung der Trageweise wie zur Verfestigung des Abzeichencharakters der Tracht.“[702] So fand die Bekleidungskombination, die ein Oettinger Trachtenvereinspaar 1925 bei einer Fotoaufnahme trug, in der Folgezeit als Beispiel für die Rieser Tracht weite Verbreitung. Bei Neuanschaffungen waren preiswerte Fertigung und Eignung für die Vorführungen wichtige Faktoren.

Bei allen Vereinen standen gemeinsame Freizeitunternehmungen der Vereinsmitglieder im Vordergrund. Meist spielten auch Laientheater, Volksliedersingen sowie Darbietungen schwäbischer und fränkischer Volkstänze als Schauvorführungen für Einheimische und Touristen eine große Rolle. Die oberbayerische Version wurde entweder weiter gefördert oder in den 80er Jahren erneut belebt.

Seit den 60er und 70er Jahren ist eine verstärkte Zunahme des Heimatbewußtseins zu verzeichnen. Auslöser war die wissenschaftliche Erkenntnis einer geologischen Besonderheit des Rieses. In den 70er Jahren zogen die Verwaltungsreformen auf lokaler und regionaler Ebene verschiedene Initiativen nach sich, die sich aus lokalem Traditionsbewußtsein mit der Regon beschäftigten. Die Rieser Kulturtage, die 1975 gegründet wurden und Vorläufer in den beiden Rieser Heimatwochen der 20er Jahre haben, trugen seither entscheidend zu einer regionalen Identifikation bei.

701 Vgl. Frei: Trachtenpflege. In: ders. (Hg.): 50 Jahre Heimatpflege in Schwaben, S. 56.
702 Griebel: Tracht und Folklorismus, S. 142.

Ergebnisse

Die Frage lautete: Wie ist das heutige Bild vom Rieser und seinen kulturellen Eigenarten zustande gekommen? Ausgehend von einer breiten Quellenbasis wurden die verschiedenen „Blicke“ auf das Rieser Volksleben und die daraus entstandenen divergierenden Bilder aufgezeigt. Im Gegensatz zu den Arbeiten von Klaus Reder, Armin Griebel oder anderen Würzburger Volkskundlern, die sich ebenfalls mit Wolfgang Brückners These von „Fund und Erfindung“ beschäftigen, stand nicht eine einzelne Quellengattung wie die Physikatsberichte oder ein einzelner Themenbereich wie die Tracht im Mittelpunkt der Untersuchung, sondern es wurden für eine begrenzten regionalen Raum sehr unterschiedliche Zeugnisse quellenkritisch untersucht: amtliche und nichtamtliche Berichte, schriftliche und bildliche Darstellungen. Dabei lag das besondere Augenmerk auf ihrem Entstehungskontext, den dahintersteckenden Interessen und Absichten, den Biographien der Autoren und Künstler, gegenseitigen Abhängigkeiten und Zusammenhängen.

Einige der Quellen und Ereignisse hatten bisher noch gar keine Beachtung gefunden[703], andere, die zwar schon bekannt waren, wurden erstmals für die Region ausgewertet[704], bereits behandelte aus neuem Blickwinkel betrachtet. Das Überwiegen des Themas „Tracht“ und die allmähliche Konzentration auf diesen Bereich war mir durch diese Quellen vorgegeben, die ihn als augenfällige Erscheinung immer mehr in den Mittelpunkt rückten.

Die Kombination und den Vergleich verschiedener Materialien empfiehlt auch Armin Griebel, weil sie helfe, die ihnen immanente Subjektivität zu erkennen und zu relativieren.[705] Quellenpluralität vermittelt ein Bild mit mehr Facetten, als es bei der Beschränkung auf eine einzige Quellengattung entsteht. In den behandelten historischen Zeugnissen kann man unterscheiden zwischen der Subjektivität einzelner Personen (M. Meyr, Gerichtsärzte), dem Bestreben von Verwaltungsbeamten, sich das Anliegen des Königs zu eigen zu machen und nach Möglichkeit „positive“ Meldungen weiterzugeben, dem klischeehaften Idyll einer Bildergattung bei den Trachtengraphiken und trachtenpflegerischen Intentionen verschiedener heimatkundlicher Autoren.

In den ersten Jahrzehnten des 19. Jahrhunderts lag das Ries noch außerhalb des Blickfelds der publizistischen Öffentlichkeit. Nur statistische Landesbeschreibungen bezogen das Ries mit ein; sein Volksleben oder seine Tracht waren noch nicht „entdeckt“. Auch in den ersten großen Trachtenwerken Bayerns und Deutschlands fehlt das Ries. Lediglich einige einheimische Künstler beschäftigten sich damit. Neben Albrecht Adam, der einige Szenen aus dem Volksleben skizzierte, und Friedrich Wilhelm Doppelmayr, der u.a. Veduten von Bauernhäusern malte und dafür gerne Personenstaffagen einsetzte, widmete sich am intensivsten der vielseitig interessierte Nördlinger Maler Johannes Müller dem Thema. Wegen sei-

[703] Lauxmanns Trachtenbeschreibung, Empfang 1829 in Marktoffingen, die meisten Enhuber-Bilder, Festzug 1900.
[704] Trachtenumfrage 1846, Trachteninitiative 1852 ff., komplette Auswertung der drei Physikatsberichte, Festzug 1891, Trachtenpostkarten.
[705] Wittelsbacher Trachtenpolitik, S. 130.

ner hohen Produktivität war er am öffentlichkeitswirksamsten. In mehreren Arbeiten ging er auf verschiedene Formen des Kleidungsverhaltens ein; er stellte die städtische Kleidung in Nördlingen der ländlichen gegenüber, unterschied die Konfessionen, altmodische und modische Kleidung sowie Bekleidungsgewohnheiten zu verschiedenen Anlässen.

Ebenfalls nur lokale Bedeutung besaß der Empfang des neuen Königspaares 1829 in Marktoffingen. Die Reise der Monarchen gab den Untertanen Gelegenheit, die Herrscher einmal persönlich zu sehen und dadurch in eine engere Beziehung zur Monarchie und zur Regierung zu treten. Ganz im Interesse der wittelsbachischen Nationalpolitik und in der Tradition des Königskultes ergriff der Enthusiasmus das gesamte Ries. Geehrt durch den hohen Besuch ließ das Dorf ein aufwendiges Fest gestalten, bei dem es sich als Getreidebaugemeinde vorstellte. Die Landjugend wurde als jubelnde *Schnitter und Schnitterinnen* präsentiert. Ob die Kostüme eigens für dieses Ereignis geschneidert wurden oder ob es sich um Sonntagskleidung, dekoriert in den Landesfarben Blau und Weiß, handelte, kann man nicht mehr beantworten. Für das Dorf spielte es dabei keine Rolle, daß der König auf seiner Reise jeden Tag mehrere gleichartige Empfänge erlebte, da diese immer nach einem bestimmten, vorgeschriebenen Schema abliefen.

Besonders bei den Physikatsberichten von 1861 fällt die Subjektivität mancher Beschreibungen auf, läßt sich die Aussage, daß Beschreibungen oft Rückschlüsse auf den Beobachter und dessen Mentalität zulassen, gut belegen, wobei Informationen über die persönlichen Hintergründe diese Rückschlüsse stützen. Während Dr. Böhm nur wenige Wertungen in seinen Bericht einfließen ließ, wertete Dr. Schneider als aufgeklärter und politisch engagierter Bildungsbürger stark, z.B. hinsichtlich der Auswirkungen des Feudalismus. Schneider lebte lange im protestantischen Nördlingen, bis er als Gerichtsarzt in das katholische Wallerstein kam. Katholischen Festen brachte er kein Verständnis entgegen. Unterschiede in der Lebensart und Kleidung sah er konfessionell begründet, während Dr. Böhm sie grundsätzlich mit sozialen Aspekten erklärte. Dr. Horlacher dagegen ging im gemischtkonfessionellen Oettingen nicht auf etwaige konfessionelle Unterschiede ein; er beschrieb neutral, lieferte keine Begründungen. Den Auftrag zur Abfassung des Berichts – eine zusätzliche Arbeit – erfüllte er unwillig; nur wo es um seinen Beruf, um medizinische Belange ging, wirken seine Äußerungen interessierter. Den Quellenwert beeinflußt überdies, daß die Ärzte von ihrer Ausbildung her keineswegs kompetent waren zur Beantwortung so komplexer Fragestellungen und sie auch nicht zu allen Lebensbereichen Zugang hatten. Dennoch erlauben die Physikatsberichte wie kaum eine andere Quellengruppe Einblicke in vielfältige Lebensbereiche. Von den königlichen Bestrebungen zum Trachtenerhalt erscheinen alle drei Rieser Gerichtsärzte unbeeinflußt. Sie setzten sich aus gesundheitlichen Gründen eher kritisch mit der ländlichen Kleidungsweise auseinander.

Maximilian II. hatte, wie bereits zahlreiche Untersuchungen gezeigt haben, die Heraushebung der Trachten und den Trachtenerhalt angesichts der Bedrohung der Monarchie in der Revolution von 1848, angesichts des neu gebildeten, uneinheitlichen Territoriums und angesichts weitreichender außenpolitischer Ziele als geeignetes Mittel angesehen, ein gesamtbayerisches Bewußtsein zu schaffen. Am „Landesbrautzug" 1842 beteiligte sich das Ries mangels geeigneter Brautpaare nicht. Die ersten amtlichen Beschreibungen stammen von 1846, als Maximilian noch als Kronprinz eine Umfrage über die bestehenden Trachten in Umlauf brachte. Ab 1852 versuchte er, Maßnahmen zur Trachtenpflege einzuleiten. Über den Verwaltungsapparat ließ er sich über die bestehenden Trachten informieren. Der schwäbische Regierungspräsident führte bereits in seinem Schreiben an die unteren Behörden das Ries und einige andere Trachtenreliktgebiete auf. Nur aus dem Ries kamen auch prompt positive Rückmeldungen, die der Regierungspräsident in seiner Zusammenfassung entsprechend groß herausstellte. Im Gegensatz zu kritischeren Kollegen[706] war er sichtlich bestrebt, eine Antwort möglichst im Sinne des Königs als Auftrag- und Arbeitgeber geben zu können; er beschönigte manches leicht und ließ seine eigene Sicht einfließen. Das Innenministerium wiederum faßte die Meldungen der Regierungspräsidenten zu einer Stellungnahme zusammen.

Im Ries hingegen traf die Aufforderung zur Trachtenpflege auf Unverständnis, weil man vor Ort angesichts getragener Trachten keinen Handlungsbedarf sah. Deswegen erschien die Nennung prämierungswürdiger Gemeinden schwierig. Die Namen der Ortschaften – konfessionell ausgewogen – kamen denn auch eher zufallsbedingt und willkürlich in die Akten, wo sie in den folgenden Jahren immer wieder weitergegeben wurden. Trotz angeblich *unabänderlicher* Trachten scheute man aber, die Aufmerksamkeit der Bevölkerung auf das Thema zu lenken, aus Sorge, bei einem Vergleich könne die modische Kleidung besser abschneiden. Inwiefern Pfarrer und Lehrer im Ries in der Beeinflussung der Jugend tätig wurden, ist nicht bekannt. Weniger die Beschreibungen als die acht beigefügten Trachtenabbildungen zeigen eine große Formenvielfalt der Bekleidung im Ries bei einigen festen Grundelementen. Stark herausgestellt wurden die konfessionellen Unterschiede. Die Berichterstatter führen an, welche Modifikationen die Kleidungsweise in den vergangenen Jahrzehnten erfahren hatte. Die Zusammenhänge zwischen einzelnen Kleidungsformen und Konfession, Alter oder sozialer Zugehörigkeit waren dabei den Beamten nicht immer klar.

Der Literat und Philosoph Melchior Meyr, der im großstädtischen Intellektuellenmilieu lebte, kannte als gebürtiger Rieser, der auch immer wieder zu seiner Verwandtschaft ins Ries zurückkehrte, die Region sehr genau. Mehrere seiner Arbeiten hatten das Ries zum Thema – es waren seine erfolgreichsten Arbeiten. In der „Bavaria" nahm das Ries 1863 eine außergewöhnliche Stellung ein: es erhielt als einzige Region ein eigenes Kapitel, betitelt „Ethnographie des Rieses" und verfaßt von Melchior Meyr. Meyr bildete die Schnittstelle zwischen den amtlichen Aktivitäten zur Erforschung und Beeinflussung des Volkslebens und dem literarischen oder künstlerischen Interesse an der Volkskultur. Besonders in der „Ethnographie" zeichnete Meyr ein sehr differenziertes Bild, betrachtete das Ries als Mikrokosmos mit topographisch, konfessionell und sozioökonomisch bedingten Abstufungen. Er betonte den Wandel in der ersten Hälfte des 19. Jahrhunderts, wertete ihn aber kaum. Sein Hauptaugenmerk lag auf den sozialen Nuancen. Er beschränkte sich dabei auf die evangelische Bevölkerung des bayerischen Rieses, die er am besten kannte. Nur einige öffentlich erlebbare katholische Bräuche nahm er mit auf. Die Trachtenbeschreibung der „Ethnographie" ist mit einigen Aktualisierungen in den Aufsatz „Land und Leute im Ries" übernommen.

In seinen acht Dorfgeschichten, den „Erzählungen aus dem Ries", die von 1856 bis 1870 erschienen, ist Meyrs persönliches Interesse mit einer literarischen Strömung eine Verbindung eingegangen. Hier widmete er sich, wie er selbst zugab, eher den schönen und lustigen Seiten des Landlebens. Schmutz und Arbeit kommen in der idealisierten Rea-

706 Vgl. etwa Griebel: Wittelsbacher Trachtenpolitik.

lität der Erzählungen kaum vor, dafür um so mehr idyllische Szenen und Feste. Die Darstellung der sozialen Hierarchie im Dorf bleibt aber ein zentrales Thema. Weil er einige Geschichten in der ersten Hälfte des Jahrhunderts spielen ließ, konnte er einige Bräuche schildern, die beim Verfassen der Bücher bereits verschwunden waren. Bei Meyr, der sich selbst als Mentor des Rieses verstand, ist besonders in den „Erzählungen" spätaufklärerisches Interesse kombiniert mit spätromantischer Verklärung.

Karl von Enhuber übernahm den Auftrag, Illustrationen zu den „Erzählungen aus dem Ries" seines Jugendfreundes Melchior Meyr zu malen. Die Grisaillen präsentieren bestimmte Episoden oder Schlüsselstellen, sind aber auch ohne Kenntnis der Geschichten interpretierbar und wurden als repräsentativ für deutsches Volksleben aufgefaßt. So konnten dreizehn der Bilder um 1870 unter dem Titel „Deutsches Volksleben" veröffentlicht werden, nachdem es nicht zu einer Verwendung als Illustrationen gekommen war. In den ausführlichen Bildkommentaren faßte Meyr selbst seine Erzählungen zusammen, aber die Betrachter hätten die meisten Bilder auch ohne Erläuterung verstehen können. Enhuber gestaltete die vorgegebenen Episoden genrehaft aus, wählte die gefälligsten Sujets aus. Die detailreichen Gemälde stellen eine Mischung dar aus Treue zur literarischen Vorlage – Meyr hatte im Atelier Änderungen angeregt –, eigenen Studien Enhubers im Ries und künstlerischer Gestaltung. Die Gemälde zeigen Wirklichkeit, die aber gleichzeitig mit Blick auf die Erwartungen des Publikums, der Käufer oder Auftraggeber hin zurechtgebogen ist. Bei der Ausführung wirkten Wunschbilder und Wirklichkeit[707] bestimmend. Die Gemälde sind gefälliger und publikumswirksamer gestaltet als Meyrs bereits idealisierte Erzählungen. Immer wieder auftretende Versatzstücke zur Ausschmückung wie Vogelkäfige trafen den Geschmack des bürgerlichen Publikums. Von niedlichen Haustieren oder romantischen Strohdächern ist bei Meyr nirgends die Rede. Notfalls wurde die Wirklichkeitstreue der künstlerischen Wirkung geopfert. Enhuber führt mehrere Kleidungsvarianten vor, da Meyrs Geschichten aber grundsätzlich im evangelischen Bevölkerungsteil spielen, ist auf den Bildern keine katholische Kleidung zu sehen.

Zwei der Gemälde Enhubers wurden als Stiche überaus erfolgreich: Sie zeigen eine glückliche Familie in „trautem Heim" sowie eine freudige Begrüßung in einer „heilen Welt"; deren eigentlicher Inhalt in Meyrs Erzählung war kompliziert und auf dem Bild nicht ablesbar, aber das Sujet konnte ohneweiteres mit anderer Interpretation versehen und verkauft werden. Die regionale Zuordnung „Ries" in den Titeln der weitverbreiteten Stiche trug dazu bei, daß der Öffentlichkeit ein bestimmtes Bild vom Ries und seiner Bekleidung dargeboten wurde.

Die meisten der behandelten Ries-Bilder der Zeit ab 1860/70 kann man als genrehafte Volkslebenbilder einordnen, die vornehmlich die angenehmen Seiten des Landlebens zeigen. Zielgruppe für die Genrebilder und Trachtenstücke war das Bürgertum, das zwischen 1848 und 1870 einen steilen Aufstieg erfahren hatte und das angesichts sozialer und politischer Probleme in der entstehenden Industriegesellschaft sentimental auf eine vermeintlich „heile", natürliche Welt mit „malerischen" Trachten blickte. „Als Kunst für das Bürgertum werden so die Bauern und das 'einfache Leben' salonfähig gemacht und ausgestellt. Durch die malerische Produktion einer idealen Realität, die die Wirklichkeit

[707] Vgl. den Untertitel des Bandes Fränkisches Volksleben.

als schönen Schein darstellt, erfahren ländliche Regionen und deren Bewohner eine breite Öffentlichkeit, welche sich an beschaulichen Darstellungen des Landlebens erfreut."[708]

Dabei übertrugen die Bilder bürgerliche Tugenden und Ideale auf die Bauern: Das Rendezvous eines adretten Paares (Beyschlag) signalisiert eine romantische Liebesbeziehung als Grundlage einer späteren Ehe, ebenso das Blatt von Geißler, auf dem ein älteres Paar wohlgefällig auf ein junges herabblickt. Daß die meisten bäuerlichen Ehen in dieser Zeit aus ökonomischen Zwängen heraus auf Grundlage des Güterbesitzes arrangiert wurden, ignorieren die Bilder und die Bürger; gefragt waren rührende Familienszenen (Enhuber) und graziöse Bauernmädchen, die sich für den Kirchgang Blumen anstecken (Beyschlag). Die Zuordnung in das Ries ermöglichen einige markante Landschaftspunkte oder Bauwerke, soweit der Name der Region nicht im Titel auftaucht. Die Trachtenstiche reduzierten die bunte Vielfalt der differenzierten ländlichen Kleidungsweise auf nur wenige Formen, sie schrieben eine bestimmte Vorstellung der „typischen Rieser Tracht" fest. Geißler führte noch generationsbedingte Unterschiede vor, konfessionelle Unterschiede dagegen, die zuvor immer stark herausgestellt worden waren, wurden ignoriert; die Beschränkung auf eine Konfession hätte eine Verminderung der potentiellen Käuferschaft bedeutet. Kretschmer hat für seine beiden Trachtenstiche offenbar Vorlagen herangezogen. Vorbild für eine Frauengestalt war ein Stich Beyschlags, wobei das ungenaue Kopieren zu Fehlern in Details führte.

Keine subjektiven Sichtweisen sind bei Theodor Lauxmanns Trachtenmanuskript von 1919 zu erkennen. Obwohl er sich sonst stark für Trachtenerhalt und -pflege engagierte, hielt sich der sachkundige, langjährige Trachtenforscher an die Fakten, kommentierte oder beklagte den Wandel bzw. das Verschwinden einzelner Stücke nicht. Manches lobte er aus ästhetischen Gründen. Seiner sehr detaillierten, akribischen Beschreibung der einzelnen Kleidungsstücke lagen vielfältige Quellen zugrunde. Oft verwies er auf die Herkunft von Trachtenteilen aus der bürgerlichen Mode. Differenzierungen sah er im Anlaß oder im Alter der Personen bzw. in Generationsunterschieden begründet, weniger in der sozialen Stellung. Da er sich nur auf die evangelische Bevölkerung bezog, ging er nicht auf konfessionelle Unterschiede ein.

Im Gegensatz zu manchen fränkischen Regionen[709] gibt es im Ries keine Anhaltspunkte dafür, daß für Festzüge Trachten nach alten Zeichnungen nachgeschneidert oder neu kreiiert wurden oder daß bei bestehenden Trachten aus ästhetischen Gesichtspunkten Verbesserungen vorgenommen worden seien. Ob trachtenlose Rieser für die Teilnahme an einem Festzug Tracht anzogen, ist ungewiß. Die Beteiligung von Handwerkern, die den meisten Beschreibungen nach sonst städtisch gekleidet waren, am Münchner Trachtenumzug 1891 könnte ein Hinweis dafür sein. Der Dreispitz, den einige Männer zu diesem Anlaß trugen, war damals jedenfalls veraltet.

Zwischen Festzügen, Fotos, Postkarten und Trachtenbeschreibungen sind ab dem Ende des 19. Jahrhunderts vielfältige Beziehungen und Verflechtungen zu verzeichnen. Am Umzug zum 70. Geburtstag des Prinzregenten 1891 in München nahm eine große Gruppe aus dem Ries teil. Nachträglich fotografierte ein Fotograf die Teilnehmer, um die Trachten für die Nachwelt bildlich festzuhalten, und montierte die Fotos zu zwei konfessionell getrenn-

708 Höflein: Ländliche Tracht, S. 249.

709 Vgl. Griebel: Tracht und Folklorismus.

ten Gruppenbildern zusammen. Diese Gruppenaufnahmen bildeten die Illustration zu einer ausführlichen Trachtenbeschreibung in der Zeitschrift „Bayerland", deren Text im wesentlichen auf Melchior Meyrs Ethnographie von 1863 beruht, aber die katholische Kleidung und ihren Wandel sowie neue und alte Modeerscheinungen intensiver behandelt.

Auf diese Ausführungen bezog sich 1899 Christian Gruber. Er zitierte sie mit Quellenangabe, wobei er einige stilistische Änderungen vornahm, die Verweise auf Meyr und den Festzug wegließ und zusätzlich die Arbeitskleidung beschrieb. Wieder wurden dazu die beiden Festzugsgruppen abgebildet. Achtzehn Jahre nach der Aufnahme erschien das Foto einer Teilgruppe auf einer Trachtenpostkarte. Ebenso wurde die Fotografie eines einzelnen Festzugspaares als Postkartenmotiv verwendet, darüber hinaus auch zur Illustration mehrerer heimatkundlicher Beschreibungen oder Schulbücher.

Meyrs „Ethnographie des Rieses" war sehr beliebt als Grundlage von Trachtenbeschreibungen. Sie war Vorbild einer ganzen Reihe von Darstellungen und wurde häufig kopiert: Gutbrod rezipierte sie 1881 und 1890 ohne Quellenangabe, fügte aber Neuerungen in der Kleidungsweise ein. Auch Hübler übernahm sie fast vierzig Jahre später, 1901, in seiner Landschaftskunde ohne Quellenangabe wörtlich. Passagen über mittlerweile verschwundene Kleidungsteile ließ er weg, neue Stücke ergänzte er. Die Einleitung über Veränderungen in neuerer Zeit stammte ebenfalls von Meyr, war also vierzig Jahre alt. In einem Handbuch für Volksschullehrer ist 1890 Meyrs Text ohne Quellen- oder Zeitangabe aufgenommen. Es bestätigt sich Armin Griebels Aussage, daß viele Autoren ältere Texte verwandten, in der Regel ohne dies anzugeben. So entstand der Eindruck, daß sie ein aktuelles Phänomen schilderten. Immerhin aktualisierten einige Rieser Autoren die Darstellung gemäß dem stattgefundenen Kleidungswandel. Beim flüchtigen Umarbeiten kam es immer wieder zu Ungenauigkeiten.

Nicht nur ältere Texte wurden gerne als Vorlage genommen, sondern auch zeitgleiche. Der Text in Köppens Buch von 1879 gleicht der Oberamtsbeschreibung von 1872 auffällig. Lämmerer und Niederwieser haben anscheinend große Teile von Ferggs Beschreibung aufgenommen. Über Jahre hinweg wurden auch die gleichen Illustrationen verwendet – direkt oder abgewandelt. Beliebte Stilmittel waren die Topoi von der Trachtenbeobachtung beim sonntäglichen Kirchgang oder in einer Marktsituation oder konstruierte Gespräche mit einheimischen Gewährspersonen, die dann die Schilderung älterer Trachtenversionen ermöglichten.

Je nach Ideologie und Trachtenverbundenheit bezeichneten Autoren ab 1900 dieselben Kleidungselemente als gängig oder abgelegt. Nostalgische Wunschbilder verklärten bisweilen den Blick und verengten die Perspektiven: Stücke, die jemand als charakteristisch für eine Tracht ansah, durften eben nicht verschwinden. Was nicht in das Idealbild einer Tracht paßte, wurde soweit möglich verschwiegen, Passendes dagegen (über-)betont, veraltete Kleidungselemente eingefügt. Manche schrieben Veränderungen im Kleidungsverhalten einem nur jahreszeitlichen Wechsel zu. Schulbücher vermittelten bereits den Schülern eine bestimmte Vorstellung von Tracht. Ästhetische Aspekte waren für viele ausschlaggebend für das Engagement für den Erhalt oder die Wiederbelebung von Tracht. Gegen Mitte des 19. Jahrhunderts schienen die Beobachter einem Wandel in der Kleidung toleranter gegenüberzustehen als gegen Ende des Jahrhunderts oder im ersten Drittel des 20. Jahrhunderts.

Ausnahmen bilden die differenzierten Beschreibungen von Ludwig Mußgnug (1921, 1924) und vor allem von Leonhard Simon (1936). Letzterer sah als Grund für den Trachtenerhalt die Grenzlage des Rieses, die Entfernung zu den Großstädten und den minimalen Fremdenverkehr. Trachtenerhaltungsvereine lehnte er ab, weil er deren Kleidung als zu uniformhaft empfand. Der Lehrer Ludwig Fergg dagegen betitelte ein gestelltes Atelierfoto, das den damaligen Vorstand eines Trachtenvereins und dessen Frau – keineswegs Bauern – zeigte, als *Rieser Bauer und Bäuerin, wie sie zur Stadt gehen*, sah beide also als Vertreter der bäuerlichen Trachtträger. Als Beleg „typischer Rieser Tracht" wird dieses Foto seitdem oft eingesetzt.

Bei den Trachtenpostkarten sind auch im Ries wie überall[710] Aufnahmen einzelner Personen in beliebiger Kombination vor verschiedenen Hintergründen einmontiert worden. Retusche und Kolorierung verfälschten zum Teil Kleidungsdetails. Einige Männer wurden als Modelle ausgewählt, weil ihr Aussehen den Vorstellungen der Käufer von echten, urwüchsigen Bauern entsprach. Von einem der Männer weiß man, daß er „privat" keine Tracht trug, sondern nur für die Fotoaufnahme und ein Porträt des Malers Frey-Moock in ein Blauhemd gekleidet wurde. Viele der Postkarten waren bis in die 1960er Jahre hinein im Angebot und prägten damit das Bild von der „Rieser Volkstracht" mit. Für die frühe Tourismuswerbung bildete die Tracht und vor allem das Blauhemd der Männer, der „Rieser Kittel", ein Emblem oder Markenzeichen für das Ries.

Wie sahen die Rieser sich selbst? Wie stand es mit der Identifikation der Rieser mit dem Ries? Aus den Quellen gewinnt man den Eindruck, daß sich die Bevölkerung im Ries noch in der ersten Hälfte des 19. Jahrhunderts in erster Linie auf die jeweilige Herrschaft bezogen definierte: als reichsstädtische Bürger, Oettingische oder Wallersteinsche Untertanen. Fremdbeschreibungen zeichneten dagegen eher ein einheitliches Bild des Rieses, orientiert an der Landschaft, die geographisch eindeutig abgegrenzt ist. Aus der Ferne verwischten die Differenzierungen und Abstufungen, auf die die Bewohner durchaus Wert legten.

Nach der Eingliederung in das neue bayerische Staatsgefüge wurden die völlig unterschiedlichen Herrschaftsverhältnisse vereinheitlicht, verbunden mit einer Zentralisierung der Machtbefugnisse. Während anfangs noch bestimmte administrative Kompetenzen den nun mediatisierten territorialen Machthabern (Freie Reichsstadt, Fürstentümer) zugeordnet blieben, fielen diese um die Mitte des Jahrhunderts endgültig weg und damit auch die engeren Bezugspunkte für die Bevölkerung. Ein Prozeß der Identitätsfindung, der für Gesamtbayern vom Königshaus in die Wege geleitet wurde und der ohnehin auch das Bewußtsein für die kulturellen Eigenarten der Regionen beinhaltete, vollzog sich deshalb in kleinerem Rahmen gleichermaßen im Ries. Die behandelten Berichte und Ereignisse waren daran in unterschiedlichem Ausmaß beteiligt. Man kann sie hinsichtlich der Frage interpretieren, inwiefern sie Auswirkungen auf das Bewußtsein der Rieser vom Ries besaßen.

Da die Trachtenbeschreibungen und -bilder von 1846 sowie 1852 bis 1856 ebenso wie die Physikatsberichte oder Lauxmanns wissenschaftliches Trachtenmanuskript unveröffentlicht blieben, konnten sie keinen direkten Einfluß auf das Bild von den Riesern oder ihrer Kleidungsweise im allgemeinen Bewußtsein haben. Aber das Interesse des Königs an den Trachten war sicherlich bekannt, und die ständigen Umfragen in den Landgerichten und Dörfern über mehrere Jahre hinweg blieben in den Köpfen der beteiligten Personen.

[710] Vgl. Walter: Postkarte und Fotografie. – Griebel/Brückner: Öffentliche Trachtenrepräsentation.

Öffentlichkeitswirksamer als die staatliche Kulturpolitik in der Mitte des 19. Jahrhunderts war die künstlerische und literarische Beschäftigung mit dem Ries und seinen Trachten. Melchior Meyr wies in seinen literarischen und ethnographischen Arbeiten auf die Eigenarten des Rieses hin, zeichnete ein besonders positives Bild.[711] Seine Erzählungen haben mehrere Auflagen erfahren, auch noch Anfang und Mitte des 20. Jahrhunderts. Zusammen mit der viel zitierten „Ethnographie" stellen sie heute eine beliebte Quelle zum Rieser Volksleben dar. Schon zu seinen Lebzeiten hat Meyr damit den Blick des Lesepublikums auf das Ries gelenkt und den Blick der einheimischen Bevölkerung auf ihr eigenes Leben geöffnet. Indem es ein eigenes Kapitel in der „Bavaria" erhielt, erschien das Ries als eigentümliche Region, obwohl der Grund dafür auch in der Existenz eines kompetenten Autors gelegen haben könnte.

Enhubers Gemälde zu Meyrs Erzählungen fanden offenbar keine weite Kenntnis. Im Lauf des 20. Jahrhunderts gerieten sie weitgehend in Vergessenheit, nur in einigen kunsthistorischen Ausstellungskatalogen sind sie abgebildet. Dagegen werden die Entwürfe, Skizzen und die beiden Stiche heute gern zur Bebilderung heimatgeschichtlicher Publikationen herangezogen. Die beiden nach Enhuber gestochenen Blätter sowie die Trachtengraphiken von Robert Beyschlag und Rudolf Geißler waren als Stiche oder in illustrierten Zeitschriften weitverbreitet. Bereits vorhandene Phänomene, im wesentlichen der Kleidung, wurden im 19. Jahrhundert erst von außen wahrgenommen, „entdeckt". Dabei kam es zu einer Betonung bestimmter Schwerpunkte und Besonderheiten, den ursprünglichen Variantenreichtum reduzierte man auf wenige Formen. Der Rieser Bevölkerung blieb diese Aufmerksamkeit nicht verborgen. Man kann davon ausgehen, daß sie geschmeichelt begann, sich mit ihrer Kleidung zu identifizieren.[712]

Eine wichtige Rolle bei der geistigen Neuorientierung spielte sicher auch die durch die Eisenbahn bedingte wachsende Mobilität, die einem Teil der Bevölkerung über den begrenzten Radius ihrer nächsten Umgebung hinaus half. Oder wie Barnay es in Hinblick auf die Vorarlberger Verhältnisse ausdrückt: Der fortschreitende Verkehrsausbau vergrößerte den regionalen Erfahrungshorizont der Einheimischen.[713] Außerdem entwickelten sich München als Haupt- und Residenzstadt sowie Augsburg als temporärer Arbeitsort vieler Rieser zu festen Bezugspunkten außerhalb der Region. Es liegt nahe, daß man nun allmählich nicht nur das Dorf als Heimat ansah, sondern die weitere Umgebung, das Ries.

Für die Selbstdarstellung innerhalb des Rieses wurde der Huldigungszug des Jahres 1900 in Nördlingen wichtig, dessen Ziel die sinnbildliche Darstellung des gesamten Rieses auf Festwägen war. Viele Ortschaften nutzten die Gelegenheit. So erfüllte z.B. die gelungene Repräsentation in der dominanten Nachbarstadt Nördlingen die Oettinger Bürger mit Stolz. Außer einigen wirklichen lokalen Besonderheiten entsprachen die Hochzeitsgesellschaften und die mit landwirtschaftlichen Arbeiten beschäftigten Gruppen den gängigen „Bildern" ländlicher Festzüge.

Nach der nationalen Katastrophe des verlorenen Ersten Weltkriegs kam es überall zu einer Identitätskrise. In Nördlingen organisierte der Bürgermeister zwei Rieser Heimat-

---

711 Die Rolle der Rieser Heimat- und Mundartdichter müßte noch untersucht werden.

712 Vgl. auch Heitere Gefühle, S. 57.

713 Barnay: Die Erfindung des Vorarlbergers, S. 321 f.

wochen, um ein Regionalbewußtsein als Ausgleich für die „schmachvolle" Niederlage Deutschlands zu wecken. Die beiden daraus resultierenden Rieser Heimatbücher mit den breitgefächerten Vorträgen zeigen eine große Bandbreite verschiedener Themen auf. Es ist kein Zufall, daß in diesem Zeitraum der 20er Jahre auch in den Städten Trachtenvereine gegründet wurden, die die ländliche Tracht zu konservieren versuchten und die sie zu Tanzveranstaltungen, bei Festen und Festzügen anlegten.

Nach dem Zweiten Weltkrieg erlebte die Identifikation mit dem Ries in der einheimischen Bevölkerung erst in den 60er und 70er Jahren einen erneuten Aufschwung durch den wissenschaftlichen Nachweis, daß das Ries seine Entstehung einem Meteoriteneinschlag verdankt. Diese Erkenntnis förderte in der Bevölkerung das Bewußtsein, in einer einmaligen Landschaft zu leben. Ab Anfang der 70er Jahre kümmerten sich – initiiert von einer einzelnen Persönlichkeit – Naturschutzvereine um landschaftliche Besonderheiten, Heimatpfleger stellten kulturelle Eigenarten heraus. Bereits seit den 60er Jahren gab ein Heimatverlag Rieser Heimatliteratur und eine Heimatzeitschrift heraus.

Die Landkreisreform von 1972, die ohne Beachtung historischer Beziehungen bzw. Aversionen umgesetzt wurde, führte zu einer Besinnung auf die regionale und lokale Geschichte und Kultur. Zwischen den beiden Landkreisen Nördlingen und Donauwörth gab es kaum geschichtliche oder kulturelle Gemeinsamkeiten, und so gilt für das Ries dasselbe wie für Baden: „Nach den Eingemeindungen und Verwaltungsreformen der letzten Jahre hat die Betonung des Orts- und Regionalbewußtseins eine große Bedeutung gewonnen. Als dessen Ausdruck ist die zunehmende Darstellung örtlicher Besonderheiten anzusehen, zu denen auch die Tracht gehört."[714] Die „Trachtenschatzsuche" der Heimatzeitung 1975 ist bezeichnend dafür. In die 70er Jahre, in denen überdies die Freizeitgestaltung einen größeren Stellenwert bekam, fiel im Ries die Gründung verschiedener Brauchtums-, Volkstanz- und Volksmusikgruppen, die in Tracht als Symbol der Heimatregion auftreten. Die Rieser Kulturtage sind seit 1975 wesentlich daran beteiligt, den Blick der einheimischen Bevölkerung auf Natur und Landschaft, Geschichte und Kultur zu lenken. Hierbei wird auf gleichmäßige Verteilung über das gesamte Ries geachtet, keine Ortschaft soll „vernachlässigt" werden. Das Interesse an kultureller Selbstdarstellung steigt. Auch Gemeinden außerhalb des Rieses wollen nun dazugehören. Das Ries ist attraktiv geworden als Bezugspunkt.

Heimatkunde- und Schulbücher, Trachtenpostkarten, Festzüge, die Rieser Heimatwochen und Kulturtage, heimatpflegerische Bemühungen sowie Aktivitäten einzelner Vereine oder Personen gehören zu den Multiplikatoren und Faktoren, die dazu beigetragen haben und beitragen, daß sich immer mehr Bewohner des Rieses gerne als Rieser sehen. Sie verbreiten die „Leitbilder der ethnischen Selbstbeschreibung"[715]. Die Eigenwahrnehmung ist mit dem Fremdbild verschmolzen.[716] Das Ergebnis dieses Prozesses, der gegen Mitte des 19. Jahrhunderts einsetzte, ist ein vollentwickeltes regionales Selbstbewußtsein.

---

[714] Schmitt: Volkstracht in Baden, S. 104.

[715] Barnay: Die Erfindung des Vorarlbergers, S. 486.

[716] Vgl. Tschofen: „Trotz aller Ungunst der Zeit", S. 335.

Farbabb. 1: „Nördlingen“, Anfang 19. Jh.

Farbabb. 2: Johannes Müller: „Der Gäns, Hüner, und Victualien Markt in Nördlingen“, um 1820.

Farbabb. 3: Johannes Müller: „Der Holz- Obst-, Rüben- und Gärtner Markt in Nördlingen“, um 1820.

Farbabb. 4: Johannes Müller: „Der ganz neu hergestellte FeldBronnen bey der Werther Wiesen an der Straße nach Löpsingen …“, dat. 1. August 1811.

Farbabb. 5: Stich nach Johannes Müller: „V. Tab: des sichtbaren general Registers, zu einer Sammlung verschiedener, sich auszeichnender, besonders schwäbischen Trachten, so wohl in Nördlingen selbst, als von umliegenden Ortschafften in ihren ländlichen Kleider Moden vorgestellt, nach der Natur gezeichnet, von J. Müller Mahler daselbst, gestochen v. B. F. Leitzelt, herausgegeben u. zu finden in der gemeinschafftlichen Kays: priv. Handlung zu Augsburg, u. bey ihren auswärtigen Niederlagen mit allergnädigster Kays: Königl: Freyheit u: Verbot solche nicht nachzustechen.“

Farbabb. 6: Albrecht Adam: Dorfpartie in Ederheim, 1804.

Farbabb. 7: Wilibald Joerg: „Schnitter und Schnitterin zu Marktoffingen bey dem Empfange Sr Majestät des Königs Ludwig v. Bayern den 27ten August 1829.“ (Spätere Kopie von Karl Keckhut)

Farbabb. 8: Heinrich Dauer: „Trachten aus dem Pfarrdorf Naehermemmingen/Evang. Konfession/:", 1852.

Farbabb. 9: Heinrich Dauer: „Trachten aus dem Pfarrdorf Reimlingen/:katholischer Konfession/:", 1852.

Farbabb. 10: Gloning: „Trachten der Katholiken im Bezirke der Koenigl: Gerichts und Polizeibehoerde Oettingen", um 1852/53.

Farbabb. 11: Gloning: „Trachten der Protestanten im Bezirke der Koenigl: Gerichts und Polizeibehoerde Oettingen", um 1852/53.

Farbabb. 12: „Pfäfflingen“, 1852/53.

Farbabb. 13: „Ehringen“, 1852/53.

Farbabb. 14: „Marktoffingen“, 1852/53.

Farbabb. 15: Landgericht „Wallerstein“, 1852/53.

Farbabb. 16: Rudolf Geißler: „Im Ries bei Nördlingen".

Farbabb. 17: Robert Beyschlag: „Bauernmädchen aus dem Ries, sich zum Kirchgange schmückend", wohl 1861.

Farbabb. 18: Robert Beyschlag: Frauengestalt mit Gans im Korb, um 1860/65.

Farbabb. 19: Albert Kretschmer: „Trachten aus dem Ries", um 1875/79.

Farbabb. 20: „Rieser Volkstracht. Vater und Sohn". Postkarte. Verlag Ludwig Riffelmacher, Fürth in Bayern.

Farbabb. 21: „Nördlingen. Rieser Trachten". Postkarte. Verlag Gebr. Metz, Tübingen.

Farbabb. 22: „Rieser Tracht". Postkarte. Kunstverlagsanstalt Hugo Radeck, München.

Farbabb. 24: „Rieser Volkstrachten. Nach einem Originalgemälde von A. Frey-Moock, München." Postkarte. Stoja-Verlag Paul Janke, Nürnberg.

Farbabb. 23: „Rieser Volkstracht. Katholische Bäuerin." Postkarte. Verlag Ludwig Riffelmacher, Fürth in Bayern.

Anhang

Abkürzungen

Abgeb.	Abgebildet
BA	Bezirksamt
BayHStA	Bayerisches Hauptstaatsarchiv
Bd./Bde.	Band/Bände
Br.	Breite
dat.	datiert
Diss.	Dissertation
Ebd.	Ebenda
FS	Festschrift
H.	Höhe
hg. v.	herausgegeben von
Hg./Hgg.	Herausgeber
Inv.Nr.	Inventarnummer
Jb.	Jahrbuch
Jg./Jgg.	Jahrgang/Jahrgänge
Jh.	Jahrhundert
Kap.	Kapitel
LG	Landgericht
ms.	maschinenschriftlich
Nachdr.	Nachdruck
N. F.	Neue Folge
o. J.	ohne Jahr
o. O.	ohne Ort
RBM	Rieser Bauernmuseum Maihingen
Reg.	Regierung
Rez.	Rezension
s.	siehe
SD	Sonderdruck
Slg.	Sammlung
StAA	Staatsarchiv Augsburg
StaNö	Stadtarchiv Nördlingen
vgl.	Vergleiche
Zs.	Zeitschrift

Ungedruckte Quellen

Bayerisches Hauptstaatsarchiv (BayHStA)
M Inn 45788
Ordensakten 13072
Ordensakten 15119

Bayerische Staatsbibliothek München, Handschriftenabteilung
Cgm 6844 – 6862
Cod. germ. 6874/126, /133, /189

Staatsarchiv Augsburg (StAA)
Reg. 6624
Reg. 7206
Reg. 8192
Reg. 8372
Reg. 8396 – 8400
Reg. 8405 – 8408
Reg. 8432, 8433
Reg. 8603
Reg. 8657
Bezirksamt (BA) Nördlingen I, 366
BA Nördlingen I, 522
BA Nördlingen I, 885
BA Nördlingen, Abg. 1977, 1134
BA Nördlingen, Abg. 1977/A, 1582
BA Nördlingen II 4888
Kreisbauernschaft Nördlingen 190

Stadtarchiv Nördlingen (StaNö)
E IV 1 Bd. 3
G IV/3 Bd. 5 u. 6

Stadtarchiv Schrobenhausen
Georg August Reischl: Chronik der Stadtapotheke Schrobenhausen, Bd. II.

Landeskirchliches Archiv Regensburg
Kirchenbücher Wassertrüdingen 56 – 6, 1798, S. 384, Nr. 36
Kirchenbücher Wassertrüdingen 56 – 13, 1797, S. 16b, Nr. 15

Archiv des Instituts für Volkskunde bei der Bayerischen Akademie der Wissenschaften, München
Umfrage des bayerischen Vereins für Volkskunst und Volkskunde, 1909

Württembergische Landesstelle für Volkskunde
Manuskript Theodor Lauxmanns, 1919

Gemeindearchiv Marktoffingen
Ortschronik

Literatur und gedruckte Quellen

„Hei, grüaß di Gott, Ländle!". Lesebogen für die Schulen in Bayerisch-Schwaben, I: Erdkundliche Reihe, Nr. 1: Im Ries. Hg. v. Hans Eberlein. April 1960.

175 Jahre Oktoberfest 1810-1985. Hg. v. der Landeshauptstadt München, zus.gestellt v. Richard Bauer u. Fritz Fenzl. München 1985.

25 Jahre Landkreis Donau-Ries. Hg. v. Landkreis Donau-Ries/Landrat Alfons Braun. Donauwörth 1997.

60 Jahre Trachtenverein D'Rieser Nördlingen 1919-1979, mit Anhang 1979-1984. [Festschrift. Nördlingen 1984].

60 Jahre Volkstrachten-Erhaltungsverein e.V. „D'Riaser" Oettingen. 53 Jahre Bezirk Ries am 17. und 18. Juli 1982 in Oettingen. [Festschrift Oettingen 1982].

70 Jahre Volkstrachten-Erhaltungsverein e. V. „D'Riaser" Oettingen. 62 Jahre Bezirk Ries am 20. und 21. Juli 1991 in Oettingen. [Festschrift Oettingen 1991].

75 Jahre Volkstrachten-Erhaltungsverein e. V. „D'Riaser Oettingen". 68 Jahre Bezirk Ries. Festschrift. Oettingen 1997.

Adreßbücher der Stadt Nördlingen. 1876, 1886, 1896, 1906.

Aerztliches Intelligenz-Blatt vom 1.5.1858.

Albrecht, Peter: Die Nationaltrachtsdebatte im letzten Viertel des 18. Jahrhunderts. In: Jahrbuch für Volkskunde N.F. 10 (1987), S. 43-66.

Allgemeine Deutsche Biographie. Hg. v. der Historischen Kommission bei der Bayer. Akademie der Wissenschaften. 55 Bde. u. 1 Registerband. München, Leipzig 1875-1912.

Almanach der Maler und Bildhauer Deutschlands und Oesterreich-Ungarns. 1. Jg., Stuttgart 1890.

Altvater, Friedrich: Wesen und Form der deutschen Dorfgeschichte im 19. Jahrhundert. Berlin 1930.

Alzheimer, Heidrun: „Schwaben als Aufgabe". Auf der Suche nach der bayerisch-schwäbischen Identität. In: Bayerische Blätter für Volkskunde 13 (1986), S. 244-249.

Alzheimer, Heidrun: Volkskunde in Bayern. Ein biobibliographisches Lexikon der Vorläufer, Förderer und einstigen Fachvertreter (= Veröffentlichungen zur Volkskunde und Kulturgeschichte 50). Würzburg 1991.

Assion, Peter: Historismus, Traditionalismus, Folklorismus. Zur musealisierenden Tendenz der Gegenwartskultur. In: Jeggle, Utz / Korff, Gottfried u.a. (Hgg.): Volkskultur in der Moderne. Probleme und Perspektiven empirischer Kulturforschung. Reinbek bei Hamburg 1986, S. 351-362.

Aufbruch ins Industriezeitalter (= Veröffentlichungen zur Bayerischen Kultur und Geschichte 3/85-6/85, hg. v. Claus Grimm). 4 Bände. München 1985.

Augsburger Allgemeine, 24.5.1996.

Barnay, Markus: Die Erfindung des Vorarlbergers. Ethnizitätsbildung und Landesbewußtsein im 19. und 20. Jahrhundert (= Studien zur Geschichte und Gesellschaft Vorarlbergs 3). Bregenz 1988.

Bauer, Ingolf: König Maximilian II., sein Volk und die Gründung des Bayerischen Nationalmuseums. In: Bayerisches Jahrbuch für Volkskunde 1988, S. 1-38.

Bauer, Reiner: Oettingen in alten Ansichten. Zaltbommel/Niederlande 1987.

Bausinger, Hermann: Da capo: Folklorismus. In: Lehmann, Albrecht / Kuntz, Andreas (Hgg.): Sichtweisen der Volkskunde. Zur Geschichte und Forschungspraxis einer Disziplin. FS für Gerhard Lutz (= Lebensformen 3). Berlin, Hamburg 1988, S. 321-328.

Bavaria. Landes- und Volkskunde des Königreichs Bayern. 2. Bd.: Oberpfalz und Regensburg, Schwaben und Neuburg. München 1863.

Bedal, Konrad: Hausforschung. In: Harvolk, Edgar (Hg.): Wege der Volkskunde in Bayern. Ein Handbuch (= Veröffentlichungen zur Volkskunde und Kulturgeschichte 25; Beiträge zur Volkstumsforschung 23). München, Würzburg 1987, S. 71-86.

Bénézit, E.: Dictionnaire critique et documentaire des Peintres, Sculpteurs, Dessinateurs et Graveurs, Nouvelle Edition. 10 Bände. Paris 1976.

Bergmeier, Monika: Wirtschaftsleben und Mentalität. Modernisierung im Spiegel der bayerischen Physikatsberichte 1858-1862 (Mittelfranken, Unterfranken, Schwaben, Pfalz, Oberpfalz). München 1990 (Diss. 1987).

Beschreibung des Oberamtes Neresheim. Stuttgart 1872, Neuausgabe 1962.

Beyschlag, Carl: Geschichte der Stadt Nördlingen bis auf die neueste Zeit. Nördlingen 1851.

Bibliographie zur Volkskunde und Kulturgeschichte von Bayerisch-Schwaben für die Jahre 1871-1989. Hg. v. Günther Kapfhammer u. Uwe Eisenberger. Augsburg 1993.

Biedermeiers Glück und Ende. ... die gestörte Idylle 1815-1848. Hg. v. Hans Ottomeyer. Ausstellung Münchner Stadtmuseum. München 1987.

Bischoff-Luithlen, Angelika: Der Schwabe und sein Häs. Stuttgart 1982.

Blätter der Erinnerung an Theodor Lauxmann. Hg. v. R. L. Stuttgart 1920.

Blendinger, Friedrich: Die Mediatisierung der schwäbischen Reichsstädte. In: Wittelsbach und Bayern, Bd. III/1: Krone und Verfassung. König Max I. Joseph und der neue Staat. Beiträge zur Bayerischen Geschichte und Kunst 1799-1825. Hg. v. Hubert Glaser. München, Zürich 1980, S. 101-113.

Blessing, Werner K.: Umwelt und Mentalität im ländlichen Bayern. Eine Skizze zum Alltagswandel im 19. Jahrhundert. In: Archiv für Sozialgeschichte 19 (1979), S. 1-42.

Blessing, Werner K.: Staat und Kirche in der Gesellschaft. Institutionelle Autorität und mentaler Wandel in Bayern während des 19. Jahrhunderts (= Kritische Studien zur Geschichtswissenschaft 51). Göttingen 1982.

Bodemann, Ulrike: Folklorismus – Ein Modellentwurf. In: Rheinisch-westfälische Zeitschrift für Volkskunde 28 (1983), S. 101-110.

Bodemann, Ulrike: Rez. zu: Hörander/Lunzer: Folklorismus. In: Rheinisch-westfälische Zeitschrift für Volkskunde 28 (1983), S. 189-192.

Boetticher, Friedrich: Malerwerke des 19. Jahrhunderts. 2 Bände. Dresden 1891-1901, unveränd. Neudruck 1941.

Böhm, Gottfried: Rieser Volksdichter: Melchior Meyr. Johannes Kähn. G. Jakob. Michael Karl Wild. In: Bayerland 23 (1921) 1. Mai-H., S. 266-269.

Bosls Bayerische Biographie. 8000 Persönlichkeiten aus 15 Jahrhunderten. Hg. v. Karl Bosl. Regensburg 1983. Ergänzungsband Regensburg 1988.

Böth, Gitta: Kleidungsforschung. In: Brednich, Rolf W. (Hg.): Grundriß der Volkskunde. Einführung in die Forschungsfelder der Europäischen Ethnologie. Berlin [1]1988, S. 153-170.

Bothmer, Max Graf von / Carriere, Moritz: Melchior Meyr. Biographisches. Briefe. Gedichte. Aus seinem Nachlasse und aus der Erinnerung herausgegeben. Leipzig 1874.

Brandlmeier, Karl Paul: Medizinische Ortsbeschreibungen des 19. Jahrhunderts im deutschen Sprachgebiet (= Abhandlungen zur Geschichte der Medizin und Naturwissenschaften 38). Berlin 1942.

Braun, Oskar: München ehrt Nördlingens Maler Robert Beyschlag. In: Nordschwaben 12 (1984) H. 2, S. 116.

Braun, Oscar: Adolf Frey-Moock, der Maler Nördlingens 1881-1954. Ein Lebensbild. In: Nordschwaben 18 (1990) H. 2, S. 41-43.

Braun, Rudolf / Kolz, Heinrich: Das Schul- und Bildungswesen. In: Landkreis Donau-Ries. Hg. v. Landkreis Donau-Ries. Donauwörth 1991, S. 430-451.

Brednich, Rolf W. (Hg.): Grundriß der Volkskunde. Einführung in die Forschungsfelder der Europäischen Ethnologie. Berlin [1]1988, 2. überarb. u. erw. Aufl. Berlin 1994.

Brettell, Richard R. u. Caroline B.: Bäuerliches Leben. Seine Darstellung in der Malerei des neunzehnten Jahrhunderts. Genf 1984.

Brockhaus' Konversations-Lexikon. 14. vollst. neubearb. Aufl., 17 Bände. Leipzig, Berlin, Wien 1898.

Brückner, Wolfgang: Verwaltung - Gewerbe - Bevölkerung. Zur allgemeinen Quellenproblematik und Aufgabenstellung. In: Fränkisches Volksleben im 19. Jahrhundert. Wunschbilder und Wirklichkeit. Möbel - Keramik - Textil in Unterfranken 1814 bis 1914. Hg v. Wolfgang Brückner. Würzburg 1985, S. 9-19.

Brückner, Wolfgang: „Selbst gesponnen, selbst gemacht, ist die beste Bauerntracht". Zu Herkunft und Ideologie eines vielzitierten Slogans. In: Bayerische Blätter für Volkskunde 13 (1986), S. 76-86.

Brückner, Wolfgang: Mode und Tracht. Ein Versuch. In: Bayerische Blätter für Volkskunde 13 (1986), S. 147-169.

Brückner, Wolfgang: Trachtenfolklorismus. In: Jeggle, Utz / Korff, Gottfried u.a. (Hgg.): Volkskultur in der Moderne. Probleme und Perspektiven empirischer Kulturforschung. Reinbek bei Hamburg 1986, S. 363-382.

Brückner, Wolfgang: Schwaben in Bayern. In: Bayerische Blätter für Volkskunde 13 (1986), S. 193-197.

Brückner, Wolfgang: Die verwaltete Region. Das 19. Jahrhundert als Quellenproblem der Volkskunde. In: Köstlin, Konrad (Hg.): Historische Methode und regionale Kultur. FS für K. S. Kramer (= Regensburger Schriften zur Volkskunde 4). Berlin 1987, S. 25-52.

Brückner, Wolfgang: Mode und Tracht. Ein Versuch. In: Beitl, Klaus / Bockhorn, Olaf (Hgg.): Kleidung - Mode - Tracht. Referate der Österreichischen Volkskundetagung 1986 in Lienz (= Buchreihe der Österreichischen Zeitschrift für Volkskunde, Neue Serie 7). Wien 1987, S. 15-43.

Brückner, Wolfgang: Behörde und Volksleben. Sektionsbericht zur Generalversammlung der Görres-Gesellschaft 1987 in Augsburg. In: Bayerische Blätter für Volkskunde 15 (1988), S. 42-45.

Brückner, Wolfgang: Fund und Erfindung. Erkenntniskritische Zugänge und sozialwissenschaftliche Theorienbildung der Volkskunde im Lichte des Konstruktivismus. In: Pöttler, Burkhard u.a. (Hgg.): Innovation und Wandel. FS für Oskar Moser. Graz 1994, S. 55-66.

Brückner, Wolfgang: Luxus, Mode und Moderne als Kontext von Volkstracht. In: Thüringer Hefte für Volkskunde 3 (1994), S. 7-22.

Brückner, Wolfgang: Trachtler-Streit und Professoren-Statements. In: Bayerische Blätter für Volkskunde 23 (1996), S. 200-203.

Brückner, Wolfgang / Müllner, Angelika: Festzug und Tracht in Franken 1840-1855. Zur Lebenswirklichkeit der jeweiligen Welt von Gestern. In: Volkskunst 5 (1982) H. 3, S. 174-183.

Brunner-Schubert, Isolde: Der Plantanz – ein „Mittel zur Beförderung der Sittlichkeit"? Stereotype Vorstellungen im Beamtentum vor der Mitte des 19. Jahrhunderts. In: Gerndt, Helge (Hg.): Stereotypvorstellungen im Alltagsleben. Beiträge zum Themenkreis Fremdbilder - Selbstbilder - Identität. FS für Georg R. Schroubek (= Münchner Beiträge zur Volkskunde 8). München 1988, S. 104-113.

Brutscher, Ludwig: Der Möderhof bei Deiningen als Mustergut. In: Nordschwaben 10 (1982) H. 4, S. 235-240.

Brutscher, Ludwig: Wallerstein – Markt und Residenz. Beiträge zur Orts- und Grafschaftsgeschichte. Hg. v. Markt Wallerstein. Wallerstein [1996].

Burckhardt-Seebass, Christine: Trachten als Embleme. Materialien zum Umgang mit Zeichen. In: Zeitschrift für Volkskunde 77 (1981), S. 209-226.

Carell, Susanne / Brückner, Wolfgang: Tracht als Spätform. In: Fränkisches Volksleben im 19. Jahrhundert. Wunschbilder und Wirklichkeit. Möbel - Keramik - Textil in Unterfranken 1814 bis 1914. Hg v. Wolfgang Brückner. Würzburg 1985, S. 144-149.

Dahn, Felix: Volkstracht. In: Bavaria. Landes- und Volkskundes des Königreichs Bayern, Bd. 2.2. München 1863, S. 840-849.

Das 19. Jahrhundert in München. Gemälde und Zeichnungen aus dem Besitz des Museums der bildenden Künste Leipzig. Ausstellungskatalog. Leipzig 1992.

Das Bild vom Bauern. Vorstellungen und Wirklichkeit vom 16. Jahrhundert bis zur Gegenwart (= Schriften des Museums für Deutsche Volkskunde 3). Berlin 1978.

Das geistige Deutschland am Ende des 19. Jahrhunderts, 1. Bd.: Die bildenden Künstler. Leipzig, Berlin 1898.

Das Oktoberfest. Einhundertfünfundsiebzig Jahre bayerischer National-Rausch. Ausstellung Münchner Stadtmuseum. München 1985.

Daxelmüller, Christoph: Quellenkritische Anmerkungen zur Trachtenforschung am Beispiel Franken. In: Bayerische Blätter für Volkskunde 8 (1981), S. 226-245.

Daxelmüller, Christoph: Nationen, Regionen, Typen. Ideologien, Mentalitäten und Argumentationstechniken der akademischen Kleider- und Trachtenforschung des 17. und 18. Jahrhunderts. In: Mode - Tracht - Regionale Identität. Historische Kleidungsforschung heute. Referate des internationalen Symposions im Museumsdorf Cloppenburg. Hg. v. Helmut Ottenjann. Cloppenburg 1985, S. 23-36.

Dehio, Georg : Geschichte der deutschen Kunst. 4. Textband: Gustav Pauli: Das neunzehnte Jahrhundert. Berlin, Leipzig 1934.

Demel, Walter: Die Entwicklung der Gesetzgebung in Bayern unter Max I. Joseph. In: Wittelsbach und Bayern, Bd. III/1: Krone und Verfassung. König Max I. Joseph und der neue Staat. Beiträge zur Bayerischen Geschichte und Kunst 1799-1825. Hg. v. Hubert Glaser. München, Zürich 1980, S. 72-82.

Deneke, Bernward: Fragen der Rezeption bürgerlicher Sachkultur bei der ländlichen Bevölkerung. In: Wiegelmann, Günter (Hg.): Kultureller Wandel im 19. Jahrhundert. 18. Deutscher Volkskunde-Kongreß in Trier (= Studien zum Wandel von Gesellschaft und Bildung im 19. Jahrhundert 5). Göttingen 1973, S. 50-71.

Deneke, Bernward: Zur Rezeption historisierender Elemente in volkstümlichen Festlichkeiten der ersten Hälfte des 19. Jahrhunderts. In: Anzeiger des Germanischen Nationalmuseums 1973, S. 107-135.

Deneke, Bernward: Realität und Konstruktion des Geschichtlichen. In: Korff, Gottfried/ Roth, Martin (Hgg.): Das historische Museum. Labor, Schaubühne, Identitätsfabrik. Frankfurt/Main, New York, Paris 1990, S. 65-86.

Destouches, Ernst: Die Jahrhundertfeier des Münchener Oktoberfestes. Gedenkbuch. Hg. v. der Stadt München. München 1912.

Dettweiler, Herbert: Katholische Tracht im östlichen Ries. In: Ders. u.a.: Bürgerliche und ländliche Kleidung im Bistum Eichstätt (= Schriftenreihe der Trachtenforschungs- und Beratungsstelle des Bezirks Mittelfranken 5). Ansbach 1991.

Deutsche Volkstrachten. Mit einer Einführung v. Josef Dünninger. Berlin o.J.

Deutsches Volksleben in 13 Bildern nach Melchior Meyr's Erzählungen aus dem Ries von Karl von Enhuber. Photographirt nach den Original-Oelgemälden mit Text von Melchior Meyr. Berlin o. J. [um 1870].

Die anständige Lust. Von Eßkultur und Tafelsitten. Hg. v. Ulrike Zischka, Hans Ottomeyer u. Susanne Bäumler. Ausstellung Münchner Stadtmuseum. München 1993.

Die Gartenlaube. Illustrirtes Familienblatt, Jgg. 1864 und 1865.

Die Kunstdenkmäler von Schwaben und Neuburg. II. Stadt Nördlingen, bearb. v. Karl Gröber und Adam Horn. München 1940, unveränd. Nachdruck München, Wien 1981.

Die Kunstdenkmäler von Schwaben. I: Bezirksamt Nördlingen, bearb. v. Karl Gröber u. Adam Horn. München 1938, unveränd. Nachdruck, München, Wien 1982.

Die Münchner Schule 1850-1914. Ausstellung Haus der Kunst. München 1979.

Die Prinzregentenzeit. Hg. v. Norbert Götz u.a. Ausstellung Münchner Stadtmuseum. München 1988.

Die Stuttgarter Kunst der Gegenwart, bearb. v. Julius Baum u.a. Stuttgart 1913.

Diehm, Marion: Trachtenentdeckung durch den Historischen Verein Wertheim. In: Jahrbuch für Volkskunde N.F. 17 (1994), S. 35-54.

Dietl, Markus: Die Essensgewohnheiten des Landvolkes in Unterfranken nach den Physikatsberichten aus der Mitte des 19. Jahrhunderts (= Veröffentlichungen zur Volkskunde und Kulturgeschichte 37). Würzburg 1989.

Donau-Ries. Der Schwerpunkt Nordschwabens. Bayerland-Gespräch mit Landrat Dr. Andreas Popp. In: Bayerland 83, Nr. 9 (September 1981), S. 53 f.

Dünninger, Josef: Das 19. Jahrhundert als volkskundliches Problem. In: Rheinisches Jahrbuch für Volkskunde 5 (1954), S. 281-294.

Dussler, Hildebrand (Hg.): Reisen und Reisende in Bayerisch-Schwaben. Reiseberichte aus 6 Jahrhunderten (= Reiseberichte aus Bayerisch-Schwaben 2). Weißenhorn 1974.

Ebertshäuser, Heidi C.: Malerei im 19. Jahrhundert. Münchner Schule. Gesamtdarstellung und Künstlerlexikon. München 1979.

Ecker von Eckhoffen, Julius: Huldigungen des Ober-Donau-Kreises. 3 Teile, Augsburg 1830-1831. II. Theil. Enthaltend die Reise Ihrer Königlichen Majestäten vom 28. August bis 4. September 1829. Augsburg 1830.

Einwohnerbuch für Nördlingen, Oettingen, Harburg, Wassertrüdingen, Wemding und für die Rieser Ortschaften. Nördlingen 1926.

Eisenhart: Melchior Meyr. In: Allgemeine Deutsche Biographie, Bd. 21. Leipzig 1885, S. 650-660.

Engler, Curt R. (Hg.): Nördlinger Bilderbogen (Texte Wilfried Sponsel, Curt R. Engler). Nördlingen o.J.

Eschenburg, Barbara (Bearb.): Spätromantik und Realismus (= Gemäldekataloge der Bayerischen Staatsgemäldesammlungen, Neue Pinakothek V). München 1984.

Evangelische Gemeinden im Ries. Dekanatsbezirke Donauwörth, Nördlingen, Oettingen und Ostregion des Kirchenbezirkes Aalen. Hg.v. Ernst Bezzel u.a. Erlangen 1981.

Extra-Beilage zum Kreis-Amtsblatte von Schwaben und Neuburg, 1858, 1860 und 1863.

Fehn, Hans: Das Land Bayern und seine Bevölkerung seit 1800. In: Spindler, Max (Hg.): Bayerische Geschichte im 19. und 20. Jahrhundert. 1800-1970. Sonderausgabe, München 1978. 2. Bd., S. 647-707.

Fergg, Ludwig: Die Rieser Tracht. In: Festschrift und Führer für die Gewerbeschau Oettingen 1925. Hg. v. Gewerbe- und Handelsverein e.V. Oettingen 1925.

Fergg, Ludwig: Die Rieser Tracht. In: Hagl, Karl (Bearb.): 'In meiner Heimat'. Ein Rieser Buch für Schule und Haus. Oettingen 1926.

Fergg, Ludwig: Die Rieser Tracht. In: Bayerische Wochenschrift für Pflege von Heimat und Volkstum 5 (München 14.1.1927), Folge 2, S. 9 f.

Filser, Karl: Historische Randbemerkungen zu einer bayerischen Region. In: Bayerische Blätter für Volkskunde 13 (1986), S. 198-208.

Fink, Alois: Bayerische Geschichte rund ums Oktoberfest. Der erste Oktoberfest-Trachtenzug vor einhundert Jahren. In: Schönere Heimat 84 (1995) H. 5, S. 169-171.

Fischer, Adolf: Prospekte des Nördlinger Stadtmalers Johannes Müller. 66 alte Stiche gefertigt von B. F. Leitzelt. Einführung von Werner Panse, Erläuterungen von Herbert Dettweiler. Nördlingen 1984.

Fischer, Hermann (Bearb.): Schwäbisches Wörterbuch. 6 Bände. Tübingen 1904-1936.

Förster, Ernst: Geschichte der deutschen Kunst. 4. Theil: Von dem Ende des 18. bis Mitte des 19. Jahrhunderts. Leipzig 1860.

Fränkisches Volksleben im 19. Jahrhundert. Wunschbilder und Wirklichkeit. Möbel - Keramik - Textil in Unterfranken 1814 bis 1914. Hg v. Wolfgang Brückner. Würzburg 1985.

Frei, Hans (Hg.): 50 Jahre Heimatpflege in Schwaben 1929-1979. Entwicklungen, Erfahrungen, Ergebnisse. Augsburg 1979.

Frei, Hans: Das Ries, wie es ist. Eine landeskundliche Erläuterung mit 123 farbigen Luftbildern und Beschreibungen (zus. mit Wolfram Proeller). Nördlingen 1983.

Frei, Hans: „Ungepflegtes verschwindet, vergeht". In: Schwäbische Heimat (1983) H.1, S. 3-9.

Frei, Hans: „Was nicht gepflegt wird, verschwindet". Zur Geschichte der Heimatpflege in Schwaben. In: Bayerische Blätter für Volkskunde 13 (1986), S. 209-221.

Frei, Hans: Werden und Wandel der Kulturlandschaft. In: Landkreis Donau-Ries. Hg. v. Landkreis Donau-Ries. Donauwörth 1991, S. 80-103.

Frei, Hans: „Was nicht gepflegt wird, verschwindet". Volksmusik- und Volkstanzpflege im Ries. In: Wege der Volksmusik - Beispiel Ries (= Schriftenreihe der Museen des Bezirks Schwaben 7). Gessertshausen 1992, S. 63-67.

Frei, Hans: Für Schwaben. Erforschen, Bewahren, Fortführen. Gesammelte Beiträge zu Landschaft, Geschichte und Kultur in Schwaben. Festgabe zum 60. Geb. des Verfassers. Hg. v. Peter Klimm und Werner Schiedermair (= Schriftenreihe der Museen des Bezirks Schwaben 18). Oberschönenfeld 1997.

Fried, Pankraz: Die Sozialentwicklung im Bauerntum und Landvolk. In: Spindler, Max (Hg.): Bayerische Geschichte im 19. und 20. Jahrhundert. 1800-1970. Sonderausgabe, München 1978. 2. Bd., S. 749-780.

Friedrich Wilhelm Doppelmayr. *4.9.1776, † 2.8.1845. Katalog zur Gedächtnisausstellung in Nördlingen und Rosenheim, zus.gestellt u. bearb. v. Dietmar-H. Voges. Hohenaltheim [1994].

Fritsch, Regina: Landwirtschaftliche Feste in Unterfranken und ihre Umzüge von 1814 bis 1914 (= Veröffentlichungen zur Volkskunde und Kulturgeschichte 27). Würzburg 1988.

Gebhard, Torsten: Wohnen und Wirtschaften im Ries bis zum Beginn des Industriezeitalters. In: Rieser Kulturtage. Dokumentation Bd. 2/1978. München 1979, S. 90-105.

Genck(-Bosch), Johanna: Albrecht Adam und seine Familie. In: Nordschwaben 10 (1982) H. 2, S. 106-111.

Geramb, Viktor von: Wilhelm Heinrich Riehl. Leben und Wirken. Salzburg 1954.

Gerndt, Helge: Kleidung als Indikator kultureller Prozesse. In: Ders.: Kultur als Forschungsfeld. Über volkskundliches Denken und Arbeiten. München 1981, S. 117-126.

Gerndt, Helge (Hg.): Stereotypvorstellungen im Alltagsleben. Beiträge zum Themenkreis Fremdbilder - Selbstbilder - Identität. FS für Georg R. Schroubek (= Münchner Beiträge zur Volkskunde 8). München 1988.

Gillmeister-Geisenhof, Evelyn (Hg.): Kleidungsweise in Mittelfranken um 1850 (= Schriftenreihe der Trachtenforschungs- und Beratungsstelle des Bezirks Mittelfranken 2). Bad Windsheim 1988.

Gillmeister-Geisenhof, Evelyn: Die Kleidung in der ersten Hälfte des 19. Jahrhunderts, dargestellt anhand der Nachlaßinventare von 1830 bis 1863. In: Dies. (Hg.): Die Tracht im Dinkelsbühler Raum (= Schriftenreihe der Trachtenforschungs- und Beratungsstelle des Bezirks Mittelfranken 3). Ansbach 1988, S. 9-37.

Glück, Hermann: Der Dialekt in den Dorfgeschichten Berthold Auerbachs und Melchior Meyrs. Tübingen 1914 (Diss.).

Gockerell, Nina: Die Bayern in der Reiseliteratur um 1800. In: Wittelsbach und Bayern, Bd. III/1: Krone und Verfassung. König Max I. Joseph und der neue Staat. Beiträge zur Bayerischen Geschichte und Kunst 1799-1825. Hg. v. Hubert Glaser. München, Zürich 1980, S. 334-343.

Gockerell, Nina: Kleidung und Tracht. In: Harvolk, Edgar (Hg.): Wege der Volkskunde in Bayern. Ein Handbuch (= Veröffentlichungen zur Volkskunde und Kulturgeschichte 25; Beiträge zur Volkstumsforschung 23). München, Würzburg 1987, S. 141-160.

Golz, Bruno: Zwei schwäbische Erzähler. Melchior Meyr und Hermann Kurz. Hamburg o.J.

Gramse, Bruno: Melchior Meyr. Sein Leben und sein dramatisches Werk. Danzig 1935 (Diss.)

Griebel, Armin / Brückner, Wolfgang: Öffentliche Trachtenrepräsentation 1891-1914. In: Fränkisches Volksleben im 19. Jahrhundert. Wunschbilder und Wirklichkeit. Möbel - Keramik - Textil in Unterfranken 1814 bis 1914. Hg v. Wolfgang Brückner. Würzburg 1985, S. 150-158.

Griebel, Armin: Wittelsbacher Trachtenpolitik nach 1848. Eine Initiative des Königs und die Reaktion seiner Verwaltung. In: Jahrbuch für Volkskunde N.F. 11 (1988), S. 105-133.

Griebel, Armin: Tracht und Folklorismus in Franken. Amtliche Berichte und Aktivitäten zwischen 1828 und 1914 (= Veröffentlichungen zur Volkskunde und Kulturgeschichte 48). Würzburg 1991.

Griebel, Armin: Amtliche Berichte zur Tracht in Franken zwischen 1828 und 1914. Edition (= Veröffentlichungen zur Volkskunde und Kulturgeschichte 49). Würzburg 1991.

Griebel, Armin: Phasen von Trachtenpolitik im 19. Jahrhundert am Beispiel Bayerns. In: Thüringer Hefte für Volkskunde 3 (1994), S. 23-31.

Gruber, Christian: Das Ries. Eine geographisch-volkswirtschaftliche Studie. Stuttgart 1899.

Gruber, Christian: Ries und Rieser. In: Bayerland 12 (1901), S. 9-12, S. 22-24, S. 33-36, S. 42-44.

Gruber, Karl / Reichert, Hans: 125 Jahre TSV Oettingen 1861-1986. Ein Verein und seine Stadt. Oettingen [1986].

Gruhler, Fritz: Unsere Heimat: Das Ries. [Umschlagtitel: Nördlingen und das Ries]. Eine Heimatkunde für Schule und Haus. Stuttgart-Cannstadt [1909].

Gruppe, Heidemarie: „Volk“ zwischen Politik und Idylle in der „Gartenlaube“ 1853-1914 (= Europäische Hochschulschriften, Reihe XIX/A 11). Frankfurt/M., München 1976.

Gustav Kraus. Historische Ereignisse und Bräuche in Bayern. Text v. Christine Pressler. München 1977.

Gutbrod, Alois: Das Ries. In: Jugendlust 1881, S. 260-271.

Gutbrod, Alois: Die unmittelbaren Städte und Bezirksämter des Kreises Schwaben und Neuburg. Ein Handbuch für Volksschullehrer. Augsburg 1890.

Habrich, Christa / Harvolk, Edgar: Volksmedizinforschung. In: Harvolk, Edgar (Hg.): Wege der Volkskunde in Bayern. Ein Handbuch (= Veröffentlichungen zur Volkskunde und Kulturgeschichte 25; Beiträge zur Volkstumsforschung 23). München, Würzburg 1987, S. 239-260.

Hagen, Karl: Der Maler Johann Michael Voltz von Nördlingen (1784-1858) und seine Beziehung zur Zeit- und Kunstgeschichte in der ersten Hälfte des 19. Jahrhunderts. Stuttgart 1863.

Haller, Franz: Die medizinischen Landes- und Volksbeschreibungen Bayerns unter König Maximilian II. Mit der Edition des Physikatsberichtes für Abensberg (1859). München 1985 (Diss.).

Hamberger, Walter (Text u. Bildauswahl): Friedrich Voltz. Aquarelle, Zeichnungen und Skizzen. Rosenheim 1986.

Hand- und Adreßbuch für die Stadt Nördlingen. Hg. v. W. Pöller. Nördlingen 1856.

Hanisch, Manfred: Für Fürst und Vaterland. Legitimitätsstiftung in Bayern zwischen Revolution 1848 und deutscher Einheit. München 1991.

Hartinger, Walter: Das Haus Wittelsbach und die Pflege der Volkskultur in Bayern. In: Bayerisches Jahrbuch für Volkskunde 1980/81, S. 6-18.

Hartinger, Walter: „... liegt mir gleichwohl die Erhaltung der Volkstrachten sehr am Herzen." Maximilian II. und die Volkskultur in Bayern. In: König Maximilian II. von Bayern 1848-1864. Hg. v. Haus der Bayerischen Geschichte. Rosenheim 1988, S. 201-210.

Hartinger, Walter: Ostbaierische „Tracht" im 19. Jahrhundert. Kleidung zwischen Tradition und Fortschrittspflege. In: Ostbairische Grenzmarken 30 (1988), S. 123-150.

Hartinger, Walter: König Max II. und die bayerische Volkskultur. In: Zeitschrift für Bayerische Landesgeschichte 52 (1989), S. 353-372.

Hartinger: Walter: Forschungen zur niederbayerischen Volkskultur im 19. und frühen 20. Jahrhundert. In: Bayerische Blätter für Volkskunde 16 (1989), S. 3-9.

Hartmann, Anni: Kleidung und Tracht im Wandel der Zeit. In: Pötzl, Walter / Hartmann, Anni: Häuser - Möbel - Trachten. Zur Sachkultur des Volkes (= Der Landkreis Augsburg 8). Augsburg 1993, S. 194-329.

Harvolk, Edgar: Zeittafel zur Institutionengeschichte. In: Ders. (Hg.): Wege der Volkskunde in Bayern. Ein Handbuch (= Veröffentlichungen zur Volkskunde und Kulturgeschichte 25; Beiträge zur Volkstumsforschung 23). München, Würzburg 1987, S. 47-67.

Hase-Schmundt, Ulrike: Albrecht Adam und seine Familie. Zur Geschichte einer Münchner Künstlerdynastie im 19. und 20. Jahrhundert. Ausstellung Münchner Stadtmuseum. München 1981.

Haushofer, Heinz: Die deutsche Landwirtschaft im technischen Zeitalter (= Deutsche Agrargeschichte. Hg. v. Günther Franz, V). 2. verb. Aufl. Stuttgart 1972.

Hävernick, Walter: Rez. zu: Alfred Weitnauer: Tracht und Gewand im Schwabenland. In: Beiträge zur deutschen Volks- und Altertumskunde 4 (1959), S. 105-107.

Heidrich, Hermann: Wohnen auf dem Lande. Am Beispiel der Region Tölz im 18. und frühen 19. Jahrhundert (= Miscellanea Bavarica Monacensis 128). München 1984.

Heimat und Arbeit in Thüringen und Franken. Zum Volksleben einer Kulturregion. Begleitband zur gleichnamigen Wanderausstellung. Hg. v. Wolfgang Brückner (= Land und Leute). [Würzburg 1996].

Heinze, Stefan: Die Region Bayerisch-Schwaben. Studien zum schwäbischen Regionalismus im 19. und 20. Jahrhundert (= Veröffentlichungen der Schwäbischen Forschungsgemeinschaft, Schwäb. Forschungsstelle Augsburg der Kommission für Bayer. Landesgeschichte, Reihe 1, 22). Augsburg 1995.

Heitere Gefühle bei der Ankunft auf dem Lande. Bilder schwäbischen Landlebens im 19. Jahrhundert. Ausstellungskatalog. Hg. v. Ludwig-Uhland-Institut für empirische Kulturwissenschaft der Universität Tübingen in Zus.arbeit mit dem Württembergischen Landesmuseum Stuttgart. Tübingen 1983.

Helm, Rudolf: Die bäuerlichen Männertrachten im Germanischen Nationalmuseum zu Nürnberg. Heidelberg 1932.

Hetzer, Gerhard: Sozialer Protest und neues ständisches Selbstbewußtsein von Handwerkern in der Maschinenzeit – dargestellt an Beispielen aus Nordschwaben 1815-1850. In: Wanderstab und Meisterbrief. Rieser Handwerk im Wandel der Zeit 1700-1850. Ausstellungskatalog (Red. Gerhard Hetzer). Hg. v. Verein Rieser Kulturtage. Nördlingen 1986, S. 134-184.

Hirsch, Stefan: Dem Freistaat ist die Tracht teuer. Trachtenförderung zu Zeiten der Wittelsbacher und heute. In: Schönere Heimat 72 (1983), S. 161-166.

Historischer Atlas von Bayerisch-Schwaben. Hg. v. Wolfgang Zorn (= Veröffentlichungen der schwäb. Forschungsgemeinschaft bei der Kommission für Bayer. Landesgeschichte). Augsburg 1955.

Historisches Gemeindeverzeichnis. Die Einwohnerzahlen der Gemeinden Bayerns in der Zeit von 1840 bis 1952 (= Beiträge zur Statistik Bayerns 192). Hg. v. Bayerischen Statistischen Landesamt. München 1953.

Hochzeitsbräuche um den Hesselberg. In: Mitteilungen und Umfragen zur Bayerischen Volkskunde 3 (1905), S. 11 f.

Höflein, Ulrike: Vom Umgang mit ländlicher Tracht. Aspekte bürgerlich motivierter Trachtenbegeisterung in Baden vom 19. Jahrhundert bis zur Gegenwart (= Artes Populares 15). Frankfurt a. M., Bern, New York, Paris 1988.

Höflein, Ulrike: Ländliche Tracht – Hort bürgerlicher Wünsche und Sehnsüchte. Zur Trachtenbegeisterung im Großherzogtum Baden. In: Beiträge zur Volkskunde in Baden-Württemberg 3 (1989), S. 224-298.

Hofmann, Hugo: August Lutzeyer zum Gedächtnis. In: Nordschwaben 2 (1974) H. 1, S. 1 f.

Holder, August: Melchior Meyr, der Erzähler und Philosoph aus dem Ries. Ein verborgenes Blatt der Litteraturgeschichte [sic!] des 19. Jahrhunderts. In: Schwabenland 8 (Stuttgart 1898), S. 113-115 u. S. 133-135.

Höpfner, Karl: Der Oettinger Trachtenerhaltungsverein „D' Riaser". O.O. o.J. (Manuskript).

Höpfner, Karl: Die Rieser Tracht im Wandel der Zeit. O.O. o.J. (Manuskript).

Höpfner, Karl: Die Rieser Tracht im Wandel der Zeit. In: Rieser Kulturtage. Dokumentation Bd. 6/1986. 2. Teilbd. Nördlingen 1987, S. 698-716.

Höpfner, Karl: Von der „Däf" zur „Leicht". Alte Rieser Lebensformen, 25. Teil: Das Hochzeitsfest. In: Nordschwaben 18 (1991) H. 4, S. 32-37.

Hornig, Antonie: Wilhelm Heinrich Riehl und König Max II. von Bayern. München 1938 (Diss.).

Hottenroth; Friedrich: Deutsche Volkstrachten – städtische und ländliche – vom XVI. Jahrhundert an bis zum Anfang des XIX. Jahrhunderts, Bd. 1: Volkstrachten aus Süd- und Südwest-Deutschland. Frankfurt am Main 1898.

Hübler, J. M.: Bayerisch Schwaben und Neuburg und seine Nachbargebiete. Eine Landes- und Volkskunde (= Deutsches Land und Leben in Einzelschilderungen. Landschaftskunden und Städtegeschichten. I. Landschaftskunden). Stuttgart 1901.

Hüttl, Ludwig: Die Persönlichkeit König Maximilians II. In: König Maximilian II. von Bayern 1848-1864. Hg. v. Haus der Bayerischen Geschichte. Rosenheim 1988, S. 21-40.

Imhof, Arthur E.: Unterschiedliche Säuglingssterblichkeit in Deutschland, 18. bis 20. Jahrhundert. – Warum? In: Zeitschrift für Bevölkerungswissenschaft 7 (1981), S. 343-382.

Immel, Ute: Die deutsche Genremalerei im neunzehnten Jahrhundert. Heidelberg 1967 (Diss.).

Johann Friedrich Voltz. 1817-1886. Zum 100. Todestag. Katalog zur Gedächtnisausstellung. Prien am Chiemseee, Nördlingen 1986.

Julien, Rose: Die deutschen Volkstrachten zu Beginn des 20. Jahrhunderts. Nach dem Leben aufgenommen und beschrieben. München 1912.

Kahnt, Helmut / Knorr, Bernd: Alte Maße, Münzen und Gewichte. Ein Lexikon. Mannheim, Wien, Zürich 1987.

Karlinger, Hans: Die bairischen Bauerntrachten. Beiträge zu ihrer Geschichte. In: Bayerische Hefte für Volkskunde 5 (1918) H. 1, S. 1-144.

Karlinger, Hans: Deutsche Volkskunst. Berlin 1938.

Kavasch, Wulf-Dietrich: Der Verein Rieser Kulturtage e. V. In: Schönere Heimat 78 (1989), S. 101 f.

Kavasch, Wulf-Dietrich: Verein Rieser Kulturtage. In: Mitteilungen des Verbandes bayerischer Geschichtsvereine 16 (1993), S. 23 f.

Keßler, Hermann: Politische Bewegungen in Nördlingen und dem bayerischen Ries während der deutschen Revolution 1848/9 (= Münchener Historische Abhandlungen, 1. Reihe, 15). München 1939.

Keßler, Hermann: Die Stadtmauer der freien Reichsstadt Nördlingen (= Schwäb. Geschichtsquellen und Forschungen 12). Nördlingen 1982.

Keßler, Hermann: Unser Landkreis im 19. und 20. Jahrhundert. In: Landkreis Donau-Ries. Hg. v. Landkreis Donau-Ries. Donauwörth 1991, S. 342-379.

Kilian, Ruth: Rieser Dörfer und Landleben vor 100 Jahren. Zeichnungen der Familie Geiß aus Ebermergen (= Schriftenreihe der Museen des Bezirks Schwaben 14). Gessertshausen 1996.

Kilian, Ruth: Die Rieser Landwirtschaft im Wandel. Vom Kuhgespann zum Traktor, vom Untertan zum Unternehmer, von der Sichel zur Mähmaschine, von der Gemeinschaftsarbeit zum Einmannbetrieb (= Schriftenreihe der Museen des Bezirks Schwaben). Oberschönenfeld (in Vorb.).

Kilian, Ruth / Gilch, Eva: Märkte und Messen im Ries (= Schriftenreihe der Museen des Bezirks Schwaben 4). Gessertshausen 1990.

Kleider und Leute (Red. Markus Barnay u.a.). Katalog der Vorarlberger Landesausstellung. Bregenz 1991.

Klein, Eva-Maria: „Rotes Brusttuch mit großen Rollknöpfen". Knöpfe in der ländlichen Männerkleidung des 19. Jahrhunderts. In: Auf und zu. Von Knöpfen, Schnüren, Reißverschlüssen. Begleitband zur Ausstellung (= Veröffentlichung des Museums für Volkskultur in Württemberg, Außenstelle des Württembergischen Landesmuseums Stuttgart 4). Stuttgart 1994, S. 67-75.

Knabe, Wolfgang: Aufbruch in die Ferne. Deutsche Auswanderungen zwischen 1803 und 1914 am Beispiel Bayerisch-Schwabens. Augsburg 1990.

Knüttel, Barbara: Manns- und Weibskleider in Unterfranken. Nachlaßinventare aus den Gerichtsbezirken Dettelbach, Kitzingen, Ochsenfurt und Sommerhausen als Quellen zur Bekleidungsforschung (= Veröffentlichungen zur Volkskunde und Kulturgeschichte 15). Würzburg 1983.

Köhle-Hezinger, Christel: Der schwäbische Leib. In: Dies. / Mentges, Gabriele (Hgg.): Der neuen Welt ein neuer Rock. Studien zu Kleidung, Körper und Mode an Beispielen aus Württemberg (= Forschungen und Berichte zur Volkskunde in Baden-Württemberg 9). Stuttgart 1993, S. 59-80.

Könenkamp, Wolf-Dieter: Wirtschaft, Gesellschaft und Kleidungsstil in den Vierlanden während des 18. und 19. Jahrhunderts. Zur Situation einer Tracht. Göttingen 1978.

Könenkamp, Wolf-Dieter: Nationalkostüm. In: Anziehungskräfte. Variété de la mode 1786-1986. Ausstellung Münchner Stadtmuseum. München 1986, S. 380-386.

Könenkamp, Wolf-Dieter: Natur und Nationalcharakter. Die Entwicklung der Ethnographie und die frühe Volkskunde. In: Ethnologia Europaea 18 (1988), S. 25-52.

Könenkamp, Wolf-Dieter: Volkskunde und Statistik. Eine wissenschaftsgeschichtliche Korrektur. In: Zeitschrift für Volkskunde 84 (1988), S. 1-25.

Könenkamp, Wolf-Dieter: Gescheitert und vergessen: Folgenloses aus der Geschichte der Volkskunde. In: Sievers, Kai Detlev (Hg.): Beiträge zur Wissenschaftsgeschichte der Volkskunde im 19. und 20. Jahrhundert (= Studien zur Volkskunde und Kulturgeschichte Schleswig-Holsteins 26). Neumünster 1991. S. 171-193.

König, Josef Walter: Lyrische Tage in Ebermergen. Erinnerungen an den Dichter Johann Melchior Meyr. In: 850 Jahre Ebermergen. Ein Dorf im Wandel der Zeiten. Ebermergen 1994, S. 69-71.

König, Josef Walter: Ihr Wort wirkt nach. Kleine Literaturgeschichte des Landkreises Donau-Ries. Landkreis Donau-Ries 1998.

Köppen, Fedor von (Hg.): Deutsches Land und Volk, Bd. II. Leipzig 1879.

Körner, Hans-Michael: Die Wittelsbacher und die Geschichte. Pflege und Förderung des Geschichtsbewußtseins im Königreich Bayern 1806-1918. Überlegungen zum „Wittelsbacher Jahr". In: Schönere Heimat 69 (1980) H. 1, S. 179-187.

Körner, Hans: König Maximilian II. und der Maximilians-Orden für Wissenschaft und Kunst. In: König Maximilian II. von Bayern 1848-1864. Hg. v. Haus der Bayerischen Geschichte. Rosenheim 1988, S. 293-300.

Köstlin, Konrad: Gemaltes Trachtenleben. Volkslebenbilder in der Gesellschaft des 19. Jahrhunderts. In: Kieler Blätter zur Volkskunde 15 (1983), S. 41-68.

Köstlin, Konrad: Volkskultur im 19. Jahrhundert zwischen Landwirtschaft und Industrie. Dargestellt an Beispielen aus dem Amberger Raum. In: Ein Jahrtausend Amberg (= Schriftenreihe der Universität Regensburg 11). Regensburg 1985, S. 105-122.

Köstlin, Konrad: Zur frühen Geschichte staatlicher Trachtenpflege in Bayern. In: Lehmann, Albrecht / Kuntz, Andreas (Hgg.): Sichtweisen der Volkskunde. Zur Geschichte und Forschungspraxis einer Disziplin. FS für Gerhard Lutz (= Lebensformen 3). Berlin, Hamburg 1988, S. 301-319.

Köstlin, Konrad: Rez. zu Hans-Joachim Schröder: Die gestohlenen Jahre. Erzählgeschichten und Geschichtserzählung im Interview: Der Zweite Weltkrieg aus der Sicht ehemaliger Mannschaftssoldaten. Tübingen 1992. In: Zeitschrift für Volkskunde 91 (1995), S. 136-138.

Kramer, Karl-Sigismund: Volkskultur. Ein Beitrag zur Diskussion des Begriffes und seines Inhaltes. In: Volkskultur - Geschichte - Region. FS für Wolfgang Brückner zum 60. Geburtstag. Hg. v. Dieter Harmening u. Erich Wimmer (= Quellen und Forschungen zur europäischen Ethnologie 7). Würzburg 1990, S. 13-29.

Kretschmer, Albert: Die Trachten der Völker von Beginn der Geschichte bis zum 19. Jahrhundert. Text v. Carl Rohrbach. Leipzig [2]1882.

Kretschmer, Albert: Das große Buch der Volkstrachten. Nachdruck Eltville am Rhein 1977.

Kreutzer, Helmut: Melchior Meyr. Der Klassiker des Rieses. In: Der Daniel 2 (1966) H. 1, S. 14-18.

Kreutzer, Helmut: Melchior Meyr. Der Klassiker des Rieses. In: 25. Jahrbuch des Historischen Vereins für Nördlingen und das Ries (1971), S. 77-91.

Krüger-Westend, Hermann: Melchior Meyr. Ein Essay. Stuttgart 1905.

Kudorfer, Dieter: Nördlingen (= Historischer Atlas von Bayern, Teil Schwaben, 8). München 1974.

Lämmerer, Fritz: Die Rieser Tracht. In: Schindlmayr, Hans (Hg.): Schwäbische Heimat. Landschafts- und Lebensbilder aus Schwaben und Neuburg. Augsburg [1921], S. 145-147.

Landkreis Donau-Ries. Hg. v. Landkreis Donau-Ries. Donauwörth 1991.

Leben und Arbeiten im Industriezeitalter. Ausstellungskatalog. Hg. v. Gerhard Bott. Nürnberg 1985.

Leher, Heinrich: Die Landestracht im Ries. In: Bayerland 3 (1892), S. 491 f.

Leher, Heinrich: Die Volkstrachten bei Gunzenhausen. In: Bayerland 4 (1893), S. 41-43.

Lehmann, Albrecht: Volkskundliche Feldforschung und Riehl-Kritik. Methodologische Anmerkungen zur neuen Riehl-Diskussion. In: Lehmann, Albrecht / Kuntz, Andreas (Hgg.): Sichtweisen der Volkskunde. Zur Geschichte und Forschungspraxis einer Disziplin. FS für Gerhard Lutz (= Lebensformen 3). Berlin, Hamburg 1988, S. 85-101.

Leonhardt, Jolande: Gehalt und Form der erzählenden Prosaschriften Melchior Meyrs. Würzburg 1938 (Diss.).

Lipowsky, Felix Joseph: Sammlung bayerischer National-Costüme mit historischem Text. München [ca. 1810-30], Nachdruck München 1971.

Lippert, Anja: Federvieh – Gänse im Ries (= Schriftenreihe der Museen des Bezirks Schwaben 17). Oberschönenfeld 1997.

Lommel [Georg] / Bauer: Das Königreich Bayern in seinen acht Kreisen bildlich und statistisch-topographisch sowie in acht historisch-geographischen Spezialkarten bearb. v. einem Verein von Literaten und Künstlern. Nürnberg 1836.

Loschek, Ingrid: Reclams Mode- und Kostümlexikon. Stuttgart [2]1988.

Ludwig, Horst: Münchner Malerei im 19. Jh. München 1978.

Lux, Wilhelm: Eine Dynastie berühmter Schlachtenmaler. Zum 200. Geburtstag von Albrecht Adam aus Nördlingen. In: Nordschwaben 14 (1986) H. 1, S. 54-56.

Maase, Kaspar: Nahwelten zwischen „Heimat“ und „Kulisse“. Anmerkungen zur volkskundlich-kulturwissenschaftlichen Regionalitätsforschung. In: Zeitschrift für Volkskunde 94 (1998), S. 53-70.

Mader, G.: Von schwäbischer Volkstracht. In: Bayerland 26 (1914) H. 3/4, S. 25-29.

Mai, Monika: Kleidung. Bestandskatalog des Schwäbischen Bauernhofmuseums Illerbeuren (= Druckerzeugnisse des Schwäbischen Bauernhofmuseums Illerbeuren 8). Kronburg-Illerbeuren 1994.

Maillinger, Joseph: Bilder-Chronik der Königlichen Haupt- und Residenzstadt München. Verzeichniss einer Sammlung ... 2 Bände. München 1876.

Mainer, Otto: Volkstümliche Heimatpflege. In: Bayerland 44 (1933), S. 696-698.

Majer, Carl F.: Statistische Darstellung der ärztlichen Verhältnisse im Königreich Bayern. In: Ärztliches Intelligenzblatt 8 (1861), S. 402-413, S. 421-425.

Maletzke, Manfred: Ehringen, wie es war und wie es ist. Eine Dorfgeschichte. Wallerstein 1988.

Mancal, Josef: Augsburger Zeitungen: Abend- und Postzeitung. In: Aufbruch ins Industriezeitalter, Bd. 2. Hg. v. Rainer A. Müller. München 1985, S. 607-623.

Merkle, Sebastian (Hg.): Die Matrikel der Universität Würzburg. 3 Bände (= Veröffentlichungen der Gesellschaft für fränkische Geschichte, 4. Reihe, 5). München, Leipzig 1922. Reprint Nendeln/Liechtenstein 1980.

Mettenleiter, Peter: Destruktion der Heimatdichtung. Typologische Untersuchungen zu Gotthelf - Auerbach - Ganghofer (= Untersuchungen des Ludwig-Uhland-Instituts der Universität Tübingen 34). Tübingen 1974.

Meyr, Melchior: Ernte im Ries (ausgewählt von E. Gebele). In: Schwabenland 2 (Augsburg 1935) H. 7, S. 196-198.

Meyr, Melchior: Erzählungen aus dem Ries, Gesamtausgabe in vier Bänden. Leipzig (Max Hesses Verlag) o.J., 4. Aufl. Leipzig 1892.

Meyr, Melchior: Zur Ethnographie des Rieses, neu hg. v. Albert Schlagbauer (= Schriftenreihe der Arbeitsgruppe Heimatliteratur im Verein Rieser Kulturtage 4). Nördlingen 1983.

Miller, Albrecht: Die Sammlung malerischer Burgen der bayerischen Vorzeit von Domenico Quaglio und Karl August Lebschée. München 1987.

Mittel- und Nordschwaben, bearb. v. Richard Fuchs (= Bayern, das Bauernland. Hg. v. Hans Dörfler-Six 5). Freising-München [um 1930].

Mode - Tracht - Regionale Identität. Historische Kleidungsforschung heute. Referate des internationalen Symposions im Museumsdorf Cloppenburg. Hg. v. Helmut Ottenjann. Cloppenburg 1985.

Möhler, Gerda: Das Münchner Oktoberfest. Brauchformen des Volksfestes zwischen Aufklärung und Gegenwart (= Miscellanea Bavarica Monacensia 100). München 1980.

Möhler, Gerda: Zentrallandwirtschaftsfest und Landwirtschaftlicher Verein. Ein Beitrag zur „Landeskultur" unter Maximilian I. Joseph. In: Wittelsbach und Bayern, Bd. III/1: Krone und Verfassung. König Max I. Joseph und der neue Staat. Beiträge zur Bayerischen Geschichte und Kunst 1799-1825. Hg. v. Hubert Glaser. München, Zürich 1980, S. 317-325.

Möhler, Gerda: Volkskunde in Bayern. Eine Skizze zur Wissenschaftsgeschichte. In: Harvolk, Edgar (Hg.): Wege der Volkskunde in Bayern. Ein Handbuch (= Veröffentlichungen zur Volkskunde und Kulturgeschichte 25; Beiträge zur Volkstumsforschung 23). München, Würzburg 1987, S. 9-46.

Monninger, Georg: Das Ries und seine Umgebung. Nördlingen 1893, unveränd. Nachdruck Nördlingen 1984.

Monninger, Georg: Hand- und Adressbuch der Stadt Nördlingen. Nördlingen 1906.

Monninger, Georg: Was uns Nördlinger Häuser erzählen. Nördlingen 1915, unveränd. Nachdruck Nördlingen 1984.

Morenz, Ludwig: Der Maler Carl August Lebschée, ein Schilderer Münchens und Bayerns. In: Oberbayerisches Archiv 102 (München 1977), S. 7-17.

Moser, Hans: Der Folklorismus als Forschungsproblem der Volkskunde. In: Hessische Blätter für Volkskunde 55 (1964), S. 9-57.

Moser, Hans: Wilhelm Heinrich Riehl und die Volkskunde. Eine wissenschaftsgeschichtliche Korrektur. In: Jahrbuch für Volkskunde N.F. 1 (1978), S. 9-66.

Müller, Bruno: Carl August Lebschées Maler-Reisen nach Franken. In: Historischer Verein Bamberg, 115. Bericht (Bamberg 1979), S. 427-499.

Müller, Günther: König Maximilian II. und die soziale Frage. In: König Maximilian II. von Bayern 1848-1864. Hg. v. Haus der Bayerischen Geschichte. Rosenheim 1988, S. 175-186.

Müller, Heidi: Volkstümliche Möbel aus Nordschwaben und den angrenzenden Gebieten. München 1975 (Diss.).

Müller, Hermann Alexander: Biographisches Künstler-Lexikon der Gegenwart. Leipzig 1882.

Müller, Hermann Alexander (Vorb.) / Singer, Hans Wolfgang (Hg.): Allgemeines Künstlerlexikon. Leben und Werke der berühmtesten Künstler. 5 Bände. u. 1 Nachtragsband. 3. umg. u. erg. Aufl., Frankfurt a. M. 1895-1906.

Müllner, Angelika: Unterfränkische Trachtengraphik. Mit einer Einführung von Wolfgang Brückner. Würzburg 1982.

Münchner Maler im 19. Jahrhundert (= Bruckmanns Lexikon der Kunst). 4 Bände. München 1981.

Mußgnug, Ludwig: Die Tracht des Rieses. In: Wochenschrift für Pflege von Heimat und Volkstum 5 (1924) Nr. 18, S. 73 f.

Neher, A.: Wirtschaftsleben der Gemeinde Schloßberg bei Bopfingen 1850-1909. Stuttgart 1910.

Neue Deutsche Biographie. Hg. v. der Historischen Kommission bei der Bayer. Akademie der Wissenschaften. Berlin 1953 ff.

Nienholdt, Eva / Wagner-Neumann, Gretel: Katalog der Lipperheideschen Kostümbibliothek. 2 Bände. Berlin 1965.

Oettinger Wochenblatt [z.T. andere Titel], Jahrgänge 1848, 1860, 1870, 1891, 1900 und 1910.

Ossowski, Christina / Sander, Dietulf: 150 Jahre Museum der bildenden Künste 1837-1987. 150 Jahre Sammeln zeitgenössischer Kunst. Leipzig 1987.

Ostenrieder, Petra: „Rund ums Bier“. Zur Geschichte der Oettinger Brauereien und Wirtshäuser (= Schriftenreihe des Heimatvereins e.V. 6). Oettingen 1990.

Ostenrieder, Petra: Wohnen und Wirtschaften in Oettingen 1600-1800. Untersuchungen zur Sozialtopographie und Wirtschaftsstruktur einer bikonfessionellen Residenzstadt (= Materialien zur Geschichte des Bayerischen Schwaben 19). Augsburg 1993.

Pantheon. Internationales Adreßbuch der Kunst- und Antiquitäten-Sammler und -Händler, Bibliotheken, Archive, Museen, Kunst-, Altertums- und Geschichtsvereine, Bücherliebhaber, Numismatiker, bearb. v. Albert Schramm. 2. Aufl. Esslingen a. N. 1926.

Pearce, Roy Harvey: Rot und Weiß. Die Erfindung des Indianers durch die Zivilisation. Stuttgart 1993.

Pecht, Friedrich: Enhuber's Illustrationen zu Meyr's Geschichten aus dem Ries. In: Zeitschrift für Bildende Kunst (1866), S. 253-257.

Pecht, Friedrich: Karl von Enhuber. In: Allgemeine Deutsche Biographie, Bd. 6. Leipzig 1877, S. 145-147.

Pledl, Wolfgang: Edierte Physikatsberichte. Bayerische Bezirksärzte-Landesbeschreibungen von 1860/62. In: Schönere Heimat 84 (1995) H. 2, S. 120 f.

Pledl, Wolfgang: Rez. zu Klaus Reder: Die bayerischen Physikatsberichte. In: Schönere Heimat 84 (1995) H. 4, S. 247 f.

Popp, Andreas: Es begann im Jahre 1972. In: 25 Jahre Landkreis Donau-Ries. Donauwörth 1997, S. 16 f.

Popp, Helmut: Nördlingen – Lesarten einer Stadt. Darstellung Nördlingens in Chroniken, Lebenserinnerungen und Reiseberichten (= „Histor. Reihe" des Arbeitskreises Heimatliteratur und Volksmusik im Verein Rieser Kulturtage 1). Nördlingen 1992.

Pörnbacher, Hans: Melchior Meyr. In: Lebensbilder aus dem Bayerischen Schwaben 11 (1976), S. 221-249.

Pörnbacher, Hans und Karl: Die Literatur bis 1885. In: Spindler, Max (Hg.): Bayerische Geschichte im 19. und 20. Jahrhundert. 1800-1970. Sonderausgabe, München 1978. 2. Bd., S. 1089-1115.

Pötzl, Walter (Hg.): So lebten unsere Urgroßeltern. Die Berichte der Amtsärzte der Landgerichte Göggingen, Schwabmünchen, Zusmarshausen und Wertingen (= Beiträge zur Heimatkunde des Landkreises Augsburg 10). Augsburg 1988.

Pötzl, Walter: Brauchtum im Landgericht und Bezirksamt Kempten im 19. und frühen 20. Jahrhundert. In: Allgäuer Geschichtsfreund 89 (1989), S. 79-94.

Pötzl, Walter: Prosopographie und Volkskulturforschung. In: Volkskultur - Geschichte - Region. FS für Wolfgang Brückner zum 60. Geburtstag. Hg. v. Dieter Harmening u. Erich Wimmer (= Quellen und Forschungen zur europäischen Ethnologie 7). Würzburg 1990, S. 111-127.

Pötzl, Walter: Charakterisierung der Eichstätter im Jahre 1860. Nach dem Physikatsbericht des Kgl. Gerichtsarztes Dr. Karl Barth. In: Schönere Heimat 81 (1992) H. 2, S. 72-76.

Pressler, Christine: Gustav Kraus 1804-1852. Monographie und kritischer Katalog. München 1977.

Pressler, Christine: Festzug zur Feier der Jubelehe des Königs Ludwig und der Königin Therese zu München am 4. Oktober 1835. Mit Beitr. v. Elfi M. Haller u.a., München 1983.

Probst, Christian: Das Medizinalwesen. In: Aufbruch ins Industriezeitalter, Bd. 2. Hg. v. Rainer A. Müller. München 1985, S. 54-64.

Probst, Christian: Das Medizinalwesen der Reichsstädte Rothenburg, Schweinfurt, Dinkelsbühl, Weißenburg und Windsheim. In: Müller, Rainer A. (Hg.): Reichsstädte in Franken. Ausstellungskatalog. Bd. 2. München 1987, S. 122-140.

Probst, Christian: Die Frömmigkeit des Landvolks. Aus den Berichten bayerischer Amtsärzte um 1860. In: Zeitschrift für Bayerische Landesgeschichte 57 (1994), S. 405-434.

Pulz, Waltraud: Nahrungsforschung. In: Harvolk, Edgar (Hg.): Wege der Volkskunde in Bayern. Ein Handbuch (= Veröffentlichungen zur Volkskunde und Kulturgeschichte 25; Beiträge zur Volkstumsforschung 23). München, Würzburg 1987, S. 217-238.

Rall, Hans: Die politische Entwicklung von 1848 bis zur Reichsgründung 1871. In: Spindler, Max (Hg.): Bayerische Geschichte im 19. und 20. Jahrhundert. 1800-1970. Sonderausgabe, München 1978. Bd. 1, S. 228-282.

Ramminger, August: Die Gedankenwelt Melchior Meyr's. Straubing 1936 (Diss. München).

Rattelmüller, Paul Ernst: Volkstrachten in Bayern. Altbayern - Franken - Schwaben. München 1984.

Rattelmüller, Paul Ernst (Hg.): Joseph Friedrich Lentner. Bavaria. Land und Leute im 19. Jahrhundert. München 1987.

Reder, Klaus: Die bayerischen Physikatsberichte 1858-1861 als ethnographische Quelle am Beispiel Unterfrankens (= Veröffentlichungen zur Volkskunde und Kulturgeschichte 57). Würzburg 1995 (Diss. Würzburg 1994).

Regnet, Carl Albert: Münchener Künstlerbilder. Ein Beitrag zur Geschichte der Münchener Kunstschule in Biographien und Charakteristiken. Bd. 1. Leipzig 1871.

Retzlaff, Erich: Deutsche Trachten. Leipzig 1936.

Retzlaff, Hans: Deutsche Bauerntrachten. Beschrieben von Rudolf Helm. Berlin 1934.

Riegel, Hermann: Eine Erinnerung an Melchior Meyr. In: Westermanns Monatshefte 38 (1876), S. 688-691.

Ries, bearb. v. Fritz Lämmerer (= Bayernheft 6). München 1926.

Rieser Heimatbuch. Hg. v. der Gesellschaft für Volksbildung Nördlingen. München [2]1923.

Rieser Heimatbuch. Vorträge der Rieser Heimatwoche 1926. Hg. v. der Stadt Nördlingen in Verb. mit der Deutschen Akademie in München. Nördlingen 1926.

Rieser Nachrichten, 21.12.1953, 17.1.1975, 15.2.1975, 20.2.1975, 28.2.1975, 11.12.1996.

Rieser National-Zeitung, 30.6.1938 u. 17.2.1941.

Roepke, Claus-Jürgen: Die Protestanten in Bayern. München 1972.

Rolle, Theodor: Die Reise König Ludwigs I. von Bayern durch den Oberdonaukreis und nach Augsburg im Jahre 1829. In: Zeitschrift des Historischen Vereins für Schwaben 80 (Augsburg 1986/87), S. 9-65.

Rolshoven, Johanna: Der Blick aufs Meer. Facetten und Spiegelungen volkskundlicher Affekte. In: Zeitschrift für Volkskunde 89 (1993), S. 191-212.

Rosenberg, Adolf: Geschichte der modernen Kunst. 2. erg. Aufl., 3. Bd.: Die deutsche Kunst 1849-1893. Leipzig 1894.

Sandberger, Adolf: Die Landwirtschaft. In: Spindler, Max (Hg.): Bayerische Geschichte im 19. und 20. Jahrhundert. 1800-1970. Sonderausgabe, München 1978. 2. Bd, S. 732-748.

Scharrer, Werner: Topographie und Ethnographie des Landgerichts Kempten um 1860. Der Physikatsbericht von Dr. Georg Karl Karrer als schriftliche Quelle für Landschaft und Volksleben in der „guten alten Zeit". Teil I in: Allgäuer Geschichtsfreund N.F. 90 (1990), S. 41-104, Teil II in: Allgäuer Geschichtsfreund N.F. 91 (1991), S. 43-108.

Schefold, Max: Alte Ansichten aus Bayerisch Schwaben. Katalogband (= Beiträge zur Landeskunde von Schwaben 8). Weißenhorn 1985.

Schiele, Adelheid u. Peter: Die Geschichte des Gemeinnützigen Vereins „Alt Nördlingen" e.V. In: Festschrift zur Verleihung des Rieser Kulturpreises 1997 an den Gemeinnützigen Verein „Alt Nördlingen" e.V. [Hohenaltheim 1997].

Schiffauer, Werner: Die Angst vor der Differenz. Zu neuen Strömungen in der Kulturanthropologie. In: Zeitschrift für Volkskunde 92 (1996), S. 20-31.

Schlagbauer, Albert: Melchior Meyr – Dorfabend in Ehringen. In: Rieser Kulturtage. Dokumentation Bd. 3/1980. Nördlingen 1981, S. 290-312.

Schlagbauer, Albert: Literatur im Raum Donau-Ries. In: Landkreis Donau-Ries. Hg. v. Landkreis Donau-Ries. Donauwörth 1991, S. 484-504.

Schlagbauer, Albert: Melchior Meyr. Unver. Manuskript.

Schlagbauer, Albert / Kavasch, Wulf-Dietrich (Hgg.): Rieser Biographien. Nördlingen 1993.

Schlierf, Karl: Begegnungen mit Frey-Moock. In: Nordschwaben 18 (1990) H. 2, S. 44 f.

Schlögl, Alois (Hg.): Bayerische Agrargeschichte. Die Entwicklung der Land- und Forstwirtschaft seit Beginn des 19. Jahrhunderts. München 1954.

Schmeller, Johann Andreas: Bayerisches Wörterbuch. 2 Bände. Sonderausgabe (Nachdruck) der von Karl Fromann bearb. 2. Ausg. München 1872-1877. München 1985.

Schmid, Friedrich Christoph: Volkskrankheiten und Volksmedizin. In: Bavaria. Landes- und Volkskunde des Königreichs Bayern, Bd. 2.2. München 1863, S. 875-903.

Schmitt, Heinz: Volkstracht in Baden. Ihre Rolle in Kunst, Staat, Wirtschaft und Gesellschaft seit zwei Jahrhunderten. Karlsruhe 1988.

Schmitt, Heinz: Zwischen Protest und Loyalität. Die politische Dimension badischer Volkstrachten im 19. und 20. Jahrhundert. In: Beiträge zur Volkskunde in Baden-Württemberg 4 (1991), S. 183-196.

Schmoll, Friedemann: Rez. zu: Freddy Raphael, Geneviève Herberich-Marx: Mémoire plurielle de l'Alsace. Grandeurs et Servitudes d'un Pays des Marges. Publications de la Societé savante d'Alsace et des Regions de l'Est, Straßburg 1991. In: Zeitschrift für Volkskunde 91 (1995), S. 138-140.

Schneider, Wolfgang: Landvolk in Bildquellen. In: Fränkisches Volksleben im 19. Jahrhundert. Wunschbilder und Wirklichkeit. Möbel - Keramik - Textil in Unterfranken 1814 bis 1914. Hg v. Wolfgang Brückner. Würzburg 1985, S. 125-132.

Schradin, Gustav: Garne und Stoffe. Praktische Warenkunde. 10.-12. Aufl. Stuttgart 1934.

Schulz-Berlekamp, Gesine: Mönchsgut. Entdeckung einer Tracht. In: Kleidung zwischen Tracht und Mode. Aus der Geschichte des Museums 1889-1989. Museum für Volkskunde. Berlin 1989, S. 49-59.

Schwarz, Gerard: „Nahrungsstand" und „erzwungener Gesellenstand". Mentalité und Strukturwandel des bayerischen Handwerks im Industrialisierungsprozeß um 1860 (= Beiträge zu einer historischen Strukturanalyse Bayerns im Industriezeitalter 10). Berlin 1974.

Schweers, Hans F.: Genrebilder in deutschen Museen. Verzeichnis der Künstler und Werke. München, New York, London, Paris 1986.

Seidenspinner, Wolfgang: „Reisende in Volksartikeln" oder Kritik der Feldforschung. Frühe Volkskunde im Spiegel literarischer Rezeption bei Jean Paul und Autoren des Vormärz. In: Jahrbuch für Volkskunde N.F. 14 (1991), S. 196-214.

Seitz, Jutta: „Wie ist der materiellen Noth der unteren Klassen abzuhelfen?" Eine sozialhistorische Quelle zu Problemen der Industrialisierung in Bayern im 19. Jahrhundert. In: Aufbruch ins Industriezeitalter, Bd. 1. Hg. v. Carl Grimm. München 1985, S. 156-168.

Seitz, Jutta (Bearb.): Nürnberg vor 125 Jahren. Die Medizinal-Topographie von 1862 (= Nürnberger Forschungen 24). Nürnberg 1987.

Selheim, Claudia: Das textile Angebot eines ländlichen Warenlagers in Süddeutschland 1778-1824, Bd. 1 (= Veröffentlichungen zur Volkskunde und Kulturgeschichte 53). Würzburg 1994.

Shorter, Edward: „La vie intime". Beiträge zu seiner Geschichte am Beispiel des kulturellen Wandels in den bayerischen Unterschichten im 19. Jahrhundert. In: Ludz, Peter Christian (Hg.): Soziologie und Sozialgeschichte. Aspekte und Probleme (= Kölner Zeitschrift für Soziologie und Sozialpsychologie, Sonderheft 16). Opladen 1973, S. 530-549.

Shorter, Edward: Der weibliche Körper als Schicksal. Zur Sozialgeschichte der Frau. München 1984, Neuausgabe 1987.

Simon, L[eonhard]: Vom Rieser Bauerntum. In: Schwabenland 3 (1936) H. 2, S. 49-70.

Spiegel, Beate: Physikatsberichte als Spiegel des Alltagslebens in Niederbayern um 1860. München 1986 (ms. Magisterarbeit).

Spiegel, Beate: Häufiger Kindstod – unreinliche Landleute – unsittliche Fruchtbarkeit? Die körperliche Konstitution der Niederbayern um 1860 im Spiegel der Physikatsberichte. In: Freundeskreis-Blätter Freilichtmuseum Südbayern 28 (Oktober 1989), S. 20-35.

Spiegel, Beate: Textilthesaurus. Teil 1: Inventarisierung, Fasern, Garne, textile Flächengebilde, Veredelung, Ziertechniken. München 1990 (Ms.).

Spiegel, Beate: „Die Bauernweiber sind durchschnittlich schlechte Köchinnen ..." Die Ernährung der Niederbayern um 1860 im Spiegel der Physikatsberichte. In: Freundeskreis-Blätter Freilichtmuseum Südbayern 30 (1991), S. 27-38.

Spindler, Max: Die Regierungszeit Ludwigs I. (1825-1848). In: ders. (Hg.): Bayerische Geschichte im 19. und 20. Jahrhundert. 1800-1970. Sonderausgabe, München 1978. 1. Bd., S. 87-223.

Steger, Hartmut: Kirchweih und Kirchweihschutz im Ries. In: Nordschwaben 16 (1988) H. 4, S. 228-232.

Steger, Hartmut: Das Hungerjahr 1817 im Ries. In: Rieser Kulturtage. Dokumentation Bd. 7/1988. Nördlingen 1989, S. 294-316.

Steger, Hartmut: Aktuelle Brauchtumspflege im Ries. Blickrichtung in die Zukunft. In: Schönere Heimat 78 (1989) H. 2, S. 99 f.

Steger; Hartmut: Das Musikantenwesen im Ries und seine Geschichte. In: Wege der Volksmusik – Beispiel Ries (= Schriftenreihe der Museen des Bezirks Schwaben 7). Gessertshausen 1992, S. 6-29.

Steger, Hartmut: Wörterbuch der Rieser Mundarten. Fünf Grosselfinger erinnern sich an die Sprache ihrer Kinderzeit. Nördlingen 1999.

Stump, Wolfgang: Maximilian II. als Kronprinz. In: König Maximilian II. von Bayern 1848-1864. Hg. v. Haus der Bayerischen Geschichte. Rosenheim 1988, S. 13-20.

Stutzer, Dietmar: Geschichte des Bauernstandes in Bayern. München 1988.

Thieme, Ulrich / Becker, Felix (Hgg.): Allgemeines Lexikon der bildenden Künstler von der Antike bis zur Gegenwart, 37 Bände. 1907-1950. Unveränd. Nachdruck München 1992.

Till, Anneliese: Alltagsleben in Harburg um 1860. In: Rieser Kulturtage. Dokumentation Bd. 9/1992. Nördlingen 1993, S. 246-259.

Till, Anneliese: Alltagsleben in der Region Wemding um 1860. In: Rieser Kulturtage. Dokumentation Bd. 9/1992. Nördlingen 1993, S. 260-275.

Trachtengraphik in Schwaben. Begleitheft zur Sonderausstellung des Schwäbischen Volkskundemuseums Oberschönenfeld (Text: Walter Wörtz und Hans Frei). Oberschönenfeld 1987.

Tschofen, Bernhard: „Trotz aller Ungunst der Zeit". Anmerkungen zu einer zweiten Geschichte der Tracht in Vorarlberg. In: Kleider und Leute (Red. Markus Barnay u.a.). Katalog der Vorarlberger Landesausstellung. Bregenz 1991, S. 324-377.

Verdenhalven, Fritz: Alte Maße, Münzen und Gewichte aus dem deutschen Sprachgebiet. Neustadt a.d. Aisch 1968.

Verliebt, verlobt, verheiratet. Liebe, Hochzeit, Ehe und Sexualität in ländlichen Verhältnissen (= Freilichtmuseum Neuhausen ob Eck, Kleine Schriften 7). Tuttlingen 1991.

Voges, Dietmar-H.: Zu den Abbildungen 50-54. In: Wittelsbach und Bayern, Bd. III/1: Krone und Verfassung. König Max I. Joseph und der neue Staat. Beiträge zur Bayerischen Geschichte und Kunst 1799-1825. Hg. v. Hubert Glaser. München, Zürich 1980, S. 344.

Voges, Dietmar-H.: Zur Geschichte der Juden in Nördlingen. In: Rieser Kulturtage. Dokumentation Bd. 3/1980. Nördlingen 1981, S. 175-189.

Voges, Dietmar-H.: Die Reichsstadt Nördlingen. 12 Kapitel aus ihrer Geschichte. München 1988.

Voges, Dietmar-H.: Nördlingen in alten Ansichten. Zaltbommel/Niederlande 1990.

Voges, Dietmar-H.: Nördlingen seit der Reformation. Aus dem Leben einer Stadt. München 1998.

Volckamer, Volker von: Gerichts- und Verwaltungsbezirke im Raum des neuen Landkreises Donau-Ries von 1818 bis 1972. In: Nordschwaben 1 (1973) H. 3, S. 1-11.

Völker, Michael: Lebenszyklus und Alltag der Bevölkerung Bayerisch-Schwabens im 19. Jahrhundert. Nach den Physikatsberichten der Bezirksärzte aus den Jahren 1858 bis 1861. München 1988 (Diss.).

Völker, Michael / Wormer, Eberhard J.: Alltag und Lebenszyklus in Bayerisch-Schwaben. Rekonstruktion ländlichen Lebens nach den Physikatsberichten der Landgerichtsärzte aus den Jahren 1858 bis 1861 (= Miscellanea Bavarica Monacensia 156). München 1991.

Volkert, Wilhelm (Hg.). Handbuch der bayerischen Ämter, Gemeinden und Gerichte 1799-1980. München 1983.

Völkl, Carl / Klees, Martin (Hgg.): Rieser Leben. 369 historische Photographien zeigen die „alten Zeiten" im Ries. Nördlingen 1984.

Volkskultur - Geschichte - Region. FS für Wolfgang Brückner zum 60. Geburtstag. Hg. v. Dieter Harmening u. Erich Wimmer (= Quellen und Forschungen zur europäischen Ethnologie 7). Würzburg 1990.

Volksmusik in Bayern. Ausgewählte Quellen und Dokumente aus sechs Jahrhunderten. Ausstellungskatalog. München 1985.

Vollmer, Hans: Allgemeines Lexikon der bildenden Künstler des 20. Jahrhunderts. 6 Bände. Leipzig 1953-1970.

Wagner, Karl: Register zur Matrikel der Universität Erlangen 1743-1843 (= Veröffentlichungen der Gesellschaft für fränkische Geschichte, 4. Reihe, 4). München, Leipzig 1918.

Walter, Karin: Postkarte und Fotografie. Studien zur Massenbild-Produktion (= Veröffentlichungen zur Volkskunde und Kulturgeschichte 56). Würzburg 1995.

Walter, Karin: Die schöne Vierländerin. Eine Tracht wird zum Symbol. Ausstellung Altonaer Museum in Hamburg, Norddeutsches Landesmuseum. Hamburg 1996.

Walzer, Albert: Wechselformen der Tracht in Württemberg (= Der Museumsfreund 16). Schorndorf 1978.

Wax, Hans: Die Kopftracht der Frauen in der westlichen Oberpfalz. Mit besonderer Berücksichtigung des Amberger Raumes. In: Schönere Heimat 84 (1995) H. 2, S. 99-104.

Weber, Barbara: Stadt und Landgericht Schweinfurt im Spiegel der Physikatsberichte von 1861. Kommentierte Edition der medizinischen Topographien und Ethnographien (= Veröffentlichungen zur Volkskunde und Kulturgeschichte 33). Würzburg 1989.

Weber, J.: Neuestes vollständiges Fremdwörterbuch. 13. verb. Aufl., Quedlinburg, Leipzig 1881.

Weber-Kellermann, Ingeborg: Frauenleben im 19. Jahrhundert. Empire und Romantik, Biedermeier, Gründerzeit. 2. durchges. Aufl. München 1988.

Wege der Volksmusik – Beispiel Ries (= Schriftenreihe der Museen des Bezirks Schwaben 7). Gessertshausen 1992.

Wehler, Hans Ulrich: Deutsche Gesellschaftsgeschichte, Bd. 1 u. 2. München ^{2}1989, Bd. 3. München 1995.

Weid, Inge: Männermoden des Ochsenfurter Gaus im 19. Jahrhundert. Form- und Wertewandel. In: Jahrbuch für Volkskunde N.F. 17 (1994), S. 7-34.

Weis, Eberhard: Die Begründung des modernen bayerischen Staates unter König Max I. (1799-1825). In: Spindler, Max (Hg.): Bayerische Geschichte im 19. und 20. Jahrhundert. 1800-1970. Sonderausgabe, München 1978, 1. Bd., S. 3-86.

Weis, Eberhard: Das neue Bayern – Max I. Joseph, Montgelas und die Entstehung und Ausgestaltung des Königreichs 1799 bis 1825. In: Wittelsbach und Bayern, Bd. III/1: Krone und Verfassung. König Max I. Joseph und der neue Staat. Beiträge zur Bayerischen Geschichte und Kunst 1799-1825. Hg. v. Hubert Glaser. München, Zürich 1980, S. 49-64.

Weiß, Maria: Textilwarenkunde. Leipzig 1943.

Weiß, Rudolf: Jüdische Gemeinden. In: Landkreis Donau-Ries. Hg. v. Landkreis Donau-Ries. Donauwörth 1991, S. 424 f.

Weitnauer, Alfred: Tracht und Gwand im Schwabenland. I. Teil: Beschreibung der letzten bodenständigen Trachten im Gebiet des Regierungsbezirkes Schwaben. Kempten 1957.

Wetter, Thekla: Regionaler Konservatismus und traditionelle Kleidung. Studien zur Trachtenerneuerung im Allgäu von 1920 bis 1950. Augsburg 1991 (ms. Magisterarbeit).

Wiegelmann, Günter (Hg.): Kultureller Wandel im 19. Jahrhundert. 18. Deutscher Volkskunde-Kongreß in Trier (= Studien zum Wandel von Gesellschaft und Bildung im 19. Jahrhundert 5). Göttingen 1973.

Wildmeister, Birgit: Die Bilderwelt der „Gartenlaube". Ein Beitrag zur Kulturgeschichte des bürgerlichen Lebens in der zweiten Hälfte des 19. Jahrhunderts (= Veröffentlichungen zur Volkskunde und Kulturgeschichte 66). Würzburg 1998.

Willi, Gerhard: Alltag und Brauch in Bayerisch-Schwaben. Die schwäbischen Antworten auf die Umfrage des Bayerischen Vereins für Volkskunst und Volkskunde in München 1908/09 (= Veröffentlichungen der Schwäb. Forschungsgemeinschaft, Schwäb. Forschungsstelle Augsburg der Kommission für bayer. Landesgeschichte, Reihe 10, 1). Augsburg 1999.

Wisniewski, Claudia: Kleines Wörterbuch des Kostüms und der Mode. Stuttgart 1996.

Wörtz, Walter: Trachtengraphik in Schwaben. Schwerpunkt: Ries. In: Rieser Kulturtage. Dokumentation Bd. 7/1988, 2. Teilbd. Nördlingen 1989, S. 627-634.

Wulz, Gustav: Der Schlachtenmaler Albrecht Adam 1786-1862 zu seinem 150. Geburtstag. In: Jahrbuch des Historischen Vereins für Nördlingen und Umgebung 18 (1934/35) Nördlingen 1936, S. 79 f.

Wulz, Gustav: Der Illustrator Johann Michael Voltz (1784-1852). In: Jahrbuch des Historischen Verein für Nördlingen und das Ries 25 (1971), S. 45-76.

Württemberg unter der Regierung König Wilhelms II. Hg. v. B. Bruns. Stuttgart 1916.

Zander-Seidel, Jutta: Textiler Hausrat. Kleidung und Haustextilien in Nürnberg von 1500-1650. München 1990.

Zeitler, Rudolf: Die Kunst des 19. Jahrhunderts (= Propyläen Kunstgeschichte 11). Berlin. Nachdruck Frankfurt am Main, Berlin, Wien 1984.

Zink, Herta: Die Trachtenvereine im Ries – Entstehung, Entwicklung und Bedeutung für das heutige Kulturleben. Augsburg 1980 (ms. Zulassungsarbeit).

Zipperer, Gustav Adolf: Nördlingen – Lebenslauf einer schwäbischen Stadt, Nördlingen 1979.

Zoepfl, Friedrich: Hundert Jahre Maihingen. In: Jahrbuch des Rieser Heimatvereins Sitz Nördlingen 22 (1940/41), Nördlingen 1942, S. 63-89.

Zorn, Wolfgang: Kleine Wirtschafts- und Sozialgeschichte Bayerns 1806-1933 (= Bayerische Heimatforschung 14). München-Pasing 1962.

Zorn, Wolfgang: Bayerns Gewerbe, Handel und Verkehr (1806-1970). In: Spindler, Max (Hg.): Bayerische Geschichte im 19. und 20. Jahrhundert. 1800-1970. Sonderausgabe, München 1978, 2. Bd., S. 781-845.

Zorn Wolfgang: Die wirtschaftliche Entwicklung Bayerns unter Max I. Joseph, 1799-1825. In: Wittelsbach und Bayern, Bd. III/1: Krone und Verfassung. König Max I. Joseph und der neue Staat. Beiträge zur Bayerischen Geschichte und Kunst 1799-1825. Hg. v. Hubert Glaser. München, Zürich 1980, S. 281-289.

Zorn, Wolfgang: Medizinische Volkskunde als sozialgeschichtliche Quelle. Die bayerische Bezirksärzte-Landesbeschreibung von 1860/62. In: Vierteljahrsschrift für Sozial- und Wirtschaftsgeschichte 69 (1982), S. 219-231.

Zorn, Wolfgang (Hg.): Augsburg um 1860. Ein unveröffentlichter Amtsarztbericht als sozialgeschichtliche Quelle. In: Zeitschrift des Historischen Vereins für Schwaben 76 (1982), S. 92-137.

Zorn, Wolfgang: Amtsärzte und soziale Stadtvolkskunde in Bayern um 1860. Beobachtungen der Physikatsberichte über Nürnberg und Augsburg über Zustand und Wandel. In: Bauer, Ingolf u.a. (Hgg.): Forschungen zur historischen Volkskultur. FS f. Torsten Gebhard zum 80. Geburtstag (= Beiträge zur Volkstumsforschung). München 1989, S. 297-308.

Zorn, Wolfgang / Hillenbrand, Leonhard: 6 Jahrhunderte schwäbische Wirtschaft. Beiträge zur Geschichte der Wirtschaft im bayerischen Regierungsbezirk Schwaben. 125 Jahre Industrie- und Handelskammer Augsburg. Augsburg 1969.

Zuber, Karl-Heinz: Der „Fürst Proletarier" Ludwig von Oettingen-Wallerstein (1791-1870). Adeliges Leben und konservative Reformpolitik im konstitutionellen Bayern (= Zeitschrift für Bayerische Landesgeschichte, Beiheft 10, Reihe B). München 1978.

Zuber, Karl-Heinz: Fürst Ludwig von Oettingen-Wallerstein (1791-1870). Ein Leben im Blickpunkt der Öffentlichkeit. In: Rieser Kulturtage. Dokumentation Bd. 4/1982. Nördlingen 1983, S. 288-307.

Zur Geschichte der Gemeinden Marktoffingen und Minderoffingen 1143-1993. Hg. v. Josef Th. Groiß. Marktoffingen 1993.

Abbildungsnachweis

Schwarzweiße Abbildungen

Abbildungsnachweis

Farbabbildungen

Titelbild:	Schwäbisches Volkskundemuseum Oberschönenfeld
Abbildung 1:	Schwäbisches Volkskundemuseum Oberschönenfeld
Abbildung 2:	Stadtarchiv Nördlingen
Abbildung 3:	Stadtarchiv Nördlingen
Abbildung 4:	Heimatmuseum Oettingen
Abbildung 5:	Schwäbisches Volkskundemuseum Oberschönenfeld
Abbildung 6:	Münchner Stadtmuseum
Abbildung 7:	Gemeindearchiv Marktoffingen
Abbildung 8:	Schwäbisches Volkskundemuseum Oberschönenfeld
Abbildung 9:	Schwäbisches Volkskundemuseum Oberschönenfeld
Abbildung 10:	Schwäbisches Volkskundemuseum Oberschönenfeld
Abbildung 11:	Schwäbisches Volkskundemuseum Oberschönenfeld
Abbildung 12:	Schwäbisches Volkskundemuseum Oberschönenfeld
Abbildung 13:	Schwäbisches Volkskundemuseum Oberschönenfeld
Abbildung 14:	Schwäbisches Volkskundemuseum Oberschönenfeld
Abbildung 15:	Schwäbisches Volkskundemuseum Oberschönenfeld
Abbildung 16:	Privatbesitz
Abbildung 17:	Schwäbisches Volkskundemuseum Oberschönenfeld
Abbildung 18:	Schloßmuseum Oettingen
Abbildung 19:	Schwäbisches Volkskundemuseum Oberschönenfeld
Abbildung 20:	Schwäbisches Volkskundemuseum Oberschönenfeld
Abbildung 21:	Privatbesitz
Abbildung 22:	Rieser Bauernmuseum Maihingen
Abbildung 23:	Schwäbisches Volkskundemuseum Oberschönenfeld
Abbildung 24:	Rieser Bauernmuseum Maihingen

Ortsregister

(Nicht aufgeführt sind Verlagsorte und die Standorte von Bildern.)